Annette Zimmer

Vereine – Zivilgesellschaft konkret

Grundwissen Politik
Band 16

Begründet von
Ulrich von Alemann
Arthur Benz
Susanne Lütz
Georg Simonis

Annette Zimmer

unter Mitarbeit von
Thorsten Hallmann
und Lilian Schwab

Vereine – Zivilgesellschaft konkret

2. Auflage

VS VERLAG FÜR SOZIALWISSENSCHAFTEN

Bibliografische Information Der Deutschen Nationalbibliothek
Die Deutsche Nationalbibliothek verzeichnet diese Publikation in der
Deutschen Nationalbibliografie; detaillierte bibliografische Daten sind im Internet über
<http://dnb.d-nb.de> abrufbar.

2. Auflage Januar 2007

Alle Rechte vorbehalten
© VS Verlag für Sozialwissenschaften | GWV Fachverlage GmbH, Wiesbaden 2007

Lektorat: Frank Schindler

Der VS Verlag für Sozialwissenschaften ist ein Unternehmen von Springer Science+Business Media.
www.vs-verlag.de

Umschlaggestaltung: KünkelLopka Medienentwicklung, Heidelberg
Druck und buchbinderische Verarbeitung: Krips b.v., Meppel
Gedruckt auf säurefreiem und chlorfrei gebleichtem Papier

ISBN 978-3-531-15180-9

Vorwort

Lange Zeit hielt sich das politikwissenschaftliche Interesse an Vereinen in Grenzen. Vereine galten als unpolitisch und ihr Einfluss auf die Politikformulierung und -implementation wurde nicht thematisiert. Beginnend in den 1980er Jahren wurden zumindest einige Vereinstypen, die im Zuge der sozialen Bewegungen entstanden sind, zunehmend als politische Akteure eingeordnet und der Einfluss ihrer konfliktorientierten Strategien auf die Politikformulierung wurde untersucht.

Erst seit den 1990er Jahren werden die integrativen Leistungen des Vereinswesens für die repräsentative Demokratie und die Implementationsleistungen, die die Vereine in enger Kooperation mit den kommunalen Entscheidungsträgern erbringen, verstärkt analysiert. So sind Vereine nach Putnams Sozialkapitalansatz Gemeinschaftsinstitutionen, die gegenseitiges Vertrauen generieren. Dieses Vertrauen ist aus seiner Sicht das Fundament der Demokratie. Insofern betrachtet er den von ihm für die USA konstatierten Rückgang der Vereinsmitgliedschaften und des Sozialkapitals mit großer Sorge. Diese skeptischen Gesellschaftsanalysen haben auch in Deutschland die politische Diskussion über die Förderung des bürgerschaftlichen Engagements und das Interesse der Politikwissenschaft am Bürgerengagement und dem Vereinswesen forciert. Zudem werden die Leistungen der Vereine auch auf der Outputseite des politischen Systems in den Blick genommen. In der Governancediskussion werden angesichts begrenzter staatlicher Steuerungskapazitäten zunehmend die Beiträge von gesellschaftlichen und privatwirtschaftlichen Akteuren für die Politikimplementation thematisiert. Gerade auf kommunaler Ebene haben diese kooperativen Beziehungen zwischen Vereinen und Verwaltung in der Implementationsphase eine lange Tradition. Ohne Vereine wäre, wie die empirischen Ergebnisse der Dritten-Sektor-Forschung zeigen, das Dienstleistungsangebot im Sozial-, Kultur- und Sportbereich in vielen Kommunen sehr „überschaubar".

Das Buch von Annette Zimmer, das auf einer grundlegenden Überarbeitung des Bands 16 aus der Reihe Grundwissen Politik basiert, bietet anknüpfend an diese Debatten einen aktuellen empirischen Überblick über den Stand der politikwissenschaftlichen Vereinsforschung. Sie entwirft also nicht nur ein facettenreiches Panorama der Geschichte und Organisationsformen des Vereinswesens, sie zeichnet nicht nur ein detailliertes Erscheinungsbild der Vereine vor Ort und ihrer Kooperationsbeziehungen zur Kommune, sondern sie verknüpft alle diese Fäden mit aktuellen sozialwissenschaftlichen Debatten über das Sozialkapital, den Dritten Sektor und die Zivilgesellschaft.

Hagen, im Juni 2006

Arthur Benz, Susanne Lütz, Georg Simonis

Inhaltsverzeichnis

Teil I Grundlagen

Teil III
Theoretische Perspektiven: Vereine im Kontext der
Ansätze Dritter Sektor, Sozialkapital und Zivilgesellschaft

Über die Autorin

Annette Zimmer ist Professorin am Institut für Politikwissenschaft der Westfäli-schen Wilhelms-Universität Münster. Ihr zentrales Arbeitsgebiet sind gemein-nützige Organisationen: Vereine, Verbände, NGOs, Stiftungen.

Veröffentlichungen

Zimmer, Annette/Stecker, Christina (Hrsg.) (2004): Strategy Mix for Nonprofit-Organisa-tions. Vehicles for Social and Labour Market Integration, New York
Zimmer, Annette/Priller, Eckhard (Hrsg.) (2004): Future of Civil Society. Making Central European Nonprofit-Organizations Work, Wiesbaden
Zimmer, Annette/Frantz, Christiane (Hrsg.) (2002): Zivilgesellschaft international. Alte und neue NGOs, Opladen
Zimmer, Annette/Weßels, Bernhard (Hrsg.) (2001): Verbände und Demokratie in Deutschland, Opladen
Priller, Eckhard/Zimmer, Annette (Hrsg.) (2001): Der Dritte Sektor international – Mehr Markt – weniger Staat?, Berlin

Zu den MitarbeiterInnen

Thorsten Hallmann

Thorsten Hallmann, M.A., geb. 1974, promoviert im Fach Politikwissenschaft zum Thema „Vereine als Akteure der lokalen Zivilgesellschaft" und arbeitete am Institut für Politikwissenschaft der WWU Münster von 1997 bis 2004 an Forschungsprojekten über gemeinnützige Organisationen mit.

Veröffentlichungen

Zimmer, Annette/Hallmann, Thorsten (2005): Mit vereinten Kräften. Ergebnisse der Befragung „Vereine in Münster", Münster
Zimmer, Annette/Hallmann, Thorsten (2002): Identität und Selbsteinschätzung von Nonprofitorganisationen, in: Frantz, Christiane/Zimmer, Annette (Hrsg.): Zivilgesellschaft international. Alte und neue NGOs, Opladen, S. 279-301

Lilian Schwalb

Lilian Schwalb, geb. 1973, studierte an der Universität Konstanz Verwaltungswissenschaft und promoviert derzeit zu dem Thema „Public Private Partnerships in der lokalen Kulturfinanzierung". Seit 2003 ist sie wissenschaftliche Mitarbeiterin im Forschungsschwerpunkt Dritter Sektor der WWU Münster.

Veröffentlichungen

Zimmer, Annette/Schwalb, Lilian (2004): Vereine – Organisationen des Dritten Sektors und Akteure der Zivilgesellschaft, in: Außerschulische Bildung, 4/200

Empfohlene Literatur zum Thema

Zur vertiefenden Einarbeitung in das Gesamtthema werden empfohlen:

Grötker, Ralf (2004): Von Netzwerkern und Vereinsmeiern. Unter Gleichen: Im „e.V.",
  Sendung im DeutschlandRadio Berlin: Zeitfragen um 15.05 Uhr, 31.5. 2004.
  Amüsanter und unterhaltsamer Beitrag von 45 Minuten, der einen umfassenden
  Überblick über Traditionen, Arbeitsbereiche und Vergesellschaftungs- wie Verge-
  meinschaftungsfunktionen von Vereinen vermittelt.
Willmann, Urs (2004): Wie man sich im Verein gesellt (Artikel aus der Serie „Leben in
  Deutschland"), in: Die Zeit, http://www.zeit.de/2004/09/Serie_-_Vereine
Forschungsjournal Neue Soziale Bewegungen (2004): Zwischen Meier und Verein. Mo-
  dernisierungspotentiale im Ehrenamt, Jg. 17/1.
  Eine Auswahl von Beiträgen zur gesellschaftlichen Bedeutung und zu den Arbeits-
  bereichen von Vereinen.
Forschungsjournal Neue Soziale Bewegungen (2003): Konturen der Zivilgesellschaft. Zur
  Profilierung eines Begriffs, Jg. 16/2.
  Eine Auswahl von Beiträgen, die Vereine als Akteure der Zivilgesellschaft betrach-
  ten und Handlungsoptionen wie Restriktionen von Vereinen als freiwilligen Verei-
  nigungen diskutieren
Agricola, Sigurd (1997): Vereinswesen in Deutschland. Eine Expertise im Auftrag des
  Bundesministeriums für Familie, Frauen und Jugend, Stuttgart.
  Eine komprimierte, leicht lexikalisch angelegte Einführung in die Materie.

Einleitung

Boom der Vereine Das Vereinswesen boomt! Obgleich die Sozialwissenschaften dies nur bedingt, und wenn überhaupt, dann unter einem anderen Label zur Kenntnis nehmen. Auch ist die Renaissance der Vereine als freiwillige Vereinigungen keineswegs auf Deutschland beschränkt. Weltweit entstehen zunehmend Organisationen, die funktionale Äquivalente unserer Vereine darstellen. Im angelsächsischen Kontext spricht man von voluntary associations und immer häufiger auch von civil society organizations. Auf der internationalen Bühne sowie in Brüssel bezeichnet man diese Organisationen als NGOs bzw. als Non-governmental organizations. In den neuen Mitgliedsländern der Europäischen Union in Ost- und Mitteleuropa ist dagegen die Bezeichnung Nonprofit-Organisation weit verbreitet. All diese Anglizismen bezeichnen jedoch einen Organisationstyp und in Kontinentaleuropa auch eine Rechtsform, die im Wesentlichen dem deutschen Idealverein entspricht.

Unklare Begrifflichkeit Für die Renaissance des Vereinswesens auf nationaler, internationaler und supranationaler Ebene lassen sich vielfältige Gründe anführen. So wird der deutliche Bedeutungsgewinn von NGOs im internationalen Kontext auf die Internationalisierung von Problemlagen und den nach wie vor eher begrenzten Handlungsspielraum der Mehrheit der Nationalstaaten zurückgeführt. Leere öffentliche Kassen und die Überlastung des Wohlfahrtsstaates werden dagegen ins Feld geführt, um den Bedeutungsgewinn und das Wachstum von Vereinen zu erklären, die als soziale Dienstleister tätig sind. Aber auch die Unzufriedenheit großer Teile der Bevölkerung mit den sozialstaatlichen Leistungsangeboten ist ein wichtiger Grund dafür, dass gerade im Gesundheitswesen und im Sozialbereich seit Mitte der 1970er Jahre zunehmend Vereine gegründet werden – namentlich Selbsthilfegruppen und andere soziale Initiativen, die ganz spezielle Angebote bereithalten und auf spezifische Bedürfnisse der Bevölkerung reagieren. Schließlich ist unsere Gesellschaft deutlich aktiver und auch selbstbewusster geworden. Es sind nicht mehr vorrangig die traditionellen Großorganisationen wie etwa Gewerkschaften, Parteien oder Kirchen, denen man sich anvertraut und die als Vehikel für Partizipation und Interessenvertretung dienen. Vielmehr engagiert man sich heute bei Greenpeace, Amnesty International, Attac oder einer anderen gesellschaftspolitischen Gruppe, um politisch und gesellschaftlich aktiv zu sein und eine demokratischere und gerechtere Welt voranzubringen.

Intensive Forschung Insofern muss man davon ausgehen, dass auch die Forschung zu Vereinen als freiwilligen Organisationen boomt. Dies ist in der Tat auch der Fall, allerdings findet die Forschung nicht unter dem Label „Vereinsforschung" statt. So gibt es inzwischen eine breite Debatte zur Einbeziehung nicht-staatlicher Akteure beim Regieren in komplexen Systemen. Bei diesen Akteuren handelt es sich häufig auch um Vereine, denen eine wichtige Rolle in den neuen Governance

Strukturen auf ganz unterschiedlichen Ebenen des Regierens zukommt. Und wo wird gemäß Robert Putnam Sozialkapital gebildet? Es ist das breite Spektrum der freiwilligen Vereinigungen und sozialen Netze – also der Vereine. Sie halten danach unsere Gesellschaft zusammen und bilden das Unterpfand der Demokratie. Untersuchungen zum Sozialkapital, wie es sich entwickelt, ob es zurückgeht oder zunimmt, haben inzwischen Hochkonjunktur. Vereinen kommt hier eine ganz wesentliche Bedeutung zu, obgleich dies meist nicht so direkt gesagt wird. Entsprechendes gilt für die Wachstumsbranche der Forschung zur Zivilgesellschaft. Auch hier sind es wieder die freiwilligen Vereinigungen, die Zusammenschlüsse von Gleichgesinnten, die Interessensgemeinschaften und sozialen Netzwerke, denen eine besondere Aufmerksamkeit zuteil wird. Doch auch dies erfolgt meist nicht unter dem Label „Verein“, sondern unter der Bezeichnung zivilgesellschaftliche Organisationen.

Vor diesem Hintergrund ist es nicht ganz einfach, einen einführenden und   *Schwerpunkte* damit grundlegenden Band zu Vereinen zu verfassen. Der vorliegende Studienbrief erhebt daher nicht den Anspruch, die gesamte Bandbreite von Vereinsaktivitäten, ihre komplexe Rolle im politischen Prozess und ihren Beitrag zur gesellschaftlichen Wohlfahrtsproduktion umfassend darzulegen. Vielmehr werden im Folgenden Schwerpunkte gesetzt und der Verein in seinem Aktionsspektrum primär auf der lokalen Ebene behandelt.

Teil I

In Teil I wird zunächst der Verein als Rechtsform vorgestellt, grundlegende Begrifflichkeiten geklärt und Gemeinnützigkeit als Kategorie des Steuerrechts erläutert. Ferner wird in diesem Teil der Verein als eine wichtige Form der Vergesellschaftung der Moderne behandelt. Es wird gezeigt, dass Vereine Motor und Träger gesellschaftlicher Modernisierung sind, die sich jeweils zeitspezifisch drängenden gesellschaftlichen Fragen und Problemen angenommen haben. Aufgrund des breiten Aufgaben- und Funktionsspektrums von Vereinen ist es nicht verwunderlich, dass – obgleich es eine Vereinsforschung per se nicht gibt – Vereinen, aus unterschiedlichen Perspektiven betrachtet, ein wichtiger Stellenwert im Kontext sozialwissenschaftlicher Forschung zukommt.

Teil II

Teil II behandelt Vereine aus der Sicht der Empiriker. Das Vereinswesen der Stadt Münster wird exemplarisch als Beispiel einer lokalen Vereinslandschaft behandelt. Deutlich wird hierbei der Facettenreichtum, aber auch der wirtschaftliche und soziale Stellenwert der Vereine in der Kommune. Gleichzeitig zeigen die Ergebnisse der Münsteraner Vereinsbefragung, dass Vereine sich einer ungebrochenen Popularität erfreuen und sich weiterhin auf Wachstumskurs befinden. Ferner wird in Teil II anhand ausgewählter Bereiche und Policy-Felder gezeigt, wie eng lokale Vereine und Kommune zusammenarbeiten. Public-Private Partnerships können im Vereinswesen auf eine lange Tradition zurückblicken. Die

Governance-Debatte als Diskussion über die Einbeziehung nicht-staatlicher
Akteure im Kontext von Regieren ist insofern im Vereinswesen gewissermaßen
„ein alter Hut". Allerdings wird dies meist nicht so gesehen, da mit Vereinen
häufig lediglich Brauchtumspflege und Geselligkeit assoziiert werden. Wie die
empirischen Studien aus Münster und Jena zeigen, trifft dies aber keineswegs die
Realität.

Teil III

Teil III versucht eine Verbindung herzustellen zwischen Vereinen als freiwilligen Vereinigungen und den aktuellen und zum Teil hochmodischen Debatten zur
Zivilgesellschaft, zum Sozialkapital und zum Dritten Sektor. Thematisiert wird
die wissenschaftstheoretische Verortung der drei Ansätze. Es wird gefragt, vor
welchem sozialen und politischen Hintergrund und welchen Kontextbedingungen der Ansatz jeweils entstanden ist. Es werden die jeweiligen wissenschafts-
theoretischen Traditionslinien aufgezeigt und gefragt, auf welcher Analyseebene
jeweils angesetzt wird.

Teil I
Grundlagen

1 Was ist ein Verein?

1.1 Erste Annäherungen an den Gegenstand

Ein Blick in den Lokalteil der Samstagszeitung genügt, um einen Eindruck von den vielfältigen Aktivitäten der Vereine zu gewinnen. So fährt am Sonntagmorgen der Männerkegelclub „Die rollende Kugel e.V." an die Weser, der Museumsverein organisiert einen historischen Stadtspaziergang, und in der „Linde" kann man sich bei einem Dia-Vortrag mit anschließender Diskussion, organisiert von der lokalen Sektion des Alpenvereins, über Fauna und Flora in Bozen informieren. Die Mehrheit der Bundesbürger ist Mitglied in zumindest einem Verein; und jeder von uns hat wenigstens schon einmal an einer Veranstaltung eines Vereins teilgenommen. Oft haben wir es vielleicht gar nicht bemerkt, dass es sich bei der betreffenden Veranstaltung um die eines Vereins handelte. Oder bringen Sie Wahlkämpfe, Parteiversammlung und Parteibroschüren mit Vereinsarbeit in Verbindung? Politische Parteien sind aber in Deutschland traditionell als Vereine organisiert. Dieses Beispiel genügt schon, um zu zeigen, welches breite Spektrum von Organisationen und Aktivitäten durch Vereine abgedeckt wird.

Vielfältige Aktivitäten

Nicht zuletzt aufgrund dieser Vielfältigkeit gibt es keine allgemein anerkannte wesensmäßige Definition des Vereins (Betzelt 2001: 295, Agricola 1997: 23). Das Gesetz zur Regelung des öffentlichen Vereinsrechts definiert den Verein als eine „Vereinigung, zu der sich eine Mehrheit natürlicher oder juristischer Personen für längere Zeit zu einem freiwilligen Zweck freiwillig zusammengeschlossen und einer organisierten Willensbildung unterworfen hat." (§2 Abs. 1 VereinsG). Selbst das um Präzision bemühte Bürgerliche Gesetzbuch (BGB) enttäuscht in diesem Sinne in punkto Vereine, beinhalten doch seine Bestimmungen keinen Hinweis auf das Verhältnis der Vereine zur und ihren Nutzen für die Gesellschaft. So definieren die maßgebenden Vorschriften der §§ 21-79 BGB weder den Begriff des Vereins, noch enthalten sie eine Legaldefinition für den rechtsfähigen Verein (van Randenborgh 2000: 35). Sie klären lediglich, welche Voraussetzungen für eine Vereinsgründung, -eintragung, für seine Auflösung, seine interne Struktur und Vertretung nach außen erfüllt sein müssen (vgl. auch Entenmann 2001; Reichert 2003). Die fehlende wesensmäßige Definition bedeutet jedoch nicht, dass Vereine in einem rechtsfreien Raum operieren. Im Unterschied zu den angelsächsischen Ländern, deren Rechtssystem auf dem Common Law, dem Gewohnheitsrecht, basiert, steht Deutschland in der Tradition des Code Napoleon. Danach bildet ein einmal ausgearbeitetes Gesetzbuch die

Keine allgemein anerkannte Definition

Grundlage des Rechtssystems. Von den in diesem Gesetzeswerk festgelegten allgemeinen Prinzipien werden alle anderen, spezielleren Maßgaben und Vorschriften abgeleitet.

Recht auf allgemeine Vereinigungsfreiheit

Um welches allgemeine Prinzip handelt es sich im Fall der Vereine? Konstitutiv für die Möglichkeit, überhaupt Vereine zu gründen, ist das auch grundrechtlich verbriefte Recht auf allgemeine Vereinigungsfreiheit (GG Art. 9, Abs. 1). Verfassungsgeschichtlich betrachtet, stellt das Grundrecht auf Vereinigungsfreiheit – wie im Übrigen auch das der Versammlungsfreiheit – eine Errungenschaft der bürgerlichen Gesellschaft dar. Die gesellschaftliche „Kommunikationssphäre" soll gegenüber staatlichem Zugriff wirksam geschützt werden. Insofern dient die grundrechtliche Garantie der Vereinigungsfreiheit nicht zuletzt der Verankerung des Demokratieprinzips (ausführlich zur geschichtlichen Entwicklung und demokratietheoretischen Relevanz: Grimm 1991: 67-75, 244). Zwar sind im Grundgesetz „Vereine und Gesellschaften" als grundrechtlich geschützte Organisationsformen explizit angeführt, dies bedeutet jedoch nicht, dass nur diese beiden Organisationsformen in Frage kämen. Versteht man die Organisationsform als quasi das „rechtliche" Kleid eines Zusammenschlusses, so stellt der Verein lediglich eine Vereinigungsform unter anderen dar. Neben dem Verein stehen, wenn der Zusammenschluss auf Dauer angelegt und auch rechtlich verankert werden soll, als Alternativen beispielsweise die Aktiengesellschaft, die Genossenschaft oder die GmbH zur Verfügung. Es hängt ganz von den Umständen und den Zielsetzungen der Beteiligten ab, welche der Vereinigungsformen im Einzelfall gewählt wird. Doch selbst wenn man sich nach eingehender Prüfung für den Verein entschieden hat, ist damit die Rechtsform noch nicht eindeutig festgelegt. Verein ist nämlich in Deutschland keineswegs gleich Verein. Im Einzelnen unterscheidet man zwischen dem *wirtschaftlichen* und dem *ideellen* Verein sowie zwischen dem *nicht rechtsfähigen* und dem rechtsfähigen bzw. dem *eingetragenen* Verein.

Im Folgenden werden zunächst die verschiedenen Vereinsformen in Anlehnung an van Randenborgh (2000: 35f) überblickartig dargestellt. Daran anschließend wird eine Einteilung der vom Gesetzgeber zur Verfügung gestellten Organisationsformen vorgenommen. Schließlich werden die Vor- und Nachteile des eingetragenen Vereins gegenüber der Personen- sowie der Kapitalgesellschaft diskutiert.

1.2 Formalia des Vereinsrechts

1.2.1 Der wirtschaftliche und der ideelle Verein

Vereinszweck – wirtschaftlicher Geschäftsbetrieb

Im Vergleich zum ideellen Verein kommt dem wirtschaftlichen Verein eine eher randständige Bedeutung zu (vgl. Ott 2002: 64). Gemäß dem Wortlaut des BGB handelt es sich bei wirtschaftlichen Vereinen um solche, „deren Zweck auf einen wirtschaftlichen Geschäftsbetrieb gerichtet ist" (§ 22). Gemeint ist mit der etwas unglücklichen Formulierung, dass diese Vereine keinen ideellen, sondern eben einen materiellen Zweck verfolgen, und dass die vom Verein dazu durchgeführten Transaktionen seinen Geschäftsbetrieb darstellen. Insofern treten wirtschaftliche Vereine dauerhaft am Markt in unternehmerischen Funktionen mit der Zielsetzung auf, für den Verein oder für seine Mitglieder vermögensrelevante Vorteile zu erwirtschaften. Der wirtschaftliche Verein – wie selbstverständlich auch der ideelle – kann die Rechtsfähigkeit erlangen; der Verein wird als juristische Person anerkannt, und für eingegangene Verbindlichkeiten haftet nicht mehr die ausführende Person, z.B. der Vorsitzende oder auch der Geschäftsführer, mit dem Privatvermögen, sondern der Verein als juristische Person mit dem Vereinsvermögen.

Allerdings ist die Erlangung der Rechtsfähigkeit für den wirtschaftlichen Verein vergleichsweise schwieriger als für den ideellen Verein. Auf das entsprechende Verfahren beim ideellen Verein wird noch näher eingegangen, für den wirtschaftlichen Verein sei angemerkt, dass er rechtsfähig wird kraft staatlicher Verleihung, wobei jeweils das entsprechende Bundesland zuständig ist, und die Genehmigung in der Regel durch den Regierungspräsidenten erteilt wird. Zu den wirtschaftlichen Vereinen zählen beispielsweise Darlehensvereine, Gewinnsparvereine oder Vereine zur gegenseitigen Unterstützung in Krankheits- oder Notfällen. Wirtschaftliche Vereine sind in der Praxis selten, da andere speziellere Vereinigungsformen für die Verfolgung wirtschaftlicher Zwecke, wie z.B. die GmbH oder auch die Genossenschaft, zur Verfügung stehen.

Rechtsfähigkeit kraft staatlicher Verleihung

Allein schon zahlenmäßig weitaus bedeutsamer sind dagegen die ideellen Vereine, auch Idealvereine oder nichtwirtschaftliche Vereine genannt. Nach dem BGB sind dies solche Vereine, „deren Zweck nicht auf einen wirtschaftlichen Geschäftsbetrieb gerichtet ist" (§ 21). Der Zweck der ideellen Vereine besteht darin, sich für die Allgemeinheit und die Erreichung ideeller Ziele einzusetzen. Bekanntlich ist die Vielfalt der ideellen und gemeinnützigen Zielsetzungen fast unbegrenzt. Neben wissenschaftlichen, künstlerischen und sozialen Zielen zählen dazu ebenso sportliche wie auch religiöse und kirchliche sowie politische Zwecke. Charakterisiert man Vereine entsprechend dieser Zwecke in einem weiten Sinne, so kommt man zu dem Schluss, dass das Spektrum der ideellen Vereine sehr weit gefasst ist und von Selbsthilfegruppen, Hobby-, Sport- und Kulturvereinen über Parteien und Gewerkschaften bis hin zu Netzwerken, Verbänden und NGOs reicht (vgl. auch die Typologisierung von Agricola 1997: 21ff).

Vereinszweck – Erreichung ideeller Ziele

Die Zielsetzung der ideellen Vereine besteht zwar nicht darin, vermögenswirksame Vorteile für ihre Mitglieder zu erwirtschaften, sie sind deshalb aber nicht generell vom Markt ausgeschlossen. Auch die ideellen Vereine unternehmen wirtschaftliche Aktivitäten; allerdings müssen diese dazu dienen, den ideellen Vereinszweck zu unterstützen. Zu den „klassischen" wirtschaftlichen Aktivitäten der ideellen Vereine zählen unter anderem die Erhebung von Mitgliedergebühren und die Durchführung von Veranstaltungen. Die Tatsache, dass Vereine zwar wirtschaftlich aktiv sein können, es ihnen aber nicht erlaubt ist, erzielte Überschüsse an ihre Mitglieder weiterzugeben, zeichnet sie als Nonprofit-Organisationen aus. Bei den Nonprofit-Organisationen müssen die erwirtschafteten Gewinne entweder in die Einrichtung re-investiert oder aber anderen gemeinnützigen Zwecken zugeführt werden.

Nicht generell vom Markt ausgeschlossen

Abbildung 1: Gegenüberstellung von wirtschaftlichem und ideellem Verein

Der wirtschaftliche Verein	**Der ideelle Verein**
Der Zweck des Vereins ist auf den Betrieb eines wirtschaftlichen Geschäftsbetriebs beschränkt.	Der Zweck des Vereins besteht in der Verfolgung ideeller, nichtwirtschaftlicher Ziele.
Der Geschäftsbetrieb stellt die Haupt- und Grundtätigkeit des Vereins dar.	Ideelle Vereine können sich wissenschaftlichen, wohltätigen, sportlichen, geselligen, kirchlichen und politischen Zwecken widmen.
Beispiele: • *Sterbekasse* • *Ärztliche Verrechnungsstelle* • *Wohnungsbauverein*	*Beispiele:* • *Gesangsverein* • *Sportverein* • *Wohltätigkeitsverein*
Der wirtschaftliche Verein erhält die Rechtsfähigkeit durch staatliche Verleihung. Zuständig ist das betreffende Bundesland.	Der Vereinszweck des ideellen Vereins kann durch wirtschaftliche Tätigkeiten unterstützt werden, und zwar z.B. durch Erhebung von Beiträgen, Veranstaltungen.
Der wirtschaftliche Verein kann nicht in das Vereinsregister eingetragen werden.	Der ideelle Verein erhält Rechtsfähigkeit durch den Eintrag ins Vereinsregister.

Quelle: eigene Darstellung

1.2.2   Der nichtrechtsfähige und der rechtsfähige Verein

Ob es sich bei einer solchen Nonprofit-Organisation um einen rechtsfähigen oder aber einen nichtrechtsfähigen Verein handelt, kann unter Umständen für das Vereinsmitglied durchaus folgenschwer sein. Der nichtrechtsfähige Verein unterscheidet sich vom rechtsfähigen Verein vor allem dadurch, dass er keine eigene Rechtspersönlichkeit besitzt. Der nichtrechtsfähige Verein ist somit keine „juristische Person" und demnach auch nicht mit eigenen Rechten und Pflichten ausgestattet. Träger von Rechten und Pflichten sind beim nichtrechtsfähigen Verein gemäß § 54 BGB vielmehr alle Vereinsmitglieder bzw. die Vereinsmitglieder zur „gesamten Hand", wie es die Juristen ausdrücken. § 54 BGB legt auch fest, dass auf nichtrechtsfähige Vereine die Vorschriften über die Gesellschaft bürgerlichen Rechts Anwendung finden, die in den §§ 705ff. BGB geregelt sind (zum Unterschied zwischen den Organisationsformen vgl. weiterhin van Randenborgh 2000: 36).

Folgen der Nicht-rechtsfähigkeit des Vereins

Folgenschwer kann die Nichtrechtsfähigkeit des Vereins beispielsweise für ein Mitglied des Vorstandes werden, falls für den Verein Verbindlichkeiten eingegangen werden. Beim nichtrechtsfähigen Verein haftet nämlich derjenige, der

„unterschrieben" hat, für die Schulden, und zwar mit seinem ganzen persönlichen Besitz (vgl. zu den Haftungsrisiken von Vereinsvorständen Holt 2003).

Abgesehen von der persönlichen Haftung handelnder Personen hat die Nicht-Rechtsfähigkeit unter anderem noch bedeutsame Folgen bei Grundbucheintragungen und bei einer eventuellen Prozessführung des Vereins. Bei Immobilienerwerb z.B. werden „die jeweiligen Mitglieder des nichtsrechtsfähigen Vereins Miteigentümer zur gesamten Hand" (Kempfler 1977: 14). Eine Grundbucheintragung unter dem Vereinsnamen wäre in diesem Fall unwirksam. Ebenfalls kann ein nichtrechtsfähiger Verein auch unter seinem Namen keine Klage vor Gericht erheben. Auch bei einer Prozessführung sind die Mitglieder jeweils einzeln als Kläger aufzuführen.

Zu den nichtrechtsfähigen Vereinen zählen vor allem die vielen kleinen Vereine und Clubs wie etwa die Kegelclubs und Skatvereine, für die sich die Umstände, die mit der Erlangung der Rechtsfähigkeit verbunden sind, nicht lohnen, da der Abschluss größerer Rechtsgeschäfte nicht beabsichtigt ist. Darüber hinaus sind jedoch auch die großen Personenzusammenschlüsse wie die Gewerkschaften, die Arbeitgeberverbände und einige politische Parteien aufgrund eigener Entscheidung nichtrechtskräftige Vereine. Aus der Sorge vor staatlicher Überwachung haben es vor allem Gewerkschaften und SPD traditionell abgelehnt, die Rechtsfähigkeit zu beantragen (vgl. Wehler 1995: 339-345).

Beispiele nichtrechtsfähiger Vereine

Abschließend sei zu diesem Punkt noch angemerkt, dass der Gesetzgeber bei Haftungsfragen gerade im Hinblick auf große Personenzusammenschlüsse Vorsorge getroffen hat. Die persönliche Haftung des Handelnden kann bei beiderseitigem Willen ausgeschlossen werden. Im Übrigen sind die Parteien den Sonderregelungen des Parteiengesetzes unterworfen. Der zentrale Unterschied zwischen Vereinen und Parteien besteht in der vom Gesetzgeber im Parteiengesetz (PartG) ausdrücklich herausgehobene Position der Parteien, die laut §1 Abs. 1 PartG eine „ihnen nach dem Grundgesetz obliegende und von ihm verbürgte öffentliche Aufgabe" erfüllen (Parteiengesetz in der Bekanntmachung von 1994; zum Parteienrecht vgl. Schneider 1990: 155-218). Die Parteien sind nämlich insofern ein Stück weit aus der „Privatsphäre" der Gesellschaft herausgenommen, als ihre Aufgabe bzw. Zielsetzung in der „dauernden Mitwirkung an der politischen Willensbildung" besteht (§1 Abs. 1 PartG; ebd.). Zwar sind Vereine durchaus auch am politischen Prozess beteiligt, allerdings ist dies in der Regel nicht ihre primäre oder wesentliche Zielsetzung. Dass es sich bei Parteien im Kern aber dennoch um Vereine handelt, wird deutlich, wenn man den Organisationsaufbau und die Satzung sowie die die Mitglieder betreffenden Regelungen des Parteiengesetzes betrachtet (vgl. §§ 6ff. PartG). Diese stimmen nämlich mit den rechtlichen Bestimmungen, denen Vereine unterliegen, im Wesentlichen überein.

Unterschied Partei und Verein

Der rechtsfähige Verein besitzt eine eigene Rechtspersönlichkeit und kann wie eine natürliche Person beispielsweise Verträge abschließen, Mitarbeiter einstellen oder Räumlichkeiten anmieten. Rechtsfähige Vereine erkennt man an dem Namenszusatz e.V. bzw. eingetragener Verein (Stöber 2000: 93f, Agricola 1997: 17). Um Rechtsfähigkeit zu erlangen, muss der ideelle Verein allerdings zunächst gegründet und dann ins Vereinsregister eingetragen werden.

Abbildung 2:   Gegenüberstellung von rechtsfähigem und nichtrechtsfähigem
                 Verein

Der rechtsfähige Verein

Durch Eintrag in das Vereinsregister, geführt bei dem für ihn zuständigen Amtsgericht, erhält der ideelle Verein die Rechtsfähigkeit.

Der ideelle Verein wird sodann zur juristischen Person und führt den Zusatz e.V.

Der rechtsfähige Verein kann Verbindlichkeiten eingehen und z.B. Eigentum erwerben. Die Haftung obliegt dem Verein, nicht den Mitgliedern.

Der Vorstand des Vereins hat die Stellung eines gesetzlichen Vertreters.

Jeder ideelle Verein, d.h. ein Verein, der keinen wirtschaftlichen Zweck verfolgt, kann eingetragen werden.

Die meisten Vereine, die gemeinnützige, mildtätige, sportliche und kirchliche Zwecke verfolgen, sind e.V.

Beispiele:
*   *Wandervereine*
*   *Sportvereine*
*   *Kulturvereine*
*   *Soziale Vereine*

Der nichtrechtsfähige Verein

unterscheidet sich in folgenden Aspekten vom rechtsfähigen Verein:

1. Er wird nicht in das Vereinsregister eingetragen.

2. Aus einem Rechtsgeschäft, das im Namen des Vereins mit einem Dritten vorgenommen wird, haftet der Handelnde.

3. Bei Immobilienerwerb können im Grundbuch nur die Mitglieder, nicht aber der Verein als Eigentümer eingetragen werden.

Beispiele:
*   *Skatclub*
*   *Kegelverein*

Große Organisationen, wie z.B. Parteien, Gewerkschaften, Verbände sind oft nichtrechtsfähige Vereine.

Als ideelle Vereine können sie aber jederzeit durch Eintragung ins Vereinsregister die Rechtsfähigkeit erlangen.

Steuerlich werden der rechtsfähige und der nichtrechtsfähige Verein gleichbehandelt.

Quelle: eigene Darstellung

1.2.3 Vereinsgründung und Satzungsgestaltung

Satzung als schriftlicher Kern des Vereins

Im Alleingang kann man keinen Verein gründen. Es müssen mindestens zwei Personen Gründer sein; eine Eintragung ins Vereinsregister kann sogar erst ab sieben Mitgliedern erfolgen (§56 BGB). Eine weitere Voraussetzung zur Gründung besteht darin, dass die für den zukünftigen Verein verbindlichen Regelungen in einer Satzung festgehalten werden. Als eigentlicher Gründungsakt gilt allerdings, dass die Gründer sich über die Verbindlichkeit der Satzung einigen sowie den Beschluss zur Eintragung ins Vereinsregister fassen (vgl. van Ran-

denborgh 2000: 36f). Die Satzung, der schriftliche „Kern" des Vereins, hat gemäß § 57 BGB den Vereinszweck und Vereinsnamen sowie Angaben über den
Vereinssitz zu enthalten. Darüber hinaus muss aus der Satzung hervorgehen,
dass der Verein ins Vereinsregister eingetragen werden soll. Sie sollte ferner
Bestimmungen enthalten über:

- den Eintritt und Austritt von Mitgliedern,
- die von den Mitgliedern zu leistenden Beiträge,
- die Bildung des Vorstandes
- die Voraussetzungen und die Formen, unter denen die Mitgliederversammlung zu berufen ist,
- die Beurkundung der Beschlüsse (ausführlich vgl. Burhoff 2002: 31-91).

Dokumentiert wird die Vereinsgründung durch das Gründungsprotokoll, das
genaue Angaben über den Ort und den Zeitpunkt der Gründungsversammlung
sowie über die Anzahl der teilgenommen Mitglieder enthalten muss. Es ist die
Feststellung der Beschlussfähigkeit der Versammlung in das Gründungsprotokoll
aufzunehmen; ferner sind in das Protokoll Angaben zur Beratung und Annahme
der Satzung, zur Wahl des Vorstandes und zur Festsetzung der Jahresbeiträge
einschließlich der Abstimmungsergebnisse aufzunehmen. Schließlich muss das
Protokoll der Gründungsversammlung handschriftlich unterschrieben sein, und
zwar durch die nach der Satzung für Beurkundungen zuständigen Mitglieder des
betreffenden Vereins (für ein Musterprotokoll siehe Burhoff 2002: 433).

Durch die erwähnten Aktivitäten in der Gründungsversammlung entsteht *Rechtsfähigkeit durch*
zunächst einmal ein sog. Vorverein, der die Kriterien des nicht eingetragenen *Eintragung ins*
Vereins gemäß § 54 BGB erfüllt und dem insofern nur noch die Rechtsfähigkeit *Vereinsregister*
fehlt (zum Zweck, den Rechtsgrundsätzen, der Vertretung und Haftung der Handelnden im Vorverein s. van Randenborgh 2000: 37ff). Die Rechtsfähigkeit wird
bei ideellen Vereinen durch die Eintragung ins Vereinsregister erworben. Bei der
Anmeldung zur Eintragung ins Vereinsregister, das bei dem jeweils zuständigen
Amtsgericht geführt wird, sind strenge Formvorschriften zu beachten (siehe
Burhoff 2002: 25ff, Stöber 2000: 485). Der Antrag ist von allen Vorstandsmit-
gliedern gemeinsam vorzunehmen; er hat schriftlich zu erfolgen, wobei Name,
Sitz und Anschrift des Vereins, der Tag der Errichtung der Satzung sowie Name,
Beruf und Anschriften der Vorstandsmitglieder anzugeben sind. Die Unterschrif-
ten der Vorstandsmitglieder müssen notariell oder durch das Ortsgericht beglau-
bigt sein. Dem Antrag sind ferner die Satzung im Original und das Protokoll der
Gründungsversammlung beizufügen.

Vor dem Eintrag ins Vereinsregister wird der Antrag allerdings von der zuständigen Verwaltungsbehörde, in der Regel der Ortspolizeibehörde oder dem
Landratsamt, auf formale Zulässigkeit und Vereinbarkeit mit dem Vereinsrecht
geprüft. Ist auch diese Hürde passiert, so wird der Verein mit Name, Sitz, Tag
der Satzungserrichtung sowie den betreffenden Angaben über die aktuellen Vorstandsmitglieder ins Vereinsregister eingetragen. Für den Eintrag ins Vereinsregister werden dem Verein Kosten in Rechnung gestellt, die sich nach der Höhe
des Vereinsvermögens richten.

Abbildung 3: Beispiel einer Satzung eines Vereins

Mustersatzung
Für einen gemeinnützigen Verein
(aus steuerlichen Gründen notwendige Bestimmungen einer Satzung ohne Berücksichtigung der
vereinsrechtlichen Vorschriften des BGB)

§ 1
Der _____
Mit Sitz in _____
Verfolgt ausschließlich und unmittelbar – gemeinnützige – mildtätige – kirchliche – Zwecke
(nicht verfolgte Zwecke streichen) im Sinne des Abschnitts „Steuerbegünstigte Zwecke" der
Abgabenordnung.
Zweck des Vereins ist_____

(z.B. die Förderung von Wissenschaft und Forschung, Bildung und Erziehung, Kunst und Kultur,
des Umwelt- Landschafts- und Denkmalschutzes, der Jugend- und Altenhilfe, des öffentlichen
Gesundheitswesens, des Sports, Unterstützung hilfsbedürftiger Personen). Der Satzungszweck
wird verwirklicht insbesondere durch_____

(z.B. Durchführung wissenschaftlicher Veranstaltungen und Forschungsvorhaben, Vergabe von
Forschungsaufträgen, Unterhaltung einer Schule, einer Erziehungsberatungsstelle, Pflege von
Kunstsammlungen, Pflege des Liedgutes und des Chorgesangs, Errichtung von Naturschutzgebie-
ten, Unterhaltung eines Kindergartens, Kinder-, Jugendheimes, Unterhaltung eines Altenheimes,
eines Erholungsheimes, Bekämpfung des Drogenmissbrauchs, des Lärms, Errichtung von Sport-
anlagen, Förderung sportlicher Übungen und Leistungen).
§ 2
Der Verein ist selbstlos tätig; er verfolgt nicht in erster Linie eigenwirtschaftliche Zwecke.
§ 3
Mittel des Vereins dürfen nur für die satzungsmäßigen Ziele des Vereins verwendet werden. Die
Mitglieder erhalten keine Zuwendungen aus Mitteln des Vereins.
§ 4
Es darf keine Person durch Ausgaben, die dem Zweck der Körperschaft fremd sind, oder durch
unverhältnismäßig hohe Vergütungen begünstigt werden.
§ 5
Bei Auflösung des Vereins oder bei Wegfall steuerbegünstigter Zwecke fällt das Vermögen des
Vereins
a) an den – die – das - _____

(Bezeichnung einer Körperschaft des öffentlichen Rechts oder einer anderen steuerbegünstigten
Körperschaft)*)
- der – die - das - es unmittelbar und ausschließlich für gemeinnützige – mildtätige – kirchliche –
Zwecke zu verwenden hat.
oder
b) an eine Körperschaft des öffentlichen Rechts oder eine andere steuerbegünstigte Körperschaft
zwecks Verwendung für_____

(Angabe eines bestimmten gemeinnützigen, mildtätigen oder kirchlichen Zwecks, z.B. Förderung
von Wissenschaft und Forschung, Bildung und Erziehung, Kunst und Kultur o.ä.)
Alternative zu § 5
Kann aus zwingenden Gründen der Verwendungszweck jetzt noch nicht angegeben werden (§61
Abs. 2 AO), so kommt folgende Bestimmung über die Vermögensbindung in Betracht:
„Bei Auflösung des Vereins oder bei Wegfall steuerbegünstigter Zwecke ist das Vermögen zu
steuerbegünstigten Zwecken zu verwenden. Beschlüsse über die zukünftige Verwendung des
Vermögens dürfen erst nach Einwilligung des Finanzamts ausgeführt werden."
* Ausländische Körperschaften kommen als Vermögensempfänger nicht in Betracht (vgl. Nr. 1
AEAO zu § 61)

Quelle: Broschüre „Vereine und Steuern" des Finanzministeriums des Landes NRW; Stand: Januar
2004, S. 21

Die Einsicht in das Vereinsregister ist jedem gestattet, ohne dass dazu ein besonderer Antrag erforderlich wäre. Ob ein Vereinsregister jedoch die ideale Quelle ist, um sich einen Überblick über das Vereinswesen vor Ort zu verschaffen, ist mehr als fraglich. Die Vereinsregister werden nämlich nicht durchgängig aktualisiert. Insofern ist es nicht verwunderlich, dass man in den Vereinsregistern relativ häufig auf „Karteileichen" trifft. Zum Teil gibt es den betreffenden Verein nicht mehr, oder er existiert nur noch dem Namen nach, oder aber der Sitz des Vereins hat sich geändert bzw. die angegebenen Vorstandsmitglieder haben längst gewechselt, so dass viele Angaben im Vereinsregister im Prinzip unbrauchbar sind.

Heute ist die Eintragung ins Vereinsregister im Prinzip nur noch ein formaler Akt, wobei alles seinen „bürokratischen" Gang geht und vor allem in formaler Hinsicht alles seine Richtigkeit haben muss. Dennoch lassen sich auch heute noch an dem relativ aufwändigen Verfahren der Vereinseintragung die Ursprünge im preußischen Polizei- und Obrigkeitsstaat erkennen. Warum sich Gewerkschaften und Sozialdemokratie traditionell gegen eine Eintragung ins Vereinsregister entscheiden, dürfte jetzt mehr als einleuchtend sein (vgl. Wehler 1996: 340).

1.3 Mitgliederversammlung und Vorstand – die Organe des Vereins

Handlungsfähig sind Vereine durch ihre Organe. Dazu zählen nach dem BGB der Vereinsvorstand (§ 26 Abs. 1 BGB) und die Mitgliederversammlung (§ 32 Abs. 1 BGB). Letzteres ist das oberste Vereinsorgan. Die Mitgliederversammlung wird durch Beschlussfassung tätig, wobei in der Regel die einfache Mehrheit der auf der Versammlung erschienenen Mitglieder entscheidet. Allerdings erfordern Satzungsänderungen die Stimmen einer 3/4-Mehrheit der anwesenden Mitglieder der Versammlung. Falls sogar der Vereinszweck zur Disposition steht, so müssen alle Vereinsmitglieder, notfalls schriftlich, der betreffenden Satzungsänderung zustimmen.

Mitgliederversammlung – oberstes Vereinsorgan

Die Mitgliederversammlung tagt selbstverständlich nicht ständig, sondern wird turnusgemäß, wie es in der Satzung vorsehen ist, einberufen. Wenn es das „Interesse des Vereins erfordert", kann abgesehen von dem in der Satzung vorgesehenen Turnus auch eine außerordentliche Mitgliederversammlung einberufen werden. Bei großen Vereinen kann die Satzung ferner anstelle der Mitgliederversammlung ein kleineres Gremium, eine sog. Vertreter- bzw. Delegiertenversammlung, vorsehen. Die Satzung bestimmt bei solchen Vereinen, dass für jeweils eine ganz bestimmte Anzahl von Mitgliedern je ein Stellvertreter/Delegierter an der Versammlung teilnimmt und seine Stimme abgibt. Eine der zentralen Aufgaben der Mitgliederversammlung bzw. auch der Delegierten- oder Stellvertreterversammlung ist die Wahl des Vorstandes, der zwischen den Mitgliederversammlungen die „Geschäfte" des Vereins führt.

Jeder Verein muss einen Vorstand haben. Dieser muss bereits im Gründungsstadium des Vereins bestellt werden und wirkt bei der Anmeldung zur Eintragung in das Vereinsregister mit, um die Rechtsfähigkeit zu erlangen. In der Funktion eines gesetzlichen Vertreters (§ 26 Abs. 2 BGB) vertritt er den Verein

gerichtlich und außergerichtlich. Dabei kann er aus einer oder mehreren Personen bestehen (§ 26 Abs. 1 BGB). In der Satzung wird die Anzahl der Vorstandsmitglieder festgelegt. Alternativ kann auch eine Mindest- oder Höchstzahl
vorgegeben werden (vgl. van Randenborgh 2000: 74). Generell beziehen sich die
Aktivitäten der Vorstände der Vereine bei mehreren Mitgliedern des Vorstands
auf mindestens vier Aufgaben- und Zuständigkeitsbereiche, die ebenfalls in der
Satzung festgelegt werden. So ist es geläufig, einen Ersten und Zweiten Vorsitzenden, einen Schriftführer sowie einen Kassenwart zu bestellen. Der Vorstand
vertritt den Verein rechtsgeschäftlich nach außen, und er hat das Recht zur internen Geschäftsführung. Bestimmt wird die Zusammensetzung und Bildung des
Vorstands durch die Mitgliederversammlung, zumindest unter der Voraussetzung, dass dies in der Satzung nicht anders geregelt wurde. Gemäß § 58 Nr. 3
BGB sollte nämlich schon die Satzung entsprechende Bestimmungen enthalten
(ebenda). Die Bestellung des Vorstandes, die gem. § 27 Abs. 1 BGB durch den
Beschluss der Mitgliederversammlung erfolgt, ist jederzeit widerrufbar. Änderungen in der Zusammensetzung sind jeweils beim Registergericht zur Eintragung anzumelden (§67 BGB); das gleiche gilt gem. §59 Abs. 2 i.V.m. §67 BGB
für die Bestellung und Änderung des Vorstands. In der Regel endet das Amt des
Vorstandes nach Ablauf der in der Satzung festgelegten Frist. Falls die Satzung
hierzu keine Angaben enthält, gibt es keine gesetzliche Begrenzung der Amtsdauer des Vorstandes. In den meisten Fällen sind Vorstände von Vereinen zunächst zwei Jahre im Amt. Die Wiederwahl des Vorstandes ist zulässig. Wesentliche Voraussetzung einer gültigen Wahl ist, dass die Kandidaten sich bereit
erklärt haben, das Vorstandsamt auch wahrzunehmen. Eine Vorstandssitzung
muss „ordentlich" einberufen werden, d.h. Ort und Zeit der Versammlung sowie
die Tagesordnung sind vorher bekannt zu geben; anderenfalls sind die gefassten
Beschlüsse nicht rechtskräftig. Für die Beschlussfassung des Vorstandes gilt das
Mehrheitsprinzip (Friedrich 1997: 42 f).

Verein als flexible   Die Organisationsform des Vereins mit den beiden „Minimalanforderun
Organisationsform   gen" – Mitgliederversammlung und Vorstand – hat sich als äußerst flexibel erwiesen. So ist der Verein eine Organisationsform, die im Laufe ihrer Geschichte
relativ wenige vom Gesetzgeber explizit eingeforderte Veränderungen durchlaufen hat. Dies liegt sicherlich daran, dass die rechtlichen Vorgaben der Organisationsform Verein kein „enges Korsett" darstellen, sondern auf die spezifischen
Zielsetzungen und „Sonderbedürfnisse" des betreffenden Vereins individuell
zugeschnitten werden können. Wie noch gezeigt wird, machen die Vereine vor
Ort von dieser Möglichkeit in Form von zusätzlich zur Vereinszielsetzung beitragenden Organen wie etwa Beiräten, Ausschüssen und speziellen Gremien
durchaus Gebrauch.

1.4 Gemeinnützigkeit – ein Begriff des Steuerrechts

Die Grundstruktur der Rechtsordnung der Bundesrepublik, die zunächst allgemeine Richtlinien aufstellt, denen die „besonderen Fälle" dann zugeordnet werden, lässt sich auch bei der steuerlichen Behandlung der Vereine erkennen. Diese
werden als körperschaftliche Vereinigungen bzw. als nicht-natürliche Personen

entsprechend den AGs oder GmbHs besteuert. Insofern unterliegen Vereine prinzipiell der Körperschafts-, Gewerbe-, Erbschafts- und Schenkungs-, Umsatz- und schließlich der Grundsteuer. Allerdings gibt es wie bei jeder Regel auch in diesem Fall Ausnahmen. Ausgenommen von der Steuerpflicht sind nämlich diejenigen Vereine, die im Sinne des Steuerrechts als gemeinnützig gelten (vgl. ausführlich zum Gemeinnützigkeitsrecht Igl/Jachmann/Eichenhofer 2002; Schauhoff 2000; zur aktuellen Debatte um die Engagementverträglichkeit gesetzlicher Regelungen vgl. Enquete-Kommission „Zukunft des Bürgerschaftlichen Engagements" 2002: 608ff; kritisch zum Gemeinwohlkonzept in Anlehnung an das aktuelle Gemeinnützigkeitsrecht vgl. Sachße 2001).

Abbildung 4: ABC der Gemeinnützigkeit

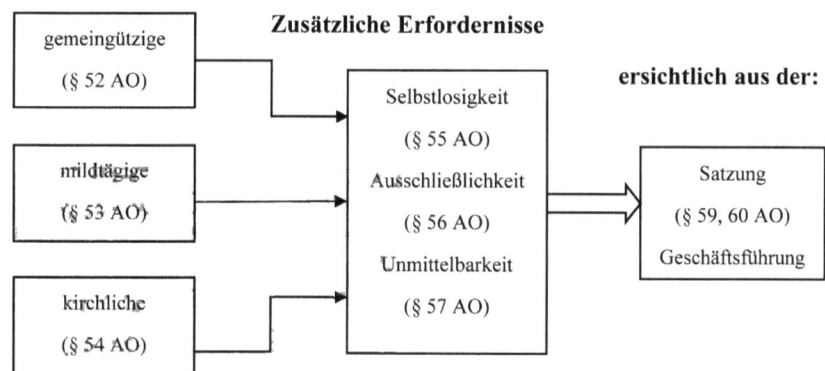

Quelle: eigene Darstellung

Die Bestimmungen über die Gemeinnützigkeit fallen nicht unter das Vereinsrecht, sondern Gemeinnützigkeit ist ein Begriff des Steuerrechts. Ob ein Verein als gemeinnützig anerkannt wird und somit weitgehend steuerlich freigestellt ist, darüber entscheidet das jeweils zuständige Finanzamt. Ein als gemeinnützig anerkannter Verein erhält eine Freistellungsbescheinigung, die aber auch wieder zurückgezogen werden kann, falls der Verein sich gesetzeswidrig verhält. *(Steuerfreistellung durch das Finanzamt)*

Entscheidungsgrundlage des Finanzamtes für die Steuerfreistellung ist die Abgabenordnung (AO § 51 – § 68), in der das ABC der Gemeinnützigkeit festgehalten ist (ausführlich zu den Einzelbestimmungen der AO, vgl. Finanzministerium NRW 2004: 85-96). Die Bestimmungen der Abgabenordnung setzen bei den Zielen bzw. Zwecken des Vereins an. Steuerbefreiung erhalten solche Vereine, deren Zwecke als gemeinnützig (§ 52), mildtätig (§ 53) oder kirchlich (§ 54) zu charakterisieren sind.

Die Zwecke eines Vereins gelten im Sinne der Abgabenordnung als gemeinnützig, wenn seine „Tätigkeit darauf gerichtet ist, die Allgemeinheit auf materiellem, geistigem oder sittlichen Gebiet selbstlos zu fördern" (§52 Abs. 1 AGO). Da diese Formulierung ein weites Spektrum von Interpretationsmöglichkeiten offen lässt, werden die speziell gemeinnützigen Vereinszwecke in §52 Abs. 2 AGO inhaltlich konkretisiert. Danach zählen die Förderung von Wissen- *(Gemeinnützige Zwecke)* schaft, Forschung, Bildung und Erziehung ebenso zu den gemeinnützigen Zwecken im Sinne der Abgabenordnung wie etwa die Förderung der Jugend- und Altenhilfe, des Sports oder der Tierzucht und Kleingärtnerei. Anhand dieses „Sammelsuriums" der als gemeinnützig geltenden Zwecke wird das zentrale Problem der Abgabenordnung deutlich. Sie enthält nämlich eine Fülle von Einzelbestimmungen, die zum Teil sehr zeitgeistabhängig und höchst interpretationsbedürftig sind. So galt z.B. der Sport zu Beginn dieses Jahrhunderts keineswegs als gemeinnützige Aktivität. In Bayern wurde einem Eislaufverein die Gemeinnützigkeit nicht anerkannt, weil nach damaliger Anschauung in der „Eislauferei" kein Nutzen für die Allgemeinheit zu erkennen war. Die Aktivitäten eines Wehrkraftvereins wurden demgegenüber wesentlicher positiver beurteilt. Dieser, so die damalige Rechtsmeinung, unterrichte „vor allem in den ernsten, für das Leben wichtigen Dingen (...) Der Verein spreche weitere Personenkreise an und diene der Förderung wirklicher Lebensinteressen" (zitiert aus Kempfler 1977: 43).

Mildtätige Zwecke Entsprechendes gilt auch für die mildtätigen Zwecke, die in der Abgabenordnung ebenfalls eher umfassend und sehr allgemein, gleichzeitig aber auch relativ speziell beschrieben sind. Die Abgabenordnung charakterisiert solche Vereinszwecke als mildtätige, die dazu dienen, „Personen selbstlos zu unterstützen" (§53 AO). Die Hilfebedürftigkeit der zu unterstützenden Personen wird in den folgenden Absätzen der AO entweder an körperlichen und seelischen Gebrechen oder an materiellen Notlagen festgemacht. Letztere sind wiederum sehr speziell und in bestem Amtsdeutsch festgelegt. Beispielsweise gelten solche Personen als hilfebedürftig, „deren Bezüge nicht höher sind als das Vierfache des Regelsatzes der Sozialhilfe im Sinne des § 22 des Bundessozialhilfegesetzes" (§ 53 Nr. 2 AO).

Kirchliche Zwecke Vergleichsweise einfacher sind dagegen die Bestimmungen hinsichtlich der kirchlichen Zwecke. Diesen dient ein Verein laut § 54 AO, wenn er mit seiner Tätigkeit eine der beiden großen Religionsgemeinschaften unterstützt. Zu hinterfragen ist bei dieser Regelung jedoch, warum die Förderung von und Mitarbeit in Organisationen und Einrichtungen der anderen Religionsgemeinschaften nicht mit steuerlichen Vorteilen belohnt wird.

Die Verfolgung gemeinnütziger, mildtätiger und kirchlicher Zwecke reicht für die Steuerfreistellung eines Vereins aber noch nicht aus. Entscheidend für das Finanzamt ist nicht nur, welche Zwecke der betreffende Verein verfolgt, sondern auch, wie er diesen nachgeht. Die Gemeinnützigkeit wird erst anerkannt, wenn der Verein seine gemeinnützigen, mildtätigen oder kirchlichen Zwecke auch im Sinne des § 51 AO selbstlos (§ 55), ausschließlich (§ 56) und unmittelbar (§ 57) verfolgt. Selbstlosigkeit, Ausschließlichkeit und Unmittelbarkeit sind praktisch zusätzliche Erfordernisse, von denen die Steuerfreistellung abhängig gemacht wird.

Selbstlosigkeit, Ausschließlichkeit und Unmittelbarkeit Gemäß der Rechtssprechung handelt ein Verein in der Verfolgung seiner Zwecke selbstlos, wenn er keine eigenwirtschaftlichen Ziele verfolgt und sich somit als Nonprofit-Organisation auszeichnet. Die Ausschließlichkeit besagt, dass die Vereinstätigkeit auf die gemeinnützigen bzw. mildtätigen oder kirchlichen Zwecke beschränkt ist; und Unmittelbarkeit liegt vor, wenn der Verein die genannten Zwecke direkt oder über Hilfspersonen verfolgt (vgl. auch Lehmann

2002: 57ff). Ob diese zusätzlichen Erfordernisse von dem betreffenden Verein auch tatsächlich erfüllt werden, stellt das Finanzamt anhand der Satzung fest, die einen entsprechenden Passus enthalten muss (§ 59 und § 60 der AO). Darüber hinaus wird die tatsächliche Geschäftsführung des Vereins dahingehend überprüft, ob diese auch nachweislich im Dienst der gemeinnützigen, mildtätigen oder kirchlichen Zwecke tätig ist.

1.5 Gemeinnützigkeit und wirtschaftliche Aktivitäten

Wenn ein Verein alle Hürden genommen hat, also ins Vereinsregister eingetragen und vom Finanzamt als gemeinnützig anerkannt ist, bedeutet dies nun, dass er bei seinem Vereinsfest weder Bier ausschenken noch Würstchen verkaufen darf und sich von allen Aktivitäten, die nicht direkt mit dem Vereinszweck in Verbindung stehen, fernhalten muss? Nehmen wir als Beispiel den beliebten und über die Grenzen der Region hinaus bekannten Tennisverein „Unschlagbar e.V.“.

Bei „Unschlagbar e.V.“ wird nicht nur Tennis gespielt, sondern traditionell unterhält der Verein eine Vereinsgaststätte, neuerdings auch mit Gourmetrestaurant. „Unschlagbar e.V.“ ist Veranstalter zahlreicher Turniere, insbesondere für Jugend- und Seniorenmannschaften. Ganz besonders stolz ist der Verein jedoch darauf, dass er die „Local Open“ ausrichtet, das zentrale Tennisereignis der Region, das sich trotz gepfefferter Eintrittspreise jährlich wachsender Zuschauerzahlen erfreut. In diesem Jahr vertreibt der Verein auch erstmals Designer-Tennisbekleidung und Schläger der Marke „Edelboris“, die man auch per Post bestellen kann. Um seine bisher unangefochtene Spitzenreiterposition bei den „Local Open“ auch dauerhaft zu sichern, hat „Unschlagbar e.V.“ erstmals zwei Profi-Spieler, die derzeit auf den Plätzen 1805 und 1926 der Weltrangliste platziert sind, unter Vertrag genommen. Letzteres, wie auch die Einrichtung des Gourmetrestaurants und einer Boutique, erfolgte vor allem auf Anregung des neu gewählten ersten Vorsitzenden, Dr. Rüdiger Unermüdlich, ein namhafter Zahnarzt mit florierender Praxis. Angesichts soviel wirtschaftlicher Aktivitäten fragte die Lokalzeitung am vergangenen Montag: „Gemeinnützigkeit von Unschlagbar e.V. in Frage gestellt? – Verwandelt neuer Vorsitzender Dr. Unermüdlich Verein in Unternehmen?“

Entgegen der Befürchtung der Lokalzeitung ist die Gemeinnützigkeit eines Vereins nicht prinzipiell in Frage gestellt, wenn dieser beginnt, auch unternehmerisch tätig zu werden. Allerdings ist die steuerliche Behandlung von Vereinen sehr differenziert gestaltet. Strikt unterschieden wird zwischen den Aktivitäten, die dem gemeinnützigen Zweck des Vereins dienen, und solchen, die mit den gemeinnützigen Zweck des Vereins nicht mehr direkt zu tun haben, sondern auf die Erzielung von Einnahmen gerichtet sind. Letztere fallen keineswegs unter die Gemeinnützigkeitsregelung, da Vereine damit am allgemeinen Wirtschaftsverkehr teilnehmen und in Konkurrenz zur Erwerbswirtschaft treten. Um bei dem Beispiel des Tennisvereins zu bleiben, so sind sowohl die Vereinsgaststätte mit angeschlossenen Gourmet-Restaurant als auch der Sportartikelvertrieb sowie die „Local Opens“, da Profi-Spieler teilnehmen, als dem Verein angeschlossene wirtschaftliche Geschäftsbetriebe (vgl. Bott 2000) zu führen. Wie jede andere

Differenzierte steuerliche Behandlung von Vereinen

Unternehmung sind die wirtschaftlichen Geschäftsbetriebe der Vereine voll steuerpflichtig.

Begrenzte Steuerpflicht Einer begrenzten Steuerpflicht unterliegen dagegen die Einnahmen der Zweckbetriebe von Vereinen. Dies sind solche Betriebe, die direkt der Erreichung des Vereinszwecks dienen. Zweckbetriebe sind beispielsweise von einem Verein, der mildtätige Zwecke verfolgt, geführte Behindertenwerkstätten oder Seniorenheime. Doch auch die von unserem Tennisclub veranstalteten Turniere der Jugend- und Seniorenmannschaften, die ohne Beteiligung von Profis stattfinden, werden als Zweckbetriebe angesehen. Generell werden ihnen für die wesentlichen Steuerarten Steuervergünstigungen gewährt. Was die Umsatzsteuer betrifft, so wird diese nicht erhoben, falls der Umsatz des Vorjahres kleiner als Euro 16.620 ist und der erwartete Umsatz des laufenden Jahres Euro 50.000 nicht übersteigt. Ansonsten gelten Einnahmen und Umsätze aus Zweckbetrieben bei einem verminderten Steuersatz von 7% als steuerpflichtig (Harant/Köllner 2003). Weiterhin sind Zweckbetriebe von der Körperschafts- und Gewerbesteuer befreit. Dies gilt im Übrigen ebenfalls für wirtschaftliche Geschäftsbetriebe, wenn deren Einnahmen einschließlich der Umsatzsteuer nicht höher sind als insgesamt 30.678 Euro im Jahr (§ 64 Abs. 3 AO).

Ideeller Bereich – gänzlich steuerfrei Gänzlich steuerfrei ist der ideelle Bereich der Vereinstätigkeit. Danach fallen unter die Gemeinnützigkeitsregelung die Einnahmen aus Mitgliederbeiträgen und Spenden, wobei die Körperschaftssteuer entfällt. Ferner brauchen Vereine auch keine Grundsteuern zu zahlen, wenn sich beispielsweise Plätze oder Hallen in Vereinsbesitz befinden. Die steuerrechtliche Begünstigung gemeinnütziger Einrichtungen und speziell der Vereine ist im Übrigen kein auf die Bundesrepublik beschränktes Phänomen. Weltweit, wenn auch mit unterschiedlicher Akzentsetzung, genießen gemeinnützige Organisationen steuerrechtliche Privilegien (vgl. Simon 2004; Salamon 1997).

Insgesamt betrachtet ist in der Praxis die steuerliche Behandlung von Vereinen jedoch ein eher „schwieriges Kapitel." Vor allem größere Vereine verfolgen nicht nur ihre speziellen gemeinnützigen Ziele, sondern engagieren sich auch anderweitig und nehmen mit wirtschaftlichen Aktivitäten durchaus am Geschäftsleben und am Wirtschaftsverkehr teil. Solche Aktivitäten fallen an sich nicht mehr unter die Gemeinnützigkeitsregelung; sie gelten als „Geschäftsbetrieb" und unterliegen daher der Steuerpflicht wie jede andere wirtschaftliche Unternehmung. Allerdings sind zum einen die Grenzen, was noch dem Zweck des Idealvereins dient und was einen Geschäftsbetrieb darstellt, nicht eindeutig definiert; zum anderen besteht auch die Möglichkeit der Einräumung einer begrenzten Steuerpflicht. Die Steuerbehörden verfügen daher über einen gewissen Interpretationsspielraum. Das Thema der steuerlichen Gemeinnützigkeit und die damit einhergehenden Steuerbegünstigungen bieten aus juristischer Sicht einigen Diskussionsstoff. Von unterschiedlichen Seiten wird das geltende Recht inzwischen als ungenügend und eine Änderung der legislativen Rahmenbedingungen als unerlässlich bezeichnet. Hierbei wird kontrovers debattiert, wie rechtliche Spielräume im Interesse der Vereine sowie anderer gesellschaftlicher Akteure genutzt werden können und sollen (vgl. z.B. Jachmann 2003; sehr kritisch Sachße 2001).

1.6   Der Verein – eine Organisationsform unter anderen

Der eingetragene Verein ist zwar eine sehr häufige, aber dennoch nur eine potenzielle Vereinigungsform unter anderen. Generell lassen sich die vom Gesetzgeber vorgesehenen Vereinigungsformen, die alle der Verstetigung der Interessen-
wahrnehmung der Eigentümer, Gesellschafter oder aber Mitglieder dienen, in
Personengesellschaften (Friedrich 1997: 197ff) oder aber Kapitalgesellschaften
einteilen (Friedrich 1997: 290ff).

Allerdings zählt der eingetragene Verein streng genommen zu keiner dieser
beiden Großgruppen, sondern der „e.V." nimmt eine Sonderstellung ein: Als
körperschaftliche Vereinigung rücken eingetragene Vereine durchaus in die
Nähe der Kapitalgesellschaften; gleichzeitig sind sie aber entsprechend den Personengesellschaften in erster Linie Personenzusammenschlüsse. Bevor jedoch
auf die „Eigenart" der eingetragenen Vereine in der Landschaft der Organisationsformen eingegangen wird, sollen die Unterschiede zwischen den Personen-
und den Kapitalgesellschaften näher erläutert werden. *Sonderstellung des e. V.s*

Zu den Personengesellschaften zählen unter anderem die BGB-Gesellschaft,
die Offene Handelsgesellschaft (OHG), die Kommanditgesellschaft (KG) oder
auch die Stille Gesellschaft. Demgegenüber werden zu den Kapitalgesellschaften
zum Beispiel die Gesellschaft mit beschränkter Haftung (GmbH), die Aktiengesellschaft (AG) oder auch die eingetragene Genossenschaft (e.G.) gerechnet.
Zwischen diesen beiden „Grundtypen" der Vereinigungsformen bestehen einige
grundsätzliche Unterschiede. So sind Personengesellschaften dadurch gekennzeichnet, dass es sich, wie es im Namen bereits zum Ausdruck kommt, um einen
Zusammenschluss von natürlichen Personen handelt. Aufgrund der Organisationsgründung entsteht kein neuer eigenständiger Akteur, sondern die Organisati-
on/Gesellschaft bleibt praktisch an die natürlichen Personen ihrer Eigentümer
bzw. Gesellschafter gekoppelt. Mit anderen Worten: Die Existenz der Personengesellschaft ist abhängig von ihren ursprünglichen Gesellschaftern. Die persönliche Verbundenheit der Gesellschafter steht bei den Personengesellschaften im
Vordergrund. Daher sind Personengesellschaften als Organisationen auch nicht
rechtsfähig. Falls Verbindlichkeiten eingegangen werden, Besitz erworben oder
verkauft wird, handelt nicht die Organisation/Gesellschaft, sondern vielmehr
einer der Gesellschafter. Dies gilt selbstverständlich auch bei Haftungsfragen.
Bei den Personengesellschaften muss immer zumindest einer „in den sauren
Apfel beißen" und für die Haftung aufkommen, und zwar haftet der Betreffende
voll für die Schulden der Gesellschaft, d.h. auch mit seinem Privatvermögen. *Personengesellschaft und Kapitalgesell-schaft*

Bei der Gründung einer Kapitalgesellschaft kommen streng genommen
nicht einzelne natürliche Personen zusammen, sondern es werden vielmehr Kapitalbeiträge vereinigt. Diesen wird durch einen Rechtsakt eine eigene Rechtspersönlichkeit verliehen. Infolge dieses Rechtsaktes entsteht ein neuer Akteur, keine
natürliche, sondern eine juristische Person, die durch Agenten – z.B. durch einen
Geschäftsführer oder durch ein Mitglied des Vorstandes – vertreten wird, die im
Namen der Organisation handeln und beispielsweise Gewinne „einfahren" oder
aber „Schulden machen". Die Kapitalgesellschaft führt praktisch eine Eigenexis-
tenz und ist nicht mehr direkt mit denjenigen verbunden, die die Kapitalbeiträge
zu ihrer Gründung zur Verfügung gestellt haben. Insofern ist die Frage der Haf-

tung bei Kapitalgesellschaften auch grundsätzlich anderes geregelt als bei Personengesellschaften. Im Prinzip tritt die Gesellschaft als juristische Person für ihre Schulden selbst ein; der einzelne Gesellschafter wird nicht, und schon gar nicht mit seinem Privatvermögen, zur Rechenschaft gezogen. Für die Schulden einer Kapitalgesellschaft haftet jeweils das Vermögen der Organisation.

e. V. als Organisa-
tionsform zwischen
Personen- und
Kapitalgesellschaft

Der eingetragene Verein lässt sich nunmehr auch als Organisationsform charakterisieren, die zwischen der Personengesellschaft und der Kapitalgesellschaft anzusiedeln ist (ausführlich zu Gesellschaften vgl. Klunzinger 2004; zu Vereinen im Vergleich zu anderen Organisationsformen vgl. Friedrich 1997). Wie dies im Einzelnen zu verstehen ist, darüber gibt die folgende Abbildung Auskunft. Diese Abbildung bietet einen Überblick über die Personengesellschaft, die Kapitalgesellschaft sowie den eingetragenen Verein hinsichtlich der Zielsetzung, der Rechtsfähigkeit, der Gründung sowie der Haftung und Geschäftsführung der betreffenden Organisation. Als Beispiel für die Personengesellschaft sind die BGB-Gesellschaft, die OHG, KG und Stille Gesellschaft angeführt, demgegenüber wird die GmbH als Beispiel der Kapitalgesellschaft herangezogen und mit dem eingetragenen Verein verglichen.

Während die BGB-Gesellschaft die Grundform der Personengesellschaft darstellt, die für jeden nicht gesetzeswidrigen Zweck in Frage kommt, ist die OHG und die KG sowie die Stille Gesellschaft speziell auf den Betrieb von Unternehmungen gerichtet, die wirtschaftliche Zielsetzungen verfolgen. Dies gilt nicht in gleicher Form für die GmbH, die ebenfalls für jeden gesetzlichen Zweck errichtet werden kann. In seiner Zieldimension unterscheidet sich der eingetragene Verein grundsätzlich sowohl von den Personen- als auch den Kapitalgesellschaften, da er ausschließlich für die Verfolgung ideeller oder gemeinnütziger Zwecke vorgesehen ist und es ihm gesetzlich untersagt ist, eigenwirtschaftlichen Zielen nachzugehen.

Die GmbH zählt, wie bereits geschildert, zu den Kapitalgesellschaften. Im Unterschied zu den Personengesellschaften basiert die Organisation „GmbH" nicht auf dem Zusammenschluss natürlicher Personen, sondern auf Kapitaleinlagen. Der eingetragene Verein nimmt zwischen den beiden Grundtypen – der Kapital- und der Personengesellschaft – insofern eine Sonderstellung ein, als zwar der Zusammenschluss von natürlichen Personen beim Verein im Vordergrund steht, aber die Organisation als solche dennoch, anderes als bei der Personengesellschaft, von diesen praktisch abgekoppelt ist. Daher verfügt der eingetragene Verein analog zur GmbH auch über eine eigene Rechtspersönlichkeit. Eingetragene Vereine werden vom Gesetz wie Kapitalgesellschaften behandelt. Sie sind juristische Personen bzw. eigenständige Akteure, die als Organisation handeln und z.B. einen Saal anmieten, eine Anzeige aufgeben oder einen hauptamtlichen Mitarbeiter einstellen können.

Die relative „Nähe" des eingetragenen Vereins zur Kapitalgesellschaft zeigt sich unter anderem auch bei der Art und Weise der Organisationsentstehung. Während bei der BGB-Gesellschaft oder der OHG die Errichtung aufgrund eines formfreien Vertrages erfolgt, müssen sowohl bei der Gründung einer GmbH als auch bei der eines eingetragenen Vereins die Dienste eines Notars in Anspruch genommen werden: Bei der GmbH muss der Gründungsvertrag notariell beglaubigt werden; ein Verein wird nur dann zur juristischen Person, wenn der Eintrag

ins Vereinsregister zusammen mit einer notariell beglaubigten Erklärung beantragt wird.

Zwar handelt es sich bei den eingetragenen Vereinen mehrheitlich (vgl. Teil
II) um eher kleine Organisationen, dennoch werden in der Gründungsphase hinsichtlich der Größe vom Gesetzgeber die größten Anforderungen gestellt. Im
Vergleich zu den Personen- und auch den Kapitalgesellschaften stellen die eingetragenen Vereine die personalintensivste Alternative dar. Wie schon beschrieben,
setzt ein Eintrag ins Vereinsregister, der für die Gründung des eingetragenen
Vereins konstitutiv ist, eine Antragstellung von mindestens sieben Vereinsmitgliedern voraus, während alle anderen Vereinigungsformen mit nur zwei Gesellschaftern auskommen.

Rückt der eingetragene Verein als körperschaftliche Vereinigung, die mit
einer eigenen Rechtspersönlichkeit ausgestattet ist, eher in die Nähe der Kapitalgesellschaften, so gilt entsprechendes nicht in punkto Kapitaleinlage. In dieser
Hinsicht ist der eingetragene Verein eher mit der Personengesellschaft vergleichbar. Beispielsweise ist bei der GmbH ein festes Stammkapital von mindestens 25.000 Euro erforderlich. Ohne dieses kann die Gesellschaft nicht ins Han-
delsregister eingetragen werden, und sie kann auch keine Rechtsfähigkeit erlangen. Personengesellschaften kommen in der Regel – abgesehen von der Kommanditgesellschaft, bei der der Kommanditist sich nur mit einer festen Einlage
beteiligen kann – ohne feste Kapitaleinlage der Gesellschafter aus. Entsprechendes gilt auch für den eingetragenen Verein. Jeder weiß, dass man zum Glück
auch „ohne einen Pfennig in der Tasche" Vereinsmitglied werden und auch zum
Vorsitzenden avancieren kann.

Trotzdem kommt man als Vorsitzender eines eingetragenen Vereins im Unterschied zu beispielsweise einem Gesellschafter der OHG nicht in die Verlegen-
heit, für die Schulden des Vereins aufkommen zu müssen. Für diese haftet wie
bei der GmbH das Vereinsvermögen. Im Unterschied zur GmbH ist beim eingetragenen Verein aber kein bestimmter Betrag als Stammkapital vom Gesetzgeber
vorgeschrieben. Die Haftung beschränkt sich beim eingetragenen Verein, analog
zur GmbH, auf das Vereinsvermögen, obgleich Vereine auch gänzlich ohne
Vermögen bzw. Kapitaleinlagen gegründet werden können.

Der personenunabhängige Charakter der Organisationsform des eingetragenen Vereins zeigt sich unter anderem auch daran, dass dieser, wie die GmbH
oder die Kapitalgesellschaften, eigens über ein Vertretungsorgan, im Fall des
Vereins über den Vorstand, verfügt, das die Organisation nach außen vertritt. Bei
der Personengesellschaft wird diese Aufgabe durch die Gesellschafter wahrgenommen. Abschließend bleibt dennoch festzuhalten, dass es sich trotz aufgezeig-
ter Parallelen zwischen dem eingetragenen Verein und der Kapitalgesellschaft
gerade aufgrund ihrer *terms of trade* im binnenorganisatorischen Bereich um
zwei grundsätzlich verschiedene Organisations- und Vereinigungsformen handelt.

Abbildung 5:   Personengesellschaft, Kapitalgesellschaft und eingetragener
                 Verein

Gesetzlicher Aufbau der Organisation	BGB-Gesellschaft	OHG, KG und stille Gesellschaft	GmbH	eingetragener Verein
Allgemeines	Grundform der Personengesell-schaft	Grundform der Personengesell-schaft zum Betrieb eines Handelsgewer-bes	Kapitalgesell-schaft unter Mitarbeit der Gesellschafter, juristische Person	juristische Person
Zweck	jeder gesetzlich zulässige Zweck	Betrieb eines Handelsgewer-bes	jeder gesetzlich zulässige Zweck	jeder ideelle Zweck
Rechtsfähig-keit	nichtrechtsfähig	nicht-rechtsfähig	rechtsfähig	rechtsfähig
Gründung	formfreier Vertrag	formfreier Vertrag	notariell beur-kundeter Vertrag	Anmeldung zum Eintrag ins Ver-einsregister in öffentlich be-glaubigter Erklä-rung
Gesellschafter	mindestens zwei	mindestens zwei, bei der KG min-destens ein per-sönlich haftender Komplementär	Einzelperson für Ein-Mann GmbH, sonst zwei oder mehr Gesellschafter	mindestens sieben
Eintragung	Eintragung ins Handelsregister nicht möglich	Eintragung ins Handelsregister vorgeschrieben	Eintragung ins Handelsregister zur Entstehung erforderlich	Eintragung ins Vereinsregister zur Entstehung erforderlich
Kapital und Einlagen	kein festes Kapital	kein festes Kapi-tal, für Kom-manditisten Ein-lage erforderlich	Stammkapital von mindestens 25.000 Euro	kein festes Vereinsvermö-gen
Haftung	alle Gesellschaf-ter unbeschränkt	alle Gesellschaf-ter unbeschränkt, bei der KG der Kommanditist mit seiner Einlage	beschränkt auf das Gesell-schaftsvermögen	beschränkt auf das Vereinsver-mögen
Organe	keine besonde-ren Organe	keine besonde-ren Organe	Geschäftsfüh-rung, Gesell-schafterver-sammlung	Mitgliederver-sammlung, Vorstand
Geschäftsfüh-rung	alle Gesellschaf-ter gemeinsam	jeder persönlich haftende Gesell-schafter	Geschäftsführer	Vorstand
Gewinn und Verlust	Gesellschafter zu gleichen Teilen	4 % des Kapital-anteils, Rest zu gleichen Teilen	nach dem Ver-hältnis der Geschäftsanteile	falls erwirtschaf-tet, für das Ver-einsvermögen

Quelle: eigene Darstellung

Der entscheidende Unterschied zwischen eingetragenem Verein und GmbH bzw. den Kapitalgesellschaften wird deutlich, wenn man sich zum einen der Frage der Gewinnausschüttung (oder auch der Verteilung der Verluste) zuwendet, sowie zum anderen die Möglichkeiten der Gesellschafter und Vereinsmitglieder betrachtet, auf die Geschicke der betreffenden Organisation – GmbH oder eingetragener Verein – Einfluss zu nehmen. Während beim eingetragenen Verein das demokratische Prinzip „one man, one woman, one vote" gilt und der Stimme jedes Vereinsmitgliedes gleiches Gewicht zukommt, ist bei Kapitalgesellschaften das Prinzip der „kapitalistischen Beteiligung" (Ott 2002: 18) ausschlaggebend. Je größer der Anteil am Stammkapital ist, desto größer ist auch der Einfluss des betreffenden Gesellschafters oder Kapitalhalters auf die GmbH. Will zum Beispiel ein Gesellschafter der GmbH einen anderen „ausschalten" und quasi einen Alleinvertretungsanspruch für die Organisation gewinnen, so besteht zum Beispiel ein Verfahren darin, das Stammkapital zu erhöhen und darauf zu setzen, dass der oder die Mitgesellschafter nicht mehr „mitziehen können". Entsprechendes gilt auch für die Aktiengesellschaft, wobei der Nennbetrag der Aktien, die ein Aktionär hält, maßgebend ist für die Bemessung seiner Mitgliedschaftsrechte. Derjenige, der die Mehrheit der Aktien hält, die in der Regel in Prozent bemessen werden, kann auch den größten Einfluss auf die Organisation ausüben.

Demokratisches Prinzip vs. Prinzip der „kapitalistischen Beteiligung"

Organisationsteilnehmer einer GmbH oder AG sind aber nicht in erster Linie bemüht, ihren Anteil am Kapital der Organisation zu erhöhen, da sie organisationsintern mehr Einfluss ausüben wollen, sondern ein wesentlicher Anreiz für ein stärkeres Engagement bei Kapitalgesellschaften besteht in der Aussicht auf verbesserte Gewinnchancen und eine Erhöhung der Einkünfte. Bei der GmbH werden, wie aus der Abbildung weiter oben zu ersehen ist, die Gewinne unter den Organisationsteilnehmern nach dem Verhältnis ihrer Geschäftsanteile aufgeteilt. Dieser spezifische Anreizmechanismus, der – wenn auch unter leicht veränderten Konditionen – selbstverständlich auch für die Personengesellschaften gilt, kann bei den eingetragenen Vereinen als Nonprofit-Organisationen nicht greifen. Ganz gleich, ob ein Vereinsmitglied viel oder wenig in den Verein investiert, ob er seine ganze Freizeit opfert oder nur den Mitgliederbeitrag bezahlt – falls Gewinne erwirtschaftet werden, müssen diese in den Verein re-investiert oder aber einem anderen gemeinnützigen Zweck zugeführt werden.

Re-Investition der Gewinne

Exkurs:
Wann ist ein Verein ein Verband, eine NGO, eine NPO oder eine Dritte-Sektor-Organisation?

Bisher wurde der Verein vorrangig als Rechtsform in den Blick genommen. Hierbei kann man jedoch leicht vergessen, dass ein breites Spektrum von Organisationen, die umgangsprachlich keineswegs als Vereine bezeichnet werden, von ihrer Rechtsform dennoch Idealvereine, d.h. nicht wirtschaftliche eingetragene Vereine, sind. Hierzu zählen die Verbände ebenso wie die NGOs, NPOs oder Dritte-Sektor-Organisationen. Bei keiner dieser Bezeichnungen handelt es sich um eine kodifizierte Rechtsform, noch wird damit eine spezifische Form der Organisation bzw. Anordnung von Gremien und Entscheidungsforen festgelegt.

Verein deckt weites Spektrum ab

Vielmehr haben wir es hier mit Begrifflichkeiten zu tun, die sich in unserem Sprachgebrauch eingebürgert haben, zum Teil assoziativ aufgeladen und definitorisch nicht klar voneinander getrennt sind. Wie lässt sich Ordnung in diese Begriffsvielfalt bringen?

NPO und NGO – keine Rechtsformen

Von den genannten Begriffen – NPO, NGO, Verband und Dritte-Sektor-Organisation – bezeichnet nur der Verein auch eine Rechtsform. Knapp zusammengefasst ist der Verein in den §§ 21 – 79 BGB und damit bundeseinheitlich geregelt. Rein rechtlich betrachtet ist der Verein ein freiwilliger, auf gewisse Dauer angelegter, körperschaftlich organisierter Zusammenschluss von mehreren natürlichen oder juristischen Personen, die unter einem Gesamtnamen bestimmte gemeinsame Zwecke verfolgen wollen (vgl. Rawert/Gärtner 2004). Die Rechtsform des Vereins wurde erstmals 1872 im BGB festgelegt. Der Verein ist „das rechtliche Kleid" für die Organisation vielfältiger Anliegen und Interessen, wobei gemäß BGB der Zweck des „Idealvereins" (§21) darin besteht, sich für die Allgemeinheit und die Erreichung ideeller Ziele einzusetzen. Wenn jedoch umgangsprachlich von Verein die Rede ist, wird in der Regel nicht auf die Rechtsform Bezug genommen, sondern man denkt vorrangig an das vielfältige Spektrum der Mitgliederorganisationen, an das sog. klassische Vereinswesen der Sport-, Freizeit und Hobbyvereine. Gemäß umgangsprachlicher Verwendung sind Vereine eher kleinere mitgliederbasierte Organisationen, die primär auf der lokalen Ebene tätig sind.

Verein lokal Verband überregional

Im Unterschied zum lokal verankerten, eher kleinen Verein wird mit Verband umgangsprachlich eine größere und in sich differenzierte Organisation in Verbindung gebracht, deren Tätigkeit sich über mehrere Ebenen (lokale -, regionale -, Landes-, Bundes- und EU-Ebene) erstreckt und die über angeschlossene Mitgliederorganisationen verfügt. Kurz, Verbände werden als Dachorganisationen betrachtet. Ferner wird mit Verbandstätigkeit primär Interessenvertretung und heute zunehmend Lobbying (vgl. Leif/Speth 2003) assoziiert, wobei insbesondere an die Vertretung von Wirtschaftsinteressen gedacht wird. Infolgedessen ist der Begriff Verband umgangsprachlich nicht positiv besetzt, obgleich die Politikwissenschaft bereits in den 1950er Jahren Verbandstätigkeit als notwendiges Moment pluralistischer Demokratie herausgestellt hat (vgl. Zimmer/Weßels 2001).

Vor dem Hintergrund, dass mit Verbandstätigkeit in der Regel Organisationshandeln über verschiedene Ebenen bzw. im Mehrebenensystem assoziiert wird, ist der Verbundcharakter des Verbandes, wie er auch umgangsprachlich zum Ausdruck kommt, besonders herauszustellen. Insofern sind Verbände meist in sich differenzierte Organisationen mit ebenenspezifischen Untergliederungen und angeschlossenen Mitgliederorganisationen. Hierbei können sowohl die Verbandsspitze wie auch die angeschlossenen Mitgliederorganisationen auf den verschiedenen Ebenen wiederum als korporative Akteure und insofern selbständig organisiert sein. Von ihrer Rechtsform sind die Dächer wie die Mitgliederorganisationen der Verbände sehr häufig wiederum Vereine bzw. e.V.s Zweifellos ist Deutschland eine in hohem Maße „verbandsstrukturierte Gesellschaft" (Weippert 1964; Kleinfeld/Schmid/Zimmer 1996). Nahezu alle Bereiche unseres gesellschaftlichen Lebens, angefangen bei der Wirtschaft, über Wissenschaft, Kunst und Kultur bis hin zu den Hobbyaktivitäten, sind verbandsmäßig organi-

siert, wobei die vor Ort tätigen, häufig in der Rechtsform des Vereins organisierten Mitgliederorganisationen und Einrichtungen jeweils Mitglied einer Dachorganisation, nämlich eines Verbands sind. Wie empirische Vereinsstudien zeigen,
sind etwa 90 Prozent der eingetragenen Vereine vor Ort einem oder mehreren
Verbänden angeschlossen (Zimmer/Priller 2004: 76). Ein gutes Beispiel für Verbandsstrukturierung jenseits der Vertretung wirtschaftlicher Interessen bietet der
Sport.

Abbildung 6:   Strukturelle Einbindung der Sportvereine im Deutschen
                  Sportbund

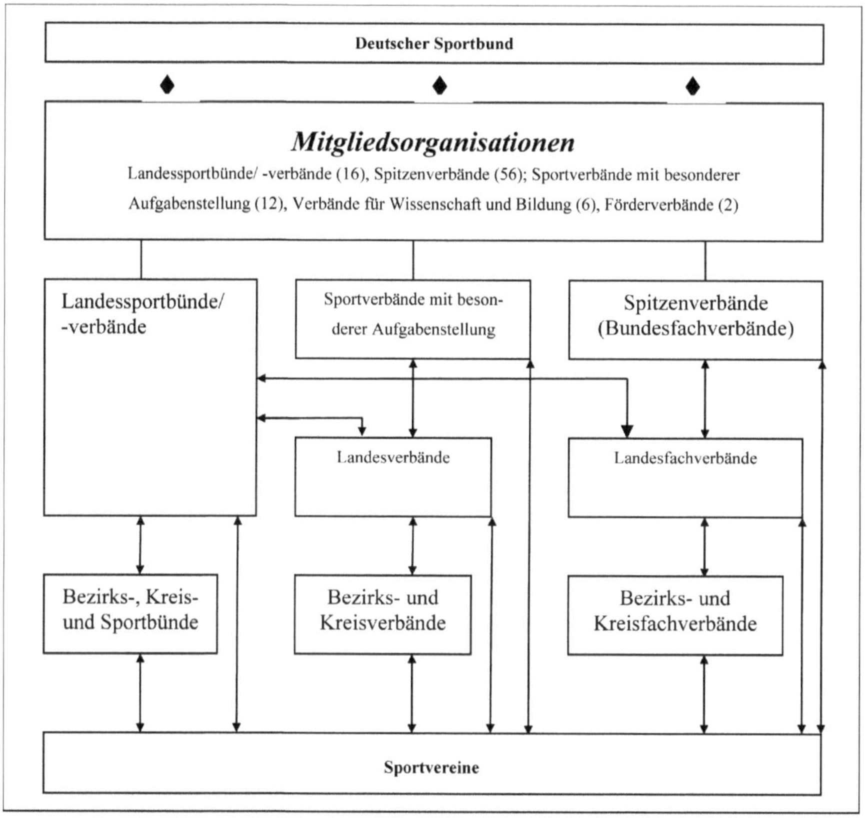

Quelle: Strob 1999: 41

Der Deutsche Sportbund fungiert als „Dach der Dächer." Angeschlossen sind
ihm zum einen die Landessportbünde als Zusammenschlüsse und „Dächer" bzw.
Verbände der Sportvereine je Bundesland sowie zum anderen die Fachverbände
als Zusammenschluss der verschiedenen Sportarten, angefangen beim Fußball
bis hin zur Sportgymnastik.

Auf welches Aufgabenspektrum nehmen nun die Anglizismen Nonprofit
Organization (NPO) und Nongouvernmental Organization (NGO) Bezug, und
wie unterscheidet sich NPO und NGO von Verband und Verein? Analog zum

Idealverein bringt NPO zum Ausdruck, dass die betreffende Organisation keine primär wirtschaftlichen Zwecke verfolgt, sondern dem *non-distribution-constraint* unterliegt. D.h., dass durchaus Mittel erwirtschaftet werden können, diese aber den ideellen Zielen und Zwecken der Organisationen zu Gute kommen müssen und nicht an die Mitglieder ausgeschüttet werden dürfen (Zimmer/Priller 2004: 33). NPO stellt daher auf die wirtschaftlich-unternehmerische Tätigkeit der Organisation ab, die nicht im Dienst des Eigennutzes der Organisationsmitglieder, sondern im Dienst des Allgemeinwohls erfolgt. Klassisch ausgedrückt: NPOs sind nicht wirtschaftliche Vereine oder Idealvereine.

NGO international

Demgegenüber lässt sich bei NGOs in gewisser Weise eine Affinität zur Funktionszuschreibung von Verbänden als Interessenvertretungen feststellen. *Nongouvernmental Organizations* sind nicht-staatliche Akteure, die sich primär auf internationalem Parkett, etwa bei internationalen Konferenzen, für allgemeine Anliegen (z.B. Klimaschutz) oder für so genannte schwache Interessen benachteiligter Gruppen (z.B. Frauenrechte, Verbot von Landminen) einsetzen (Zimmer 2001). Allerdings werden auch diejenigen Organisationen, die analog zu NPOs in der Entwicklungshilfe sowie bei humanitären Hilfsaktionen eher operativ tätig sind, in der Literatur ebenfalls als NGOs bezeichnet, so dass die Begrifflichkeiten noch nicht hinreichend geklärt sind (Martens 2002). Spezifisch für NGOs ist insofern ihr nicht nationalstaatlich gebundenes Tätigkeitsfeld.

Dritter Sektor als Bereichsbezeichnung

Im Vergleich zu NGO, NPO, Verein und Verband handelt es sich bei der Bezeichnung Dritte-Sektor-Organisation um eine vergleichsweise neutrale und weder umgangsprachlich noch funktional festgelegte Bezeichnung. Hiermit werden Organisationen bezeichnet, die aufgrund ihrer Handlungslogiken – nicht gewinnorientiert und nicht hoheitlich konnotiert – Zuordnungsprobleme zu Markt und Staat bereiten (Seibel 1992). Mit Drittem Sektor wird in modernen Gesellschaften ein Bereich oder eine gesellschaftliche Sphäre heuristisch beschrieben, in der all jene Organisationen zu verorten sind, deren Zielsetzung im Gegensatz zu Unternehmen nicht in der Gewinnmaximierung besteht, die sich im Gegensatz zur staatlichen Verwaltung durch ein geringeres Maß an Amtlichkeit auszeichnen, die keine hoheitlichen Aufgaben wahrnehmen und in denen Mitgliedschaft und Mitarbeit im Unterschied zur Familie oder zu gemeinschaftlichen Zusammenschlüssen (z.B. Clans) auf Freiwilligkeit und einer individuellen Entscheidung beruht (Zimmer/Priller 2001: 13). Insofern lässt sich Dritter Sektor als Sammelbegriff verwenden, worunter lokale Vereine ebenso gefasst werden können wie international tätige NGOs sowie die die Ebenen des politisch-administrativen Systems überspannenden Verbände als Dachorganisationen. Allerdings wird der Begriff Dritter Sektor meist nur von „Insidern" der Verbandszene, umgangsprachlich dagegen kaum verwendet.

1.7 Zusammenfassung: Rechtsform Verein

In der bundesrepublikanischen Rechtsordnung ist festgehalten und auch grundrechtlich geschützt, dass sich alle Bürger zu Organisationen zusammenschließen können. Die jeweilige *Organisationsform* stellt praktisch nur *„das rechtliche Kleid"* des Zusammenschlusses dar.

Unter den verschiedenen rechtlichen Möglichkeiten ist der Verein lediglich eine, wenn auch sehr beliebte Organisationsform, die sich zudem weiter ausdifferenziert. Konkret ist zu unterscheiden zwischen dem wirtschaftlichen und dem ideellen Verein sowie zwischen dem nichtrechtsfähigen und dem rechtsfähigen Verein.

Während der Zweck des wirtschaftlichen Vereins darin besteht, am Markt teilzunehmen und ein Geschäft zu betreiben, liegt die Zwecksetzung des ideellen Vereins darin, sich für die Allgemeinheit einzusetzen und ideelle bzw. gemeinnützige Ziele zu verfolgen. Im Vergleich zur Anzahl der ideellen Vereine sind die wirtschaftlichen Vereine deutlich unterrepräsentiert; in der Praxis spielen sie kaum eine Rolle.

Der nichtrechtsfähige und der rechtsfähige Verein unterscheiden sich vor allem darin, dass es sich bei letzterem um eine *juristische Person* handelt, die eigenständig Rechtsgeschäfte tätigen und Verbindlichkeiten eingehen kann, für die die Organisation – der *rechtsfähige Verein* – haftet. Demgegenüber ist der nichtrechtsfähige Verein als Organisation nicht eigenständig handlungsfähig. Beispielsweise haftet beim nichtrechtsfähigen Verein jeweils derjenige – in der Regel der Vorsitzende oder ein Vorstandsmitglied –, der die Verbindlichkeit eingegangen ist und die „Schulden gemacht hat". Nichtrechtsfähige Vereine können als Organisation auch keine Besitztümer erwerben, sondern die Vermögenswerte gehören den Mitgliedern des nichtrechtsfähigen Vereins „zur gesamten Hand."

Jeder ideelle Verein kann die *Rechtsfähigkeit durch Eintrag ins Vereinsregister* erlangen und ein rechtsfähiger Verein werden. Allerdings sind dem Eintrag ins Vereinsregister einige Hürden vorgeschaltet, die heute in erster Linie formaler Natur sind: Die Eintragung muss vorschriftsmäßig beantragt werden, und diesem Antrag sind die Satzung des Vereins im Original und das Protokoll der Gründungsversammlung beizufügen.

Mitgliederversammlung und Vorstand sind gemäß dem BGB die *Organe* eines Vereins. Das oberste Vereinsorgan ist die Mitgliederversammlung, die durch Beschlussfassung tätig wird, und die die Mitglieder des Vorstands wählt. Demgegenüber bildet der Vorstand die „Exekutive" des Vereins; ihm obliegt die innere Geschäftsführung sowie die Vertretung des Vereins nach außen.

Zwar werden in der Alltagssprache die Begriffe „gemeinnütziger" und „ideeller" Verein häufig synonym verwendet, rechtlich betrachtet handelt es sich jedoch um zwei verschiedene Dinge. Die *Gemeinnützigkeit* ist ein *Begriff des Steuerrechts*. Ob ein Verein gemeinnützig ist oder nicht, dies entscheidet das zuständige Finanzamt auf der Grundlage der Abgabenordnung. Danach sind solche ideellen Vereine gemeinnützig und genießen steuerliche Vorteile, die zum ersten entweder gemeinnützige oder mildtätige oder aber kirchliche Zwecke verfolgen, und die diesen Zwecken ferner selbstlos, ausschließlich und unmittelbar nachgehen. Was darunter im Einzelnen zu verstehen ist, legt die Abgabenordnung relativ detailliert fest.

In der Praxis ist die steuerliche Behandlung von Vereinen jedoch ein „schwieriges Kapitel". Von unterschiedlichen Seiten wird das geltende Recht inzwischen als ungenügend und eine Änderung der legislativen Rahmenbedingungen als unerlässlich bezeichnet.

Versucht man den *eingetragenen Verein* in die vielfältige Organisations-
landschaft der deutschen Rechtsordnung einzuordnen, so ist er in etwa *zwischen*
der *Personen-* und der *Kapitalgesellschaft* anzusiedeln. Wie beispielsweise die
OHG ist der eingetragene Verein ein Zusammenschluss von Personen. Dennoch
verfügt der eingetragene Verein im Unterschied zu den Personengesellschaften
über eine eigene Rechtspersönlichkeit und kann als Verein eigenständig tätig
werden. Diese Eigenschaft hat der eingetragene Verein gemeinsam mit den Kapitalgesellschaften wie z.B. der GmbH, obgleich zu einer Vereinsgründung kein
Kapital erforderlich ist. Schließlich unterscheiden sich eingetragene Vereine und
Kapitalgesellschaften noch insofern voneinander, als bei der organisationsinter-
nen Willensbildung und Entscheidungsfindung bei letzteren das Prinzip der „kapitalistischen Beteiligung" gilt und derjenige das meiste zu sagen hat, der die
Mehrheit der Kapitalanteile hält, während im Verein nach dem Prinzip „one
man, one woman, one vote" entschieden wird.

Umgangsprachlich wird mit Vereinen häufig nur das Spektrum der eher
kleinen und vor Ort tätigen Hobby- und Freizeitorganisationen gefasst. Dies ist
jedoch eine eher begrenzte Sichtweise. Auch Verbände, NGOs und NPOs sind
von ihrer Rechtsform her meist Vereine.

2 Seit wann gibt es Vereine?

Ob organisiert als GmbH, OHG, KG oder als Verein, wir sind umgeben von Organisationen und leben inmitten von Organisationen. Gerade aufgrund ihrer Ubiquität treten diese Gebilde oft in den Hintergrund. Häufig ist es uns gar nicht bewusst, dass fast jede unserer Aktivitäten sich in Organisationen oder zumindest unter Mitwirkung von Organisationen vollzieht. So makaber es klingen mag, aber Organisationen begleiten uns praktisch von Geburt an bis zum Tod: Meist kommen wir in einem Krankenhaus zur Welt, nach der Kindergartenzeit folgt die Schule, Universität oder Lehre, den Berufsalltag verbringen wir in Behörden oder Unternehmen, die Freizeit ist vereinsmäßig organisiert, und selbst bei unserem letzten Gang werden wir von Repräsentanten von Organisationen – die Ökonomen sagen dazu auch Agenten (*agents*), nämlich in der Regel einem Kirchenvertreter und dem Bestattungsunternehmer, begleitet (vgl. Scott 1986: 24f).

Ubiquität der Organisation

Die Organisation ist das Strukturprinzip unserer Gesellschaft, über das der Soziologe Parsons festgestellt hat, dass es den wichtigsten Mechanismus bildet, um das System in Gang zu halten und zu garantieren, dass Ziele erreicht werden, die die Möglichkeiten des Einzelnen übersteigen (vgl. Scott 1986: 24). Dabei ist die moderne Organisationsgesellschaft ein vergleichsweise junges Phänomen. Die Mehrheit der Organisationen in der Rechtsform, wie wir sie heute kennen, stammt aus der zweiten Hälfte oder sogar erst dem letzten Drittel des 19. Jahrhunderts. Beispielsweise wurde in Deutschland die gesetzliche Regelung für die GmbH im Jahr 1892 festgelegt, und das Genossenschaftsgesetz stammt in seiner alten Fassung (verändert im Jahr 1973) aus dem Jahr 1889. Aber auch die tatsächlichen Organisationen, in denen wir arbeiten, unsere Freizeit verbringen oder uns politisch engagieren, sind, von ganz wenigen Ausnahmen abgesehen, wie z.B. die Kirchen oder auch einige Universitäten, meist sehr junge Gebilde.

Organisation als Strukturprinzip moderner Gesellschaften

Wenn beispielsweise die Firmentradition bis in das letzte Jahrhundert zurückreicht, ist dies schon etwas ganz besonderes und wird mit Stolz auf dem Firmensignet verzeichnet. Selbst die älteste der deutschen Parteien, die Sozialdemokratie, ist erst in der zweiten Hälfte des 19. Jahrhunderts gegründet worden. Und noch viel jünger sind zumindest in Deutschland die medienwirksamen und zum Teil auch skandalträchtigen Organisationen des „Königs Fußball". Auch die Traditionsvereine, wie zum Beispiel Schalke 04 oder auch der Hamburger SV, haben gerade erst die für Antiquitäten festgesetzte Altersgrenze von 90 Jahren überschritten (vgl. Gehrmann 1991; Freudenthal 1968: 267; Eisenberg 2004).

In der Regel wird als Begründung, warum es in allen Bereichen – angefangen beim Sport bis hin zur Wirtschaft – nur sehr wenige Organisationen gibt, deren Geschichte sich bis in „graue Vorzeiten" verfolgen lässt, das Argument angeführt, dass Organisationen scheitern. Beispielsweise werden Firmen und Unternehmen durch den Mechanismus des Marktes eliminiert und gehen bankrott. Vereine klagen über Mitgliederschwund und stellen schließlich ihre Existenz ein. Und auch den Parteien „laufen" mitunter die Mitglieder „davon".

Doch die Kurzlebigkeit der meisten Organisationen bietet keine hinreichende Begründung dafür, warum selbst die traditionsreichen Organisationen recht junge Gebilde darstellen. Entscheidend ist vielmehr, dass die moderne Organisationsgesellschaft ein Phänomen der Neuzeit ist, und dass eben diese für unsere Gesellschaft typischen Organisationen eine Erfindung der Moderne sind. Vor dem Beginn der Neuzeit waren zwar Organisationen nicht unbekannt, aber es handelte sich um grundsätzlich andere Einrichtungen, als wir sie heute mit dem Begriff Organisation verbinden.

Moderne Organisationen als korporativer und kollektiver Akteur

Das typisch Neue der modernen Organisationen besteht in zwei Aspekten: Sie können wie natürliche Personen eigenständig handeln und sie beruhen auf Selbstorganisation. Insofern sind die Organisationen der Moderne selbständige handlungsfähige Einheiten, die Rechtsgeschäfte tätigen und beispielsweise Besitz erwerben und verkaufen können. Im Unterschied zu den Ständen, Gilden oder Zünften ist die Mitgliedschaft in modernen Organisationen nicht von vornherein gegeben, sondern beruht auf einer subjektiven Entscheidung (vgl. Conze 1960: 227, Tenfelde 1984: 81). Mit anderen Worten: Moderne Organisationen zeichnen sich durch zumindest eine der beiden folgenden Qualitäten aus: Sie sind entweder ein „korporativer Akteur", in dem Sinne, dass sie eine eigene Rechtspersönlichkeit besitzen und wie eine natürliche Person handeln können, und/oder sie sind ein „kollektiver Akteur", in dem Sinne, dass sie einen Zusammenschluss von Personen darstellen, die sich aufgrund individueller Entscheidung engagieren.

2.1 Von den Ständen des Mittelalters zu den korporativen und kollektiven Akteuren der Neuzeit

Entstehung der bürgerlichen Gesellschaft

Solche Organisationen, die selbstständig Rechtsgeschäfte tätigen, deren Mitgliedschaft beliebig ist und auf der freien Entscheidung der Organisationsteilnehmer beruht, und die nicht organizistisch eingebunden sind, waren vor dem Beginn der Neuzeit unbekannt. Dies bedeutet jedoch nicht, dass das Mittelalter eine unorganisierte strukturlose Zeit darstellte. Allerdings war die mittelalterliche Gesellschaft insgesamt anders und nicht durch Organisationen, wie wir sie heute kennen, strukturiert. Dass diese heute uns so vertrauten Gebilde entstehen konnten, dazu waren tiefgreifende Veränderungen notwendig, die in der Literatur mit Attributen wie beispielsweise „Ende des Mittelalters", „Entstehung der bürgerlichen Gesellschaft" oder „Beginn der Neuzeit" belegt werden. Zu den Autoren, die sich der Analyse der Entstehung des neuen gesellschaftlichen Strukturprinzips angenommen haben, zählt unter anderem der amerikanische Soziologe James Coleman mit seinem Buch „Macht und Gesellschaftsstruktur" (Coleman 1979).

Ständische Strukturierung – konstitutiv für mittelalterliche Gesellschaft

Coleman vergleicht die mittelalterliche Gesellschaft in Anlehnung an die Arbeiten des deutschen Rechtshistorikers Otto von Gierke mit einem biologischen Organismus (vgl. Coleman 1979: 13f). Konstitutiv für die mittelalterliche Gesellschaft war ihre ständische Strukturierung. Die mittelalterlichen Stände umfassten den Einzelnen derart, dass eine Existenz außerhalb des Standes nicht möglich war. Gleichfalls war auch keine freie Wahl des Standes oder gar ein Wechsel der Standeszugehörigkeit zulässig, sondern man wurde als Bauer, Handwerker oder Edelmann in den betreffenden Stand hineingeboren. Schließlich standen die Stände zueinander in einer inklusiven Relation: Die Beziehungen der Stände zueinander waren nicht auf Vertragsbasis geregelt, vielmehr bildete die Gesamtheit der Stände ein organisches Ganzes. Insofern war ein Ausscheren aus dem Gefüge der Stände ebenso wenig möglich wie die Übertragung von Rechten und Pflichten von einem Stand auf einen anderen.

Coleman ist insbesondere daran interessiert, die Entstehung der modernen Organisation in ihrer Qualität als „korporativer Akteur" aus mikroökonomischer Perspektive darzulegen (vgl. Coleman 1994: 531f). Er setzt dazu bei dem Problem der Übertragbarkeit von ständisch gebundenen Besitz- und Vermögenswerten, wie z.B. Grund- und Immobilienbesitz, an. So erläutert Coleman, dass sich beispielsweise die mittelalterlichen Kirchensprengel in der damaligen Gesellschaftsordnung in einem schier unlösbaren Dilemma befanden. An sich gehörten Pfarrkirche und Ländereien dem Grundherrn, der vor langer Zeit einem Priester das Recht eingeräumt hatte, auf seinem Grund und Boden eine Kirche zu errichten und die Gemeinde zu betreuen. Allerdings hatte es die Kirche nach und nach geschafft, die Rechte des Grundherrn einzuschränken und sich seiner direkten Kontrolle zu entziehen. Wenn jedoch der Grundherr keine Verfügungsgewalt mehr über die Pfarrkirche und die angeschlossenen Ländereien hatte, an wen waren diese Rechte übergegangen? Und von wem sollten sie anstelle des Grundherrn wahrgenommen werden (Coleman 1994: 538f)?

Der Pfarrer des betreffenden Kirchensprengels war als Besitzer insofern nicht geeignet, als sich nach seinem Tode die Frage der Besitzstandsregelung erneut gestellt hätte. Da es aber gerade darum ging, den Besitz und die damit verbundenen Rechte zu verstetigen, behalf man sich mit Zwischenlösungen und rekurrierte auf Hilfskonstruktionen. Beispielsweise wurden die „vier Mauern der Kirche" zum Besitzer erklärt, oder der betreffende Heilige, dem die Kirche geweiht war, wurde als Besitzer eingesetzt. Mit einem Augenzwinkern bemerkt Coleman zu dieser im Mittelalter weit verbreiteten Praxis, dass beliebte Heilige, wie zum Beispiel die Apostel Petrus oder Paulus, noch postum zu einem ganz beträchtlichen Vermögen kamen.

Eine befriedigende Lösung dieses Problems war nur möglich, wenn die vorgegebene ständische Ordnung durchbrochen und ein neuer, ständisch nicht eingebundener Akteur geschaffen wurde. Den Weg dazu sieht Coleman darin, dem Besitztum „Kirchensprengel" den Status einer eigenen Rechtspersönlichkeit bzw. den einer „juristischen Person" zuzuerkennen. Diese neue Person war zwar nicht lebendig, aber als „korporativer Akteur" gleichwohl handlungsfähig und vor allem nicht mehr ständisch festgelegt (vgl. Coleman 1979: 4ff). Der neue korporative Akteur existierte somit außerhalb des organizistischen Gefüges der mittelalterlichen Gesellschaft. Nach Coleman nahmen im Laufe der Zeit diese neuen „korporativen Akteure" immer mehr zu und verdrängten als neues gesellschaftliches Strukturprinzip die ständische Ordnung.

Dennoch wäre es falsch, die Entstehung der Organisationsgesellschaft auf einen Rechtsakt zu reduzieren, der der Verstetigung von Vermögenswerten dient. Ebenso wichtig wie die Entwicklung der Organisation als „korporativer Akteur" war die Entstehung der Organisation als „kollektiver Akteur", und zwar als freiwilliger Zusammenschluss von Einzelpersonen. Damit „kollektive Akteure" entstehen konnten, mussten die einzelnen Personen erst ihre Individualität entdecken und sich aus der sozialen Umklammerung der Stände lösen. Konstitutiv für

Moderne Organisation als korporativer Akteur

Organisation als juristische Person

die mittelalterliche Gesellschaft war nämlich auch, dass der Einzelne keine Idee von und auch kein Recht auf eine persönlichen Identität außerhalb seines Standes besaß und somit auch nicht über die Freiheit der Wahl und die Kompetenz zur Selbstorganisation verfügte.

Nach Coleman zerbrach das organische Gefüge der mittelalterlichen Ordnung, als der Einzelne sein Recht auf Selbstentfaltung geltend machte. Der Erosionsprozess setzte praktisch an „Haupt und Gliedern" ein. Während sich der König vom obersten Lehnsherrn zum Monarchen und Staatsoberhaupt wandelte, dessen Herrschaft sich zunehmend auf einen modernen Verwaltungsapparat stützte, entwickelte sich der Lehnsmann zum Bürger. Dieser entdeckte, dass er nicht nur Mitglied eines Standes oder einer Zunft war, sondern zugleich auch über eine individuelle Persönlichkeit verfügte, die mit unveräußerlichen natürlichen Rechten verbunden war. Anders ausgedrückt: Der Übergang vom Mittelalter zur Neuzeit wird charakterisiert durch die Entstehung des Verwaltungsstaates sowie der bürgerlichen Gesellschaft. Letztere ist nun nicht mehr Teil des Staates, sondern steht diesem praktisch gegenüber.

Denkt man sich diese beiden Tendenzen als Enden eines Kontinuums, so lässt sich der Übergang vom Mittelalter zur Neuzeit als eine historische Situation begreifen, in der dem steigenden Machtanspruch des Staates auf der einen Seite das Bedürfnis nach Entfaltung und selbstreflektiertem Handeln der Bürger auf der anderen Seite entgegengesetzt war. Als neue Vermittlungsinstanz und Ersatz für die von beiden Seiten nicht mehr anerkannten organischen Stände des Mittelalters entstand die Organisation als „kollektiver Akteur", deren Entstehungsgeschichte Coleman so beschreibt:

> „In dem Maße, in dem der soziale Organismus allmählich zerbrach, in dem der König oder der Staat an Macht gewannen, und in dem die Individuen mächtiger wurden, weil sie nicht mehr nur die kleinste Einheit in einem sozialen Organismus, sondern freie Personen waren, in eben diesem Maße entwickelte sich zwischen Individuum und Staat eine neue Kategorie von intermediären Gebilden, die das allmählich sich auftuende Machtvakuum ausfüllten" (Coleman 1979: 15).

Kollektive Akteure – nicht mehr ständisch-hierarchisch eingepasst

Diese intermediären Gebilde, oder besser „kollektiven Akteure", bilden für die sich ihrer Rechte bewusst werdenden Bürger das entscheidende Instrument, um mit ihrer neuen Macht umzugehen. Anderes als die mittelalterlichen Stände sind die Organisationen als „kollektive Akteure" nicht mehr ständisch-hierarchisch eingepasst und „von oben" gesteuert, sondern sie werden vielmehr „von unten" durch die Bürger gelenkt. Organisationen als „kollektive Akteure" umfassen auch nicht mehr den Einzelnen als ganze Person, statt dessen entscheidet jeder individuell, welcher Organisation er sich anschließt und wie viele Ressourcen – Zeit, Geld, Engagement – er jeweils einbringen will.

In unserer Umgebung finden sich heute die verschiedensten korporativen wie auch kollektiven Akteure, die sich hinsichtlich ihrer Zielsetzungen, Größe und nicht zuletzt aufgrund ihrer innerorganisatorischen Strukturen voneinander unterscheiden. So existieren der Supermarkt neben der Kulturinitiative, der Ölmulti neben dem Krankenhaus und das Amtsgericht neben dem Umweltzentrum. Es gibt kollektive Akteure wie etwa Fraueninitiativen und Öko-Institute, die als Träger gesellschaftlichen Wandels und Seismograph von Veränderungen wirken;

gleichzeitig gibt es aber kollektive Akteure, wie beispielsweise den Hartmann-
bund, die eher bemüht sind, den Status Quo zu stabilisieren oder solche, wie z.B.
das Opus Dei, die am Ewiggestrigen festhalten. Besteht auch kein Zweifel, dass
die neuzeitliche, moderne Gesellschaft eine Organisationsgesellschaft ist, so
stellt sich dennoch die Frage: Was hat dies alles mit Vereinen zu tun?

2.2 Der Verein – Prototyp der Organisation und Motor der Modernisierung

Vor allem die Sozialgeschichtler vertreten die Auffassung, dass der Verein als
Prototyp des „kollektiven Akteurs" zum Träger gesellschaftlicher Modernisierung avancierte (vgl. Conze 1960, Nipperdey 1972: 227; Dann 1976: 197; Tenfelde 1984; Wehler 1996a: 317f). So wenden sich beispielsweise Tenbruck und
Ruopp entschieden gegen die insbesondere von Luhmann vertretene Meinung
(Luhmann 1981: 178f), dass es sich bei gesellschaftlichen Modernisierungspro-
zessen um einen eigendynamischen Vorgang handle, der sich automatisch, „aus
sich selbst heraus" bzw. autopoietisch einstelle. Sie werfen vielmehr die Frage
nach dem handelnden Akteur auf, der am Ende des Mittelalters gesellschaftlichen Wandel vorantrieb, und identifizieren als solchen die damals neuartige und
revolutionäre Form der Vergesellschaftung, die ihren Ausdruck in der Entstehung von Vereinen fand:

> „Die 'Modernisierung' beruhte, wo sie ursprünglich zum Zuge kam, auf einer revolu-
> tionär neuartigen Form der Vergesellschaftung, nämlich auf der (natürlich ihrerseits
> wiederum vielfältig bedingten) Möglichkeit und Entschiedenheit, willkürlich soziale
> Gruppen ins Leben zu rufen" (Tenbruck/Ruopp 1983: 70).

Das revolutionär Neuartige an den Vereinsgründungen war, dass diese über alle
bisherigen gesellschaftlichen Schranken, sei es des Standes oder der beruflichen
sowie auch konfessionellen Bindungen, hinweg erfolgten und insofern gesellschaftlichen Wandel erst ermöglichten. Die neuen kollektiven Akteure – die
Vereine – zeichnen sich ferner durch eine gesatzte Ordnung aus, und die Teilnahme an ihnen ist beliebig und basiert auf Selbstorganisation der Mitglieder.
Allerdings sind die damaligen Vereine nicht einfach gleichzusetzen mit unseren
heutigen Vereinen. Der Terminus „Verein" ist eine relativ späte Wortschöpfung,
die in der Zeit des Vormärz aufkam und erst im Laufe des 19. Jahrhunderts im
Sinne eines politisch-sozialen Grundbegriffs gebräuchlich wurde (Hardtwig
1997: 19, Nipperdey 1972: 1, Dann 1976: 201). Die damals so revolutionär neu-
en Organisationen wurden vielmehr als „Gesellschaften", „Klubs", „Vereinigungen" oder noch häufiger als „Assoziationen" bezeichnet.

Anders als heute wurden die „Assoziationen" noch nicht nach ihren Zwecken in beispielsweise Firmen/Unternehmen, Vereine oder Parteien/Verbände
kategorisiert und einzelnen Bereichen wie etwa der Wirtschaft, Kultur oder Politik zugeordnet. Statt dessen wurde jede Art freiwilliger gesellschaftlicher Gruppenbildung, ganz gleich ob mit eigenwirtschaftlichen, machtpolitischen oder
gemeinnützigen Zielsetzungen verbunden, als „Assoziation" charakterisiert (vgl.

Verein als Prototyp
des „kollektiven
Akteurs"

Terminus „Verein" –
eine späte Wort-
schöpfung

Wehler 1996a: 318). Dass am Anfang der Organisationsgesellschaft der Verein bzw. die „Assoziation" stand, lässt sich heute unter anderem noch an der Bezeichnung Aktiengesellschaft oder, um ein Beispiel aus dem angelsächsischen Sprachraum anzuführen, an der Bezeichnung *voluntary association* für Vereine und Clubs oder *professional association* für Berufsverbände ablesen.

Interessanterweise war es bereits den Zeitgenossen bewusst, dass mit dem Aufkommen der „Assoziationen" eine neue Epoche angebrochen war. So führte beispielsweise der „Brockhaus" von 1838 in dem Artikel über „Association" aus:

> „Wir leben gegenwärtig in einer Periode, in welcher die verschiedenen Zweige menschlicher Tätigkeit innerhalb der gemessenen Kreise, worin sie jahrhundertelang sich bewegt hatten, nicht ferner sich festhalten ließen, und so musste denn die Tendenz zu vielfachen neuen Kombinationen dieser Tätigkeiten, teils für Erreichung positiver Vorteile, teils zur Abwehr wirklicher oder drohender Übel, umso entscheidender hervortreten (...) – in dem Maße also, wie in allen Bereichen menschlicher Wirksamkeit die freiere Konkurrenz sich vergrößerte, mussten die freien Associationen für alle erdenklichen Zwecke des menschlichen Lebens zunehmen. Unter stets neuen Formen und Namen wächst fort und fort die zahllose Zahl derselben, nicht bloß zum Gewinn und Vertrieb aller materiellen Güter (...), sondern auch zur gemeinsamen Erforschung der Wahrheit in allen Reichen des Wissens sowie zur Verbreitung jeder Art von Kenntnissen. Und selbst in das Gebiet des religiösen und sittlichen Lebens greift der mächtige Associationsgeist durch Missionsgesellschaften, Mäßigkeitsvereine, Vereine für Besserung der Verbrecher, und auf tausenderlei andere Weise, mit neuer und bedeutender Wirkung ein" (zitiert nach Conze 1960: 229f).

2.3 Vereinswesen in historischer Perspektive

Historische Dimension der Organisationsentwicklung

Ein zentrales Problem der Beschäftigung mit Organisationen besteht darin, eine gewisse Ordnung in die verwirrende Vielfalt der Zielsetzungen, Zwecke und Formen zu bringen. Dies gilt um so mehr, wenn man Organisationsentwicklung in ihrer historischen Dimension erfassen will. Als eine Möglichkeit, sich dieser Schwierigkeit anzunehmen, kann das von Raschke entwickelte und im Folgenden näher beschriebene Modell betrachtet werden (1988: 91). Zwar ist dieses in erster Linie auf die Entwicklungsdynamik und „Gründungswellen" von sozialen Bewegungen bezogen, es lässt sich aber auch auf die „Gründungstrends" von Vereinen anwenden.

Raschkes Bewegungsmodell auf Vereine übertragen

In seinem Modell rekurriert Raschke in erster Linie auf wirtschafts- und sozialstrukturelle Merkmale. Rund 300 Jahre Geschichte werden von ihm als eine mehr oder weniger lineare Entwicklung betrachtet, als deren wesentlicher Entwicklungsmotor, in Analogie zum Marxschen Ansatz, die Produktionsweise angesehen wird. Während das 18. Jahrhundert noch weitgehend von der Landwirtschaft und einer feudalistisch-ständischen Produktionsweise geprägt ist, entwickelt sich im Laufe des 19. Jahrhunderts die Industrie zum dominierenden Wirtschaftssektor. Der *Take-Off* der Industrialisierung, die Entstehung von Industrieregionen und urbanen Ballungszentren sowie die Auflösung der traditionellen gesellschaftlichen Strukturen geben dieser Zeit ihr typisches Gepräge. Dagegen dominiert in der neuesten Zeit, die von Raschke als nachindustriell charakterisiert wird, der tertiäre Sektor mit Versicherungen, Banken und anderen Dienstleistungseinrichtungen (Raschke 1988: 95-104).

Ergänzt man in diesem Modell den dominanten Wirtschaftsbereich um den „Überbau" des Zeitgeistes und die Staatsverfassung, so lässt sich der aufgeklärte Absolutismus, die Reformära und Restaurationsphase der vorindustriellen Periode zuordnen. Demgegenüber fällt in die „industrielle Periode" das obrigkeitsstaatliche Regiment unter Bismarck und den Hohenzollern ebenso wie die Weimarer Republik, der Nationalsozialismus und die wiederum stark obrigkeitsstaatlich geprägten ersten Jahre der Bundesrepublik unter Adenauer. Abgesehen von der Zeit des Dritten Reiches lassen sich zumindest zwei für diesen weiten Zeitraum charakteristische Trends ausmachen, deren Anfänge zwar weit ins 19. Jahrhundert zurückreichen, die aber erst nach dem Zweiten Weltkrieg voll zur Entfaltung kamen: Dies ist die Entwicklung der Parteiendemokratie und die Entstehung des Wohlfahrtsstaates. Aufgrund fehlender historischer Distanz problematisch ist dagegen die Charakterisierung des „Überbaus" der nachindustriellen Phase. Was allerdings nicht bestritten werden kann, ist eine Häufung von Krisensymptomen in der nachindustriellen Phase, deren Beginn Raschke um die Mitte der 70er Jahre datiert. Seitdem werden Funktionsfähigkeit und Adäquatheit der Errungenschaften der industriellen Phase – nämlich der Wohlfahrtsstaat und die Parteiendemokratie – zunehmend in Frage gestellt.

Raschke ordnet in seinem Modell jeder historischen Epoche eine zeittypische soziale Bewegung zu: Während die frühbürgerlichen Bewegungen charakteristisch sind für die vorindustrielle Periode, ist die Arbeiterbewegung dem Zeitgeist der industriellen Periode gezollt, und die neuen sozialen Bewegungen sind typisch für die nachindustrielle Phase. Orientiert man sich bei der Betrachtung der Vereinsgründungen an diesem Modell, so zählen zur vorindustriellen Periode der frühbürgerlichen Bewegungen die sog. Patriotischen Gesellschaften, Geheimbünde, Logen und Lesegesellschaften ebenso wie die nationalreformerischen Turnvereine, Studentenkorporationen und Sängerbünde.

Frühbürgerliche Bewegungen und vorindustrielle Periode

Charakteristisch für die Anfänge der industriellen Periode im 19. Jahrhundert sind vor allem solche Organisationen, deren Zielsetzung darin bestand, die negativen Folgen von Industrialisierung und Urbanisierung wenn nicht abzufangen, so doch für weite Bevölkerungsteile zumindest zu lindern. Doch auch die enge Verflechtung des im Entstehen begriffenen Wohlfahrtsstaates mit diesen sozial-orientierten Vereinen hat in dieser Periode ihren Ursprung.

Industrielle Periode

Gleichfalls typisch für die industrielle Periode sind die sog. Arbeitervereine, die ihren Boom nicht zuletzt der Behinderung der Entwicklung der Parteiendemokratie im obrigkeitsstaatlichen Kaiserreich verdanken. Spätestens seit der Zeit der Sozialistengesetze wird Vereinen die Qualität „eines vorpolitischen Raumes" (Kühr 1982) mit einer je nach politischer Couleur spezifisch eingefärbten vereinsinternen Subkultur zugesprochen.

Arbeitervereine

Schließlich wird das industrielle Zeitalter aber auch durch solche Vereine geprägt, die als ein wenn auch nicht annähernd adäquater Ersatz der nicht mehr existenten Stände fungieren. Jedenfalls ist die Zugehörigkeit zu einem solchen Verein für den Organisationsteilnehmer, zumindest in seiner Wahrnehmung, mit einem deutlichen Statusgewinn verbunden.

Abbildung 7:   Von der vorindustriellen zur nachindustriellen Epoche

Historische Epoche	**vorindustriell** (18. bis Mitte 19. Jahrhundert)	**industriell** (ab dem Take-Off um 1850)	**nachindustriell** (seit der Ölkrise der 1970er Jahre)
Dominanter Wirt-schaftsbereich	Landwirtschaft feudalistisch-stän-dische Produktions-weise	Industrie Eisen, Stahl und Chemie	Dienstleistungen Versicherungen, Banken
Zeitgeist und Staatsverfassung	Aufgeklärter Absolutismus Reformära Restaurationszeit	Obrigkeitszeit Kaiserreich Weimarer Republik Nationalsozialismus Nachkriegszeit	Krise der Parteien-demokratie und des post-keynesianischen Wohlfahrtsstaates
Assoziations-gründungen	Lesegesellschaften, patriotische Gesell-schaften, Geheim-bünde, Logen, Turn- & Gesangsvereine, Burschenschaften	karitative Vereine, z.B. Diakonie und Caritas, Konsumver-eine, Spar- und Darlehensvereine, Arbeitervereine	alternative Vereine, z.B. Selbsthilfegrup-pen, alternative Betriebe, sozio-kulturelle Zentren
Dominante Bewegung	frühbürgerliche Bewegungen	Arbeiterbewegung	Neue Soziale Bewegungen

Quelle: eigene Abbildung in Anlehnung an Raschke 1988: 111

„Alternativer" Verein und nachin-dustrielle Periode

Ein Novum der nachindustriellen Periode stellen solche Organisationen dar, die sich ganz bewusst als „alternativ" verstehen und sich gegenüber traditionellen Vereinen in ihren Zielsetzungen, Aufgabenstellung und Umgangsformen deut-lich abgrenzen. Hierzu zählen die Bürgerinitiativen und alternativen Betriebe ebenso wie die Selbsthilfegruppen und soziokulturellen Zentren. Die Entstehung letzterer ist auf einen neuen Begriff und Verständnis von Kultur zurückzuführen, der gerade nicht auf Exklusivität bedacht, sondern vielmehr „für alle" gedacht ist, während Bürgerinitiativen, alternative Betriebe und Selbsthilfegruppen auch als Ausdruck der Kritik an den Errungenschaften der industriellen Phase – Wohl-fahrtsstaat und Parteiendemokratie – zu betrachten sind. Schaut man sich die „zeittypischen" Vereinsgründungen etwas näher an, so ergibt sich folgendes Bild:

2.3.1   Vereine der vorindustriellen Periode

Erscheinungsformen

Im aufgeklärten Absolutismus wurde die Chance, sich über Standesschranken hinweg zu verständigen und in „Vereinen" zusammenzukommen, vor allem vom gehobenen Bürgertum, von Verwaltungsbeamten, Juristen, Offizieren sowie Universitätsprofessoren oder Künstlern in staatlichen Diensten, d.h. von der neuen Funktionselite des im Entstehen begriffenen modernen Verwaltungsstaates wahrgenommen. Diese gründeten Lesegesellschaften, Diskussionszirkel und trafen sich in „Geheimbünden" wie etwa den Freimaurerlogen, dem Bund der Illuminaten oder dem Tugendbund, um sowohl tagespolitische und verfassungs-rechtliche Fragen zu debattieren als auch um aktiv im Dienste des Gemeinwohls, durchaus in Kooperation mit der staatlichen Verwaltung, tätig zu werden.

Ein typisches Beispiel frühbürgerlicher, vor der Zeit der französischen Re-volution datierender Assoziationen sind die „Patriotischen Gesellschaften", die sich vorrangig für die Verbesserung der allgemeinen Wohlfahrt einsetzten. Zu den bekanntesten „Patriotischen Gesellschaften" zählt ohne Zweifel die nach englischem Vorbild 1765 in Hamburg gegründete „Gesellschaft zur Beförderung der Manufakturen, Künste und nützlichen Gewerbe" (Wehler 1996a: 319), auf deren Betreiben in Hamburg z.B. Blitzableiter angebracht, eine Sparkasse ge-gründet und eine Gewerbeschule errichtet wurden (Dann 1976: 203, Freudenthal 1968: 33f; Nipperdey 1972: 1).

Eine andere für diese Zeit typische Assoziationsform ist die Lesegesell-schaft. Gegründet wurden Lesegesellschaften, Lektürekabinette und Lesesozietä-ten aus dem rein praktischen Grund, die für einen einzelnen lesebegeisterten Bürger unerschwinglichen Preise möglichst vieler Zeitschriften und Zeitungs-abonnements, insbesondere auch ausländischer Publikationen, auf die Mitglieder des Clubs umzulegen (vgl. Wehler 1996a: 320). Lesegesellschaften waren äu-ßerst populär und fungierten als gesellige Foren für den elitären Zirkel des geho-benen Beamtentums und des Adels (vgl. Terzi 2001; Dann 1976: 205). Neben ausgewählter Lektüre und geselligem Beisammensein verfolgten die Mitglieder der Lesegesellschaften auch weitergehende Zielsetzungen, indem sie im Prinzip mit Hilfe „eines Gangs durch die Institutionen" aufklärerisches Gedankengut in Staat und Verwaltung verbreiten und umsetzen wollten.

Das eigentlich Neue und Revolutionäre der Lesegesellschaften, Diskussi-onsrunden und Kreise war jedoch ihre nicht-ständische Zusammensetzung: Auf-geklärte Adelige und Mitglieder des Bürgertums setzten sich im ganz wörtlichen Sinne an einen Tisch. Geheim waren viele dieser Assoziationen und Gesellschaf-ten (Ludz 1979) nicht in unserem Sinne von konspirativ oder gegen den Staat gerichtet, sondern die meisten dieser Gesellschaften arbeiteten eng mit der staat-lichen Verwaltung zusammen oder waren selbst Teil derselben. Man traf sich damals deshalb im geheimen, inkognito oder *under cover*, weil eine weitgehend noch ständisch geprägte Gesellschaft einen Zusammenschluss von Freien und Gleichen unter Einbeziehung von Adeligen noch nicht tolerierte. Mit anderen Worten: Das Arkanum ermöglichte die Zusammenarbeit des arrivierten Bürger-tums mit dem noch immer führenden Adel (Dann 1979: 402).

Zwar kann dieser „Schulterschluss" zwischen Bürgertum und Adel als ers-ter Schritt auf dem Weg einer nicht-ständischen Gesellschaft betrachtet werden, gleichzeitig formierte sich in den Logen und noblen Diskutierclubs eine neue Elite, die auf ihre Exklusivität bedacht war und für eine Modernisierung „von oben" eintrat. Denn im Unterschied zu beispielsweise Großbritannien war die Wirtschaft im Deutschland des 18. Jahrhunderts noch überwiegend agrarisch geprägt. Impulse zur Modernisierung kamen in erster Linie vom Staat, und der eigentliche Motor zur Einführung von Reformen war der aufgeklärte Monarch, der sich im Sinne Friedrichs des Großen als „erster Diener" seines Staates

Lesegesellschaften

Logen und noble
Diskutierclubs

verstand. Insofern wurden reformerische und nicht etwa revolutionär-umstürzlerische Ideen von aufgeklärten Adeligen und den neuen bürgerlichen Verwaltungsspitzen in den geheimen Clubs und Zirkeln diskutiert. Zwar waren diese frühbürgerlichen Assoziationen demokratische Organisationen, in denen jedes Mitglied Stimmrecht besaß, der Vorstand von allen gewählt und auf die republikanische Gesinnung geachtet wurde, gleichwohl handelte es sich um „geschlossene Gesellschaften", die sich gegenüber dem Kleinbürgertum durch gepfefferte Mitgliedergebühren abschotteten (vgl. Wehler 1996a: 321).

Vereinsverbot
der Karlsbader
Beschlüsse von 1819

Es wundert nicht, dass während der Restaurationsphase nach dem Ende der napoleonischen Kriege sich der Adel und das arrivierte Bürgertum der gehobenen Verwaltungsbeamten und Offiziere gemeinsam bemühten, der Verbreitung revolutionär-gleichmacherischer Ideen Einhalt zu gebieten. Insbesondere solche Assoziationen, die politische Ziele verfolgten, konnten sich unter den damaligen rechtlichen Rahmenbedingungen nicht entfalten. So wurden 1798 und 1816 in Preußen sowie 1832 vom Deutschen Bund politische Assoziationen generell verboten (Türk et al. 2002: 134f). Da vor allem weniger elitäre Gruppen nicht am politischen Prozess teilhaben und sich auch nicht zu Assoziationen, Vereinen und Diskussionsforen zusammenschließen sollten, wurde das restriktive Vorgehen, so auch das Vereinsverbot der Karlsbader Beschlüsse, vom Bürgertum weitgehend hingenommen. Das Vereinsverbot der Karlsbader Beschlüsse von 1819 bremste zunächst die sich abzeichnende zweite „Gründungswelle" von Vereinen, die nicht mehr geheim und elitär waren, sondern sich als offene und mitglieder-orientierte Assoziationen dem Adressatenkreis der Handwerker und Kleinbürger zuwandten (vgl. Dann 1976: 220).

Turn- und
Gesangsvereine,
Burschenschaften

Zu diesen neuen Assoziationen zählen insbesondere die Turn- und Gesangsvereine (vgl. Hinweise bei Best 1993: 287ff). Diese sowie die ebenfalls in der nachnapoleonischen Ära entstehenden studentischen Burschenschaften zeichneten sich durch einen akzentuiert nationalpolitischen Anspruch aus (Freudenthal 1968: 106f, Nipperdey 1990: 172, Wehler 1996b: 402). Die Attraktivität der Gesangsvereine und ihre Popularität gerade bei den weniger arrivierten Schichten lassen sich unter anderem an ihren steigenden Mitgliederzahlen ablesen, die bis 1848 etwa 100.000 Personen umfassten. Entsprechendes gilt auch für die Turnvereine, deren Mitgliedschaft um 1848 auf circa 90.000 Turnbegeisterte angestiegen war (Wehler 1996b: 403). Sänger, Turner und Burschenschaftler trafen sich auf großen überregionalen Festen, zu deren Gestaltungselementen neben patriotischen Liedern und Aufmärschen auch die nationale schwarz-rot-goldene Fahne zählte. Bekanntlich wurde diese demokratisch-nationale Gesinnung in der Folgezeit durch einen antisozialdemokratischen Patriotismus abgelöst, der keineswegs mehr als fortschrittlich-demokratisch, sondern vorrangig als national-konservativ zu charakterisieren ist (Nipperdey 1990: 172; Bösch 2002).

2.3.2 Vereine im Industriezeitalter

Industrialisierung und
Urbanisierung

Der *Take-Off*, das „Durchstarten" der Industrialisierung, wird im Gebiet des Deutschen Reiches in etwa um die Mitte des 19. Jahrhunderts datiert. Gleichwohl entfaltete die Industrialisierung ihre eigentliche Dynamik vor allem nach der Reichsgründung von 1870/71. In welch rasantem Tempo sich in der zweiten Hälfte des 19. Jahrhunderts Veränderungen vollzogen, lässt sich vor allem am Grad der Urbanisierung und am Größenwachstum der industriellen Zentren sowie an der sektoriellen Verschiebung der Wirtschaftsproduktion und konkret am Bedeutungsverlust der landwirtschaftlichen Produktion ablesen. Mehr als drastische Zuwachsraten verzeichneten insbesondere die Städte im Ruhrgebiet. So stieg die Bevölkerungszahl von Bochum zwischen 1842 und 1907 von 4.200 auf 120.000 Einwohner: Duisburg, Essen und Dortmund entwickelten sich im Eiltempo von verschlafenen Ackerbürgerstädtchen zu Industriezentren. Gab es bei Gründung des Kaiserreiches lediglich drei Städte mit einer Einwohnerzahl von über 200.000 Personen, nämlich Berlin, Hamburg und Breslau, stieg die Anzahl der Großstädte bis 1913 auf 23 an. Spitzenreiter war Berlin mit einer Einwohnerzahl von knapp über zwei Millionen (Wehler 1995: 512). Parallel hierzu veränderte sich die Wirtschaftsstruktur des Landes. Während der industrielle Sektor beachtliche Zuwachsraten aufwies und der Anteil der Industrie am Nettoinlandsprodukt sich vor dem Ersten Weltkrieg bereits um rund 50 Prozent bewegte, nahm der Stellenwert der Landwirtschaft rasant ab (Wehler 1995: 690).

Diese Veränderungen gingen einher mit einem Gründungsboom von Organisationen eines bisher nicht gekannten Ausmaßes. Bekannt sind vor allem die „legendären Firmengründungen", wie z.B. Krupp, Hoesch, Stinnes, Thyssen oder Siemens. Neben diesen ganz großen entstanden jedoch auch eine Vielzahl von kleineren und mittleren Fabrikationsbetrieben, wie etwa die Kettenschmieden oder Bandeisenwerke am Rande des Ruhrgebietes. In den wachsenden Städten wurden die sog. Kolonialwarengeschäfte eröffnet; es wurden Fuhrunternehmen und Eisenbahngesellschaften gegründet und Krankenhäuser und Schulen errichtet. Mit gutem Recht kann man behaupten, dass sich die Organisation in der zweiten Hälfte des 19. Jahrhunderts als gesellschaftliches Strukturprinzip durchsetzte. Abgesehen vom engsten Kreis der Familie blieb kein gesellschaftlicher Bereich vom „Zugriff der Organisation" verschont, deren typische Form die des Vereins war, von dem selbst die Zeitgenossen, wie beispielsweise August Bebel, behaupteten, dass sie „wie Pilze aus der Erde hervorschießen" (zitiert nach Tenfelde 1984: 70, Anm. 66).

Legendäre Firmengründungen

Einige Beispiele für die damalige Dynamik der Vereinsentwicklungen finden sich bei Tenfelde (1984: 61f, 67). So vervierfachte sich z.B. die Anzahl der Kolping-Gesellenvereine in den Jahren von 1855 bis 1865, und ihre Mitgliedschaft stieg im gleichen Zeitraum von 12.000 auf 70.000 Gesellen. Entsprechendes lässt sich auch für die Konsumvereine, die Arbeiterbildungsvereine oder die Karnevals- und Gesangsvereine zeigen (vgl. Dürkop 1977: 78; Blommen 1960). Auch diese Vereine verzeichneten in der Phase des industriellen Aufschwungs beträchtliche Zuwachsraten, und zwar sowohl im Hinblick auf die Neugründung von Organisationen als auch hinsichtlich des Anstiegs der Mitgliederzahlen (vgl. nur für Hamburg Freudenthal 1962: 129ff).

Nicht nur die veränderten wirtschaftlichen und sozialen Rahmenbedingungen trugen zum Boom des Vereinswesens in der zweiten Hälfte des 19. Jahrhunderts bei, auch in rechtlicher Hinsicht war diese Periode für die weitere Entwicklung richtungweisend. Waren bis Mitte des Jahrhunderts Vereine nicht rechtlich anerkannt und Assoziationen mit politischen Zielsetzungen strengstens kontrol-

Die Einführung der Vereinigungsfreiheit

liert (Türk et al. 2002: 134f), so wurde durch die Paulskirchenverfassung von 1848 die Vereinigungsfreiheit, d.h. das Recht, sich zu versammeln und Vereine zu gründen, formal anerkannt und durch die Frankfurter Reichsverfassung von 1849 de facto eingeführt (Türk et al. 2002: 138).

Charakteristisch für die Phase der Industrialisierung ab der zweiten Hälfte des 19. Jahrhundert sind vor allem solche Vereine, die in Zusammenhang und als Reaktion auf die „soziale Frage", die Not und katastrophalen Lebensumstände der Fabrikarbeiterschaft, aber auch der Landbevölkerung gegründet wurden. Im Einzelnen handelt es sich hierbei zum ersten um die karitativen Vereine, die als Ursprung unserer heutigen Wohlfahrtsverbände, namentlich des Diakonischen Werkes und der Caritas, zu betrachten sind; ferner zählen dazu die Sparvereine und Darlehnskassen wie auch die Einkaufs- und Verkaufsorganisationen nach dem Modell von Schultze-Delitzsch und von Raiffeisen sowie schließlich die Arbeiterkonsumvereine.

Organisations-
gründungen unter
Führung der bürgerli-
chen Mittelschicht
Keiner der genannten Vereine war jedoch, entgegen der weitverbreiteten Auffassung, in seinen Anfängen getragen vom Emanzipationsstreben der damals neuen Klasse der Arbeiterschaft. Vielmehr handelte es sich um Organisations-gründungen unter Führung oder auf Initiative von Angehörigen der bürgerlichen Mittelschicht, die mit der Zielsetzung vorgenommen wurden, die angeblich verloren gegangene Harmonie der Gesellschaft wiederherzustellen und insbesondere die Gefahren einer drohenden Politisierung und Radikalisierung der Arbeiterschaft abzuwenden. Zudem wurden mit den Vereinsgründungen erzieherisch-patriarchalische Ziele verbunden: Es galt den Proletarier zu disziplinieren und ihm die bürgerlichen Ideale von Sparsamkeit und Mäßigung nahe zu bringen (Huck 1978: 215).

Entstehung der
konfessionellen
Sozialverbände
Der Vater des Diakonischen Werkes, Johann Heinrich Wichern, machte in seinen Schriften, wie z.B. „Revolution und innere Mission" oder „Kommunismus und die Hilfe gegen ihn", unzweideutig klar, warum er sich sozial engagierte und sich dazu der neuen Form des wohltätigen Vereins bediente (vgl. Thränhardt 1987: 1-6). Entsprechendes gilt auch für die karitativen Einrichtungen katholischer Provenienz, die 1895 auf Initiative von Lorenz Werthmann zum Deutschen Caritasverband zusammengeschlossen wurden mit der Zielsetzung, eine effektivere Organisation und Zusammenarbeit der einzelnen Vereine zu gewährleisten (Thränhardt 1987: 4f). In umfangreichen Forschungen ist inzwischen sehr gut dokumentiert, dass diese sozialen Vereine sich alsbald zu hierarchisch strukturierten Verbänden zusammenschlossen und eingebunden in neokorporatistische Arrangements sich zu Stützen und Partnern des entstehenden Sozial- und Wohlfahrtsstaates entwickelten, mit dem sie unter anderem auch die sozialbefriedende Zielsetzung gemeinsam hatten (Sachße 1995; Heinze/Olk 1981). Die Basis der karitativen Einrichtungen, ihr ehrenamtlicher Mitarbeiterstab, stellten übrigens damals wie heute Frauen (Notz 2001). Danach bildete sich das auch heute noch in Vereinen anzutreffende Geschlechterverhältnis heraus, wobei „organisationale Betätigung an bedeutsamer Stelle [...] nahezu ausschließlich den Männern zugestanden [wird]" (Türk et al. 2002: 89f). Im 19. Jahrhundert rekrutierten sich die ehrenamtlichen Mitarbeiterinnen aus dem Großbürgertum und auch aus dem Adel, die in diesen Einrichtungen ein neues Betätigungs-

feld fanden, das ihrem sich wandelnden Rollenverständnis entsprach (Sachße 2002: 103ff; Kaiser 1995: 154).

„Bürgerlichen Ursprungs" sind auch die Darlehnskassenvereine, die im ländlichen Raum von Friedrich-Wilhelm Raiffeisen (1808-1888) und für Handwerker und Gewerbetreibende von Schultze-Delitzsch (1808-1883) ins Leben gerufen wurden (Aschoff et al. 1988). Raiffeisen hatte als Bürgermeister im Rheinland zunächst sog. Wohltätigkeitsvereine gegründet, die auf Spendenzahlungen von Gemeindehonorationen basierten und aus denen Darlehen an Minderbemittelte vergeben werden sollten, die bei einer „normalen" Bank nicht kreditwürdig waren. Die Wohltätigkeitsvereine scheiterten, da die Spendentätigkeit der Honoratioren mehr als zu wünschen übrig ließ. Raiffeisen griff daher den von Schultze-Delitzsch propagierten Gedanken der Selbsthilfe auf und errichtete die ersten Darlehnskassenvereine auf Genossenschaftsbasis, die sich durch strikt demokratisches Reglement, uneingeschränkte „Solidarhaft" nach dem Motto: „Einer für alle, alle für einen!" sowie durch die Zurücklegung der Gewinne als unteilbares Vereinsvermögen auszeichneten. Zur Verbreitung des Genossenschaftsgedankens trug wesentlich das Standardwerk von Raiffeisen bei: „Die Darlehnskassenvereine als Mittel zur Abhilfe der Noth der ländlichen Bevölkerung sowie der städtischen Handwerker und Arbeiter" (Faust 1977: 335).

Darlehnskassenvereine auf Genossenschaftsbasis

Schließlich wurde der Genossenschaftsgedanke auch genutzt, um etwas gegen Wucherpreise und „Lotterkredite" der Kolonial- und Gemischtwaren-Läden in den Industrieregionen zu unternehmen. Allenthalben beklagte man sich über die schlechten Lebensverhältnisse von Fabrikarbeitern und ihren Mangel an Bargeld, der zur Aufnahme von Borgschulden oder zum Kauf von kleinen und kleinsten Gütermengen zwang. Unter bürgerlicher Führung schlossen sich daher etwa seit Mitte des 19. Jahrhunderts Arbeiter in den Ballungszentren und Industrieregionen zu Konsumvereinen zusammen, die vorrangig versorgungswirtschaftlich-praktische Absichten verfolgten, gleichzeitig aber auch den Sinn für Ordnung, Disziplin und Eigenverantwortung unter der Arbeiterschaft wecken sollten. Allerdings waren diese ersten Anfänge der Arbeiterkonsumvereine trotz klingender Namen, wie z.B. der Chemnitzer Verein „Ermunterung", nicht gerade sehr erfolgreich. Zum einen konnten die Läden eine Vollversorgung im Umfang eines gut sortierten Kramladens nicht leisten, zum anderen war das Prinzip der Barzahlung bei den Mitgliedern des Vereins nicht durchzusetzen; erschwerend kam hinzu, dass die Konsumvereine nur begrenzte Öffnungszeiten hatten.

Anfänge der Arbeiterkonsumvereine

Erfolgreicher waren dagegen solche Konsumvereine, die praktisch ein „Anhängsel" des betreffenden Unternehmens darstellten und im Sinne eines patriarchalischen Kapitalismus nach dem Krupp-Modell geführt wurden. Letzterer – die Kruppsche Anstalt – avancierte in kürzester Zeit zu einer der größten Konsumvereine in Deutschland (vgl. Huck 1978: 228). Allerdings hatten die Arbeiter in diesen Konsumvereinen kein Mitspracherecht, und zwischen den privaten Betreibern der Konsumvereine und der betreffenden Firmenverwaltung entwickelte sich zum Nachteil der Konsumenten – der Arbeiter – nicht selten ein symbiotisches Verhältnis, das wiederum zu einer Verteuerung der Waren führte.

Die Wende in der Geschichte des Konsumvereins und seine Wandlung zum Arbeiterverein lassen sich in das letzte Viertel des 19. Jahrhunderts datieren. In dieser Zeit entstanden erstmals Konsumvereine, die die Bezeichnung „Arbeiter-

Arbeitervereine

verein" auch in der Tat für sich in Anspruch nehmen konnten. Ermöglicht wurde dies durch die Hilfestellung der Gewerkschaften sowie der Sozialdemokratie. Im Prinzip wurden neben den bestehenden Konsumvereinen mit Firmen- oder Zechenanschluss und den Konsumvereinen bürgerlicher Provenienz neue Organisationen, wie z.B. der Konsumverein rheinisch-westfälischer Bergleute „Glückauf" mit Sitz in Gelsenkirchen oder der Bürger- und Arbeiterkonsumverein „Eintracht" in Essen, gegründet (vgl. Huck 1978: 230ff). Diese Vereine stützten sich auf das organisatorische Know-how von Gewerkschaftlern sowie Funktionsträgern der Sozialdemokratie, die aufgrund der Sozialistengesetze vorläufig auf andere Betätigungsfelder verwiesen waren. Die Erfolgsstory der neuen Konsumvereine lässt sich an der Entwicklung ihrer Mitgliederzahlen ablesen. So stieg die Mitgliederzahl beispielsweise des „Allgemeinen Konsumvereins für Dortmund und Umgebung" von 349 Mitgliedern im Jahre 1902 auf insgesamt 14.180 Mitgliedern kurz vor dem Ersten Weltkrieg an. Der Essener Verein „Eintracht" verzeichnete im gleichen Zeitraum einen Anstieg der Mitgliederzahl um das 114fache von 398 auf insgesamt 45.542 Mitglieder (Jahrbuch des Zentralverbandes des Deutscher Konsumvereine, Jg. 1-12, zitiert in Huck 1978: 234f).

Allerdings ist nicht nur die quantitative Entwicklung hervorzuheben. Gleichermaßen von Bedeutung, und zwar in erster Linie für den inneren Zusammenhalt der neuen Konsumvereine, war, dass diese Vereine sich in einer zunehmend feindlicheren Umgebung behaupten mussten. Dazu gehörte unter anderem, dass die Teilnahme an den Konsumvereinen für Nicht-Arbeiter erschwert und den Vereinen die steuerlichen Vorteile entzogen wurden. Gleichfalls wurden „Konkurrenzunternehmen" seitens der Hirsch-Dunckerischen und der christlichen Gewerkschaften errichtet. Der „rote Konsum", der zu den Organisationen der sozialdemokratischen Subkultur zählte, war somit unter anderem auch ein Ergebnis äußeren Drucks. Die Profilierung und Politisierung der Arbeiterkonsumvereine ergab sich nicht zuletzt aufgrund der Sozialistengesetze bzw. aufgrund der Verweigerung parteipolitischer Vertretungsrechte in einer sich allmählich entwickelnden Parteiendemokratie.

Turnvereine   Die Entwicklung von einer eher unpolitischen Zweckorganisation zu einem klassenbewussten Arbeiterverein war jedoch nicht auf die Konsumvereine beschränkt. Entsprechendes lässt sich auch für die Turnvereine aufzeigen, und zwar gilt dies sowohl für die rechte als auch die linke Seite der „parlamentarischen Hosenbodengeographie" (Beyme 1991: 17). In dem Maße, wie sich die ehemals demokratisch-nationalen Turnvereine im Kaiserreich zu national-liberalen Honoratiorenclubs wandelten, wurden als alternative Organisationen Arbeitersportvereine gegründet (Eisenberg 1993, Schmidtchen 1978: 350, Nipperdey 1990: 172).

Im Kaiserreich war in vielen Vereinen die vielbeschworene „turnbrüderliche Gleichheit ohne Rang und Stand" der Revolutionszeit von 1848/49 einem Standesdünkel und die liberal-demokratische Gesinnung einem auf dem rechten Spektrum der Parteienlandschaft zu verortenden Hurra-Patriotismus gewichen. Von den Ehrenämtern und Vorstandsposten waren die Arbeiter unter den Mitgliedern der Turnerschaft zwar von jeher ausgegrenzt; unter den Sozialistengesetzen wurden sie infolge eines vorauseilenden Gehorsams der Vorsitzenden sogar aus manchen Vereinen ausgeschlossen, und zwar „da die revolutionären

Ansichten der Sozialdemokratie mit den patriotischen Ansichten der Turner unvereinbar" waren (Schmidtchen 1978: 350).

Die Entwicklung der Mitgliederzahlen des 1892 in Gera (Thüringen) gegründeten „Arbeiter-Turnerbundes Deutschland" zeigt die mobilisierende Wirkung politischer Ausgrenzung und sozialer Stigmatisierung. Die Arbeiterturnvereine waren nämlich zahlreichen Schikanen seitens des Staates ausgesetzt, wozu unter anderem zählte, dass die Vereine zu politischen Zusammenschlüssen erklärt wurden und eine Mitgliedschaft von Jugendlichen (Altersgrenze: 18 Jahre) nicht erlaubt war. Trotzdem – oder auch aufgrund dieser Maßnahmen – stieg die Mitgliedschaft des Arbeiter-Turnerbundes von 1893 von 51 Vereinen und 3.556 Mitgliedern bis 1900 auf insgesamt 512 Vereine und 37.371 Mitglieder an (Schmidtchen 1978: 352).

Im krassen Gegensatz zu den Arbeitersportvereinen standen die ebenfalls an Dynamik und Attraktivität gewinnenden Heimatvereine (Krumeich 1997: 12). Heimatvereine verbreiteten Werte und Ideale, die sich einer großen Breitenwirkung erfreuten. Zwar hatten die Heimatvereine, verglichen mit anderen Vereinen, keine besonders großen Mitgliederzahlen, jedoch waren ihre Mitglieder in öffentlichkeitswirksamen Positionen tätig, so dass sich eine außergewöhnliche Multiplikatorenfunktion hinsichtlich der Ideenverbreitung ergab. Die Vereinsmitglieder errichteten Heimatmuseen und -denkmäler, die Heimatdichtung, -geschichtsschreibung und -malerei wurde angeregt und gefördert. Sie organisierten Heimatfeste, auf denen entsprechende Trachtentänze, Lieder und Theaterstücke zum Besten gegeben wurden (Bösch 2002: 58f). *Heimatvereine*

Die Betrachtung der Entwicklung des Vereinswesens in der industriellen Periode wäre jedoch unvollständig, wenn man nicht auch diejenigen Vereine berücksichtigen würde, die in gewisser Weise das „bürgerliche Pendant" zu den Arbeitervereinen bildete. Allerdings waren ihre Existenz und ihr Zusammenhalt nicht ein Resultat äußeren und schon gar nicht politischen Drucks. Diese Vereine sind vielmehr als ein, wenn auch recht dürftiger Ersatz der abgeschafften Stände anzusehen. Durch ihre Mitgliedschaft lässt sich die Zugehörigkeit zu einer bestimmten sozialen Gruppe verdeutlichen (vgl. Eisenberg 1994). Zu diesen „Statusvereinen", die ihre Exklusivität durch unterschiedliche Mechanismen, wie etwa Ballotage (d.h. Abstimmungen durch die verdeckte Abgabe von schwarzen bzw. weißen Kugeln) oder hohe Gebühren, zu sichern versuchten, zählten die Kunst- und Kulturvereine ebenso wie die studentischen Burschenschaften, die im Kaiserreich als vaterländische und patriotische Vereinigungen einen neuen Höhenflug erlebten. *„Bürgerliche Pendants" zu den Arbeitervereinen*

Einen Eindruck von dem besonderen Gefühl, Mitglied der exklusiven Gruppe der Studenten zu sein, deren Gesamtzahl sich um die Jahrhundertwende auf nur etwa 62.000 belief (vgl. Hohorst 1975: 161), und zudem noch zu einer studentischen Korporation zu gehören, vermittelt Heinrich Mann aufs vortrefflichste in seinem Roman „Der Untertan", in dem er die Studentenzeit und Mitgliedschaft seines Helden Diederich in der Burschenschaft der „Neuteutonen" so beschreibt:

„Und für diesen Posten fühlte er sich bestimmt. Er sah sich in einen großen Kreis von Menschen versetzt, deren keiner ihm etwas tat oder etwas anderes von ihm verlangte, als dass er trinke. Voll Dankbarkeit und Wohlwollen erhob er gegen jeden, der ihn dazu anregte, sein Glas. Das Trinken und Nichttrinken, das Sitzen, Stehen, Sprechen oder Singen hing meistens nicht von ihm selbst ab. Alles ward laut kommandiert, und wenn man es richtig befolgte, lebte man mit sich und der Welt in Frieden (...) Ihm war, wenn es spät ward, als schwitze er mit ihnen allen aus demselben Körper. Er war untergegangen in die Korporation, die für ihn dachte und wollte. Und er war ein Mann, durfte sich selbst hochschätzen und hatte eine Ehre, weil er dazugehörte! Ihn herausreißen, ihm einzeln etwas anhaben, das konnte keiner" (Mann 1964: 22f).

Um die Exklusivität der Gruppe zu gewährleisten und Unliebsame von einer Teilnahme auszugrenzen, ließ man sich auch damals schon etwas einfallen. Viele der angewandten Methoden, wie z.B. die hohen Eintrittsgebühren, haben bis heute nichts von ihrer Attraktivität verloren. Dies trifft jedoch nicht zu für den satzungsgemäß vorgeschriebenen Gebrauch des Französischen oder aber die Zutrittsbarriere eines vorgegebenen stattlichen Mindestgewichts, das für das sog. Ranzenbataillon, einem elitären Mainzer Fastnachtsverein im 19. Jahrhundert, mindestens zwei Zentner „bei einem Leibesumfang von sechs Fuß" betragen musste (Grosshennrich 1979: 90f; Dürkop 1977: 64f).

Kunstvereine   Die Kunstvereine betrieben vor allem durch die Gewinnung blaublütiger Mitglieder Imagepflege und versuchten so, ihre Exklusivität unter Beweis zu stellen (Romain 1984: 15; Schmitz 2001). Zwar hätte nach der Satzung der Vereine jeder Kunstinteressierte und Kunstliebhaber in den Verein aufgenommen werden müssen, eine genauere Prüfung der Mitgliederlisten zeigt jedoch, dass es sich bei den Kunstvereinen um *closed shops* handelte und in der Realität nur betuchte Mitglieder zugelassen waren. Gerade Kunst und Kultur boten offensichtlich ein ideales Terrain, um sich von schwächeren sozialen Schichten abzugrenzen und anstelle der aufgehobenen Standesschranken neue Statusgrenzen aufzubauen.

„Noblesse oblige"   Wissenschaftlich untersucht wurde das Phänomen der Instrumentalisierung der Kultur zur Errichtung gesellschaftlicher Schranken besonders für die republikanische und a priori standeslose Gesellschaft der Vereinigten Staaten. Gemäß der Devise „Noblesse oblige" begannen die amerikanischen Kohle- und Stahlmagnaten sowie die Eisenbahnbarone und die neuen Reichen in den Metropolen Chicago, New York oder auch Boston gegen Ende des letzten Jahrhunderts, Exponate und Kulturschaffende aus Europa zu importieren, um sich auch in der neuen Welt das distinguierte Erlebnis von Hochkultur zu ermöglichen und um sich ferner von der populären Kultur der Varietés und Salons abzugrenzen. Selbstverständlich war es eine große Ehre, zu den Unterstützern und Förderern des Bostoner Symphonieorchesters zu zählen oder dem erlauchten Kreis des Art Institute of Chicago anzugehören. Der Organisationsform, der man sich zwecks Errichtung in gewisser Weise artifizieller, auf Besitz und auch Bildung gegründeter Klassen- und Statusschranken bediente, war die Nonprofit-Organisation, die durchaus mit dem gemeinnützigen öffentlichkeitsorientierten Verein zu vergleichen ist (Mccarthy 1982, DiMaggio 1991a).

Doch nicht nur gesellschaftliche und wirtschaftliche Trends haben einen nachhaltigen Einfluss auf Vereine. Entsprechendes gilt für die politischen Rahmenbedingungen. Unter autoritären Regimen gibt es in der Regel kein aktives

Vereinswesen: So war auch das Schicksal der Vereine in Deutschland unter dem Nationalsozialismus von Kontrolle und „Gleichschaltung" gekennzeichnet. Vereine und Verbände wurden zu einem großen Teil zerschlagen und aufgelöst (vgl. Türk et al. 2002: 240). Die übrig gebliebenen Vereine wurden zwangsförmig inkludiert, gemäß den Vorgaben der NSDAP ideologisch ausgerichtet oder von Nationalsozialisten weitergeführt. Begleitet wurde dieser Prozess von Verfolgungsmaßnahmen gegen jüdische Bürger (vgl. Thamer 2004). Jüdische Vereine wurden von vornehrein aus dem gesellschaftlichen Leben ausgegrenzt und spätestens ab 1938 verboten.

2.3.3 Vereine der Postmoderne

Wenngleich das 20. Jahrhundert von Anfang an charakterisiert war durch tiefgreifende Zäsuren auf der politischen Bühne, gilt dies zunächst nicht für den Bereich der industriellen Produktion. Bestimmend blieben die Durchsetzung der industriellen Produktionsweise, das enorme Größenwachstum der Unternehmen und die zyklischen Krisen des Hochkapitalismus. Doch diese „Trends" waren bereits seit der zweiten Hälfte des 19. Jahrhunderts vorhanden und wurden in den folgenden Dekaden weiterentwickelt bzw. entwickelten sich vor allem in der Zeit der Weltwirtschaftskrise „zur vollen Blüte" (Kindleberger 1973).

Von einer neuen Ära aus produktionstechnischer Sicht spricht man erst ab den späten 60er bzw. zu Beginn der 70er Jahre des 20. Jahrhunderts. Raschke definiert diese neue Periode in seinem Modell als nachindustriell in dem Sinn, dass sich der dominante Wirtschaftsbereich von der Industrie, insbesondere der Schwerindustrie, zum tertiären Sektor der Dienstleistungserstellung verlagert (Raschke 1988: 99f). Andere Autoren machen den Übergang zu der in produktionstechnischer Sicht neuen Epoche weniger am quantitativen Bedeutungsverlust des Sektors „Industrie" fest, sondern verweisen auf die qualitativen Veränderungen der Produktionsweise, die sie als „postfordistisch" bezeichnen und die mit den herkömmlichen Steuerungskapazitäten und Regulationsmöglichkeiten des Zentralstaates nicht mehr zu regulieren sind (Hirsch/Roth 1986; Jessop 2002). Charakteristisch für den Postfordismus ist eine Dezentralisierung der Produktionsstätten bei gleichzeitiger Verdichtung der tertiären und dispositiven Funktionen in den Ballungszentren. Da eine wirtschaftspolitische Steuerung auf der Makro-Ebene im Postfordimus nicht mehr greift, ist insbesondere die Mikro-Ebene gefordert. Im Übergang vom Fordismus zum Post-Fordismus gewinnt die lokale Ebene als politische Arena daher deutlich an Bedeutung (Mayer 1991a, b). Allerdings werden der lokalen Ebene in der nachindustriellen oder postfordistischen Ära auch die Probleme überlassen, deren gravierendstes die Arbeitslosigkeit ist (Heinelt 1998).

Konstitutiv für die nachindustrielle Phase ist ferner ein verändertes Anforderungsprofil an den „Arbeitnehmer". Nicht mehr der Industriearbeiter, der roboterähnlich im Gleichtakt mit der Maschine im ganz wörtlichen Sinn am Fließband seine Arbeit leistet, ist gefragt, sondern vielmehr der hochqualifizierte, dynamische, anpassungsfähige und flexible Individualist, der die Maschinen nur noch überwacht und neue Produkte entwickelt und diese an den Mann oder die

Postfordismus und qualitative Veränderungen der Produktionsweise

Frau bringt. Parallel zur Bedeutungsverschiebung unter den Wirtschaftssektoren erfolgte daher eine signifikante Veränderung des Ausbildungswesens. Da die veränderte Produktionsweise weitaus höhere Anforderungen an den Wissensstand der Mitarbeiter stellt, ist seit den 70er Jahren des 20. Jahrhunderts auch eine verstärkte Nachfrage nach dem sog. kulturellen Kapital (vgl. Bourdieu 1983) bzw. nach Bildungsgütern festzustellen.

Allerdings war dieser Trend zum Teil auch indiziert durch die Verlautbarungen und Prognosen der Bildungspolitiker, die auf der Grundlage ihrer Berechnungen zur Nachfrageentwicklung im Dienstleistungsbereich der Schulen, Universitäten und außerschulischen Bildungs- und Erziehungseinrichtungen signifikante Steigerungsraten voraussagten. Somit stand in den 1980er Jahren ein Reservoir hochqualifizierter Berufseinsteiger – vor allem in den Geistes- und Humanwissenschaften – zur Verfügung; allerdings waren die Aussichten der Mehrheit dieser Jungakademiker auf eine berufsmäßige Integration nach dem üblichen Modell einer Übernahme in den Schul- oder universitären Dienst infolge drastischer Kürzungen der betreffenden Etats im Zuge umfangreicher Sparmaßnahmen wenig Erfolg versprechend. Nicht zuletzt aufgrund des schwierig gewordenen Berufseinstiegs der geistes- und sozialwissenschaftlichen Hochschulabgänger wurde kreatives Potenzial freigesetzt, das nach neuen Integrationsmöglichkeiten suchte. Als ein Instrument eines alternativen Sich-Verortens in der nachindustriellen Gesellschaft wurde der Verein entdeckt (Zimmer 1998b: 109).

Abgrenzung vom Traditionellen und Herkömmlichen

Die neuen Vereine, ganz gleich ob es sich um Selbsthilfegruppen, alternative Betriebe, Frauen-Initiativen oder soziokulturelle Zentren handelt, grenzten sich zunächst strikt von den klassischen Vereinen ab. Von ihrem Selbstverständnis hatten sie überhaupt nichts mit den traditionellen Vereinen gemein. Aktivisten der Bürgerinitiativen, Öko-Gruppen oder Frauenprojekte wären entrüstet gewesen, hätte man sie in den 1970er und zu Beginn der 1980er Jahre mit den Funktionären der Sportvereine, den feingeistigen Philanthropen der Kulturzirkel oder gar den eifrigen Kaninchenzüchtern und Philatelisten in Verbindung gebracht. Eines der Gründungsmotive der vielen Gruppen, Projekte und Initiativen war daher auch die Negation und strikte Ablehnung der bestehenden „Trampelpfade" in Politik, Wirtschaft und Kultur. Die neuen Vereine verstanden sich als Ausdruck und zugleich Motor einer Reformära und Sinnbild einer veränderten politischen Kultur, die eine Gegenöffentlichkeit zum Status quo und der vorherrschenden Meinung in Politik und Medienwelt darstellte. Vor allem aufgrund ihres politischen Anspruches und der Tatsache, dass die neuen alternativen Vereine keinem der klassischen Milieus und eingefahrenen „Parteischienen" zuzuordnen waren, wurde ihnen von der Wissenschaft, aber gerade auch von der allgemeinen Öffentlichkeit ein großes Interesse entgegengebracht. Konservative Kreise sahen in den alternativen Betrieben, soziokulturellen Zentren, Beratungsprojekten im Gesundheitsbereich und Selbsthilfegruppen sogar eine Gefährdung der „freiheitlich demokratischen Grundordnung". Man befürchtete damals, dass durch diese neuen Lebensformen und Arbeitsweisen in Wohngemeinschaften und Öko-Initiativen die Stabilität und der Wohlstand der Bundesrepublik leichtfertig aufs Spiel gesetzt würden.

Die Vorhut dieser neuen „kollektiven Akteure", die sich überhaupt nicht als Vereine verstanden und sich auch jeder Art rechtlicher Reglementierung in Form einer vorgefertigten Organisationsform anfänglich vehement widersetzen, waren die Bürgerinitiativen (Mayer-Tasch 1985). Sie versuchten, „frischen Wind" in die Kommunalpolitik zu bringen, die Verhärtungen und Verkrustungen auf lokaler Ebene aufzulockern und die Politik vor Ort aus dem arrondierten Machtbereich der Lokalpolitiker zumindest ein Stück weit herauszubrechen und bürgernaher zu gestalten. Während es den Bürgerinitiativen darum ging, der „politischen Klasse" klar zu machen, dass politische Fakten nicht an der allgemeinen Öffentlichkeit der Betroffenen vorbei und ohne deren Partizipation am Entscheidungsprozess getroffen werden könnten, war es das Ziel der ersten Öko-Gruppen und Initiativen, überhaupt erst eine Öffentlichkeit für das damals neue und essentielle Thema „Ökologie" zu schaffen. Neu waren vor allem die Ausdrucksformen der alternativen Gruppen, die erstmals Fantasie und Witz in die ansonsten trockene Politikarena brachten. Mit Sit-Ins, Blockaden, Menschenketten und symbolischen Aktionen setzten diese Vereine deutlich neue Akzente (Raschke 1988: 254ff; Pappi 1989).

Bürgerinitiativen

Die alternativen Betriebe und Projekte wandten sich gegen die entfremdete, sach-, effizienz- und profitorientierte moderne Produktionsweise und propagierten stattdessen ein Wiederzusammenführen der getrennten Bereiche von Arbeit und Lebenswelt in bedarfs- und bedürfnisorientierten Produktionsstätten (Schwendter 1986; Beywl 1989, 1991; Kreutz et al. 1983, 1986). Die Betriebe wurden als soziale Basis einer Politisierung sowohl des Alltags/der Lebenswelt als auch der Produktion betrachtet; insofern verfolgten sie eine Doppelzielsetzung: Neben der reinen Warenproduktion sollte gleichzeitig eine andere, alternative Identität geschaffen werden, die sich positiv von der durch Konsumzwänge quasi „ferngesteuerten" der Wohlstandsbürger abhob.

Alternative Betriebe und Projekte

Die zivilisationskritische Komponente der alternativen Ökonomie wie auch der Öko-Bewegung ist nicht zu übersehen. Insofern ist es auch nicht verwunderlich, dass etwa zur selben Zeit die ersten alternativen Kultureinrichtungen gegründet wurden. Diese entstanden auf lokaler Ebene aus Protest und „Unbehagen an der bestehenden Dreieinigkeit von Stadttheater, Museum und Konzertsaal" (Schwendter 1992: 278), wie z.B. die „Zeche Carl" in Essen, die „Kampnagel-Fabrik" in Hamburg oder der „Schlachthof" in Kassel. Nicht zu vergessen sind in diesem Zusammenhang die Selbsthilfegruppen und Gesundheitsläden, die sich einerseits durchaus als Infrastrukturerweiterung der im Gesundheits- und sozialen Bereich bestehenden Angebote verstanden, andererseits jedoch keinen Zweifel an ihrer kritischen Haltung gegenüber dem bürokratischen und voll-professionalisierten Sozial- und Gesundheitssystem sowie an der entpersonalisierten Apparatemedizin aufkommen ließen (Kaufmann 1987; Braun 1998; Matzat 2003). Generell wurden die neuen alternativen Vereine, Projekte und Initiativen dem Umfeld der neuen sozialen Bewegungen zugeordnet (Roth/Rucht 1991; Rucht 1997).

Alternative Vereine, Projekte und Initiativen im Umfeld der neuen sozialen Bewegungen

Inzwischen ist jedoch von der Euphorie der frühen Jahre nicht mehr viel übrig geblieben. Die mit den Projekten und Initiativen verbundenen weitergehenden gesellschaftlich-politischen Reformpläne wurden zwar nicht aufgegeben, aber dennoch in großem Umfang auf ein „im Rahmen der bestehenden Verhält-

Institutionalisierungstendenzen

nisse" durchsetzbares Maß reduziert. Die meisten Initiativen und Projekte sind
inzwischen formal – in der Regel als eingetragener Verein – organisiert; es wird
in ihnen arbeitsteilig produziert, und die Vereine verfügen größtenteils über eine
professionelle Leitungsebene (vgl. Kapitel II). Auch sind nach Einschätzung der
Bewegungsforschung die von den neuen sozialen Bewegungen erstmals angewandten unkonventionellen Formen der politischen Betätigung und des Protestes
inzwischen durchaus akzeptiert und haben zu einer Erweiterung des politischen
Aktionsspektrums der Bürger geführt. Nostalgische "Alt-Spontis" charakterisieren mit spitzer Zunge den Status quo des Bewegungsmilieus schon als „grün-
alternatives Biedermeier" (Rucht et al. 1997: 19). Entsprechendes gilt auch für
die Infrastruktur – die Kneipen, Jugend- und Kulturzentren, Buchläden und Beratungseinrichtungen – der lokalen Bewegungsmilieus (ders.: 47f). Die sog.
„Staatsknetediskussion", in der kritisch die Gefahr der Kooptation durch den
Staat infolge der Akzeptanz öffentlicher Mittel von den Vereinen thematisiert
worden war, gehört längst der Vergangenheit an. Insofern gibt es auch deutliche
Hinweise für ein „Abbröckeln" des spezifischen „Alternativbewusstseins". Dies
ist auch nicht verwunderlich, da die „Szene" sich intern bereits ausdifferenziert
hat und der Diffusionsprozess in die unterschiedlichen Politikfelder längst im
vollen Gange ist. Die mittlerweile von Politik und Verwaltung sowie von der
allgemeinen Bevölkerung anerkannten und geschätzten sozial-psychologischen
Beratungseinrichtungen, Kinderläden, Kulturzentren und Weiterbildungseinrich-
tungen arbeiten inzwischen als akzeptierte Konkurrenten mehr oder weniger eng
mit den anderen, meist traditionellen Anbietern des betreffenden Bereichs, wie
etwa der AWO, Caritas oder Diakonie, im Politikfeld Soziales zusammen. Insofern wird es immer schwieriger, die „neuen Dienstleister" der „Alternativszene"
von den traditionellen Anbietern abzugrenzen (Roth 1994).

Exkurs:
Modernisierung, strukturelle Differenzierung und die
Entstehung funktionaler Teilsysteme

Aus der Sicht von Historikern, Ökonomen sowie der Rational-Choice-Schule
folgenden Soziologen und Politologen ist gesellschaftliche Modernisierung notwendigerweise gekoppelt an handelnde kollektive oder korporative Akteure, die
mit ihren Aktionen bestimmte, den Eigennutz maximierende Interessen verfolgen. Ohne das Prinzip der Nutzenmaximierung und die jeweils ihren individuellen Interessen nachgehenden Akteure kommen dagegen die Modernisierungsmo-
delle der Systemtheoretiker aus (vgl. Tyrell 1978; Hondrich 1982; Luhmann
1976; Rüschemeyer 1974).

Differenzierung
als Ursache gesell-
schaftlicher Moder-
nisierung

Danach beruht gesellschaftliche Modernisierung auf Differenzierungspro-
zessen bzw. auf struktureller, funktionaler und sozialer Unterteilung. Dieser
Ansatz bietet ein analytisches Raster, mit dessen Hilfe sowohl die Modernisie-
rung und Weiterentwicklung als auch der Bestand und das Funktionieren von
Gesellschaft erklärt werden kann. Verortet wird der Ansatz der gesellschaftlichen
Differenzierung an der Schnittstelle von Systemtheorie und Evolutionstheorie
(Tyrell 1978: 175). Die Protagonisten der gesellschaftlichen Differenzierung

haben eine bestimmte Vorstellung vom Zustand des gesellschaftlichen Systems. Sie sehen dieses im Prinzip als Perpetuum mobile, das sich ständig in Bewegung und in einem Zustand permanenter Veränderung befindet. Dabei ist die Bewegung aber keineswegs zielgerichtet und schon gar nicht eine Entwicklung im Sinne der teleologischen Klassentheorie von Karl Marx, die sich hin zum Guten und Schönen bewegt; lediglich das Moment der Dynamik haben die Anhänger der sozialen Differenzierungstheorien mit Karl Marx gemein.

Nach Auffassung der Differenzierungstheoretiker ist die Dynamik der Gesellschaft praktisch systemimmanent und beruht im Wesentlichen auf Teilungsprozessen. In Analogie zur Zellbiologie wird der Fortbestand des gesellschaftlichen Systems, seine Erneuerung als auch Weiterentwicklung und die Erreichung einer höheren Komplexitätsstufe durch Teilung erreicht: Zusammengehöriges differenziert sich und wird strukturell geteilt; Funktionsbereiche, die fusioniert waren und zusammengehörten, treten auseinander und bestehen anschließend nebeneinander, ohne dass jedoch die „Einheit" des Gesamtsystems „Gesellschaft" gesprengt würde (Rüschemeyer 1974: 280). *(Randnotiz: Systemimmanente Dynamik der Gesellschaft)*

Renate Mayntz bezeichnet diese klassische Vorstellung von Differenzierung als Untergliederung eines Ganzen in Teile als das „Dekompositionsparadigma" der Differenzierungstheoretiker von Durkheim bis Parsons und Luhmann (Mayntz 1988: 14). Die Differenzierung und Untergliederung erfolgt nach diesem Ansatz gleichermaßen funktional im Sinne der Arbeitsteilung als auch statusorientiert im Sinne einer gesellschaftlichen Komplexitätssteigerung. Der entscheidende Vorwurf, der gegenüber der Differenzierungstheorie erhoben wird, besteht darin, dass sie nicht empirietauglich sei und sich nicht zur Überprüfung und Untersuchung des faktischen Gangs gesellschaftlicher Veränderungsprozesse eigne (Rüschemeyer 1974: 279; Mayntz 1988: 16f). *(Randnotiz: „Dekompositions-Paradigma" der Differenzierungstheoretiker)*

Ohne auf diese Kritik näher einzugehen, bleibt festzuhalten, dass moderne Gesellschaften auch von den Gegnern der Differenzierungstheorie nicht mehr als organizistische Einheiten, sondern vielmehr als Verbundsysteme unterschiedlicher und in ihren Eigenarten durchaus identifizierbarer Teilbereiche wahrgenommen werden. Insofern war es naheliegend, einen Perspektivenwechsel vorzunehmen und nicht nur ausschließlich die Binnendifferenzierung und Komplexitätssteigerung der Gesellschaft zu hinterfragen, sondern das, was bereits ausdifferenziert ist – nämlich das funktionelle Teilsystem – ins Zentrum des wissenschaftlichen Interesses zu rücken. Diese funktionellen Teilsysteme werden von Renate Mayntz so definiert:

> „Funktionelle Teilsysteme lassen sich als gesellschaftsweit institutionalisierte, funktionsspezifische Handlungszusammenhänge definieren. Ihr Konstitutionskriterium ist ein spezieller Sinn, der auf der normativ-kognitiven Ebene als besondere Handlungslogik oder Handlungsrationalität und auf der Handlungsebene als eine besondere Tätigkeit identifizierbar ist" (Mayntz 1988: 18).

Bevölkert werden die Teilsysteme von natürlichen Personen und von korporativen und kollektiven Akteuren. Funktionell handelt es sich um Teilsysteme, weil sie die Produkte gesamtgesellschaftlicher Arbeitsteilung darstellen. Zu einem Teilsystem gehören diejenigen natürlichen Personen sowie kollektiven und korporativen Akteure, die praktisch im Verbund agieren, und zwar mit der Zielset- *(Randnotiz: „Gebildecharakter" der Teilsysteme)* zung, eine bestimmte Leistung zu erbringen und im Gesamtsystem Gesellschaft eine bestimmte Funktion zu erfüllen, wozu sie auf die für dieses Teilsystem spezifischen Techniken rekurrieren. Dennoch sind die Teilsysteme nicht nur funktionell im Sinne einer optimalen Leistungserstellung und Funktionswahrnehmung, sondern sie verfügen gleichzeitig über eine jeweils spezifische Ausprägung. Um im Sprachgebrauch von Mayntz zu bleiben, haben die Teilbereiche jeweils „Gebildecharakter" (Mayntz 1988: 24).

Zu den anerkannten gesellschaftlichen Teilsystemen zählen unter anderem die Wirtschaft, die Politik, die Kultur, aber auch die Wissenschaft und schließlich der Sport. Das Besondere jedes Teilsystems kommt in der je nach Teilsystem spezifischen „Währung" bzw. in dem jeweiligen „Medium" des Teilsystems zum Ausdruck. Über das Medium gewinnt ein Teilsystem insofern seine Dynamik, als man als handelnder Akteur im Sinne eines „Alles oder Nichts" entweder darüber verfügt oder aber keinen Anteil daran hat. Während das Medium des Teilsystems Politik die Macht ist, geht es im Teilsystem Wirtschaft ums Geld, im Sport um den Sieg, in der Kultur um das Schöne und in der Wissenschaft um die Wahrheit.

Binnendifferenzie-
rung der Teilsysteme

Auch die funktionellen Teilbereiche als Sub-Systeme des gesellschaftlichen Gesamtsystems sind gleichfalls binnendifferenziert. Die einzelnen Akteure agieren gemäß den ihnen zugeschriebenen Rollen, in die sie gleichsam hineinsozialisiert werden. Die Charakterisierung der Sub-Systeme als institutionalisierte Bereiche ist durchaus gerechtfertigt, da eine Veränderung der internen Strukturen eines Teilsystems kaum oder nur schwer möglich ist. Nicht zuletzt verbürgt die intime Kenntnis der Strukturen sowie der einem Teilsystem eigenen Sprache und Umgangsformen eine gewisse Sicherheit für die jeweiligen Akteure. Den Anpassungsprozeß, den diejenigen – natürliche Personen und insbesondere Organisationen – durchmachen, die neu dazukommen und erst in ein Teilsystem aufgenommen werden, bzw. ihre Sozialisation in das entsprechende Teilsystem bezeichnet man als Isomorphismus (DiMaggio/Powell 1983: 148).

Societal-sector-
Konzept

Als alternative Bezeichnung für funktionelle oder gesellschaftliche Teilsysteme sind in der angelsächsischen Literatur unter anderem die Termini *organizational field* oder aber *societal sector* üblich. Die angelsächsische Version des Ansatzes der funktionellen Teilsysteme ist vergleichsweise pragmatisch und lässt deutlich die Nähe nicht nur zu soziologischen Differenzierungstheorien, sondern auch zur Einteilung der Wirtschaft in Sektoren und verschiedene „Industrien" seitens der Ökonomen erkennen. In der klassischen Charakterisierung von Scott und Meyer wird ein *societal sector* von seiner spezifischen Umwelt daher so abgegrenzt:

> „A sector refers to a domain identified by similarity of service, product or function. In this sense, the boundaries of societal sectors are functional, not geographical: sectors are comprised of units that are functionally interrelated even though they may be geographically remote. In this intended usage, the concept of sector incorporates and builds on the economist's concept of 'industry': all sellers of one type of product or service – or, more abstractly those firms characterized by a close substitutability of product usages who as a consequence, exhibit demand interdependence"(Scott/Meyer 1983: 137).

Doch auch in den angelsächsischen Untersuchungen steht die Analyse des „Ge-
bildecharakters" des jeweiligen Sektors im Vordergrund: Konkret ist man daran
interessiert, die in dem jeweiligen Teilsystem wirkenden Institutionalisierungs-
mechanismen aufzudecken (vgl. Powell/DiMaggio 1991).

Ohne Zweifel sind sowohl die Differenzierungstheorien als auch die Ansätze der funktionellen Teilsysteme bzw. der *organizational fields* sowie der *societal sectors* für die Analyse der Entwicklung des Vereinswesens gerade in historischer Perspektive von Relevanz. Die frühbürgerlichen Vereine der vorindustriellen Phase lassen sich in gewisser Weise als an der Schwelle zur Moderne stehend
charakterisieren: Der Differenzierungsprozess war zwar bereits in Gang gekommen, gleichwohl stand die Ausdifferenzierung in spezielle Bereiche – Teilsysteme, *fields* oder *sectors* – noch ganz am Anfang. Mit anderen Worten: Auch in
sprachlicher Hinsicht griff die Differenzierung noch nicht, und jegliche Aktivität
wurde noch unter den „Assoziationsgeist" subsumiert. Eine Differenzierung der
Assoziationen nach Unternehmen, Parteien, Verbänden oder wohlfahrtsstaatlichen Dienstleistungseinrichtungen sowie Freizeitvereinen entfiel in erster Linie
aufgrund der damals noch nicht bestehenden oder erst rudimentär ausgebildeten
Sub-Systeme.

Dies änderte sich jedoch spätestens in der zweiten Hälfte des 19. Jahrhunderts. Als ganz entscheidendes Vehikel zur Institutionalisierung funktioneller
Teilbereiche muss das Recht betrachtet werden. Praktisch auf dem Rechtswege
wurden die Assoziationen mit eigenwirtschaftlichen Zielsetzungen – die Unternehmen und Firmen – von denen geschieden, die andere – ideelle oder gemeinnützige Ziele – verfolgten. Doch auch bei diesem, zugegeben großen „Restpos-
ten" der nicht-ökonomischen Assoziationen setzten im Laufe der Zeit ein Differenzierungsprozess und ein „Hineindiffundieren" in die entstehenden und sich
voneinander abgrenzenden Teilbereiche ein. Dies gilt für die Vereine, die der
Rekrutierung des politischen Personals dienen – die Parteien – ebenso wie für
die karitativen Vereine, die sich zu Stützen des Wohlfahrtsstaates entwickelten,
und schließlich für die Hobby- und Freizeitvereine, die für eine die funktionale
Differenzierung ergänzende und in erster Linie auf Status basierende Binnendifferenzierung der modernen Gesellschaft zuständig sind.

Der Ansatz der neuen, der alternativen Vereine der nachindustriellen Phase
lässt sich daher auch als Versuch werten, zwischen den verschiedenen institutio-
nalisierten und mehr oder weniger strikt voneinander getrennten Teilbereichen
zu vermitteln. Zivilisationskritisch war dieser Versuch insofern, als gerade die
kontraproduktiven Effekte der Differenzierung ins allgemeine Bewusstsein gerückt wurden. Am deutlichsten lässt sich dies für die Öko-Initiativen und -
Vereine aufzeigen, deren Zielsetzung darin bestand und besteht, die Gefahren für
das Gesamtsystem aufzuzeigen, die sich ergeben, wenn jeder Teilbereich ausschließlich binnenorientiert handelt und nur den ihm eigenen Handlungslogiken
folgt. Möglich ist Übernahme von Koppelungsleistungen von Seiten der Vereine
insofern, als sie sich durch Multifunktionalität auszeichnen. Sie sind sowohl als
soziale Dienstleister wie auch als Interessenvertreter oder lokale Lobbyisten
tätig. Darüber hinaus zeichnen sich die meisten Vereine durch ein integratives
Moment aus. Besonders deutlich wird die Multifunktionalität von Vereinen bei
der Betrachtung ihrer Aktivitäten auf der lokalen Ebene (vgl. Teil II).

*Differenzierungs-
theorien und Analyse
des Vereinswesens*

*Hineinwachsen in
gesellschaftliche
Teilbereiche*

2.4 Zusammenfassung: Vereine in der modernen Organisationsgesellschaft

Die moderne Gesellschaft ist eine Organisationsgesellschaft und wird strukturiert durch korporative und kollektive Akteure, die zwar keine natürlichen Personen sind, gleichwohl aber eigenständig handeln und Rechtsgeschäfte tätigen und Verbindlichkeiten eingehen können. Inwiefern sich der Einzelne in einer Organisation engagiert, wie viele Ressourcen er einbringt, und wie viel Zeit und Energie er der betreffenden Organisation zur Verfügung stellt, beruht jeweils auf seiner freien Entscheidung. Dies ist auch der entscheidende Unterschied zwischen der modernen Organisationsgesellschaft und dem organizistischen Gefüge der vormodernen mittelalterlichen Gesellschaft. Letztere war nach Ständen gegliedert, in die der Einzelne jeweils hineingeboren wurde, und aus denen es praktisch „kein Entrinnen" gab. Eine Wahl der Standeszugehörigkeit war ebenso wenig möglich wie soziale Mobilität zwischen den Ständen. Als *Ersatz der Stände*, die am Übergang vom Mittelalter zur Neuzeit als gesellschaftliches Ordnungsprinzip an Bedeutung verloren, betrachtet man *Organisationen bzw. kollektive Akteure*, und zwar in ihrer spezifischen Funktionszuschreibung als intermediäre Instanzen, die zwischen Individuum und Gesellschaft bzw. zwischen Einzelnem und Staat vermitteln.

Der *Verein* als Zusammenschluss von Freien und Gleichen ist gleichsam der *Prototyp des kollektiven Akteurs* bzw. der intermediären Instanz. Als neue und im Unterschied zu den Ständen höchst flexible Form der Vergesellschaftung gilt der Verein als Anstoß und Motor der Modernisierung. Bei der Betrachtung des Vereinswesens in historischer Perspektive zeigt sich jedoch, dass die heutigen Vereine keineswegs gleichzusetzen sind mit den Vereinen zu Beginn der Moderne.

Der entscheidende Unterschied zwischen dem heutigen Vereins- und dem damaligen Assoziationswesen besteht in dem geringeren Grad der Ausdifferenzierung: Sämtliche Organisationsgründungen wurden damals als Assoziationen bzw. als Vereine bezeichnet, ganz gleich, welche Zielsetzungen und Zwecke – eigenwirtschaftliche, gemeinnützige oder auch politische – sie verfolgten. Dennoch werden in der Literatur ganz bestimmte Assoziationen als besonders typisch für die vorindustrielle Epoche des Zeitalters des aufgeklärten Absolutismus in Deutschland herausgestellt. Hierbei handelt es sich zum ersten um die sog. Patriotischen- und die Lesegesellschaften sowie ferner um die Geheimbünde und Logen. Gemeinsam war diesen Assoziationen, dass sie eher reformerische als revolutionäre Zielsetzungen verfolgten und im Wesentlichen für eine Modernisierung „von oben" in Kooperation mit dem Adel eintraten, sich aber gleichzeitig „nach unten" gegenüber Emanzipationsbestrebungen des Kleinbürgertums abschotteten. Modern waren diese Vereine insofern, als in ihnen erstmals Mitglieder des Adels und Bürgerliche, wenn auch nur Mitglieder des gehobenen Bürgertums, über die noch bestehenden Standesgrenzen hinweg zusammenkamen.

Mit dem industriellen Zeitalter beginnt ab der Mitte des *19. Jahrhunderts die große Zeit der Vereine*. In jeder Hinsicht boomte damals das Assoziationswesen. Gleichzeitig setzten eine Ausdifferenzierung der Organisationsgründungen und eine Zuordnung der Vereine zu den sich voneinander abgrenzenden gesellschaftlichen Teilsystemen ein. Schließlich wurde praktisch auf dem Rechtsweg zwischen den wirtschaftlichen Zielsetzungen verfolgenden Vereinen

– den Unternehmen und Firmen – sowie dem „Rest" – der sich ideellen, gemeinnützigen oder sonstigen Zwecken widmenden Vereinen – differenziert.

Als zeittypische Organisationsgründungen der industriellen Phase gelten
vor allem Vereine, die sich gezielt der sozialen Frage und der Folgen von Industrialisierung und Urbanisierung annahmen, wie z.B. die karitativen Vereine und
Vorläufer des Diakonischen Werkes und der Caritas sowie auch die Einkaufs-
und Konsumvereine. Letztere verdienen, wie im Übrigen auch die Sportvereine,
zumindest anfänglich nicht als Arbeitervereine charakterisiert zu werden, da sie
gewissermaßen nur aufgrund äußeren Drucks zu Einrichtungen der politischen
Sub-Kultur der Sozialdemokratie avancierten. Allerdings wären sie wohl auch
kaum so erfolgreich gewesen, wenn nicht Professionelle der Partei ihr Know-
how für den Organisationsaufbau zur Verfügung gestellt hätten. Neu waren damals auch jene Vereine, die der Statusdifferenzierung dienten. Solche Vereine
finden sich vorzugsweise im gesellschaftlichen Teilsystem „Kultur". Sie eignen
sich auch dazu, Zugehörigkeit zu einer bestimmten Statusgruppe zu demonstrie-
ren. In dieser Qualität fungierten sie nicht zuletzt als ein – wenn auch eher dürftiger – Ersatz der einstigen Stände.

Schließlich sind für die nachindustrielle Phase und Postmoderne die sog. alternativen Vereine charakteristisch, die zunächst gar keine Vereine sein wollten,
sondern sich von ihrem Selbstverständnis als etwas völlig anderes, ganz neues
verstanden. Diese Initiativen, Projekte und Gruppen traten mit dem Anspruch
auf, die Ausdifferenzierung der modernen Gesellschaft zumindest ein Stück weit
zurückzunehmen. Beispielsweise sollte in den alternativen Betrieben die strikte
Trennung von Arbeits- und Lebenswelt aufgehoben und die damit verbundene
Entfremdung beseitigt werden. Gleichermaßen plädierten die Vereine für eine
Entdifferenzierung der modernen Organisationskultur und der dieser eigenen
spezifischen Rollenzuweisung und Professionalisierung.

Zwar sind viele der negativen Effekte der Moderne maßgeblich auch durch
die Aktionen der neuen Vereine ins allgemeine Bewusstsein gerückt worden,
gleichwohl wurde die Entdifferenzierung keineswegs erreicht, sondern die neuen
Vereine haben sich inzwischen etabliert und institutionalisiert. Viele von ihnen
sind auf der lokalen Ebene längst integrierter Bestandteil des Gesundheitssystems
und der sozialstaatlichen Dienstleistungserstellung, wie etwa die Selbsthilfegruppen oder die ehemals alternativen Gesundheitsläden. Entsprechendes lässt
sich auch für die anderen ehemals alternativen Gruppen und Projekte festhalten,
wie etwa für Öko-Initiativen, die mittlerweile als „etablierte Herausforderer"
tituliert werden (Forschungsjournal 2002).

3   Was interessiert am Verein?

Vereine als
intermediäre Instanz Interessant und spannend ist die vermittelnde Funktion der Vereine, ihre Qualität als intermediäre Instanz, die den Einzelnen mit Staat und Gesellschaft verbindet. Allerdings ist es nicht ganz einfach, dazu den Forschungsstand zu referieren, da Vereine aufgrund dieser besonderen Qualität, wie bereits angesprochen, in vielen Bereichen aktiv sind und darüber hinaus hier auch noch sehr unterschiedliche Funktionen wahrnehmen.

Auch gibt es eine Vereinsforschung als solche nicht, sondern die verschiedenen Disziplinen haben sich mit ihrer je spezifischen Sichtweise und Fragestellung des Themas „Verein" angenommen. Ordnet man die Studien und Untersuchungen zu Vereinen dahingehend, ob im Mittelpunkt eher die politischen und gesamtgesellschaftlichen Wirkungen und Funktionen von Vereinen stehen, oder aber, ob es eher um sozial- oder individuell-psychologische Aspekte sowie um organisationsinterne Faktoren geht, so lässt sich eine gewisse Systematik in die vielfältige „Vereinsforschung" bringen.

Außen- und
Binnenwirkung Thematisiert wird nämlich entweder die Außenwirkung der Vereine – also ob und wie sie Einfluss auf Gesellschaft und Staat nehmen – oder aber im Zentrum der Analyse steht die Binnenwirkung der Vereine, d.h. welche Wirkungen sie auf die Organisationsteilnehmer haben, welche Funktionen sie für diese wahrnehmen und welche strukturellen Eigenarten den Verein als solchen auszeichnen. Sowohl zur Außen- als auch zur Binnenwirkung der Vereine gibt es eine Fülle von Literatur (klassisch Sills 1968; Smith/Freedmann 1972; Kröll et al. 1982; Siewert 1984; Zimmer 1998b; Braun 2004).

Aktuell wird die Außenwirkung der Vereine insbesondere im Kontext der zivilgesellschaftlichen Diskussion verstärkt in den Blick genommen (Forschungsjournal 2003; Braun 2004: 30f). Als Teil der Zivilgesellschaft werden Vereine zentrale demokratische Implikationen zugeschrieben, wobei ein weites Spektrum von demokratiefördernden Funktionen thematisiert wird (vgl. Gosewinkel et al. 2004). In gewisser Weise eine Koppelung von Binnen- und Außenwirkung von Vereinen wird in der derzeitigen Debatte zum Sozialkapital vorgenommen. Im Zentrum der durch die Arbeiten von Robert D. Putnam (1993, 2000) angestoßenen Diskussion steht ebenfalls die Relevanz von Vereinen als freiwilligen Vereinigungen für die Demokratie. Ausgangspunkt der Argumentation sind im Kontext der Sozialkapitaldiskussion jedoch die Binnenwirkungen von Vereinen. Hier wird der freiwilligen Partizipation des Einzelnen im Verein eine integrative Funktion und damit leistungssteigernde Wirkung für Gesellschaft und Politik zugeschrieben. Netzwerke sozialer Beziehungen, so die Annahme, schaffen Vertrauensstrukturen und bringen somit „soziales Kapital" hervor, in das hohe Erwartungen hinsichtlich der Herausbildung und Festigung von Demokratien gesetzt werden (vgl. Ausblick).

Da mehr oder weniger alle Untersuchungen und Studien zu Vereinen als freiwillige Vereinigungen, Interessengruppen oder soziale Integratoren auf die Klassiker der Vereinsforschung – nämlich auf Alexis de Tocqueville und Max Weber – Bezug nehmen, werden im Folgenden zunächst die relevanten Passagen aus Alexis de Tocquevilles „De la Démocratie en Amérique" sowie aus der Rede Max Webers auf dem ersten Deutschen Soziologentag von 1910 vorgestellt

(Tocqueville 1963; Weber 1924). Daran anschließend wird der Beitrag ausgewählter Wissenschaftsdisziplinen zur Vereinsforschung behandelt.

3.1 Tocqueville und die Assoziation als Basis der Demokratie

Böse Zungen behaupten, Tocqueville habe sich durch die Reise in die neue Welt   „De la Démocratie en
in erster Linie familiären Schwierigkeiten, sprich Eheproblemen, entzogen. Ob   Amérique"
dies stimmt, mag angezweifelt werden; fest steht jedoch, dass das Ergebnis dieser „Flucht", der Klassiker „De la Démocratie en Amérique", weit mehr ist als
ein simpler Reisebericht. Tocquevilles Analyse, in den 30er Jahren des 19. Jahrhunderts entstanden, gilt auch heute noch als eine der treffendsten Beschreibun-
gen des politischen und gesellschaftlichen Systems der Vereinigten Staaten und
als ein Standardwerk der vergleichenden Politikwissenschaft.

   Wie die Historiker weit mehr als 100 Jahre später, identifizierte Tocqueville
die Organisation – oder genauer die Assoziation – als das strukturierende Element moderner Gesellschaften. Im Vergleich zu den kontinentaleuropäischen
Ländern und insbesondere zu Frankreich während der Restaurationszeit waren
die Vereinigten Staaten insofern damals schon unvergleichlich moderner, als sie
bereits über eine nicht-ständische Gesellschaft mit republikanischer Staatsverfassung und marktwirtschaftlicher Ordnung verfügten. Die Dynamik und Vitalität
der amerikanischen Gesellschaft, von der Tocqueville zu Recht beeindruckt war,
basierte in erster Linie auf den Assoziationen. Die in der Literatur viel zitierte
Passage lautet:

> „Les Américains de tous les ages, de toutes les conditions, de tous les esprits, s'unis-
> sent sans cesse. Non seulement ils ont des associations commerciales et industrielles
> auxquelles tous prennent part, mais ils en ont encore de mille autres espèces: de reli-
> gieuses, de morales, de graves, de futiles, de fort générales et de très particulières,
> d'immenses et de fort petites; les Américains s'associent pour donner des fêtes, fon-
> der des séminaires, bâtir des auberges, élever des églises, répandre des livres, en-
> voyer des missionnaires aux antipodes; ils créent de cette manière des hôpitaux, des
> prisons, des écoles. S'agit-il enfin de mettre en lumière une vérité ou de développer
> un sentiment par l'appui d'un grand exemple, ils s'associent. Partout où, à la tête
> d'une entreprise nouvelle, vous voyez en France le gouvernement et en Angleterre
> un grand seigneur, comptez que vous apercevrez aux États-Unis une association. J'ai
> rencontré en Amérique des sortes d'associations dont je confesse que je n'avais pas
> même l'idée, et j'ai souvent admiré l'art infini avec lequel les habitants des États-
> Unis parvenaient à fixer un but commun aux efforts d'un grand nombre d'hommes,
> et à les y faire marcher librement" (Tocqueville 1963, S. 279f).
> „Die Amerikaner jeden Alters, jeden Standes, jeder Geistesrichtung schließen sich
> fortwährend zusammen. Sie haben nicht nur kaufmännische und gewerbliche Verei-
> ne, denen alle angehören, sie haben auch noch unzählige andere Arten: religiöse,
> sittliche, ernste, oberflächliche, sehr allgemeine und sehr besondere, gewaltige und
> ganz kleine; die Amerikaner tun sich zusammen, um Feste zu geben, Seminarien zu
> begründen, Gasthöfe zu bauen, Kirchen zu errichten, Bücher zu verbreiten, Missio-
> nare zu den Antipoden zu entsenden; sie errichten auf diese Weise Spitäler, Gefäng-
> nisse, Schulen. Handelt es sich schließlich darum, eine Wahrheit zu verkünden oder
> ein Gefühl mit Hilfe eines großen Beispiels zu fördern, so gründen sie Vereinigun-
> gen. Überall wo man in Frankreich die Regierung und in England einen großen

Herrn an der Spitze eines neuen Unternehmens sieht, wird man in den Vereinigten Staaten mit Bestimmtheit eine Vereinigung finden. Ich traf in Amerika Vereinsarten, von denen ich, wie ich gestehe, nicht einmal eine Vorstellung hatte, und ich habe oft die außerordentliche Kunst bewundert, mit der die Bewohner der Vereinigten Staaten es fertigbrachten, den Anstrengungen einer großen Menschenzahl ein gemeinsames Ziel zu setzen und sie freiwillig danach streben zu lassen" (Tocqueville 1987: 160f)

Assoziationen – Bausteine der Demokratie

Tocqueville war von den Assoziationen jedoch nicht nur als korporativen Akteuren fasziniert, sondern er erkannte in ihnen bereits damals die Bausteine, oder besser Grundpfeiler der Demokratie. Aufgrund der Erfahrung der französischen Revolution und einem auf der „Volonté Générale" basierenden Demokratieverständnis, das letztlich zu Diktatur und Restauration geführt hatte, bewegte Tocqueville in den Vereinigten Staaten die Frage: Wie verhindert man in einer liberal-egalitären Gesellschaft, die nicht durch Stände strukturiert ist, die Despotie der Mehrheit? Und warum entartet das amerikanische System nicht, wie in der französischen Revolution geschehen, zu einer Diktatur, in der abweichende Meinungen unterdrückt werden und Minderheiten keine Rechte besitzen?

Tocqueville identifizierte das auf persönlich-individuellen Freiheitsrechten beruhende Demokratieverständnis der Amerikaner als das entscheidende Moment, das einer Entwicklung in Richtung Despotie und Diktatur entgegenwirkt. Allerdings, so zeigte er auch, befinden sich die Amerikaner in ihrer Demokratie in einer höchst eigenartigen Situation: Jeder für sich ist nämlich zu schwach, seine individuellen Rechte und Freiheiten auf Dauer zu schützen. Die Amerikaner sind daher mehr oder weniger gezwungen, sich zusammenzuschließen, d.h. Assoziationen zu gründen, sei es um ihre persönlichen Freiheitsrechte zu schützen, Interessen wahrzunehmen oder auch um rein materielle Ziele zu erreichen.

„.... Il est clair que, si chaque citoyen, à mesure qu'il devient individuellement plus faible, et par conséquent plus incapable de préserver isolément sa liberté, n'apprenait pas l'art de s'unir à ses semblables pour la défendre, la tyrannie croîtrait nécessairement avec l'égalité. Il ne s'agit ici que des associations qui se forment dans la vie civile et dont l'objet n'a rien de politique .... „(Tocqueville 1963, S. 279).
„Wenn jeder Bürger, je schwächer er als einzelner wird und je weniger er infolgedessen imstande ist, seine Freiheit allein zu wahren, nicht die Kunst lernte, sich zu seiner Verteidigung mit seinesgleichen zu verbinden, so ist klar, daß die Gewaltherrschaft mit der Gleichheit zwangsläufig zunähme. Hier handelt es sich nur um Zusammenschlüsse, die im bürgerlichen Leben entstehen und die nichts Politisches bezwecken" (Tocqueville 1987: 160).

Vielfalt von Assoziationen als countervailing power

Da sich aber jeweils Gleichgesinnte zu einer Assoziation zusammenschließen, und da die Interessen und Bedürfnisse in einer Gesellschaft ebenso vielfältig wie unbegrenzt sind, ergibt sich zum einen in einer liberal-egalitären Gesellschaft eine schier unübersehbare Vielfalt von Assoziationen; ferner findet sich in dieser Vielfalt zu jeder speziellen Assoziation gleichzeitig wiederum eine, die genau gegensätzliche Zwecke und Interessen verfolgt. Mit anderen Worten: Jede Assoziationsgründung zieht die Entstehung einer „Gegenkraft" – einer *countervailing power* – nach sich, wodurch letztlich die Entstehung einer omnipotenten Zentralgewalt oder gar einer Diktatur verhindert wird.

Die Verbindung Tocquevilles bzw. seine Einschätzung der Bedeutung und Gruppentheorie des Pluralismus Funktion von Assoziationen zur Gruppentheorie des Pluralismus liegt praktisch auf der Hand (Smith/Freedman 1972: 34). So hat der „Urvater" der Pluralisten, Arthur Bentley, in seinem Werk „*The Process of Government*" (Bentley 1908) Assoziationen in ihrer Eigenschaft als Interessengruppen als das „Rohmaterial" der Politik bezeichnet.

Die Relevanz der Assoziationen gerade in ihrer Funktion als Interessenvertretung wird insbesondere von der Pluralismustheorie angloamerikanischer Provenienz herausgestellt. Politik wird in dieser Tradition als Gruppenhandeln charakterisiert, und der politische Prozess gestaltet sich als Auseinandersetzung von Interessengruppen bzw. Assoziationen, die durch ihre politischen Führer vertreten werden. Analog dem Marktmodell ergibt sich die bestmögliche Politik daher als Ergebnis des freien Spiels der Interessengruppen. Dieser normative Gehalt der Pluralismustheorie in ihrer angloamerikanischen Spielart wird seit den frühen 1970er Jahren eher kritisch eingeschätzt. Bedenken werden vor allem gegenüber den implizit vertretenen harmonisierenden Gleichgewichtsvorstellungen erhoben. Danach wird vom klassischen pluralistischen Ansatz nicht hinreichend berücksichtigt, dass die Interessengruppen über ungleiche Ressourcen und insofern auch Machtpotenziale verfügen (Alemann 1989: 42ff).

Entsprechendes gilt jedoch nicht für den deskriptiven Wert des gruppentheoretischen Ansatzes der Pluralismustheorie. Es ist der Verdienst der Gruppentheorie, dem politischen Prozess den *Black-Box*-Charakter genommen und diesen transparent gemacht zu haben. Weiterführend war dies insbesondere für die Policy-Analyse. So lassen sich gruppentheoretische Reminiszenzen zumindest ansatzweise bei der Analyse politischer Netzwerke, der Untersuchung von Verhandlungssystemen und auch bei den neueren *Governance* Ansätzen feststellen (vgl. Mayntz/Scharpf 1995; Mayntz 2004).

Der wesentliche Unterschied zwischen den angloamerikanischen gruppentheoretischen Ansätzen und den kontinentaleuropäischen Varianten der Pluralismustheorie bis hin zum Neo-Korporatismus besteht in der unterschiedlichen Varianten der Pluralismustheorie Bedeutungszumessung der Rolle des Staates. Während in den USA dem Staat lange Zeit höchstens die Aufgabe eines *brokers*, der unter den verschiedenen Interessengruppen zu vermitteln hat, zugewiesen wurde, galt in Europa der Staat traditionell als der zentrale politische Akteur. Herkömmlicherweise wurde daher in Europa, anders als in den USA, Politik als genuin staatliche Aufgabe betrachtet, wobei die Interessengruppen, namentlich die Verbände, quasi mit staatlicher Lizenzierung insbesondere im „kooperativen Staat" der Bundesrepublik in beachtlichem Umfang mitgestalten (Voigt 1995). Im Rahmen der gruppentheoretischen Variante der Pluralismustheorie ist Interessengruppenforschung stets ein Stück weit auch Partizipationsforschung, während dies gerade für Untersuchungen unter dem Theorem des Neo-Korporatismus keineswegs in dieser Form zutrifft (Reutter 2001: 11; Eisfeld 2001; Schubert 2001).

Es sind die Tradition der staatlichen Verwaltungsapparate Kontinentaleuropas sowie die jeweilige politische Kultur des Landes, die sich in diesen unterschiedlichen Rollenzuweisungen der Interessengruppen, sprich Verbände, in den Interessengruppenforschung als Partizipationsforschung USA und in Europa widerspiegeln. Für die Interessengruppenforschung waren diese voneinander abweichenden Perzeptionen des politischen Prozesses aber insofern von Bedeutung, als dem vereinsmäßigen, „organisatorischen" Unterbau der Interessengruppen in den USA traditionell eine große Bedeutung für den politischen Prozess zugesprochen wird, während die Politikwissenschaft in Europa und insbesondere in Deutschland lange Zeit von einer eher skeptischen Haltung gegenüber jenen eher Partikularinteressen vertretenden Organisationen geprägt war (Zimmer/Weßels 2001: 11f). Zweifellos ist dies inzwischen nicht mehr der Fall, vielmehr gewinnt die Interessengruppenforschung derzeit unter anderem auch im Kontext der *Governance* Debatte zunehmend an Aufmerksamkeit (Benz 2004b; Sebaldt 2001)

3.2 Webers Forschungsprogramm

Max Weber entwickelte sein differenziertes Forschungsprogramm im Jahr 1910 auf dem ersten Deutschen Soziologentag (Weber 1924). Das Programm ist bereits als solches Dokument eines Differenzierungsprozesses, nämlich der Binnendifferenzierung des Teilsystems Wissenschaft (Scheuch 1990). Während vordem Nationalökonomie und Soziologie gemeinsam die Sozialwissenschaft repräsentiert hatten, setzte mit Gründung der „Gesellschaft für Soziologie" (1909) die Auseinanderentwicklung in zwei unterschiedliche Disziplinen ein. Webers Rede hatte daher auch programmatischen Charakter: Mit seinen Themenvorschlägen gab er eine bestimmte Richtung vor, die „für die nächste Zukunft" bestimmend sowie auch spezifisch soziologisch sein sollte.

„Untersuchung des Vereinswesens" als Thema der Soziologie

Neben der „Soziologie des Zeitungswesens" nannte Weber die „Untersuchung des Vereinswesens" als das große Thema, der sich die Soziologie mit „viel Geld und viel Arbeitskraft" widmen sollte, wobei er genau definierte, was unter das Vereinswesen fällt. Konkret führte Weber aus:

> „daß es eine fundamentale Aufgabe einer jeden Gesellschaft für Soziologie ist, diejenigen Gebilde zum Gegenstand ihrer Arbeiten zu machen, welche man konventionell als ‚gesellschaftliche' bezeichnet, d.h. alles das, was zwischen den politisch organisierten oder anerkannten Gewalten – Staat, Gemeinde und offizielle Kirche – auf der einen Seite und der naturgewachsenen Gemeinschaft der Familie auf der anderen Seite in der Mitte liegt. Also vor allem: eine Soziologie des Vereinswesens im weitesten Sinne des Wortes, vom Kegelclub – sagen wir es ganz drastisch! – angefangen bis zur politischen Partei und zur religiösen oder künstlerischen Sekte" (Weber 1924: 441f).

Weber ordnete Vereine dem intermediären Bereich zu und grenzte sie praktisch „nach unten" gegenüber der Familie sowie „nach oben" gegenüber staatlichen bzw. hoheitlichen Gewalten ab. Mit Ausnahme der Parteien, die heute eher zum staatlichen Bereich zählen, hat diese Verortung der Vereine nichts an Aktualität eingebüßt. Zudem sollte das „ungeheure Thema" Verein „unter den allerverschiedensten Gesichtspunkten" untersucht werden, wobei Weber zwischen der Frage unterschied, inwiefern Vereine den Einzelnen beeinflussen, und inwiefern sie die „objektiven, überindividuellen Kulturgüter" prägen (Weber 1924: 447).

Kultur- und organisationssoziologischer Vereins-Begriff

Webers Programm war somit sowohl kultur- als auch organisationssoziologisch angelegt. Im Einzelnen schlug er vor:

1   Vereine als gesellschaftliches Strukturprinzip und Ersatz der Stände zu
     analysieren,
2   ihre Relevanz als Transmissionsriemen von Werten und Normen sowie als
     Ideologieproduzenten zu untersuchen sowie
3   Vereine als freiwillige Vereinigung „näher unter die Lupe zu nehmen" und
     die für diesen Organisationstyp charakteristischen Transformationstenden-
     zen – und zwar insbesondere im Hinblick auf die Phänomene Oligarchisie-
     rung und Professionalisierung einschließlich der Rekrutierung des Füh-
     rungspersonals – zu untersuchen.

3.2.1 Vereine als gesellschaftliches Strukturprinzip

Wie auch Tocqueville betonte Weber die Bedeutung der Assoziationen für Staat   Vereine als Stabilisa-
und Gesellschaft in den USA. Allerdings betrachtete er die amerikanischen As-   toren des Status Quo
soziationen nicht nur als *countervailing powers* – als Gegengewicht zu zentralis-
tischen und usurpativen Tendenzen –, sondern er sah in ihnen vielmehr das soziale Gefüge strukturierende, den Status quo stabilisierende „Gebilde", zu denen
man notwendigerweise dazugehören muss, wenn man Karriere machen oder
seine Position in Wirtschaft und Gesellschaft festigen will. Insofern erfüllen die
associations in den USA nach Weber ähnliche Funktionen wie die Stände in der
traditionellen Gesellschaft Europas. Allerdings garantieren die *associations* eine
eher demokratische Elitenrekrutierung, da ihre Zutrittsbarrieren vergleichsweise
niedrig sind.

> „Welches ist, qualitativ betrachtet, das Vereinsland par excellence? Zweifelsohne
> Amerika – und zwar aus dem Grund, weil dort die Zugehörigkeit zu irgendeinem
> Verein für den Mittelstand direkt zur Legitimation als Gentleman gehört (...). Wer
> da nicht hineinkommt (...), der kommt nicht in die Höhe. Die Demokratie in Ameri-
> ka ist kein Sandhaufen, sondern ein Gewirr exklusiver Sekten, Vereine und Klubs.
> Diese stützen die Auslese der an das amerikanische Leben überhaupt Angepaßten,
> stützen sie, indem sie ihnen zur geschäftlichen, zur politischen, zu jeder Art von
> Herrschaft im sozialen Leben verhelfen" (Weber 1924: 443).

3.2.2 Vereine als Transmissionsriemen von Werten und Normen sowie als
Ideologieproduzenten

Gleichfalls interessierte Weber die Binnenwirkung der Vereine unter psycholo-
gischen Gesichtspunkten auf das Vereinsmitglied.

> „Wie wirkt die Zugehörigkeit zu einer bestimmten Art von Verband nach innen (...)
> auf die Persönlichkeit als solche?" (Weber 1924: 443)

Dieses Thema wurde in Untersuchungen zum Engagement in kleinen Gruppen
wieder aufgegriffen, die in der Regel zu eher positiven Ergebnissen kommen und
kamen. Danach lernt man in Gruppen praktisch das „Einmaleins" der Demokratie und wird von der Notwendigkeit bürgerschaftlichen Engagements überzeugt

(klassisch: Verba 1961; Almond/Verba 1963; Smith/Freedman 1972: 92-97; kritisch Braun/Hansen 2004). Insbesondere infolge der Arbeiten von Robert D. Putnam (1993, 2000) wird die Binnenwirkung der Vereine in jüngster Zeit verstärkt thematisiert und hierbei insbesondere ihre Bedeutung für das Gemeinwohl herausgestellt (Putnam 2001).

Entpolitisierung durch Vereine   Weber verwies mit aller Deutlichkeit aber auch auf die eher negativen Seiten von Vereinsengagement. Nach seiner Meinung ist Vereinsmitgliedschaft keineswegs gleichzusetzen mit bürgerschaftlich-politischer Aktivität, sondern das Engagement im Verein kann auch in umgekehrter Richtung wirken und zu einer Entpolitisierung des Mitglieds führen. Nach Weber ist auch diese Sozialisation im Verein als politisch zu bewerten, da sie zur Stabilisation des Status quo beiträgt und sich im Verein ein vordem möglicherweise aktiver Bürger zu einem passiven „Untertan" wandeln kann:

> „Auf der anderen Seite (...) attrahiert fast jeder Verein, auch ein solcher, der das prinzipiell vermeiden will, in irgendeiner Weise 'weltanschauungsmäßige' Inhalte. In gewissem Sinne, könnte man behaupten: Sogar auch ein deutscher Kegelklub, in deutlicherem Maße schon ein Gesangverein. Meine Herren – um dabei zu bleiben – , die Blüte des Gesangvereinswesens in Deutschland übt m.E. beträchtliche Wirkungen auch auf Gebieten aus, wo man es nicht gleich vermutet, z.B. auf politischem Gebiete. Ein Mensch, der täglich gewohnt ist, gewaltige Empfindungen aus seiner Brust durch seinen Kehlkopf herausströmen zu lassen, ohne irgendeine Beziehung zu seinem Handeln, ohne daß also die adäquate Abreaktion dieses ausgedrückten mächtigen Gefühls in entsprechend mächtigen Handlungen erfolgt (...) das wird ein Mensch, der kurz gesagt, sehr leicht ein 'guter Staatsbürger' wird, im passiven Sinn des Wortes. Es ist kein Wunder, daß Monarchen eine so große Vorliebe für derartige Veranstaltungen haben. 'Wo man singt, da laß dich ruhig nieder.'" (Weber 1924: 445)

3.2.3 *Vereine und Oligarchisierung*

Trend zur Oligarchisierung   Schließlich wies Weber lange vor Michels darauf hin, dass auch in Vereinen als an sich demokratischen Organisationen ein Trend zur *Oligarchisierung* wirkt (Michels 1925, vgl. Alemann 1989: 164ff). Diese Beobachtung wurde in der Folge vor allen in der Verbands- und Parteienforschung thematisiert, und zwar unter dem Stichwort innerverbandliche respektive innerparteiliche Demokratie. Denn obgleich im Prinzip der Wille der Mehrheit die Geschicke des Vereins bestimmen soll, herrscht in der Regel doch die eher kleine „Elite" des jeweiligen Führungspersonals.

> „Jeder Verein, zu dem man gehört, stellt dar ein *Herrschaftsverhältnis* zwischen Menschen. Zunächst, wenigstens der Regel nach, formal und offiziell ein Majoritätsherrschaftsverhältnis. Es ist also die Psychologie dieser Majoritätsherrschaft über den einzelnen, die letztlich in Frage steht, (...) wobei ich hier nur auf den Punkt zu sprechen kommen kann, der der entscheidende ist: daß selbstverständlich innerhalb jedes solchen Gremiums, wie es auch heiße, Partei, Verein, Klub oder was es ist; in Wirklichkeit die Herrschaft stets eine Minoritätsherrschaft, zuweilen eine Diktatur einzelner ist (...)" (Weber 1924: 444).

„Who governs?" als zentrale Frage der Elitenforschung bzw. das Problem der Rekrutierung des
Rekrutierung und Legitimation des „richtigen" Führungspersonals steht in direk- Führungspersonals
tem Zusammenhang mit dem vereinsinternen Trend zur Oligarchisierung. Die-
sem Thema hat sich Weber damals so angenommen:

> „Wie nun, unter welchen Bedingungen, unter welchen, ich möchte sagen, 'Spielre-
> geln' diese Auslese der Leitenden innerhalb der einzelnen Kategorien von Vereinen,
> Parteien oder was es ist, sich vollzieht, das ist für die Frage entscheidend, welche
> Art von Persönlichkeit die Herrschaft an sich bringt (...) Es ist dies eine zentral
> wichtige soziologische Frage, und nicht minder ist es die weitere, daran sich an-
> knüpfende: Durch welche Mittel die leitenden Gruppen die Loyalität gegenüber den
> Vereinen, d.h. gegenüber ihrer eignen Herrschaft, zu sichern suchen" (Weber 1924:
> 444).

Schließlich ist die Frage der Professionalisierung ein Thema, das in Zusammenhang mit freiwilligen Vereinigungen immer wieder diskutiert wird (Roth 1994;
Enquete-Kommission 2002: 238f). Häufig wird den „Professionellen" vorgewor-
fen, dass sie in erster Linie in die eigene Tasche wirtschaften und ihre Position
sichern, anstatt sich für die Mitgliederinteressen einzusetzen und im Dienst derjenigen zu arbeiten, die sie vertreten. In weniger zugespitzter Form und ohne die
Annahme, Professionelle seien vorrangig Maximierer ihres persönlichen Vorteils, wird in der Literatur konstatiert, dass sich in freiwilligen Vereinigungen –
ganz gleich ob es sich um Vereine, Parteien oder Gewerkschaften handelt – quasi
zwangsläufig und „klammheimlich" eine Machtverschiebung zugunsten der
Professionellen einstellt, und zwar weil diese über die größere Sachkompetenz
und genauere Kenntnis der Umweltbedingungen verfügen. Und auch dieses
Problem hat Weber in seiner Rede, wenn auch nicht sehr ausführlich, bereits
angesprochen:

> „Es gehört ja zu jedem Verein bereits irgendein, sei es bescheidener Apparat, und
> sobald der Verein propagandistisch auftritt, wird dieser Apparat in irgendeiner Wei-
> se versachlicht und vom *Berufs*menschentum okkupiert" (Weber 1924: 445).

Zu guter Letzt führte Weber aus, wie das „ungeheure" Thema Vereinswesen Professionalisierung
methodisch zu behandeln sei. In etwas blumiger Sprache legte er schon damals
die Weichenstellung für die empirische Ausrichtung der Vereinsforschung fest:

> „Wenn Sie mich nun nach dem Material fragen, mit dem eine solche Untersuchung
> zu führen sei, so ist der Stoff, dessen Bewältigung zunächst einmal anzufangen ist,
> wiederum ein ganz trockener, trivialer, und ohne solche trockene, triviale, viel Geld
> und viel Arbeitskraft einfach in den Boden stampfende Arbeit ist nichts zu machen.
> Zunächst lohnt der systematische Versuch, von den Vereinen Auskunft darüber zu
> erhalten, welchen Berufen, welchen geographischen, ethnischen, sozialen Prove-
> nienzen ihre Mitglieder angehören" (Weber 1924: 447).

3.3 Vereinsforschung aktuell

Es wäre eine Mammutaufgabe, das gesamte Spektrum der Arbeiten und empirischen Studien abzudecken, die den Verein in der Nachfolge von Tocqueville und Weber als Modus der Vergesellschaftung oder Vergemeinschaftung, als politischen Akteur oder aber als Dienstleister in unterschiedlichen Bereichen bzw. Politikfeldern behandeln. An dieser Stelle wird daher ein begrenzter Zugang gewählt und auf einige ausgewählte Forschungsbereiche fokussiert. Im Einzelnen handelt es sich hierbei um die Bereiche Verein und Integration sowie Partizipation, Verein und Politik sowie Verein als Organisation.

3.3.1 Verein und Integration

Was hält moderne Gesellschaften zusammen, ist eine Frage, die die Soziologie seit ihren Anfängen beschäftigt. Die Fragestellung gewinnt infolge gesellschaftlicher Individualisierungs- und Pluralisierungsprozesse zunehmend an Bedeutung. Hinzu kommt die Erfahrung der Globalisierung, aufgrund derer auch die vergleichsweise homogenen mitteleuropäischen Gesellschaften in verstärktem Ausmaß multi-kulturell geprägt werden. Eine Bevölkerungsgruppe steht hierbei ganz besonders im Zentrum: die MigrantInnen.

Traditionell vielfältiges Engagement für MigrantInnen — Noch wird mit Verein und Migration hauptsächlich das reichhaltige Engagement *für* MigrantInnen assoziiert, das in Deutschland eine lange Tradition hat und sich in vielfältigen Betreuungs- und Integrationsangeboten manifestiert. Kirchen, Gewerkschaften und Wohlfahrtsverbände sollen MigrantInnen bei Problemen und Herausforderungen im Aufnahmeland behilflich sein. Asylsuchende und Flüchtlinge werden durch Hilfsorganisationen und Initiativen mit Rat und Tat unterstützt. Die Vereinslandschaft ist hier vielfältig und umfasst z.B. Ausländer-, Flüchtlings- und Asylantenvereine, Solidaritätsvereine, genauso wie Vereine der Sozialen Arbeit, zur Beratung, Weiterbildung, der Kultur und Begegnung.

Migrantenvereine und Migrantenselbstorganisation jüngst im Mittelpunkt der Aufmerksamkeit — Die Forschungsperspektive beginnt sich aber allmählich nachhaltig zu verändern. Zunehmend wird realisiert, dass MigrantInnen nicht nur Adressaten von Vereinsaktivitäten sind. Endlich wird auch dem freiwilligen Engagement *von* MigrantInnen Aufmerksamkeit gezollt und festgestellt, dass dieses Thema bisher schmählichst vernachlässigt wurde. So spielen Migrantenvereine tatsächlich nicht nur innerhalb der Gemeinschaft von MigrantInnen eine wichtige Rolle. Inzwischen werden sie auch außerhalb der *Communities* wahrgenommen (Lehmann 2003, 2001). Sie gelten als ein wichtiger Ort zur Vergemeinschaftung von MigrantInnen und der Vermittlung zwischen sozialen und kulturellen Unterschieden. Als Orte bürgerschaftlichen Engagements spielen sie außerdem eine bedeutende Rolle bei der Selbsthilfe in Problemlagen sowie beim Angehen der Herausforderungen, mit denen sich eine zusammenwachsende Einwanderungsgesellschaft konfrontiert sieht.

Thema der Integration beschäftigt aktuelle Untersuchungen — Aktuelle wissenschaftliche Untersuchungen zu Migrantenvereinen beschäftigen sich u.a. mit deren Zielen und Funktionen. Die meiste Aufmerksamkeit gilt jedoch dem Thema Integration. Im Mittelpunkt stehen die strukturellen und insti-

tutionellen Bedingungen, die Mechanismen der Integration und die Bedeutung
sowie die Folgen einer Anwendung unterschiedlicher Integrationskonzepte.

Zuwanderung, besonders von Arbeitnehmern, hat in Deutschland eine lange
Tradition. Bereits im 19. Jahrhundert betreute die Caritas Arbeitsmigranten. Dass
Wohlfahrtsverbände die Gastarbeiterbetreuung übernehmen, setzte sich in den
1950er und 1960er Jahren fort. Der Verteilungsmodus orientierte sich an der
Religionszugehörigkeit (Hunger 2002: 2f). Nach wie vor stehen viele Migrantenvereine in enger Verbindung mit „ihrem" Wohlfahrtsverband. Besonders die
bis dato unpolitischen Arbeitervereine von MigrantInnen wurden von den Gewerkschaften absorbiert (Hunger 2002: 5f). Dennoch kann eine Entwicklung von
einer Betreuung durch deutsche Wohlfahrtsverbände hin zu einer Selbstorganisation von MigrantInnen ausgemacht werden (vgl. Lehmann 2001: 14). Hunger
spricht in diesem Zusammenhang von einer „Ausdifferenzierung der Migrantenselbstorganisation und ihrer Funktionen" (2002: 5). Nicht nur ist die Landschaft
der Migrantenselbstorganisationen sehr heterogen, auch die Organisationsstrukturen variieren je nach Zuwanderungsnationalität (ders.: 10f). Ebenso divers ist
die Art der Migrantenvereine: soziale und humanitäre Vereine, Wirtschaftsverei-
ne, Berufsverbände, Familien- und Elternvereine, politische, religiöse, Arbeiter-,
Freizeit-, und Sportvereine (ders.: 5-9). Darüber hinaus kann zwischen den Funktionen eines Migrantenvereins für das Individuum (Selbsthilfe-, Freizeit- und
Partizipationsfunktion) einerseits und für die Gesellschaft (intermediäre, politische und Dienstleistungsfunktion) andererseits unterschieden werden. Den Funktionen können die Dysfunktionen gegenüber gestellt werden: Traditionalismus,
Separatismus und Exklusivität der Vereine. Für die Vereinsforschung ist genau
diese Heterogenität der Migrantenvereine interessant (Lehmann 2001: 42).

Die öffentliche Debatte um die Situation ausländischer MitbürgerInnen, um
Zuwanderung und Migration, ist derzeit stark durch die Themenschwerpunkte
der Folgen der Zuwanderung für Arbeitsmarkt und Rente sowie des Schutzes
politisch Verfolgter geprägt. Demgegenüber werden Migrantenvereine als Form
der Selbstorganisation und des freiwilligen Engagements nur langsam, aber zunehmend thematisiert. Das hat unterschiedliche Ursachen.

Ein Grund ist, dass MigrantInnen lange Zeit in erster Linie als Hilfeleis-
tungsempfänger der Sozialen Arbeit betrachtet und ihr Eigenengagement in Vereinen, Initiativen und Netzwerken häufig unterschätzt oder gar ignoriert wurde.
Am Rande des Organisationssystems der deutschen Wohlfahrtsverbände ange-
siedelt, agierten sie zumeist außerhalb der Wahrnehmung der breiten Öffentlichkeit (Hunger 2002). Damit verbunden ist auch die Tatsache, dass die Wohlfahrtsverbände hier ihr Terrain der Ausländersozialberatung verteidigen, das
durch öffentliche Mittel getragen wird (Jungk 2002: 3).

Zum Zweiten scheint traditionell ein Misstrauen gegenüber Vereinen und
Organisationen von MigrantInnen zu bestehen, das sich je nach Zeitperiode gegenüber unterschiedlichen Organisationen besonders zuspitzt: Die Angst vor
dem Verlust öffentlicher Kontrolle durch eine Organisiertheit von MigrantInnen
bekamen bereits Vereine polnischer Zuwanderer im Ruhrgebiet Ende des 19.
Jahrhunderts genauso wie die unter Kommunismusverdacht stehenden organisierten „Gastarbeiter" in den 1960er und 1970er Jahren zu spüren. Im Gespräch
war später beispielsweise die Jugendorganisation „Graue Wölfe" der faschisti-

Marginalia:

Ausdifferenzierung
der Vereinslandschaft
und ihrer Funktionen

Engagement von
MigrantInnen häufig
unterschätzt

Angst und Misstrauen
gegenüber Organi-
siertheit von
MigrantInnen

schen türkischen MHP (Partei der nationalistischen Bewegung). Heute gilt die Angst vor dem religiösen Fundamentalismus als Begründung für eine negative Konnotation (ders.: 2). Solche Inhalte bestimmen derzeit meist auch die Berichte in den Medien, während über positive Leistungen von Vereinen sehr viel seltener berichtet wird (Hadeed 2001).

Diskussion um integratives vs. desintegratives Potenzial von Migrantenvereinen

Eine dritte Ursache hängt damit zusammen, dass Migrantenvereine aktuell in der politischen Diskussion sowie in der sozialwissenschaftlichen Forschung insbesondere unter dem Aspekt der integrativen oder desintegrativen (segregativen/separativen) Bedeutung für MigrantInnen in den Mittelpunkt des Interesses rücken (z.B. Diehl et al. 1998; Diehl 2002). Während in der Vereinsforschung meist die Integrationsfunktionen betont wurden, wird aktuell darüber diskutiert, ob die Selbstorganisation der Integration in die Aufnahmegesellschaft tatsächlich förderlich ist. Auf der einen Seite stehen Argumente für eine potenzielle Segregation: Danach verbaue die Partizipation in den Vereinen Chancen und Möglichkeiten der Integration; es könne sich eine Parallelgesellschaft herausbilden, da z.B. die Kontaktmöglichkeiten durch die enge Bindung an eine ethnische Vereinigung zu einem umfassenden Rückzug der MigrantInnen führen könne (z.B. Heckmann 1998; Diehl et al. 1998; Feindt-Riggers/Steinbach 1997). Auf der anderen Seite wird angeführt, dass die Öffentlichkeit Migrantenvereine fälschlicher Weise eher als desintegrierendes Moment wahrnehme und deren Arbeit deshalb nur langsam für ein Gelingen des Integrationsprozesses an Bedeutung gewinne (Hunger 2002: 19). Migrantenvereine würden wichtige Funktionen wahrnehmen: Sie operieren als soziale und kulturelle Dienstleister, vermitteln intern zwischen den Mitgliedern sowie nach außen, pflegen die Herkunftskultur und agieren als Interessenvertreter (Hadeed 2001). Untersuchungen des Integrationspotenzials von Migrantenselbstorganisationen unterscheiden zum einen zwischen unterschiedlichen Bereichen, wie z.B. der Bildung und dem Arbeitsmarkt, und zum anderen zwischen Erfolgen und Misserfolgen bei unterschiedlichen Zuwanderungsnationalitäten (z.B. Below 2004; Below/Krätschner 2003; Glatzer/Krätschner-Hahn 2004; Hunger 2002). So untermauern etwa Studien zum Schulbildungserfolg die These, „dass Eigeninitiative und effektive Organisationsbildung den Integrationserfolg beeinflussen" (Hunger 2002: 20). Neuere Studien rekurrieren unter anderem auf Ansätze der Netzwerktheorie, um Unterschiede zwischen Zuwanderergruppen etwa hinsichtlich des Erfolgs auf dem Arbeitsmarkt zu erklären (z.B. Thränhardt/Hunger 2000). Auch die politisch-rechtliche Integration in Verbindung mit der Integrationsfunktion von Selbstorganisationen wird, etwa mit Fokus auf Ausländervereine oder verschiedene Formen bürgerschaftlichen Engagements, untersucht (z.B. Fijalkowski/Gillmeister 1997; Hoffmann 1997; Diehl 2002). Welche MigrantInnen in Vereinigungen partizipieren, wie relevant die Einflussfaktoren sind und warum sie sich in Vereinen engagieren, beantwortet Claudia Diehl für türkische Zuwanderer in ihrer Untersuchung zur Partizipation von MigrantInnen in Deutschland (Diehl 2002). Die Partizipation von MigrantInnen in Vereinigungen, so Diehl, erfülle wichtige Funktionen: Sie fördert Status und Anerkennung der Involvierten.

Maßnahmen zur Unterstützung von Migrantenselbsthilfeorganisationen

Trotz dieser Gründe für eine nur langsame Wahrnehmung von Migrantenorganisationen in der Öffentlichkeit ist inzwischen auch eine positive Entwicklung hin zu einer gesellschaftlichen Öffnung und Unterstützung des Selbsthilfe-

potenzials zu beobachten (Jungk 2002): Das Land NRW hat 1996 ein Förderpro-
gramm ins Leben gerufen, das die Selbstorganisation von MigrantInnen stärken
will (Landeszentrum für Zuwanderung 1999; Ministerium für Arbeit, Soziales,
Stadtentwicklung, Kultur und Sport NRW 1999). Migrantenselbstorganisationen
können sich in einem Modellprojekt in Schleswig-Holstein um Gelder für die
Sozialen Dienste bewerben (Hunger 2002), es werden Dachverbände gegründet
und allerorts werden Tagungen zum Thema initiiert und Kooperationen angesto-
ßen.

Insgesamt gibt es, trotz einiger Fallstudien, noch immer einen großen For-
schungsbedarf zur sozialen und politischen Partizipation von MigrantInnen und
deren Auswirkungen auf Integrationserfolge oder auf die Desintegration im Aufnahmeland. Dies liegt nicht zuletzt an der defizitären Datenlage. „Verlässliche
Aussagen darüber, wie viele Migrantinnen und Migranten sich in ethnischen und
deutschen Organisationen und Vereinen engagieren, [sind] nur eingeschränkt
möglich" (Enquete-Kommission „Zukunft des bürgerschaftlichen Engagements",
Bd. 4, 2002: 224). Allerdings scheint durch die Arbeit der Enquete-Kommission
zur Zukunft des Bürgerschaftlichen Engagements sowie durch das durch die
Europäische Union ernannte Internationale Jahr der Freiwilligen 2001 einiges ins
Rollen gekommen zu sein. Seither wurden bereits mehrere umfassende Studien
zum Stand der Forschung und Konferenzen zum Thema der Migrantenselbstorganisation durchgeführt (vgl. z.B. Beauftragte der Bundesregierung für Migration, Flüchtlinge und Integration 2003; Bundesministerium für Familie, Senioren,
Frauen und Jugend 2002; Ministerium für Arbeit, Soziales und Stadtentwicklung, Kultur und Sport NRW 1999). Diesen Veröffentlichungen entsprechend
gab es vereinzelt schon in den 1980er Jahren Untersuchungen zu Migrantenselbstorganisationen (Kolb/Lamontain 2000). Eine Untersuchung zur Entwicklung politischer Organisationen und politischer Orientierung unter türkischen
ArbeitsmigrantInnen in Deutschland wurde Ende der 1980er Jahre durchgeführt
(Özcan 1992). Einen bedeutenden Erkenntnisfortschritt erzielten insbesondere
die Projekte im Zentrum für Türkeistudien in Essen und an der Universität
Münster, in denen Migrantenselbstorganisationen seit Mitte der 1990er Jahre
Forschungsgegenstand sind. Die Datenlage wurde durch eine Bestandsaufnahme
der Vereine und Einrichtungen in Nordrhein-Westfalen vorangebracht. Die Studie erlaubt unter anderem Einblicke in das bereichsspezifische Vereinswesen
hinsichtlich der Anzahl der Vereine, ihrer Strukturen und Typen, ihrer Zielgruppen, Funktionen, Arbeitsfelder und ihrer Angebotsstrukturen (Ministerium für
Arbeit, Soziales und Stadtentwicklung, Kultur und Sport NRW 1999).

Wurden in der Integrations- und Migrationsforschung sowie in der politischen Debatte Maßnahmen zur Integration von MigrantInnen in die Gesellschaft
lange Zeit als Aufgabe des Staates begriffen, fand in den letzten Jahren ein Perspektivenwechsel statt: Die Wissenschaft, die Politik und die Öffentlichkeit begreifen MigrantInnen in ihrer Rolle als gestaltende und aktive Bürger, die den
Prozess der Integration durch Zusammenschlüsse in Vereinen selbst in die Hand
nehmen (Hunger 2002: 1). Die Eingliederung von MigrantInnen, eine der zentralen gesellschaftlichen Aufgaben der Gegenwart (Lehmann 2001: 168), inspiriert
auch deshalb einen Zweig der Vereinsforschung. Eine stärkere Verbindung zwischen der Migrationsforschung und der Vereinsforschung könnte zukünftig be-

Marginal notes:

Forschungslücken und Erkenntnisfort-schritte

Gegenseitige Be-fruchtung der Migra-tions-, Integrations- und Vereinsforschung

reichernde Erkenntnisse auf diesem Feld hervorbringen und dem Thema Migration einen zentralen Stellenwert in der Vereinsforschung einräumen.

An der Wiederentdeckung des Vereins als Modus gesellschaftlicher Integration lässt sich ein Trend ablesen, der sich auch förderlich auf die Thematisierung des Vereins im Kontext der Partizipationsforschung ausgewirkt hat: Zunehmend wird der Stellenwert von Selbstorganisation als Motor gesellschaftlicher Veränderung – sprich Modernisierung – wieder anerkannt. Insofern ist es nicht ganz unbedeutend, ob wir als BürgerInnen aktiv sind und direkt Anteil nehmen an der Weiterentwicklung von Staat und Gemeinwesen, oder ob wir uns eher als PassivbürgerInnen und damit eher als Empfänger sozialstaatlicher Leistungen verstehen. Die Partizipationsforschung als Teil der politischen Kulturforschung hat insofern in den letzten Jahren einen deutlichen Aufschwung genommen. Hierbei wird aktive gesellschaftliche Teilhabe sowohl in Richtung auf eine Weiterentwicklung und Vertiefung von Demokratie als auch als Beitrag zum Umbau des Wohlfahrtsstaates thematisiert (Evers/Olk 1996).

3.3.2   Verein und Partizipation

Untersuchung mitgliedschaftlichen Engagements

Die Partizipationsforschung unter Einbeziehung von Vereinen kann auf eine lange Tradition zurückblicken. Wer sich wie intensiv und in welchen freiwilligen Vereinigungen engagiert, dies sind die zentralen Themen der Partizipationsforschung. Insofern steht die Untersuchung mitgliedschaftlichen Engagements, wie es auch Weber angeregt hatte, traditionell im Zentrum der Vereinsanalyse. Unterstützt wurde dieser Trend zum einen durch den „Siegeszug" des Behaviorismus, unter dessen Ägide in den Sozialwissenschaften die Analyse von Institutionen eher in den Hintergrund gedrängt wurde und stattdessen die handelnden Personen in den Mittelpunkt des Forschungsinteresses rückten. Ferner steht außer Zweifel, dass die Verfeinerung der statistischen Methoden sowie der verstärkte Einsatz von Computern dem Behaviorismus gerade auch in der Vereinsforschung zum Durchbruch verhalfen.

Vereine als Spiegelbild der Gesellschaft und als Schule der Demokratie

Mit der empirischen Untersuchung der Mitgliedschaft in Vereinen oder *voluntary associations* sind höchst unterschiedliche Zielsetzungen verbunden. Während die Soziologen Vereine dahingehend analysieren, inwiefern sie erstens ein Spiegelbild der Gesamtgesellschaft darstellen und zweitens welche Vor- und Nachteile mit einer Mitgliedschaft verbunden sind, ist Partizipation in freiwilligen Vereinigungen aus politikwissenschaftlicher Sicht vor allem im Hinblick auf demokratietheoretische Überlegungen von Interesse.

Mitgliedschaft und Engagement in Vereinen wirkt danach als „Schule der Demokratie". Im Verein erlernt man das „Einmaleins" demokratischen Verhaltens, dessen Kenntnis das Vereinsmitglied zur Übernahme politischer Positionen insbesondere in der Kommune prädestiniert.

Demokratietheoretisch einflussreicher Klassiker

Zu nennen sind an dieser Stelle insbesondere die beiden Klassiker: zum einen Verbas *„Small Groups and Political Behavior. A Study of Leadership"* (Verba 1961) und zum anderen *„The Civic Culture"* von Almond und Verba (1963). Gemäß *„Small Groups and Political Behavior"* sind freiwillige Vereini-

gungen – sprich Vereine – gleich in dreifacher Hinsicht relevant für die Weiterentwicklung und Vertiefung von Demokratie:

- als Medium der politischen Sozialisation und Vorbereitung zur eigentlichen
  politischen Tätigkeit (Verba 1961: 30);
- als vorpolitischer Raum und Forum der Meinungsbildung im direkten Vorfeld der politischen Entscheidungsfindung (ders.: 19);
- als Bindeglied und intermediäres Scharnier zwischen Mikro- und Makro-
  Ebene, konkret zwischen Individuum und Staat/Gesellschaft (ders.: 57).

Demgegenüber setzt „*The Civic Culture*" (Almond/Verba 1963) sowohl auf der *The Civic Culture*
Meso-Ebene der freiwilligen Vereinigungen wie auch der Mikro-Ebene des individuellen Engagements an. In fünf Ländern – den USA, Großbritannien, der
BRD, Italien und Mexiko – wurde im Rahmen dieser Untersuchung jeweils ein
repräsentatives Sample von 1.000 Bürgern interviewt und nach ihren Aktivitäten
und ihrem bürgerschaftlichen Engagement befragt. Es zeigte sich, dass die Mitglieder von freiwilligen Vereinigungen oder Vereinen die „besseren Demokra-
ten" sind. Denn im Vergleich zu den nicht in freiwilligen Vereinigungen Engagierten waren letztere in politischen Fragen besser informiert, sie zeigten ein
größeres Interesse am tagespolitischen Geschehen und waren in der Regel auch
selbst politisch aktiv. Freiwillige Vereinigungen, so die Schlussfolgerung der
Autoren, sind daher Ausdruck und zugleich Indiz einer demokratischen, politischen Kultur und bilden insofern die eigentliche Grundlage – „*the most impor-
tant foundations*" – (ders.: 320ff) der Demokratie.

Danach ist ein Staat bzw. eine Gesellschaft umso demokratischer, je mehr
Bürger in freiwilligen Vereinigungen und Vereinen engagiert sind. Indem die
Partizipation in freiwilligen Vereinigungen als unabhängige und der Grad der
Demokratie als abhängige Variable gesetzt wurden, hatte man einen relativ ein-
fachen Gradmesser für die Ausprägung oder die Stärke der Demokratie in einem
Land. Generell schnitten die angelsächsischen Länder, insbesondere die USA,
damals bei komparativen Studien am besten ab.

Die Validität dieses einfachen Wirkungszusammenhangs wurde in der Fol- Skepsis gegenüber
ge vielfach bezweifelt. Dennoch kann man festhalten, dass autoritäre oder dikta- Vereinsfunktionen
torische Regime der Gründung von freiwilligen Vereinigungen und dem bürger-
schaftlichen Engagement nicht förderlich sind (vgl. Teil II). Wie die aktuelle
Transformationsforschung deutlich macht, ist die Mitgliedschaftsdichte und der
Partizipationsgrad der Bevölkerung in postautoritären und postsozialistischen
Ländern deutlich niedriger als in „alten Demokratien" (Mansfeldova et al. 2004).
Aber andererseits kann man auch nicht sagen, dass eine aktive Gesellschaft mit
hoher Partizipationsbereitschaft der Bevölkerung generell als Garantie für die
Stärke und Dauer der Demokratie gewertet werden kann. Hier gilt insbesondere
die Weimarer Republik als Beispiel einer hoch-politischen und sehr aktiven
Gesellschaft, deren vielfältige, sich z.T. konträr und feindlich gegenüberstehende
Gruppen und freiwilligen Vereinigungen wesentlich dazu beigetragen haben, der
Demokratie den Garaus zu bereiten (Reichardt 2004).

Einen neuen Aufschwung hat die Beschäftigung mit Vereinen als Teil der Vereine und
Partizipationsforschung sicherlich infolge der Arbeiten von Robert P. Putnam Sozialkapital

(1993) zum Sozialkapital erfahren, worauf noch näher eingegangen wird. In der Folge von Putnam boomte geradezu die Forschung zu Partizipation und bürgerschaftlichem Engagement (Putnam 2001). Gegenüber den euphorischen Einschätzungen der ersten Stunde des Wirkungszusammenhangs zwischen Engagement/Mitgliedschaft und der Stärke und Ausprägung der Demokratie werden inzwischen jedoch wieder berechtigte Zweifel angemeldet. Man geht nicht mehr davon aus, dass grundsätzlich alle freiwilligen Vereinigungen gleich geeignet sind, als „Schulen der Demokratie" zu wirken. Demokratische Werte haben, so mahnen kritische Stimmen, nur gewisse Typen von Vereinen, während andere der Demokratie explizit Schaden zufügen und somit über eine „dunkle Seite" sozialen Kapitals verfügen (vgl. Braun 2003, Fiorina 1999). So ist denn auch die Rede von „negativem Sozialkapital", z.B. des organisierten Rechtsradikalismus oder krimineller Gangs, bis hin zu unsozialem Sozialkapital (Levi 1996), manifestiert in gesellschaftlich weitverbreiteten, ausgrenzenden statt integrierenden Prozessen (vgl. Braun 2003, Portes/Landolt 1996).

Diese Kritik führt zur Auseinandersetzung mit Möglichkeiten und Grenzen der Identifizierung des Untersuchungsobjekts der freiwilligen Vereinigung und des Engagements selbst; auch werden Alternativen zur bisherigen methodischen Herangehensweise an die Untersuchung freiwilligen Engagements im lokalen Raum theoretisch diskutiert und empirisch überprüft (vgl. Roßteutscher/van Deth 2002). Dadurch sollen die momentan diskutierten Annahmen zur Wiederbelebung von Bürgertugenden durch die organisationsspezifischen Besonderheiten freiwilliger Vereinigungen, der „Neuentdeckung" eines durch Vereine geförderten Gemeinsinns und der Solidarität hinterfragt werden (vgl. Gabriel et al. 2002). Ein Beispiel für eine solche Untersuchung ist das Projekt „Citizenship, Involvement, Democracy (CID) – Soziale und politische Beteiligung im internationalen Vergleich," das explizit die demokratiestützenden und fördernden Wirkungen von Vereinen als freiwilligen Vereinigungen untersucht (vgl. http://www.mzes. uni-mannheim.de/projekte/cid).

Politikwissen-
schaftlicher und
soziologischer Ansatz

Es ist anzumerken, dass ein deutlicher Unterschied zwischen der Partizipationsforschung aus soziologischer und aus politikwissenschaftlicher Sicht besteht. Während letztere, wie bereits geschildert, den Nexus zwischen Beteiligung, einschließlich der Mitgliedschaft in Vereinen und dem Grad und der Stabilität von Demokratie in den Fokus der Betrachtung rückt, interessieren aus soziologischer Sicht zum einen soziodemografische Aspekte von Mitgliedschaft und bürgerschaftlichem Engagement und zum anderen die Motivstruktur der Engagierten oder Vereinsmitglieder. Aktuell haben großangelegte Befragungen zum bürgerschaftlichen Engagement – also der freiwilligen und unentgeltlichen Tätigkeit in Vereinen und freiwilligen Vereinigungen – Hochkonjunktur. Hierbei wird deutlich, dass Mitgliedschaft und Engagement in Vereinen unter soziostrukturellen Gesichtspunkten betrachtet, eine vergleichsweise stabile Größe darstellt. Es sind immer noch mehr Männer als Frauen engagiert, die mittlere Generation ist hauptsächlich vertreten, während Engagement und Mitgliedschaft bei Jüngeren und auch bei der älteren Generation eher zu wünschen übrig lassen. Auch sind die wohlhabenden und insbesondere die gut ausgebildeten Mitglieder unserer Gesellschaft nach wie vor stärker engagiert als weniger gesellschaftlich integrierte Gruppen.

Die umfangreichste Untersuchung zum bürgerschaftlichen Engagement als freiwillig-unentgeltliche Tätigkeit in Deutschland stellt sicherlich diejenige des Bundesministeriums für Familie, Senioren, Frauen und Jugend dar. Es handelt sich hierbei um eine Panelbefragung, die 1999 und 2004 durchgeführt wurde, wobei 15.000 BundesbürgerInnen zu einem breiten Spektrum von Themenfeldern, das von den Engagementbereichen über Motive und Erwartungen des freiwilligen Engagements bis hin zum zeitlichen Aufwand und der Vereinbarkeit mit der beruflichen Tätigkeit reichte, befragt wurden (Bundesministerium für Familie, Senioren, Frauen und Jugend /Rosenbladt 2001; Bundesministerium für Familie, Senioren, Frauen und Jugend 2004; Picot 2001; Braun/Klages 2001).

3.3.3 Verein und Politik

3.3.3.1 Vereine als Vorentscheider der Lokalpolitik

Im Unterschied zum klassischen politischen Akteur, der Partei, die eindeutig dem gesellschaftlichen Teilbereich der Politik zugeordnet ist, benötigt der Verein für seine gesellschaftliche Verortung und Funktionsbeschreibung jeweils eine zusätzliche Charakterisierung als karitativer, Hobby-, Freizeit-, Sport- oder Kulturverein. Auch verfügen Vereine im Gegensatz zu Parteien, die Wahlen entweder gewinnen oder verlieren, über kein im Luhmannschen Sinne eindeutiges „Medium" bzw. genuines Erfolgskriterium. Und auch die Ziel- und Zwecksetzungen der Vereine sind im Gegensatz zu den Parteien, die vorrangig für die Rekrutierung politischen Personals und die Ämterbesetzung zuständig sind, weit weniger klar bestimmt. Legt man also einen engen Politikbegriff zugrunde, der im Sinne von Schumpeter das politische Geschäft auf die Konkurrenz um die Besetzung politischer Ämter reduziert, so geraten die Vereine als politische Akteure entweder überhaupt nicht ins Blickfeld, oder aber sie werden als die eigentlichen Machthaber auf der lokalpolitischen Bühne angesehen, die abgeschirmt von den kritischen Augen der Öffentlichkeit als sog. Vorentscheider die Kommunalpolitik ganz maßgeblich bestimmen.

Diese Einschätzung der Vereine als im Vergleich zu den Parteien zentrale Akteure der Kommunalpolitik war insbesondere Mitte der 1970er Jahre weit verbreitet. Während die macht- und insbesondere parteipolitische Relevanz der Vereine heute leider kaum noch thematisiert wird, lassen sich für die damalige Einschätzung der Vereine als machtvolle kommunalpolitische Akteure mindestens zwei Gründe anführen: Zunächst ist hier zweifellos der Zeitgeist zu nennen, der das rein output-orientierte Demokratieverständnis der damals noch vorherrschenden elitentheoretischen Schule in den Sozialwissenschaften nachhaltig in Frage stellte. Die programmatische Ankündigung Willy Brandts - „Wir wollen mehr Demokratie wagen" – wurde beim Wort genommen und nachgefragt, „wie demokratisch ist Kommunalpolitik" (Aich 1977). Diese Sensibilisierung in Sachen Demokratie erfuhr einen weiteren Auftrieb durch die Rezeption der amerikanischen *Community Power* Forschung, die seit den 1950er Jahren die Machtfrage auf der lokalen Ebene nachhaltig thematisierte.

These der Vereine als
Entscheidungsort für
Gemeindepolitik

Analog zu den frühen Arbeiten aus den USA (Hunter 1953), die mit dem sog. reputativen Ansatz arbeiteten, wobei gefragt wird, wer jeweils in der Gemeinde als macht- und einflussreich eingeschätzt wird, wurde auch in den ersten bundesdeutschen Gemeindestudien eine eher monolithische Macht- und Einflussstruktur festgestellt. Danach waren die Gemeinden alles andere als demokratisch regiert, sondern vielmehr von einem elitären, oligarchischen Klüngel beherrscht, wobei die Vereine „zentrale Schnittstellen im Netzwerk der herrschenden Eliten darstellen" (Siewert 1977: 503). In der „Wertheim-Studie" von Ellwein und Zoll wurde nicht nur die enge Verflechtung zwischen Stadtrat und Vereinsvorständen aufgedeckt (Ellwein/Zoll 1982: 78) sowie Vereine als Foren, wo „fat cats keep in touch" gilt (Siewert 1977: 503), charakterisiert, sondern gleichzeitig wurden Vereinspositionen als im Vergleich zum aufwändigen Geschäft des parteipolitischen Engagements als direktere und machtvollere Einflussschiene auf die Kommunalpolitik identifiziert (Zoll 1974: 200). Lehmbruch ging in einem damals viel beachteten Aufsatz sogar noch einen Schritt weiter, indem er auf der lokalen Ebene generell ein Verwischen der Grenzen zwischen Lokalpartei und Verein konstatierte (Lehmbruch 1979). Aus neo-institutionalistischer Sicht war für ihn die herausgehobene soziale Position der „Ehrenmänner" der gemeindlichen Selbstverwaltung des 19. Jahrhunderts, die damals nur aus angesehenen Familien stammten und dem erlauchten Kreis der Honoratioren angehörten, in der Bundesrepublik auf die Vorsitzenden der Vereine übergegangen. „Lokalpolitischer Einfluss verbindet sich nun mit der Führungsrolle im Gesangsverein, in der Raiffeisengenossenschaft, in Sport- und Wandervereinen oder Vereinigungen zur lokalen Traditionspflege" (ders.: 324). Aufgrund der unparteilichen Ausrichtung der Kommunalpolitik, die in den 1970er Jahren noch vorrangig als effizienter Verwaltungsvollzug thematisiert wurde, verschleierten die Lokalparteien, so Lehmbruch, ihren politischen Charakter und sind „gewissermaßen ein Verein unter anderen, der Familienausflüge und Sommerfeste für die Mitglieder organisiert und allenfalls periodisch einen von den oberen Parteigliederungen vermittelten Wahlredner präsentiert, so wie andere Vereine für die Außendarstellung beispielsweise ihre jährliche Kleintierschau veranstalten" (ders.: 330).

Eher latenter als
manifester Einfluss

Untermauert wurde die These vom sowohl latenten als auch manifesten politischen Einfluss der Vereine und ihrer quasi-parteipolitischen Stellung in der Kommunalpolitik mit viel Rhetorik, aber recht wenig Empirie (Siewert 1977: 505). In einer Studie aus den 1980er Jahren (Gau 1983) wurde zwar die Verankerung der politischen Eliten im vorpolitischen Raum aufgrund von Mitgliedschaften in Vereinen und Verbänden auf der lokalen Ebene auch in der Großstadt Köln bestätigt, dies kann jedoch nicht im Umkehrschluss als Indiz für den direkten politischen Einfluss der Vereine angeführt werden. Vielmehr wird durch die Köln-Studie die Bindekraft der beiden traditionellen sozial-kulturellen Milieus – Kirche und Sozialdemokratie – noch für die frühen 1980er Jahre der Bundesrepublik nachhaltig bestätigt. So waren Anfang der 1980er Jahre immerhin noch drei Viertel der SPD-Mandatsträger in Köln Gewerkschaftsmitglieder und sogar 95% Mitglied der AWO. Während eine Mitgliedschaft in kirchlichen Vereinen bei der SPD-Fraktion in Köln kaum eine Rolle spielte, waren 66% der CDU-Ratsmitglieder im kirchlichen Milieu engagiert (ders.: 88f). Leider liegen keine

neueren empirischen Studien zu den Mitgliedschaften der politischen Eliten vor
Ort vor. Insofern ist nicht zu beantworten, ob die traditionellen Milieubindungen
nach wie vor greifen und inwiefern aufgrund der *silent revolution* des postmate-
rialistischen Wertewandels auch unter Ratsmitgliedern ein neues sozial-
kulturelles Milieu der Mitgliedschaft in Öko-Initiativen, alternativen Betrieben
sowie sozialen und kulturellen Projekten festzustellen ist. Die aktuelle Verankerung der Lokalpolitiker im vorpolitischen Raum wäre sicherlich eine interessante
Forschungsfrage insbesondere im Vergleich zwischen Ost- und Westdeutschland.

3.3.3.2 Vereine als lokale Dienstleister und Partner der Verwaltung

Die kommunalpolitische Bedeutung der Vereine erschließt sich vor allem unter
einer policy-analytischen Perspektive. Hierbei zeigt sich, dass Vereinen, angefangen bei der kommunalen Arbeitsmarkt- bis hin zur Stadterneuerungs- und
Wohnungspolitik, eine zwar je nach Kommune unterschiedliche, aber insgesamt
sehr bedeutende Rolle auf der lokalen Ebene zukommt (Wollmann/Roth 1998).
Dabei kann die Leistungstiefe der Vereine durchaus als Indikator ihrer jeweiligen
lokalpolitischen Bedeutung herangezogen werden. Dies gilt insbesondere für den
Sport. Mit mehr als 83.000 Vereinen und über 28 Millionen Mitgliedern ist der
Sport überwiegend vereinsmäßig organisiert (Datenreport 2004: 643). Sportpoli-
tik ist in Deutschland somit weitgehend gleichzusetzen mit Vereinspolitik. Zahlenmäßig schlagen auch die Hobby- und Kulturvereine zu Buche. Chöre und
Gesangsvereine, Amateur- und Laienspielgruppen, Karnevals- und Heimatvereine sowie Blas- und Volksmusikvereine verfügen zusammengenommen über
mehr als 11 Millionen Mitglieder. Unter einem weit gefassten Kulturbegriff, der
nicht mehr zwischen Hoch- und Breitenkultur unterscheidet, zählen diese Vereine, seitdem die „neue Kulturpolitik" in der Bundesrepublik Fuß gefasst hat, zur
kulturellen Infrastruktur der Kommunen: Sie sind somit Adressat und gleichzeitig Akteur von Kulturpolitik (Glaser 1998). Allerdings stehen auch bei den poli-
cy-spezifischen Betrachtungen weniger die Vereine als vielmehr das von ihnen
gebundene bürgerschaftliche Engagement aktuell im Zentrum des Forschungsinteresses. Dies trifft für den Bereich der Kultur ebenso zu (Institut für Kulturpolitik 2000) wie auch für Vereine, die im sozialen und karitativen Bereich tätig sind
(vgl. Heinze/Olk 2001).

   Abgesehen davon, dass Vereine im Sozial- und Gesundheitsbereich traditionell mit Ehrenamtlichen arbeiten und bürgerschaftliches Engagement binden,
übernehmen sie auf lokaler Ebene in durchaus beachtlichem Umfang Arbeitge-
berfunktion. Vereine im Sozial- und Gesundheitsbereich sind mehrheitlich Mitgliederorganisationen der Wohlfahrtsverbände – AWO, Caritas, Diakonie,
DPWV und DRK. Zusammengenommen arbeiten in den überwiegend als eingetragener Verein organisierten Mitgliederorganisationen der Wohlfahrtsverbände
mehr als 1,1 Millionen Bundesbürger (Zimmer/Nährlich 2003; Bundesarbeitsgemeinschaft der Freien Wohlfahrtspflege 2001: 11). Ferner arbeiten die Vereine
des Sozial- und Gesundheitsbereichs auf der lokalen Ebene traditionell eng mit
der Kommune zusammen (Sachße 1995; Backhaus-Maul 1998). Gerade in den

Zentrale Bedeutung für die lokale Sozial- politik- die Mitglie- dervereine der Wohl- fahrtsverbände

bürgernahen Bereichen wäre daher ohne Vereine und ihre *Public-Private Partnership* mit der Kommune das heutige Niveau an sozialen, kulturellen und sportlichen Angeboten auf lokaler Ebene nicht zu garantieren (vgl. Teil II).

3.3.4 Vereine als Organisationen

„What Relevance do Organization Theories Have for Voluntary associations?" Diese Frage stellten Mitte der 1980er Jahre die amerikanischen Soziologen Knoke und Prensky (1984: 3). In ihrer Betrachtung kamen sie zu dem Ergebnis, dass sich Ansätze aus dem reichen Fundus der Organisationstheorie und -soziologie (Übersichten vgl. Scott 1986) insofern nur bedingt auf freiwillige Vereinigungen und Vereine übertragen lassen, als sich diese Organisationen gegenüber jenen Einrichtungen, die „normalerweise" Gegenstand organisationstheoretischer und -soziologischer Untersuchungen sind – nämlich Firmen/Unternehmen oder aber staatliche Verwaltungen, in ganz wesentlichen Aspekten, angefangen von der Zielsetzung bis hin zur Entscheidungsstruktur, unterscheiden.

Michels „ehernes Gesetz der Oligarchie"

Anders ausgedrückt: Organisationssoziologie und -theorie haben sich praktisch unter Aussparung der freiwilligen Vereinigungen und Vereine als Wissenschaftsdisziplinen etabliert. Dies ist umso erstaunlicher, als sich die Organisationssoziologie in ihren Anfängen gerade der freiwilligen Vereinigungen in besonderer Weise angenommen hat. Zu den Klassikern der Disziplin zählt zweifellos Michels erstmals 1911 erschienenes Buch „Zur Soziologie des Parteiwesens in der modernen Demokratie". Am Beispiel der deutschen Sozialdemokratie als eines „Großvereins" untersuchte Michels die Frage, ob und inwiefern in freiwilligen Vereinigungen Demokratie herrsche und der Wille der Mehrheit auch tatsächlich zum Ausdruck komme und schließlich umgesetzt werde. Sein Ergebnis war bekanntlich negativ. Mit den Worten „Wer Organisation sagt, sagt Tendenz zur Oligarchie" beschrieb Michels (1925: 25) den freiwilligen Vereinen in der Tat innewohnenden Trend, sich mit zunehmender Größe und Komplexität von einer basisdemokratischen Einrichtung zu einer von einer Minderheit von Aktiven bzw. von Funktionären geführten Organisation zu verändern

Falsche Rezeption der Weberschen Analyse moderner Organisation

Als Begründung, warum im Rahmen von Organisationssoziologie und -theorie Vereinen und freiwilligen Vereinigungen trotz eines vielversprechenden Anfangs so wenig Beachtung geschenkt wurde, lassen sich zum einen die Bedeutung von Staat und Wirtschaft als zentrale gesellschaftliche Teilsysteme anführen. Ferner ist in diesem Zusammenhang auf die nach Meinung vieler Autoren falsche Rezeption der Weberschen Analyse moderner Organisation bzw. bürokratischer Verwaltung hinzuweisen. Nicht zu Unrecht hat Mayntz darauf aufmerksam gemacht, dass Bürokratie lange Zeit mit Organisation schlechthin gleichgesetzt wurde (1971: 27).

Der Webersche Bürokratiebegriff

Webers Anliegen war es jedoch keineswegs, empirisch überprüfbare Regelmäßigkeiten aufzustellen und genaue Definitionskriterien der modernen Organisation als „rationales System" festzulegen, sondern er wollte vielmehr idealtypisch beschreiben und eben nicht systemtheoretisch ableiten, „wie der Herrschaftsstab im Falle legaler Herrschaft beschaffen sein müsste, um die wirksamste Herrschaftsausübung zu gewährleisten" (Mayntz 1971: 28). Dieser Herrschaftsstab – die moderne rationale Verwaltung – unterscheidet sich in zentralen Aspekten von einer traditionellen patrimonialen Verwaltung (vgl. Weber 1972: 551). Im Einzelnen zeichnet sich die moderne, auf Rationalität basierende Verwaltung nach Weber idealtypisch aus durch Arbeitsteilung, Hierarchie, Formalisierung, Professionalisierung und gesicherte Laufbahn sowie durch die Trennung von persönlichem Besitz und Verfügung über Amtsmittel (Scott 1986: 106).

Wird der Webersche Bürokratiebegriff als „Maßeinheit" für Rationalität und Effizienz von Organisationen verstanden, so ist klar, dass Vereine als freiwillige Vereinigungen diesem Ideal nicht entsprechen und insofern auch eher „unmoderne" Organisationen darstellen. Denn die dem Weberschen Organisationsmodell nachgesagten Merkmale der Hierarchie, Arbeitsteilung, Formalisierung und Professionalität weisen Vereine gerade nicht oder nur in geringem Umfang auf (Knoke/Prensky 1984: 7). Organisationssoziologie und -theorie befassten sich lange Zeit nicht mit Vereinen, da diese allein schon aufgrund ihrer strukturellen Merkmale als antiquiert, vormodern und insofern als nicht forschungsrelevant betrachtet wurden. *Verein als antiquiertes Organisationsmodell*

Wenn sich Organisationssoziologie und -theorie aber dennoch hin und wieder der Vereine annahmen, so wurden vorrangig Veränderungen und Wandlungsprozesse thematisiert. Zwar stehen organisationsinterne und externe Veränderungen auch im Zentrum des Interesses bei der Analyse der „normalen" Organisationen, der Firmen und staatlichen Bürokratien, bei freiwilligen Vereinigungen hatte das Thema Wandel jedoch stets einen negativen Beigeschmack. Während staatliche Verwaltungen, auch wenn sie sich parkinsonmäßig vergrößern, oder Firmen, wenn sie zu staatlichen Subventionsunternehmen werden, immer noch ihre Identität als Unternehmung oder staatliche Bürokratie bewahren, wird Vereinen, die Wandlungstendenzen ausgesetzt sind, ihre Spezifik als freiwillige Vereinigung aberkannt: In organisationssoziologischer Sicht hatte der Verein als eigenständige Organisationsform deshalb lange Zeit kaum eine Chance, da er sich praktisch mehr oder weniger immer „auf der Durchreise" zu einer anerkannten bürokratischen Organisationsform, sei es die der Unternehmung/Firma oder aber die der staatlichen Verwaltung, befand.

Untersucht wurde der „Identitätsverlust" der Organisationsform „freiwillige Vereinigung" bis Mitte der 1990er Jahre sowohl auf der Ebene der Einzelorganisation bzw. des individuellen Vereins als auch auf der Ebene der Population oder der Gruppe von Vereinen. Als typisches Beispiel für Zielverschiebung (*goal displacement*) und Identitätsverlust auf der Ebene der Einzelorganisation lässt sich der Klassiker von Zald und Denton anführen (Zald/Denton 1963/64): Eine freiwillige Vereinigung mit exklusiv männlicher Mitgliedschaft und christlich-humanitären Zielsetzungen – die *voluntary association* YMCA – wandelt sich zu einem Dienstleistungsunternehmen mit differenziertem Angebot, das unterschiedlichsten Bevölkerungsgruppen etwas zu bieten hat. *Identitätsverlust durch Zielverschiebung*

Veränderungsprozessen bei Vereinen, und zwar in Richtung Unternehmung bzw. Markt oder aber in Richtung Verwaltung bzw. Staat, sind auch die Soziologen Heinemann und Horch nachgegangen. Zunächst entwickelten sie jedoch idealtypisch das Modell einer freiwilligen Vereinigung, das sich in hohem Maße durch einen Clubcharakter, d.h. durch eine exklusive Mitgliederorientierung, auszeichnet (vgl. Heinemann/Horch 1987, 1991). Danach besteht bei freiwilligen *Veränderungsprozesse bei Vereinen*

Vereinigungen und Vereinen, im Unterschied zu den Organisationen von Markt und Staat, idealtypisch eine Rollenidentität zwischen Produzenten und Konsumenten bzw. zwischen Produzenten und Adressaten der Dienstleistungs- und Güterproduktion: Es sind die Mitglieder, die die Leistungen erstellen und die diese auch in Anspruch nehmen. Ferner stammen in freiwilligen Vereinigungen die Ressourcen idealtypisch ausschließlich von den Mitgliedern, die diese in Form von Beiträgen, Spenden oder aber ehrenamtlicher Mitarbeit der Organisation zuführen.

Ein idealtypischer Verein existiert aufgrund von und für seine Mitglieder. Infolgedessen lässt sich bei Vereinen erstens eine Kongruenz zwischen den Zielen der Mitglieder und denen des betreffenden Vereins und zweitens ein hohes Maß an ehrenamtlichem Engagement, feststellen. Konstitutiv für freiwillige Vereinigungen ist schließlich drittens die demokratische Entscheidungsfindung bzw. ein hoher Grad an Demokratie, der insbesondere durch die Unabhängigkeit der Organisation von Nichtmitgliedern sowie durch die besondere Art der Einbindung der Organisationsteilnehmer – d.h. der Mitglieder – garantiert wird.

Verlässt die freiwillige Vereinigung „den Pfad der Tugend" und akzeptiert auch Ressourcen von Nichtmitgliedern, so hat dies, gemäß der Hypothese von Horch, für diese Vereinigung verheerende Folgen: Entsprechend dem Ausmaß der zugeführten Ressourcen und entsprechend ihrer jeweiligen Herkunft – entweder staatliche Zuschüsse oder aber Sponsoringgelder der Wirtschaft – entwickelt sich die freiwillige Vereinigung allmählich entweder zu einer Unternehmung oder aber zu einer quasi-staatlichen Behörde. Ganz gleich ob der betreffende Verein sich in Richtung Markt oder aber in Richtung Staat bewegt, er verliert auf jeden Fall diejenige Strukturbesonderheit, die für freiwillige Vereinigungen konstitutiv ist: Der Einfluss der Mitglieder auf Entscheidungsfindung und Zielsetzung der freiwilligen Vereinigung geht zurück. Der Grad der Demokratie sinkt mit abnehmendem Mitgliederengagement und voilà – im Ergebnis hat sich die freiwillige Vereinigung zu einer „normalen Organisation" gewandelt, die hierarchisch strukturiert ist und von Professionellen geführt wird (Horch 1985, 1987). Allerdings hielt der unterstellte starke Zusammenhang zwischen Herkunft der Ressourcen und Grad der Autonomie und Demokratie der Organisation bzw. des Vereins einer empirischen Überprüfung nicht stand. Zwischen der Ressourcenzusammensetzung und dem Demokratiegrad einer freiwilligen Vereinigung besteht kein signifikanter Zusammenhang. Vielmehr messen eine ganze Reihe von Vereinen, wie etwa die als e.V. organisierten Selbsthilfegruppen, demokratischen Entscheidungsstrukturen einen besonderen Eigenwert zu (Horch 1992a, 1992b).

Vereine als Thema der Nonprofit- oder Dritte-Sektor-Forschung

Fand der Verein, abgesehen von einigen Ausnahmen, in der organisationssoziologischen und -theoretischen Literatur bis Mitte der 1990er Jahre weniger Beachtung, so sind hier in jüngerer Zeit Tendenzen hin zur stärkeren Fokussierung des Untersuchungsobjekts der freiwilligen Vereinigungen zu beobachten. Insbesondere werden freiwillige Vereinigungen nicht mehr ausschließlich in ihrer abhängigen Position von Staat und Markt analysiert, sondern als Akteure mit eigenständigen Organisationsspezifika und vor allem besonderer Problemlösungskompetenz betrachtet (Braun 2004). Diese Trendwende ist insbesondere zurückzuführen auf die Dritte-Sektor- oder Nonprofit-Forschung, die im US-

amerikanischen Raum entwickelt wurde und inzwischen auch in Europa an Bedeutung gewonnen hat (Anheier/Seibel 1990; Anheier et al. 1998; Priller/Zim-
mer 2001a). Mit der Etablierung dieser Forschungsrichtung ging ein grundsätzli-
cher Perspektivenwechsel gegenüber freiwilligen Vereinigungen und Vereinen
einher: In Abgrenzung zu Unternehmen sowie staatlichen Einrichtungen werden
sie als eigenständige institutionelle Alternative betrachtet. Zum Dritten oder
Nonprofit Sektor werden lokale Vereine sowie Interessenvertretungen, also Verbände und Gewerkschaften, ebenso gezählt wie Stiftungen, Selbsthilfegruppen
oder international tätige Nongouvernmental Organizations (NGO). Weit verbreitet ist die im Rahmen des *Johns Hopkins Comparative Nonprofit Sector Project*
(Zimmer/Priller 2004: 31ff) entwickelte sog. operative Definition. Danach sind
Nonprofit Organisationen formal rechtlich strukturiert (eigene Rechtsform),
organisatorisch unabhängig vom Staat, nicht gewinnorientiert, eigenständig verwaltet, zu einem gewissen Grad von freiwilligen Beiträgen (Spenden, ehrenamtliches Engagement) getragen und stellen keine Zwangsverbände dar (Pril-
ler/Zimmer 2001a: 11f).

Abbildung 8: Multifunktionalität der Dritte Sektor-Organisation

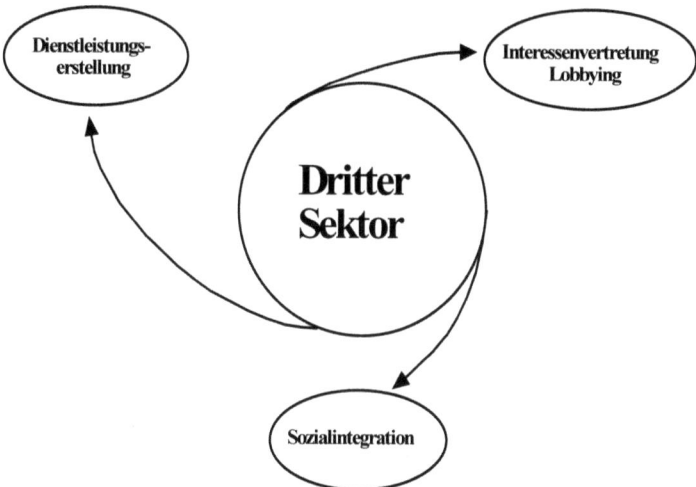

Quelle: eigene Darstellung

Aus organisationssoziologischer wie auch aus steuerungstheoretischer Sicht sind
Nonprofit Organisationen ein interessanter Untersuchungsgegenstand, da sie sich
durch Multifunktionalität auszeichnen (Zimmer/Priller 2004: 21). Mit der ökonomischen Funktion der Dienstleistungserstellung haben die Organisationen
Anteil am Sektor Markt. Aufgrund ihrer Funktion der Bündelung, Artikulation
und Vermittlung von Interessen sind sie gleichzeitig politische Akteure, die in
den Sektor Staat hineinwirken. Darüber hinaus erfüllen sie als mehrheitlich lokal
verankerte Organisationen wichtige Funktionen der sozial-kulturellen Integration. Dritte Sektor Organisationen sind somit gleichzeitig Sozialintegratoren, Lobbyisten wie auch Dienstleister. Diese Multifunktionalität, die mit der organisati-
onsinternen Kombination unterschiedlicher, zum Teil konträrer Handlungslogi-

Vereine sind sowohl
Sozialintegratoren als
auch Lobbyisten und
Dienstleister

ken einhergeht, stellt besondere Anforderungen an die Steuerung bzw. das Management der Organisationen und bietet insofern auch Anlass zu einer intensiven Beschäftigung mit diesem Organisationstyp aus organisations- und steuerungstheoretischer Perspektive (vgl. Badelt 2002; Anheier 2005; Zimmer/Priller 2004; Anheier/Ben-Ner 2003; Simsa 2001).

3.4 Zusammenfassung: Vereinsforschung

Es gibt keine Vereinsforschung im eigentlichen Sinn, sondern verschiedene Disziplinen – insbesondere die Politikwissenschaft und die Soziologie – haben sich aus unterschiedlichen Perspektiven dem Untersuchungsgegenstand „Verein" genähert. Während von der Soziologie eher behandelt wird, wer sich in Vereinen engagiert und welche Wirkungen Vereine im Hinblick auf die Sozialintegration – d.h. die Einbindung des Einzelnen in die Gesellschaft – haben, wird von der Politikwissenschaft eher auf die Systemintegration und damit auf die Rolle und Bedeutung des Vereins als Ausdruck organisierten Interesses, als Akteur im vorpolitischen Raum sowie auch als politischer Akteur im Sinne eines Vorentscheiders und schließlich als Partner der Verwaltung bei der öffentlichen Daseinsvorsorge fokussiert. Anknüpfen können beide Disziplinen hierbei an Klassiker der Forschung zu freiwilligen Vereinigungen, nämlich an die Arbeiten von Alexis de Tocqueville und Max Weber.

Eher in der Tradition von Tocqueville stehen die politikwissenschaftlich orientierten Studien, die vor allem unter demokratietheoretischen Gesichtspunkten von Bedeutung sind und den Stellenwert der Vereine für das demokratische Gemeinwesen untersuchen. Weber hat in seiner Rede auf dem ersten Deutschen Soziologentag bereits fast alle Themen angesprochen, die im Mittelpunkt eher soziologisch-orientierter Studien zum Verein und zum Vereinswesen stehen.

Es geht bei der Vereinsforschung im Wesentlichen um die Funktionen des Vereins und Vereinswesens im Hinblick auf Staat, Gesellschaft und den einzelnen Bürger bzw. die einzelne Bürgerin. Von den vielfältigen, Vereinen zugesprochenen Funktionen sind insbesondere drei zu erwähnen:

- die des Mediums der politischen Sozialisation und einer „Schule der Demokratie",
- die des vorpolitischen Raums und Forums der Meinungsbildung sowie die der Machtbasis für Politiker; und schließlich
- die des Bindeglieds zwischen Mikro- und Makro-Ebene und integrativen Elementes für Staat und Gesellschaft.

Ob die Vereine alle diese Funktionen zur Zufriedenheit erfüllen können, ist eine offene Frage. Allerdings geht man heute bei der Funktionszuschreibung nicht mehr von einem kausalen Wirkungszusammenhang aus. Dies gilt für die Funktion des Vereins als „Schule der Demokratie" ebenso wie für seine Rekrutierungs- und Meinungsbildungsfunktion im politischen Vorfeld. Insgesamt werden Vereinen in politisch-sozialen Kontexten eher latente als kausal direkte Wirkungen zugeschrieben.

Lange Zeit eher vernachlässigt wurden freiwillige Vereinigungen und Vereine von der Organisationstheorie und -soziologie, die sich fast ausschließlich
auf die Untersuchung von Unternehmen/Firmen oder aber staatlichen Verwaltungen konzentrierten. Ein Grund für die Vernachlässigung des Vereinswesens
seitens der Organisationssoziologie ist in der einseitigen Perzeption des Bürokra-
tiebegriffs von Max Weber zu sehen, der als empirietaugliche Messlatte für die
Effizienz von Organisationen als „rationale Systeme" interpretiert wurde. Insofern wurden Vereine aus organisationssoziologischer Perspektive lange Zeit
häufig als Organisationen betrachtet, die sich „auf der Durchreise" zu den anerkannten Organisationsformen der Unternehmung oder aber der staatlichen Verwaltung befinden.

Dies gilt allerdings nur noch bedingt für die aktuelle Organisationssoziologie und -theorie. Diese betrachtet Organisationen mehrheitlich als offene Systeme, die mit ihren Umwelten in vielfältigen Interaktionsbeziehungen stehen. Einen deutlichen Auftrieb erhielt die wissenschaftliche Beschäftigung mit Vereinen durch die Dritte-Sektor oder Nonprofit Forschung.

Teil II
Vereine in Aktion – Vereine konkret

1 Perspektiven empirischer Vereinsforschung

Vereinsforschung ist ein Feld für Empiriker. Die Untersuchungen unterscheiden sich hinsichtlich Methodik und Analyseebene. Unter den methodischen Ansätzen sind insbesondere postalische Befragungen sowie Experteninterviews und teilnehmende Beobachtung zu nennen. Hinsichtlich der Analyseebene und Reichweite der Untersuchung dominieren bereichsspezifische bzw. policy-analytische Betrachtungen.

Aufgrund der Bedeutung der den Wohlfahrtsverbänden angeschlossenen Mitgliederorganisationen, die mehrheitlich als eingetragene Vereine organisiert sind, ist die Wohlfahrtsverbändeforschung sicherlich als ein Schwerpunkt empirischer Vereinsforschung in Deutschland zu charakterisieren. Einen Eindruck von der beachtlichen Größe dieses mehrheitlich vereinsmäßig organisierten Bereichs vermittelt die Gesamtstatistik der Einrichtungen und Dienste der Freien Wohlfahrtspflege (Bundesarbeitsgemeinschaft 2001). Diese Übersicht ist jedoch nicht nach Vereinen, sondern nach Einrichtungen (z.B. Krankenhäuser) und Diensten (z.B. Beratungsstellen) gegliedert, so dass die Arbeiten zu den Wohlfahrtsverbänden nur selten mit Vereinsforschung in Verbindung gebracht werden. Ebenfalls einen wichtigen Stellenwert im Kontext der empirischen Vereinsforschung nehmen Untersuchungen zum organisierten Sport ein. Es ist anzumerken, dass nur zu Sportvereinen eine Dauerbeobachtung im Rahmen der alle fünf Jahre vom Deutschen Sportbund geführten „Finanz- und Strukturanalyse der deutschen Sportvereine" (FISAS) stattfindet (Heinemann/Schubert 1994; Emrich et al. 2001).

Eher selten finden sich Untersuchungen zu Vereinen einer Region oder einer Kommune (Kriesi/Baglioni 2003; Zimmer 1996a; Horch 1992a; Bugari/Dupuis 1989; Kroll 1991; Kröll 1987; Pappi/Melbeck 1984). Dies ist nicht zuletzt bedingt durch die Schwierigkeiten der Adressermittlung, welche auf die defizitäre Erfassung der eingetragenen Vereine zurückzuführen sind. Wie in Teil I beschrieben, werden die Vereinsregister bei den Amtsgerichten geführt. Es besteht aber keine gesetzliche Verpflichtung zum Updaten und zur kontinuierlichen Pflege der Einträge. Nicht jeder eingetragene Verein ist daher auch aktiv. Die Gesamtzahl der eingetragenen und auch wirklich aktiven Vereine ist insofern nicht bekannt. Angaben des Statistischen Bundesamtes zufolge kann von einer Zahl von mehr als 500.000 Vereinen in Deutschland ausgegangen werden (Priller 2004: 39). Fest steht jedoch, dass die Anzahl der Vereine hierzulande seit den 1950er Jahren kontinuierlich zugenommen hat. Vor allem ab Mitte der 1970er Jahre lässt sich ein wahrer Gründungsboom von Vereinen feststellen. Untersu-

Wohlfahrtsverbände: ein Schwerpunkt der Vereinsforschung

Probleme im Bereich Datenerfassung

chungen von lokalen Vereinslandschaften vermitteln einen Eindruck von der
Vielfältigkeit der Vereinsaktivitäten, und sie zeigen deutlich die Bedeutung der
Vereine als Dienstleister wie auch als Foren der sozialen Integration und der
politischen Partizipation für die lokale Infrastruktur auf.

Kooperation
zwischen Verein
und Kommune
kaum erforscht

Bisher eher selten und dann auch nur bereichsspezifisch wurde die Kooperation zwischen lokalen Vereine und der Kommunalverwaltung untersucht. Obgleich unter dem Leitmotiv der Subsidiarität Vereine vor allem in Deutschland
traditionell stark in die kommunale Dienstleistungserstellung eingebunden sind,
ist diese Form von Public-Private Partnership bisher wenn überhaupt nur policy-
spezifisch in den Blick genommen worden (z.B. Stöbe-Blossey 2001; Zimmer
1998a). Unter dem Druck der leeren Kassen könnte sich dieser Bereich der Vereinsforschung als zukunftträchtig erweisen – insbesondere da öffentliche Einrichtungen wie etwa Schwimmbäder oder Stadtteilbibliotheken und Museen
zunehmend privatisiert und hierbei in der Regel in eine frei-gemeinnützige Organisationsform überführt, d.h. in der Trägerschaft eines Vereins weitergeführt
werden.

Im Folgenden werden exemplarisch zwei empirische Vereinsstudien vorgestellt. Im Einzelnen handelt es sich um die Untersuchung:

- „Vereine vor Ort: Münsters Vereinslandschaft", die dank der Unterstützung
  des Ministeriums für Wissenschaft und Forschung des Landes Nordrhein-
  Westfalen 2004 als postalische Befragung und Vollerhebung unter den
  Münsteraner eingetragenen Vereinen durchgeführt wurde,
- „Vereine in Kooperation mit der Kommune: Jena – Münster im Vergleich",
  die finanziert durch die Hans-Böckler-Stiftung und durchgeführt als Teil der
  Deutschlandstudie des Johns Hopkins Projektes die Kooperation von Vereinen und Kommune in ausgewählten Bereichen in den genannten Städten
  zum Thema hat.

2   Vereine vor Ort: Münsters Vereinslandschaft

Die Stadt Münster hat rund 280.000 Einwohner. Sie ist eine der flächengrößten Städte in NRW und hat sowohl einen großstädtischen Charakter als auch zahlreiche dörflich geprägte Außenbezirke. Sie ist der Sitz einer der größten Universitäten im Land, die Verwaltungsmetropole Westfalens mit Bezirksregierung und Bischofssitz eines weitläufigen, traditionell katholisch geprägten Bistums. Es existieren daher sowohl starke kirchliche und bürgerlich-konservative als auch akademische, alternative und migrantische Milieus, weniger allerdings ein klassisches Arbeitermilieu. Münster lässt also eine reichhaltige, breit gefächerte Vereinslandschaft erwarten und ist somit ein sehr geeigneter Ort für eine Befragung, die die vielfältigen Ausprägungen von Vereinstätigkeit differenziert erfassen soll.

2.1 Methodik und Durchführung der Befragung

Zur Adressrecherche und Zusammenstellung der in Münster tätigen Vereine wurden verschiedene Quellen herangezogen: Das am Amtsgericht Münster geführte Vereinsregister, Telefon- und Adressbücher, das Publikom und weitere lokale Internetseiten sowie Vereins-Adressenlisten von Städtischen Ämtern und in Münster ansässigen Dachverbänden. Leider wird das vom Amtsgericht geführte Vereinsregister nicht systematisch gepflegt und viele Vereine aktualisieren ihre Angaben nur sporadisch. Zudem sind die hier erfassten Adressen bisher noch nicht auf einem Datenträger verfügbar. Die Ermittlung und Erfassung der Vereinsadressen erwies sich daher als unvorhergesehen schwierig und zeitaufwändig. *(Umfangreiche Adressrecherche)*

Gemäß den Recherchen des Untersuchungsteams ist von einer Anzahl von mindestens 1.600 aktiven Vereinen in Münster auszugehen. Diese Zahl ist beachtlich. Hochrechnungen zufolge liegt die Vereinsdichte in Deutschland bei etwa 650 Vereinen pro 100.000 Einwohnern (Zimmer/Priller 2004: 68). Münster liegt somit im allgemeinen Trend. Noch nicht mitgerechnet sind die vereinsähnlich strukturierten Gruppen und Initiativen, die nicht als e.V. geführt werden. Diese sind in Münster ebenfalls sehr zahlreich vorhanden, bereiten aber aufgrund ihrer Informalität erhebliche Erfassungsprobleme und konnten daher nicht systematisch berücksichtigt werden. *(Mindestens 1.600 aktive Vereine in Münster)*

Die Feldphase der Untersuchung – Verschickung der Fragebögen sowie telefonische und schriftliche Nachfassaktionen – erstreckte sich von Mitte März bis Anfang Juni 2004. In diesem Zeitraum wurde mehrfach in der lokalen Presse auf die Befragung aufmerksam gemacht und um Unterstützung geworben. Verschickt wurden mehr als 2.200 Fragebögen. Dabei erwiesen sich über 300 Adressen als ungültig. In weiteren rund 400 Fällen konnte weder telefonischer Kontakt hergestellt noch eine Reaktion auf unsere Schreiben verzeichnet werden. Bis Anfang Juni waren 913 auswertbare Fragebögen eingegangen, bezogen auf die 1886 verbliebenen gültigen Adressen liegt die Rücklaufquote somit bei 48,5%. Für eine postalische Befragung ist dies eine erfreuliche Rücklaufquote. Nicht selten werden bei dieser Erhebungsform Quoten von 30% oder weniger erzielt. *(Feldphase)*

Die Feldphase und die Dateneingabe wurden vom Umfrageteam des Instituts für Soziologie der Westfälischen Wilhelms-Universität Münster durchgeführt. Bei der Münsteraner Vereinsbefragung handelt es sich zweifellos um eine der größten Studien dieser Art.

Umfangreicher Fragebogen Der eingesetzte Fragebogen umfasste 13 Seiten mit 54, bis auf wenige Ausnahmen, geschlossenen Fragen. Hinsichtlich seines Umfangs und der teilweise sehr detaillierten Angaben stellte der Fragebogen hohe Ansprüche an die einbezogenen Vereine. Gegliedert in fünf Teilbereiche – A. Organisationsstruktur, B. Tätigkeitsbereiche und Arbeitsweise, C. Finanzierung, D. Freiwilliges Engagement und Beschäftigung, E. Einschätzungen und Probleme – deckte der Fragebogen alle Aspekte des Münsteraner Vereinslebens ab. Auf diese Art soll das komplette Leistungsprofil der Vereine als Dienstleister, Lobbyorganisationen, Orte der Freizeitgestaltung und sozialen Integration erschlossen werden. Vereine werden als komplexe Organisationen betrachtet, die sich aus unterschiedlichen Quellen finanzieren, und die über differenzierte Personal- und Leitungsstrukturen verfügen. Ebenfalls gefragt wurde nach den Problemen der Vereine sowie nach ihrer Zukunftseinschätzung. Erstmals wurde auch thematisiert, ob und wie Vereine zur Meinungsbildung über soziale und politische Fragestellungen beitragen und ob solche Themen im Verein diskutiert werden.

Im Folgenden werden zentrale Ergebnisse der Untersuchung vorgestellt, wobei zunächst auf gesellschaftliche Bedeutung, Tätigkeitsbereiche und historische Entwicklung des Münsteraner Vereinswesens eingegangen wird. Daran anschließend werden die Befragten anhand unterschiedlicher Größendaten – Mitgliederzahlen, Finanzvolumen, hauptamtliche und freiwillige MitarbeiterInnen – charakterisiert. Fragen der Finanzierung, der Ressourcenerschließung, -verwendung und -sicherung bilden einen weiteren Schwerpunkt der Betrachtung. Unter dem Leitmotiv „Wo drückt der Schuh" wird auf zentrale Probleme der Vereine eingegangen und ein ausführliches Kapitel beschäftigt sich mit den Funktionen und Organisationsstrukturen von Vereinen. Abgerundet wird der Überblick über die Münsteraner Vereinslandschaft mit Hinweisen zu einer zukunftsorientierten Vereinsentwicklung.

2.2 Eckdaten der Untersuchung

e. V.s dominant Von den 913 Organisationen, die sich an der Befragung beteiligt haben, sind 795 als e.V. in Münster und 47 als e.V. in anderen Kommunen registriert. Insgesamt 69 Organisationen waren nicht eingetragene Vereine bzw. unselbständige Untergliederungen von überregional tätigen Vereinen bzw. Verbänden. Die überwiegende Mehrheit der an der Befragung beteiligten Organisationen (80,9%) ist als gemeinnützig anerkannt. Die meisten Vereine sind überwiegend auf der kommunalen und regionalen Ebene tätig. Aber immerhin wurde von zwanzig Prozent der Vereine angegeben, auch auf Landes- bzw. Bundesebene tätig zu sein. Und weitere zwanzig Prozent sind gemäß unserer Ergebnisse auch international bzw. auf EU-Ebene mit Aktionen und Aktivitäten vertreten. Dass Deutschland ein verbandsstrukturiertes Land ist, wird durch die Ergebnisse der Münsteraner Untersuchung nachhaltig bestätigt. Eine Mehrheit (54,5 %) der Befragten ist Mitglied in mindestens einem Dachverband. Insgesamt 55 (6,1%) der an der Untersuchung beteiligten Vereine waren selbst Dachverbände mit Sitz oder Niederlassung in Münster. Diese beachtliche Zahl der hier ansässigen Verbände und Dachorganisationen unterstreicht nochmals die Position Münsters als Verwaltungs- und Dienstleistungszentrum.

Das Leben in Münster wird in einem ganz beachtlichen Umfang von Vereinen geprägt. Die Ergebnisse der Untersuchung lassen hochgerechnet darauf schließen, dass über eine halbe Million Mitgliedschaften in den hier tätigen und eingetragenen Vereinen registriert ist. Ihre Bedeutung für die Stadt und das gesellschaftliche Leben in Münster ist den Vereinen wohl bewusst. Ganz eindeutig schätzen sie ihre gesellschaftliche Bedeutung als eher wachsend denn im Schwinden begriffen ein. Dies gilt für den Stellenwert der Vereine als gemeinschaftliches Element wie auch für ihre wachsende Relevanz als Dienstleister. Gefragt, wie die Zukunft der Arbeit von Vereinen in Münster eingeschätzt wird, überwog durchgängig ein positives Meinungsbild. Fast die Hälfte der befragten Vereine erwartet eine zunehmende Bedeutung für den sozialen Zusammenhalt in der Stadt. Ebenso viele Münsteraner Vereine sehen einen Bedeutungsgewinn als Anbieter von Dienstleistungen – nur ein gutes Siebtel stimmte bei diesen beiden Fragen der Gegenthese zu, dass die Bedeutung zurückginge. Etwas pessimistischer wird die zukünftige Rolle als politischer Akteur eingeschätzt. Diese Mehrfachfunktion der Vereine als Garanten sozialen Zusammenhalts, als Ersteller von Dienstleistungen und Interessenorganisationen spiegelt sich auch in ihren Tätigkeitsbereichen wider.

Vereine als gesellschaftliche Infrastruktur

2.2.1 Haupttätigkeitsbereiche

Vereine sind Organisationen, die in der Regel eine breite Leistungspalette vorhalten, Geselliges mit sozialem Engagement verbinden und meist vielfältig engagiert sind. Ein Sportverein ist mit Dienstleistungsangeboten nicht selten auch in der Jugend- und Seniorenarbeit tätig. Eine Öko-Initiative sammelt Mittel für Projekte, organisiert für ihre Mitglieder geführte Wanderungen und führt eine Kampagne zum Erhalt des Feuchtwassergebiets am Stadtrand durch. Es ist daher nicht leicht, den Haupttätigkeitsbereich eines Vereins festzustellen. In der vorliegenden Untersuchung wurde der Weg der Eigeneinschätzung der Vereine gewählt. „In welchem Tätigkeitsbereich ist Ihr Verein aktiv?", lautete die Frage, wobei 16 Antwortmöglichkeiten und ein offenes Feld „sonstiges" vorgegeben waren. Zum Zweck der Auswertung wurden einige Tätigkeitsfelder zusammengefasst. Die Ergebnisse vermitteln ein differenziertes Bild des Tätigkeitsspektrums der Münsteraner Vereine.

Multifunktionalität des Vereins

Abbildung 9: Haupttätigkeitsbereiche der Münsteraner Vereine (n = 913)

Bereich	Anzahl der Vereine	in Prozent
Bildung und Forschung°	138	15,1
Sport	132	14,5
Soziale Dienste und Hilfen	114	12,5
Kultur	113	12,4
Brauchtum und Traditionspflege	88	9,6
Gesundheitswesen	70	7,7
wirtschaftlich orientierte Zweck-vereinigung*	59	6,5
Freizeitgestaltung / Erholung	58	6,4
Internationale Aktivitäten	51	5,6
Bürger- und Verbraucherinteressen	35	3,8
Umwelt- und Naturschutz	32	3,5
Religiöse / weltanschauliche Vereinigung	23	2,5
insgesamt: n =	913	100

° zusammengesetzt aus den Bereichen Bildung, Forschung sowie 10 „sonstigen", z.B. „Erfahrungsaustausch"

* zusammengesetzt aus den Bereichen Wohnungswesen, Wirtschaft und Beschäftigung, Gewerkschaft und Vertretung von Wirtschaftsinteressen sowie 11 „sonstigen"

Quelle: WWU Münster – Forschungsschwerpunkt Dritter Sektor: „Vereine in Münster"

Die Ergebnisse der Befragung bestätigen den Befund, dass Vereinstätigkeit nicht gleichzusetzen ist mit Freizeitvergnügen und Brauchtumspflege. Ein ganz zentrales Feld von Vereinstätigkeit in Münster ist der Bereich Bildung und Forschung. Doch auch Soziale Dienste und Hilfen nehmen eine Spitzenposition unter den Aktivitäten der Münsteraner Vereine ein. Selbstverständlich kommt freizeitnahen Tätigkeiten ebenfalls eine wichtige Bedeutung zu. Hier ist vor allem der Sport, aber auch der kulturelle Bereich zu nennen. Zusammengenommen ordnet sich gut die Hälfte der Münsteraner Vereine (55%) in ihren Tätigkeitsspektrum schwerpunktmäßig vier Bereichen – Bildung und Forschung, Sport, Soziale Dienste und Hilfen sowie Kultur – zu. Demgegenüber spielt der Bereich Brauchtum und Traditionspflege, der häufig mit Vereinstätigkeit in Verbindung gebracht wird, zwar eine wichtige, aber in Münster gleichwohl nachgeordnete Rolle.

Der beachtliche Anteil von Vereinen, die im Bereich Bildung und Forschung aktiv sind, ist vor allem auf die vielen Fördervereine zurückzuführen, die die Münsteraner Bildungseinrichtungen – angefangen bei den Schulen bis hin zu den verschiedenen Universitätsinstituten – unterstützen. Die Bildungsorientierung ist typisch für die Universitäts- und Dienstleistungskommune Münster. Ferner zeigen die Ergebnisse: Münster verfügt über eine engagierte Vereinslandschaft, in der die Bereiche Internationale Aktivitäten, Umwelt- und Naturschutz wie auch die Vertretung von Bürger- und Verbraucherinteressen einen beachtlichen Stellenwert einnehmen.

2.2.2 Tradition und Dynamik

Die Münsteraner Vereine sind überwiegend junge Organisationen. Die Mehrheit der befragten Vereine – rund 60% – ist in den letzten drei Dekaden, ab Mitte der 1970er Jahre entstanden. Doch eine ganze Reihe von Vereinen kann auf eine beachtenswerte Tradition zurückblicken.

Vereine in Münster: Traditionsreich und trendy

Abbildung 10:   Gründungsjahr der Vereine (n = 861)

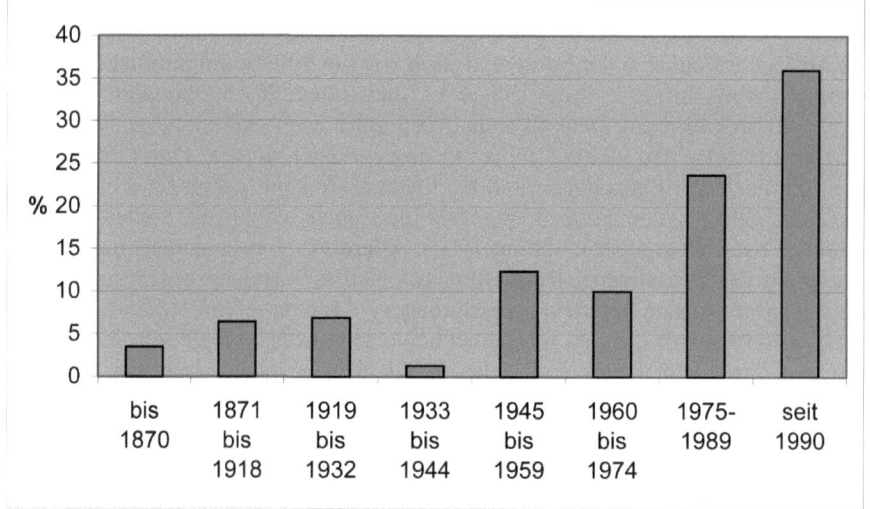

Quelle: WWU Münster – Forschungsschwerpunkt Dritter Sektor: „Vereine in Münster"

Die Ergebnisse der Befragung zeigen: Die Münsteraner Vereinslandschaft ist traditionsreich und tief in der Bevölkerung verwurzelt. Die ältesten vereinsähnlichen Organisationen Münsters waren Bruderschaften und Schützengesellschaften. Einige der befragten Vereine in diesem Bereich können bereits auf eine mehr als 400jährige Geschichte zurückblicken. Auch Adelsclubs bestanden in Münster schon vor 1800, einer von ihnen – der Adelige Damenclub – ist auch heute noch als e.V. aktiv (Oer/Westerholt-Alst 2000). Namhafte Institutionen wie der Westfälische Kunstverein oder der Westfälische Reiterverein wurden in der ersten Hälfte des 19. Jahrhunderts gegründet. Mehrere Dutzend der befragten Vereine existierten schon vor 100 Jahren.

Ein Blick auf die Grafik zeigt aber auch, dass die Zeit der nationalsozialistischen Diktatur in Münster eine vereinsgründungsarme Zeit war. In der Moderne gehören Vereine und Demokratie zusammen wie Kolben und Zylinder. Unter autoritären und undemokratischen Regimen kann sich kein dynamisches Vereinswesen entfalten. Münster macht hier keine Ausnahme (vgl. Zimmer 1996a). Gleichzeitig wird anhand der Periodisierung ebenfalls deutlich, dass Vereine sich derzeit auf Wachstumskurs befinden. Seit Mitte der 1970er Jahre zeichnet sich die Gründungsaktivität der Münsteraner Vereine durch eine ungebrochene Dynamik aus.

Der National-sozialismus: Eine vereinsgründungs-arme Zeit

Setzt man die Gründungsjahre der Vereine in Bezug zu ihren Tätigkeitsbereichen, so wird deutlich: Vereine unterliegen dem Zeitgeist. Sie reagieren auf gesellschaftliche Bedürfnisse und spiegeln gleichzeitig Veränderungen im politischen Umfeld wider. Im 19. Jahrhundert betrafen die Neugründungen in Münster ganz überwiegend die freizeit- und kulturorientierten Bereiche, wie etwa Gesangsvereine und Spielmannszüge (Heemann 1992). Jeder dritte der in den Bereichen Brauchtum und Traditionspflege tätigen Münsteraner Vereine kann bereits auf eine mehr als 100jährige Tradition zurückblicken. Diese Vereine sind noch im Kaiserreich gegründet worden, wie auch eine ganze Reihe der Münsteraner Sportvereine. Im deutlichen Gegensatz zum Bereich Brauchtum und Traditionspflege erfreut sich der Sport aber nach wie vor einer kontinuierlichen Gründungsdynamik. In die Zeit des späten 19. und frühen 20. Jahrhunderts fällt die Verbandsstrukturierung Deutschlands. Auch in Münster sind in diesem Zeitraum verstärkt Berufs- und lokale Dachverbände gegründet worden. Unter den Vereinen, die nach 1919 entstanden und bis heute aktiv sind, nehmen wiederum die Bereiche Sport sowie Freizeit und Erholung einen wichtigen Stellenwert ein (Hübner/Kirschbaum 2004; Jütting 1994). Allerdings war es damals nicht mehr vorrangig das Münsteraner Bürgertum, das sich in Vereinen organisierte, sondern jetzt entstanden verstärkt ausgesprochene Arbeitervereine. Manch Münsteraner Verein aus dieser Zeit trägt noch heute seine soziale Herkunft im Namen: etwa ein Eisenbahnersportverein oder die Kleingartenanlagen mit dem Namenszusatz Post.

Vereinsgründungsboom seit Ende der 60er Jahre   In den letzten sechzig Jahren lassen sich zwei Wellen von verstärkter Vereinsgründungsaktivität festmachen. Die Nachkriegszeit und die Zeit der jungen Bundesrepublik – nach 1945 bis in die späten 50er Jahre – ist hier als erste Welle zu nennen. Nach Diktatur und Krieg lässt sich in Münster ein deutliches Wiedererstarken des bürgerschaftlichen Engagements und damit der Vereinsgründungsaktivität feststellen. Hinzu kam die Re-etablierung der Verbändelandschaft. Die zweite Welle ist ab Mitte der 1970er Jahre zu datieren und weist enge Bezüge zu den Neuen Sozialen Bewegungen auf. Umweltschutz, Selbsthilfe und Solidaritätsbewegungen sowie Initiativen und Projekte der Soziokultur organisieren sich seitdem verstärkt in Vereinsform (Mayer 1999). Entgegen der Entwicklung in den 1960er Jahren erfreut sich der Verein als Motor bürgerschaftlichen Engagements seitdem einer ungebrochenen und stetig zunehmenden Beliebtheit. Denn auch in den 1990er Jahren ist in Münster eine anhaltend hohe Gründungsdynamik zu verzeichnen. So ist im Bereich Soziale Dienste und Hilfen (50,5%) und im Gesundheitswesen (62,3%) mehr als jeder zweite Verein in den vergangenen fünfzehn Jahren entstanden. Selbsthilfegruppen haben erst jüngst in der Vereinslandschaft Münsters eine wichtige Bedeutung gewonnen. Aber auch in Vereinsform organisierte Kindergärten, -gruppen und -horte tragen wesentlich zum nachhaltigen Vereinsboom in Münster bei. Es ist der Umbau des Sozialstaates und die Renaissance des Subsidiaritätsgedankens, was sich hier in Vereinsform manifestiert. Gleichzeitig ist die Gründungsdynamik in den Bereichen Gesundheit und Soziale Dienste Ausdruck der in Münster praktizierten Form kommunaler Vereinsförderung.

Dass Münster als Universitätsstandort starke internationale Bezügen aufweist, spiegelt sich nicht zuletzt im Gründungsboom von Vereinen wider, die im

Bereich Internationale Tätigkeiten aktiv sind: In wenigen Jahrzehnten hat sich der Fokus sozialen und kulturellen Engagements und Verantwortungsbewusstseins globalisiert – hiervon zeugen nicht nur die globalisierungskritische Bewegung (z.B. ATTAC), sondern auch Vereine, die fairen Handel, Städtepartnerschaften und Entwicklungsprojekte fördern. Überwiegend jung sind auch die Münsteraner Vereine, die Bürger- und Verbraucherinteressen vertreten. Entsprechendes gilt für die Vereine des Bereichs Bildung und Forschung. Die überwiegende Mehrheit (73,2%) der hier tätigen Vereine ist erst ab Mitte der 1970er Jahre entstanden. Es handelt sich hierbei vielfach um Fördervereine der lokalen Schulen und Bildungseinrichtungen; auch dies ein Indiz für wachsendes Bürgerengagement, das auf Engpässe der öffentlichen Finanzierung reagiert.

Insgesamt weisen die Ergebnisse unserer Studie eine komplexe und hoch differenzierte Münsteraner Vereinslandschaft aus. Doch stark vereinfacht kann zwischen Tätigkeitsbereichen unterschieden werden, die eine lange Tradition vorweisen und solchen, die erst ab Mitte der 1970er Jahre ins Zentrum des gesellschaftlichen Interesses und damit von Vereinsaktivitäten gerückt sind. Dabei zählen Brauchtum und Traditionspflege, Freizeitgestaltung und Erholung, Sport sowie Kultur zu den eher traditionsreichen Tätigkeitsfeldern der Münsteraner Vereine, während Vereine im Gesundheitswesen, in den Bereichen Bildung und Forschung, Internationale Aktivitäten und Vertretung von Bürger- und Verbraucherinteressen fast ausschließlich in den letzten 30 Jahren entstanden sind.

Die Münsteraner Vereinlandschaft: ein heterogenes Feld

2.3 Größe und Struktur der Münsteraner Vereinslandschaft

Um Größe, Struktur und Bedeutung einer Vereinslandschaft darstellen zu können, reicht es nicht aus, sich an den Mitgliederzahlen zu orientieren. Im Folgenden werden daher zusätzlich zu den Mitgliederzahlen Finanzkraft, hauptamtliche Beschäftigung und freiwilliges Engagement als Indikatoren zur Charakterisierung der Bedeutung und Größe der Münsteraner Vereine herangezogen.

2.3.1 Größe nach Mitgliederzahlen

Gemäß den Ergebnissen der Befragung ist von rund einer halben Million Mitgliedschaften in vor Ort eingetragenen Münsteraner Vereinen mit lokalem bzw. regionalem Tätigkeitsfeld auszugehen. Diese Angabe basiert auf folgender Berechnung: Im Rahmen der Münsteraner Vereinsbefragung haben insgesamt 888 Vereine Angaben zu ihren Mitgliederzahlen gemacht. Von diesen sind 737 in Münster und Umgebung tätig und zudem kein Dachverband. Diese Vereine haben rund 328.000 persönliche Mitgliedschaften angegeben. Rechnet man hiervon die nicht als e.V. geführten und der nicht in Münster eingetragenen Vereinen ab, so ergibt sich eine Zahl von rund 254.000 persönlichen Mitgliedschaften. Eine vorsichtige Schätzung, basierend auf der Annahme, dass hiermit rund die Hälfte der Münsteraner Vereine erfasst ist, kommt daher zu dem Ergebnis von in etwa einer halben Million Mitgliedschaften bei den in Münster als e.V. registrierten und hier tätigen Vereinen, die keine Dachverbände sind.

Kleine Vereine
prägen Münsters
Vereinslandschaft

Doch darf diese beachtliche Zahl nicht darüber hinwegtäuschen, dass, gemessen an der Zahl der persönlichen Mitgliedschaften pro Verein, die Münsteraner Vereinslandschaft von relativ kleinen Vereinigungen geprägt wird: Mehr als jeder dritte (40,3%) Münsteraner Verein ist als Kleinstverein mit einer Mitgliederzahl von bis zu 50 Personen einzustufen. Fast jeder fünfte (19,6%) Verein hat zwischen 50 und 100 Mitgliedern und ist als klein zu charakterisieren. Die Zahl der mittelgroßen Vereine mit 100 bis 250 Mitgliedschaften beläuft sich auf 21,3%, weitere 14% weisen Mitgliederzahlen zwischen 250 und 1000 auf. Sehr große Vereine mit mehr als 1000 Mitgliedern sind vergleichsweise selten. Bei den lokal tätigen Vereinen, die nicht Dachverband sind, trifft dies nur auf knapp vier Prozent der befragten Vereine zu. Ein Vergleich mit Ergebnissen anderer Vereinsstudien, wie z.B. einer Münchener Studie oder einer in Marburg durchgeführten Untersuchung (Kroll 1991; Zimmer/Bugari/Krötz 1992), zeigt hinsichtlich der Größe der Vereine deutliche Parallelen. Auch hier wurde das lokale Vereinswesen vorrangig durch kleine und Kleinstvereine geprägt.

Abbildung 11: Mitgliederzahlen der in Münster eingetragenen Vereine
(n = 888)

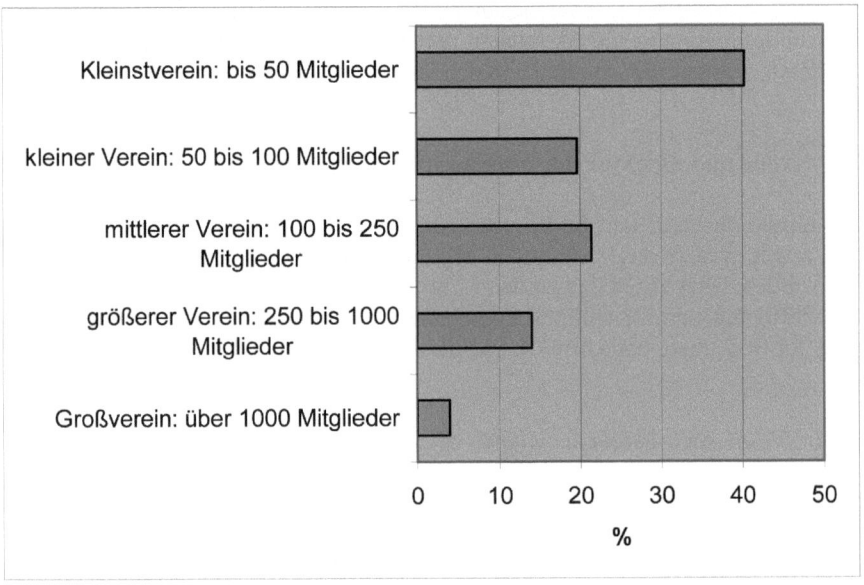

Quelle: WWU Münster – Forschungsschwerpunkt Dritter Sektor: „Vereine in Münster"

Kleinstvereine mit bis zu 50 Mitgliedern sind in allen Tätigkeitsbereichen zu finden. Ihr Schwerpunkt sind aber die Bereiche Kultur, Soziale Dienste und Hilfen, Internationale Aktivitäten sowie Bildung und Forschung. In gewisser Weise ist das Feld der Kleinstvereine zweigeteilt: Zum einen finden sich hier häufig sehr junge Vereine, darunter viele Selbsthilfegruppen und Fördervereine, zum anderen sind viele professionell arbeitende Dienstleister, die Angebote für bestimmte Zielgruppen oder die allgemeine Öffentlichkeit bereitstellen, sehr klein. Dies ist nicht zuletzt Ausdruck für die Flexibilität der Rechtsform Verein, der vergleichsweise einfach und ohne größere Kapitalausstattung zu errichten ist.

Mittlere und größere Vereine finden sich vergleichsweise häufig unter den Sportvereinen sowie im Bereich Brauchtum und Traditionspflege. Von den Münsteraner Brauchtums- und Traditionsvereinen zählen rund 80% zwischen 100 und 1000 Mitglieder. Allerdings gibt es in diesem Bereich in Münster keine Großvereine. Im Sport sieht dies ganz anders aus: Von 25 Großvereinen nannten elf Sport als ihren Haupttätigkeitsbereich. Sechs Großvereine, die sich an der Befragung beteiligt haben, waren wirtschaftlich orientierte Zweckvereinigungen (Berufsverbände, Gewerkschaften), und vier Vereine mit mehr als 1000 Mitgliedern nannten die Vertretungen von Bürger- und Verbraucherinteressen als ihren Haupttätigkeitsbereich. Die Münsteraner Vereinslandschaft zeichnet sich insofern vor allem durch Vielfalt und aktives bürgerschaftliches Engagement in kleineren Organisationen aus. Bestätigt wird diese Charakterisierung durch die Finanzkraft der Vereine.

2.3.2 Größe nach Finanzkraft

Ein wichtiger Indikator für Stärke und Bedeutung des Vereinswesens ist die Finanzkraft der Organisationen. Obgleich Angaben zu Finanzen bei Umfragen generell nicht gern beantwortet werden, wurden die Münsteraner Vereine gefragt: „Wie hoch waren die Gesamteinnahmen Ihres Vereins im Haushaltsjahr 2002?" Beantwortet wurde diese Frage von der deutlichen Mehrheit der Befragten, 762 Vereinen oder knapp 85% der Befragten. Um Verzerrungen zu vermeiden, wurden Dachverbände mit Sitz oder Niederlassung in Münster sowie die nicht auf lokaler oder regionaler Ebene aktiven Vereine herausgerechnet. Die verbleibenden 635 Vereine erzielten im Haushaltsjahr 2002 Einnahmen in Gesamthöhe von rund 95 Mio. Euro. Die 127 Dachverbände und überregional tätigen Vereine wiesen weitere 60 Mio. Euro Jahreseinnahmen aus. Berücksichtigt man, dass hiermit die Daten von weniger als der Hälfte der hier tätigen Vereine erfasst sind, so kann man auf der Basis einer vorsichtigen Schätzung davon ausgehen, dass sich die Finanzkraft der Münsteraner Vereine auf eine Summe beläuft, das in etwa den Gesamthaushalt der Westfälischen Wilhelms-Universität erreicht und möglicherweise übertrifft. Für das Jahr 2004 betrug der Haushalt der Münsteraner Universität 259 Mio. Euro. Es kann davon ausgegangen werden, dass gerade größere Vereine zurückhaltend mit ihren finanziellen Daten umgehen. Daher weist die Schätzung einen hohen Grad an Unsicherheit auf. Gleichzeitig handelt es sich bei den ermittelten Zahlen um eine eher konservative Angabe. Vermutlich sind die in Münster tätigen Vereine finanzkräftiger als hier angegeben. Die lokalen Vereine sind daher in Münster ein beachtlicher Wirtschaftsfaktor.

Vereine als lokal beachtlicher Wirtschaftsfaktor

Trotz des insgesamt beachtlichen Finanzvolumens der Münsteraner Vereinsszene handelt es sich bei der Mehrheit der lokalen Vereine, bezogen auf ihre Finanzkraft, um eher kleine Organisationen. Auf der Basis der Ergebnisse zeigt sich eine überaus ungleiche Verteilung der finanziellen Mittel. Unter Betrachtung aller 762 Fälle ergibt sich folgendes Bild:

Abbildung 12:   Finanzkraft der Vereine im Haushaltsjahr 2002 (n=762)

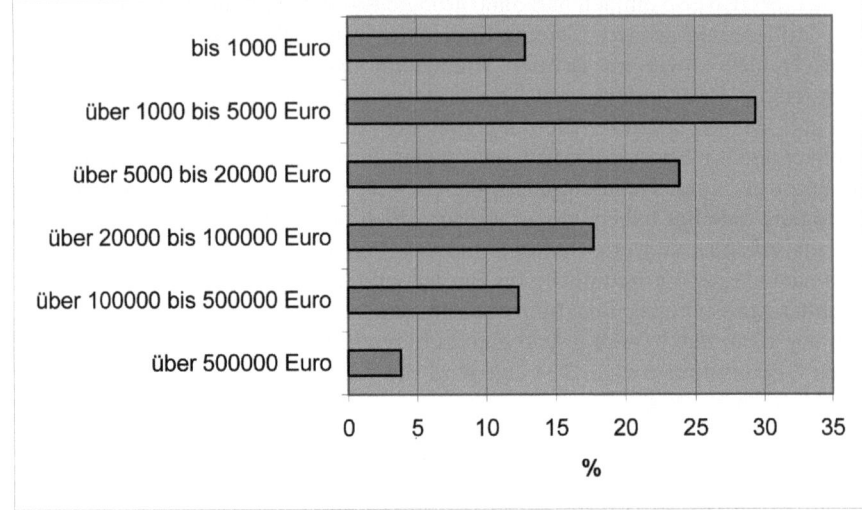

Quelle: WWU Münster – Forschungsschwerpunkt Dritter Sektor: „Vereine in Münster"

Die überwiegende Mehrheit der Münsteraner Vereine sind hinsichtlich ihrer Finanzkraft Kleinstvereine (Einnahmen bis 5.000 Euro) oder kleine Vereine (Einnahmen zwischen 5.000 und 20.000 Euro). Insgesamt sind zwei von drei Vereinen (66,1%) dieser Kategorie zuzuordnen. Fast jeder Münsteraner Verein des Bereichs Freizeitgestaltung und Erholung ist hier einzuordnen. Entsprechendes gilt, von wenigen Ausnahmen abgesehen, auch für den Bereich Brauchtum und Traditionspflege. In diesen Arbeitsfeldern dominieren die Kleinst- und kleinen Vereine (Einnahmen bis zu 20.000 Euro) mit rund 90%.

Die mittelgroßen Vereine (20.000 bis 100.000 Euro) machen eine Minderheit von etwa einem Fünftel der Befragten aus, einen Etat von über 100.000 Euro weisen etwa 15% aus: Es sind vor allem Vereine, die im Bereich Soziale Dienste tätig sind, deren Jahresetat sechsstellige Dimensionen erreicht: Fast jeder Dritte in diesem Bereich tätige Münsteraner Verein ist hier einzuordnen. Doch auch eine ganze Reihe Münsteraner Sportvereine gehören zur Kategorie der finanzstärkeren Organisationen mit Jahreseinnahmen über 100.000 Euro. Dies traf immerhin für jeden fünften Sportverein zu. Entsprechendes galt auch für 19 Bildungsvereine und 12 wirtschaftlich orientierte Zweckvereinigungen. Demgegenüber erreichten nur lediglich zwei Vereine des Bereichs Freizeit und Erholung sowie ein einziger aus der Gruppe der Brauchtums- und Traditionsvereine diese Größenkategorie der Jahreseinnahmen über 100.000 Euro.

Mit 3,8% oder 29 Vereinen fanden sich hierunter auch eine ganze Reihe sehr finanzstarker Vereine mit einem Einnahmevolumen von über 500.000 Euro im Jahr 2002. Wer sind diese Finanzriesen in der Münsteraner Vereinsszene? Hier muss an erster Stelle der Bereich Bildung und Forschung genannt werden: Sieben der 29 Vereine, die dieser Größenklasse zuzurechnen sind, sind in diesem Bereich tätig. Zu den sehr finanzstarken Vereinen in Münster zählen ferner einige wirtschaftlich orientierte Zweckvereinigungen (Gewerkschaften, Berufsverbände) sowie Vereine im Bereich Soziale Dienste und Hilfen.

Als Fazit kann man festhalten, dass die Münsteraner Vereinslandschaft, gemessen an ihrer Finanzkraft, mehrheitlich durch kleine Vereine geprägt wird, die nur über einen begrenzten Jahresetat verfügen. Allerdings sollte dieser Befund nicht dazu verleiten, Vereine als Wirtschaftsfaktor zu unterschätzen. Zusammengenommen weisen die Münsteraner Vereine doch ein ganz beachtliches Finanzvolumen aus, das an die Größenordnung des größten lokalen Arbeitgebers – der Westfälischen Wilhelms-Universität – heranreicht.

2.3.3 Größe nach hauptamtlich Beschäftigten

Nimmt man die Beschäftigten als Größenindikator, so ist in Münster nur eine Minderheit der Vereine als groß zu bezeichnen. Die Frage „Sind in Ihrem Verein hauptamtliche MitarbeiterInnen beschäftigt?" wurde von rund 27% der Münsteraner Vereine mit Ja beantwortet. Insofern verfügt nur gut jeder vierte Münsteraner Verein über hauptamtlich Tätige. Hierunter wurden im Rahmen der Studie alle Beschäftigten mit einem formalen Arbeitsverhältnis gefasst, also Vollzeitarbeitskräfte, Teilzeitbeschäftigte sowie Honorarkräfte und Inhaber von Mini-Jobs. Damit zeichnet sich die Münsteraner Vereinslandschaft durch eine insgesamt geringe Professionalisierung aus.

Bei den 238 Vereinen, die ihre Beschäftigungsstruktur aufgeschlüsselt haben, waren im Stichjahr 2003 insgesamt 4854 bezahlte Kräfte tätig. Berücksichtigt man wiederum, dass im Rahmen der Untersuchung nur etwa die Hälfte der Münsteraner Vereine erfasst wurde, so kann mit gutem Recht von einer doch beachtlichen arbeitsmarktpolitischen Relevanz der Vereine ausgehen. Auf der Basis der vorliegenden Ergebnisse ist vorsichtig zu schlussfolgern, dass knapp 500 in Münster tätige Vereine mit hauptamtlich Beschäftigten arbeiten. Geht man von einer vergleichbaren Beschäftigungsintensität auch derjenigen Münsteraner Vereine aus, die sich nicht an der Befragung beteiligt haben, so lässt sich die arbeitsmarktpolitische Relevanz der Münsteraner Vereine mit annäherungsweise 10.000 Personen angeben und ist insofern wiederum mit der der Westfälischen Wilhelms-Universität zu vergleichen.

Vereine als lokal beachtlicher Arbeitgeber

Trotz dieser beachtlichen Beschäftigtenzahlen zeigen die Ergebnisse der Untersuchung aber auch, dass die deutliche Mehrheit der Münsteraner Vereine ohne hauptamtliche Beschäftigung auskommt. Über 70% der befragten Vereine leisten ihre Arbeit ausschließlich auf Basis freiwilligen Engagements. Wie im Folgenden gezeigt wird, besteht ein enger Zusammenhang zwischen Beschäftigungsintensität und Finanzstärke der Vereine.

Abbildung 13:   Vereine mit hauptamtlichen Beschäftigten nach
                    Haushaltsvolumen in Prozent (n = 760)

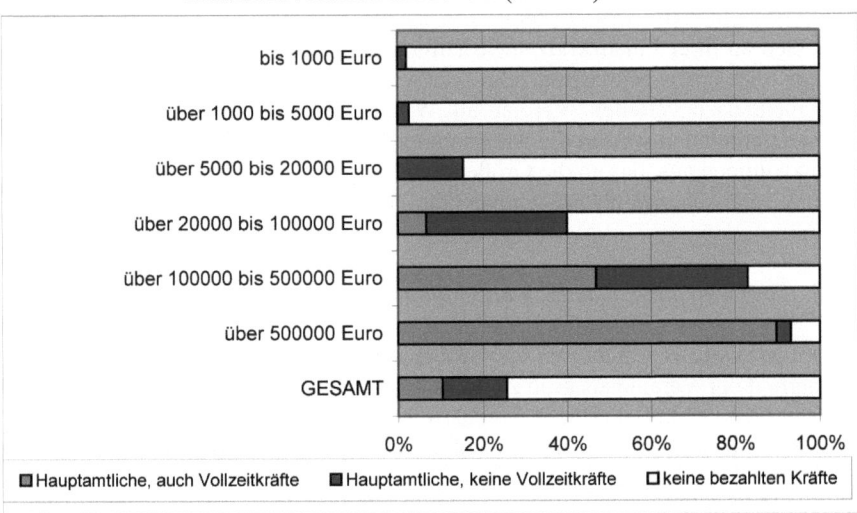

Quelle: WWU Münster – Forschungsschwerpunkt Dritter Sektor: „Vereine in Münster"

Wenn Beschäftigung   Setzt man die hauptamtlich Beschäftigten in Bezug zum Finanzvolumen, so zeigt
– dann häufig Teilzeit sich, dass Vereine sich erst ab einer gewissen Finanzkraft hauptamtliche Be-
                       schäftigung leisten können. Dies gilt in ganz besonderem Maße für die Vollzeit-
                       beschäftigung, die in der Abbildung besonders herausgestellt ist. Nur 10% der an
                       der Befragung beteiligten Vereine arbeitete zum Stichjahr 2003 mit Vollzeitbe-
                       schäftigten. Dabei lässt sich die Schwelle zur Vollzeitbeschäftigung recht deut-
                       lich ausmachen: Unter 100.000 Euro Jahresetat beschäftigt kaum ein Verein in
                       Münster Vollzeitkräfte. Für Vollzeitbeschäftigung ist daher vor allem jene ver-
                       gleichsweise kleine Gruppe (15%) der Münsteraner Vereine mit Jahreseinnah-
                       men von über 100.000 Euro relevant. Nahezu alle Vollzeitbeschäftigten und 90%
                       aller Hauptamtlichen waren 2003 bei diesen finanzstarken Vereinen tätig. Dem-
                       gegenüber finden sich bei den finanzschwächeren Vereinen vor allem flexiblere
                       Beschäftigungsverhältnisse, angefangen von der Teilzeitarbeit bis hin zur Be-
                       schäftigung auf Honorarbasis: Immerhin 40% der Vereine in der Größenklasse
                       von 20.000 bis 100.000 Euro haben bezahlte Beschäftigte, aber nur 7% Vollzeit-
                       kräfte.
                           Die Ergebnisse der Befragung zeigen deutlich, dass das hauptamtliche Be-
                       schäftigungssegment hoch konzentriert ist Die Mehrheit der bezahlten Beschäf-
                       tigungsverhältnisse findet sich nur in wenigen Tätigkeitsbereichen der Vereins-
                       arbeit. Wie die folgende Abbildung zeigt, ist aus arbeitsmarktpolitischer Sicht
                       ein Tätigkeitsfeld besonders interessant:

Abbildung 14:   Verteilung der Hauptamtlichen auf Tätigkeitsbereiche in
                  Prozent (n = 238)

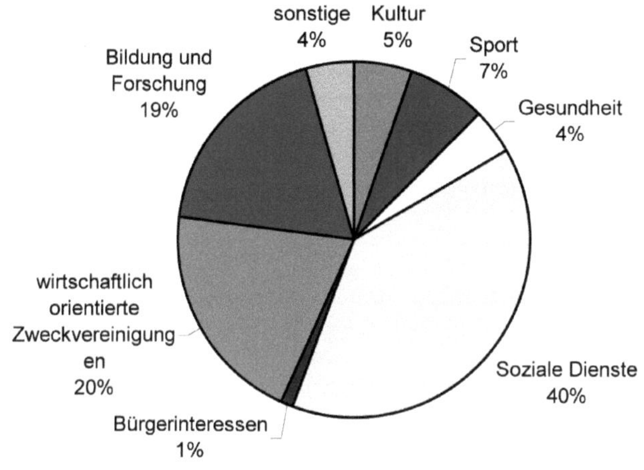

sonstige 4%
Kultur 5%
Sport 7%
Bildung und Forschung 19%
Gesundheit 4%
wirtschaftlich orientierte Zweckvereinigungen 20%
Soziale Dienste 40%
Bürgerinteressen 1%

Quelle: WWU Münster – Forschungsschwerpunkt Dritter Sektor: „Vereine in Münster"

Gemäß den Ergebnissen der Befragung sind die im Bereich Soziale Dienste tätigen Vereine die zentralen Arbeitgeber der Münsteraner Vereinslandschaft. Auf diesen Bereich entfällt 40% der Münsteraner Vereinsbeschäftigung. An zweiter Stelle sind mit einem Anteil von jeweils 20% an den Beschäftigten der Bereich Bildung und Forschung sowie die wirtschaftlich orientierten Zweckvereinigungen zu nennen. Im Vergleich hierzu haben die Tätigkeitsbereiche Sport und Kultur nur einen geringen Anteil an der Gesamtbeschäftigung der Münsteraner Vereine, obwohl es sich bei diesen Tätigkeitsbereichen um Felder handelt, die sich gemessen an ihren Mitgliederzahlen durch große Vereine auszeichnen. Während diese Bereiche ebenso wie Gesundheit noch nennenswerte Beschäftigtenzahlen von jeweils mehreren hundert erreichen, weisen die Bereiche Freizeitgestaltung, Brauchtum und Traditionspflege, Umweltschutz, Internationale Aktivitäten, Vertretung von Bürgerinteressen und weltanschauliche Vereinigungen eine ausgesprochen niedrige Beschäftigungsintensität auf. Insgesamt wurden hier für das Stichjahr 2003 nur 271 Personen als hauptamtlich Beschäftigte ausgewiesen. Oder anders ausgedrückt: Gemäß den vorliegenden Ergebnissen waren in diesen Bereichen etwa 31% aller befragten Vereine tätig; gleichwohl entfiel auf sie nur ein Anteil von gut 5% der im Rahmen der Befragung erfassten Hauptamtlichen.

Die verschiedenen Tätigkeitsbereiche unterscheiden sich nicht nur in ihrer Beschäftigungsintensität, sondern auch in ihrer Beschäftigungsstruktur (Abb.15).

Abbildung 15:   Beschäftigungsstruktur nach Tätigkeitsbereichen in Prozent
(n = 234)

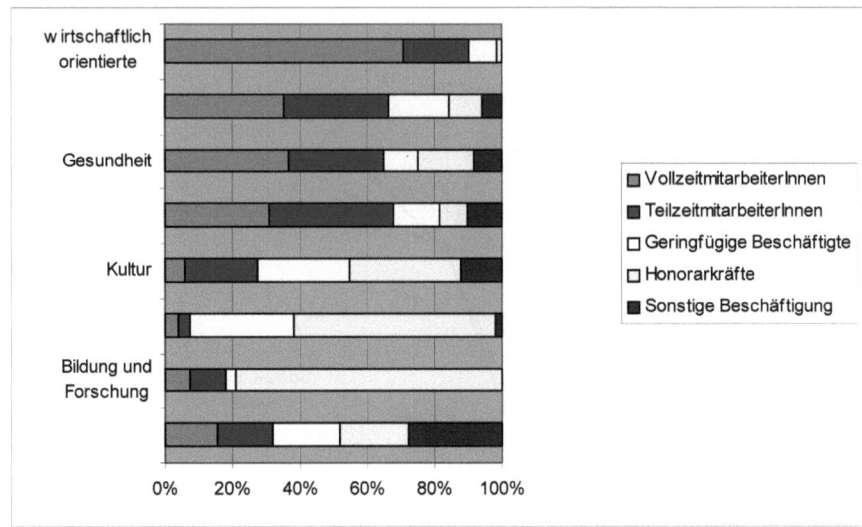

Quelle: WWU Münster – Forschungsschwerpunkt Dritter Sektor: „Vereine in Münster"

Deutlich lassen sich hoch professionalisierte Tätigkeitsbereiche, in denen der
Vollbeschäftigung eine wichtige Bedeutung zukommt, von solchen mit eher
flexiblen Beschäftigungsverhältnissen unterscheiden. In dieser Hinsicht hoch
professionalisiert sind zweifellos die wirtschaftlich orientierten Zweckvereinigungen, z.B. Verbände und Gewerkschaften. Hier ist die Vollzeitbeschäftigung
das dominante Beschäftigungsverhältnis. Einen beachtlichen Anteil an Vollzeit-
arbeitsverhältnissen weisen auch die Bereiche Soziale Dienste und Hilfen, Gesundheit sowie – bei allerdings durchweg sehr kleinen Belegschaften – die Vertretung von Bürger- und Verbraucherinteressen auf. Allerdings sind in diesen
Bereichen auch überdurchschnittliche Anteile von Teilzeitstellen zu verzeichnen.
Gleichwohl kann der Beschäftigungsmix, trotz des geringeren Anteils von Vollzeitstellen, immer noch in beachtlichem Umfang als professionalisiert bezeichnet
werden. Ganz anders dagegen die Situation in den Tätigkeitsbereichen Kultur,
Sport sowie Bildung und Forschung. Hier wird die Beschäftigungsstruktur vor
allem durch Honorarkräfte und Mini-Jobs geprägt. Beschäftigungsverhältnisse
dieser Art machen im Bereich Bildung und Forschung über 80% und im Sport
über 90% der Hauptamtlichkeit aus. Ähnliches gilt für den Bereich Kultur. Gut
70% der Arbeitsverhältnisse liegen hier auf dem Niveau der Honorartätigkeit
oder der Mini-Jobs, verschwindend geringe 6% sind Vollzeitstellen.

Beschäftigungs-   Die Ergebnisse weisen daher in punkto Beschäftigungsverhältnisse eine
verhältnisse segmen-   hoch segmentierte Münsteraner Vereinslandschaft aus: Während in den Sport-,
tieren die Vereins-   Kultur- und Bildungsvereinen geringfügige Beschäftigungsverhältnisse die Re-
landschaft   gel sind, verfügen Vereine in den Bereichen Soziale Dienste und Hilfen, wirtschaftliche orientierte Zweckvereinigungen und mit Abstrichen Gesundheit über
einen größeren Stamm von Voll- und Teilzeitbeschäftigten. Grosso modo lässt
sich die Arbeitsmarktrelevanz also auf diese sechs Bereiche und einen Anteil von

nur 9% aller Vereine eingrenzen: Diese 83 von 238 Vereinen, die ihre Hauptamtlichen aufgeschlüsselt haben, können als hoch professionalisiert eingestuft werden: sie verfügen über mindestens 5 reguläre Voll- oder Teilzeitstellen oder eine
Gesamtbelegschaft von mehr als 10 Personen. Die übrigen 155 können als eher
gering professionalisiert bzw. kleinere Arbeitgeber eingestuft werden. Hierunter
fassen wir alle, die insgesamt maximal 10 Hauptamtliche beschäftigen und darunter weniger als fünf Teil- oder Vollzeitkräfte.

Obgleich es sich bei der Beschäftigung im lokalen Vereinswesen eher um
flexible sowie prekäre Beschäftigungsverhältnisse handelt, sollte man diesen
Arbeitsmarkt dennoch nicht gering schätzen. Gerade vor dem Hintergrund der
allgemein zurückgehenden Beschäftigungsintensität in Industrie und weiten
Teilen des öffentlichen Sektors sollte der Verein als Arbeitgeber nicht unterschätzt werden. Im Kontext der Untersuchung wurden die Münsteraner Vereine
auch gefragt, wie sich ihre Beschäftigung in den letzten Jahren (seit 2000) entwickelt hat. Insgesamt zeichnen die Vereine von ihrer Beschäftigungsentwicklung
ein überwiegend positives Bild. Eine deutlich überwiegende Mehrheit der befragten Vereine mit hauptamtlich Beschäftigten musste keinen Rückgang verzeichnen: Bei über 90% war die Zahl der hauptamtlichen MitarbeiterInnen in
etwa gleich geblieben oder sogar gestiegen (17,3%). Angesichts der negativen
Entwicklung auf dem allgemeinen Arbeitsmarkt ein sicherlich erfreuliches Ergebnis.

Eine weitere Frage lautete, wie die Münsteraner Vereine die Entwicklung
ihrer Beschäftigung in den nächsten zwei Jahren einschätzen. Dem Trend auf
dem allgemeinen Arbeitsmarkt und der angesichts der Situation der öffentlichen
Haushalte permanent drohenden und in den vergangenen Jahren schon realisier-
ten Mittelkürzungen zum Trotz ist die Zukunftsprognose der Vereine nicht allzu
negativ. Die überwiegende Mehrheit (67,8%) geht davon aus, dass die Beschäftigung in etwa gleich bleiben wird. Mehr als zehn Prozent (11,2%) gaben an,
dass sie mit einer steigenden Entwicklung rechnen. Eine etwa gleich große Zahl
(12,4%) war weniger positiv gestimmt und rechnet eher mit einem Rückgang der
Beschäftigung. Es waren jedoch insbesondere die hoch professionalisierten Vereine, die pessimistischer eingestellt waren und auch Beschäftigungsrückgänge in
Betracht zogen.

Trotz Krise der öffentlichen Haushalte: Beschäftigung im Verein hat Perspektive

Insgesamt bleibt als Ergebnis hinsichtlich der Beschäftigungsstruktur der
Münsteraner Vereine festzuhalten: Die Mehrheit der lokalen Vereine kommt
ohne Hauptamtliche aus. Dies sind vor allem Vereine, die hinsichtlich ihrer Fi-
nanzkraft zu den Kleinst- und kleinen Vereinen zählen. Dennoch ist die Bedeu-
tung der Vereine als lokale Arbeitgeber nicht zu unterschätzen. Bei den befragten
Vereinen waren im Jahr 2003 rund 4850 Personen hauptamtlich beschäftigt.
Vereine richten in vergleichsweise geringem Umfang Vollzeitstellen ein. Gerade
in kleineren Vereinen besteht die Beschäftigungsstruktur meist aus flexiblen
Arbeitsverhältnissen: Teilzeitbeschäftigung, Honorartätigkeiten und geringfügige
Beschäftigung. Andererseits wird auch nicht mit gravierenden Einbrüchen der
Beschäftigtenzahlen in näherer Zukunft gerechnet.

2.3.4 Größe nach freiwilligen Mitarbeitern und Mitarbeiterinnen

Vereine unterscheiden sich von anderen Organisationen – Unternehmen, Behörden – unter anderem durch ihren Mitarbeiterstab, der in beachtlichem Umfang auf freiwilliger Tätigkeit bzw. bürgerschaftlichem Engagement beruht. Hierauf wurde in der Münsteraner Untersuchung besonders eingegangen und konkret gefragt: „Wie viele freiwillige MitarbeiterInnen sind in Ihrem Verein tätig?" Unter freiwillige MitarbeiterInnen zählen alle, die ehrenamtlich in Gremien des Vereins tätig sind oder unentgeltlich Tätigkeiten für den Verein übernehmen.

Hohes Maß an ehren-
amtlicher Arbeit in
Münsters Vereinen

Um Verzerrungen zu vermeiden, werden im Folgenden nur die in Münster und Umgebung tätigen Vereine, die keine Dachverbände sind, berücksichtigt. Von den an der Befragung beteiligten Organisationen haben 726 Vereine, auf die diese Bedingungen zutrafen, zu der genannten Frage Angaben gemacht. Bei diesen Vereinen war die beachtliche Anzahl von gut 15.000 Personen entweder als FunktionsträgerInnen in Leitungspositionen oder als freiwillige MitarbeiterInnen in verschiedenen Arbeitsbereichen unentgeltlich engagiert. Insofern waren pro Verein im Durchschnitt etwa 21 Personen freiwillig, das heißt ohne ein bezahltes Beschäftigungsverhältnis, tätig. Die immerhin beachtliche Zahl der bezahlten Beschäftigungsverhältnisse bei Münsteraner Vereinen wird somit noch durch eine deutlich höhere Anzahl von freiwilligen MitarbeiterInnen übertroffen. Auf der Basis des Durchschnittswerts von 21 unentgeltlich engagierten MünsteranerInnen pro Verein kommt man bei einer Annäherungszahl von etwa 1600 in Münster tätigen Vereinen auf ein Engagementvolumen von mehr als 30.000 Personen. Dies ist auf jeden Fall ein beachtenswertes gesellschaftliches Potenzial.

Da auch gefragt wurde, wie viele Personen das ehrenamtliche Leitungsgremium bzw. der Vorstand des Vereins umfassen, ist es möglich, annäherungsweise zwischen dem Personenkreis, der Leitungs- und Führungsaufgaben übernimmt, und jenen Engagierten zu differenzieren, die auf andere Weise in die Alltagsarbeit des Vereins eingebunden sind. Bei den befragten Vereinen waren in 892 Vorständen über 5500 Personen eingebunden. Ein Münsteraner Vereinsvorstand besteht also im Durchschnitt aus sechs Personen. Die Ergebnisse der Untersuchung zeigen: Freiwilliges Engagement in lokalen Vereinen erschöpft sich keinesfalls in Vorstandstätigkeit, die Vereine sind vielmehr eine Basis für ganz unterschiedliche Formen der Mitarbeit.

Darüber hinaus ist bürgerschaftliches Engagement als freiwillige Mitarbeit breit über die verschiedenen Tätigkeitsbereiche gestreut. Wenn man die prozentuale Verteilung der Freiwilligen auf die einzelnen Tätigkeitsfelder betrachtet, ergibt sich ein recht geschlossenes Bild (Abb. 16).

Abbildung 16:   Freiwillige Mitarbeiter/innen nach Tätigkeitsbereichen in
                   Prozent (n = 726)

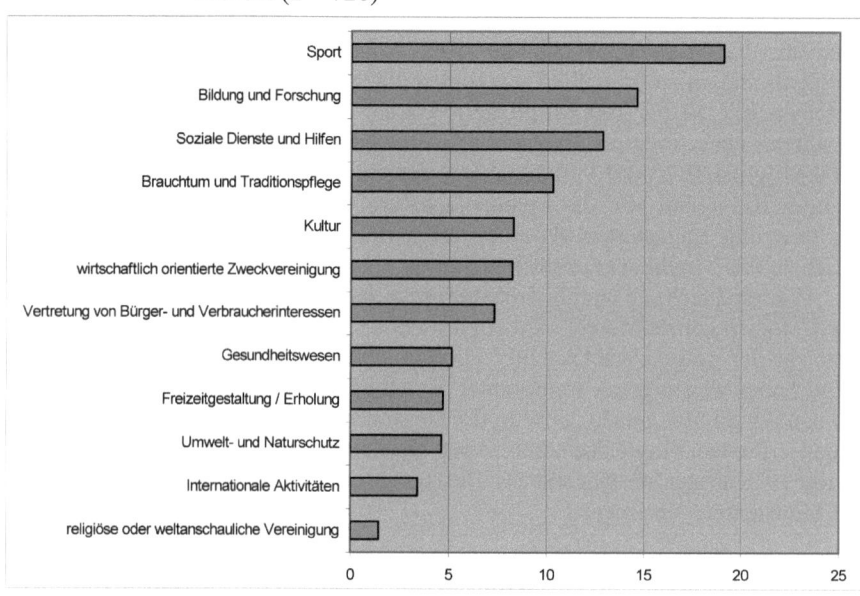

Quelle: WWU Münster – Forschungsschwerpunkt Dritter Sektor: „Vereine in Münster"

Vier Tätigkeitsbereiche liegen deutlich an der Spitze: Sport, Bildung und Forschung, Brauchtum und Traditionspflege sowie Soziale Dienste und Hilfen.
Mehr als jeder zweite freiwillig Engagierte ist in diesen Bereichen aktiv. In absoluten Zahlen waren bei den an unserer Befragung teilnehmenden Vereinen im
Sport fast 3000, in Bildung und Forschung über 2000, bei den Sozialen Diensten
und Hilfen fast 2000 und im Bereich Brauchtum und Traditionspflege rund 1500
Freiwillige tätig. Doch auch die Kulturvereine sowie die Vereine, die Bürger-
und Verbraucherinteressen vertreten, verfügen in Münster über einen beachtlichen Mitarbeiterstab von Freiwilligen von jeweils rund 1000 Personen.

Im Unterschied zur hauptamtlichen Beschäftigung, die auf wenige hoch
professionalisierte Bereiche konzentriert ist, ist das freiwillige Engagement eher
gleichmäßig verteilt. Auch die Vereine in den Bereichen Gesundheit, Freizeit
und Erholung sowie Umwelt und Internationale Aktivitäten binden noch in beachtlichem Umfang freiwillige Mitarbeit. Bei den an der Untersuchung beteiligten Vereinen waren in diesen Bereichen zusammengenommen über 2000 MünsteranerInnen unentgeltlich tätig.

Im Folgenden wird das Verhältnis zwischen Größe des Vereins, gemessen
an den Mitgliederzahlen, und seiner Attraktivität für freiwillig Engagierte näher
betrachtet. Als Durchschnittswert ergibt sich gemäß den Ergebnissen der vorliegenden Untersuchung eine Relation von etwa zwanzig zu eins. Das heißt: bei
lokal oder regional tätigen Vereinen entfällt auf 20 Mitgliedschaften durch-
schnittlich ein/e Engagierte/r. Wenn jedoch das Verhältnis von Mitgliedern zu
freiwillig Engagierten bei Kleinstvereinen mit bis zu 50 Mitgliedern in den Blick
genommen wird, so fällt die Relation annähernd zwei zu eins aus. Mit anderen

*Kleine Vereine
binden deutlich mehr
Ehrenamtlichkeit*

Worten: In Kleinstvereinen kommt auf zwei Mitglieder ein Freiwilliger bzw. eine Freiwillige. Mit zunehmender Mitgliederstärke verschiebt sich das Verhältnis allmählich zu Ungunsten der freiwillig Tätigen. Doch es sind im Wesentlichen nur die Großvereine mit über 1000 Mitgliedern, bei denen die Relation Mitgliedschaften zu freiwillig Engagierten unter dem Durchschnittswert liegt: In Vereinen mit 50 bis 100 Mitgliedern kommt auf vier Mitgliedschaften noch annähernd ein/e freiwillig Engagierte/r. Und selbst bei Vereinen mit 250 bis zu 1000 Mitgliedern ist das Verhältnis mit vierzehn zu eins immer noch überdurchschnittlich. Es sind also die wenigen sehr großen Vereine, die die Gesamtzahl der freiwillig Engagierten als eine verschwindend kleine Minderheit im Vergleich zu den Mitgliedern erscheinen lassen.

Während sich die Mitgliedschaften sehr stark auf eine Minderheit von großen Vereinen konzentrieren, wird ein beachtlicher Anteil des Engagements in der Vielzahl der mitgliederschwachen Vereine geleistet: Wie die folgende Tabelle zeigt, haben diejenigen Vereine unter 50 Mitgliedern nur einen verschwindend kleinen Anteil von gerade 2,1% an der Gesamtzahl der im Rahmen der Untersuchung erfassten Mitgliedschaften. Aber gleichwohl haben sie einen Anteil von knapp 19% an den im Kontext der Befragung ermittelten freiwillig Engagierten bei Münsteraner Vereinen:

Abbildung 17:   Verteilung der freiwillig Engagierten und der Mitglieder nach Vereinsgröße, bezogen auf die Gesamtsumme (n = 726)

Mitgliederzahlen	Engagierte in %	Mitgliedschaften in %
unter 50	18,9	2,1
50 bis unter 100	15,2	3,1
100 bis unter 250	20,9	7,1
250 bis unter 1000	20,5	15,0
mindestens 1000	20,0	72,8
Dachverbände oder keine Angabe	4,5	---

Quelle: WWU Münster – Forschungsschwerpunkt Dritter Sektor: „Vereine in Münster"

In punkto bürgerschaftliches Engagement sind es also gerade nicht die großen Vereine, auf die es ankommt. Ganz im Gegenteil, gerade die kleineren Vereine scheinen häufig eingeschworene Gemeinschaften zu sein, die sich durch ein hohes Mobilisierungspotenzial ihrer Mitglieder auszeichnen. Eine mögliche Erklärung hierfür wäre, dass sich die Motivationen, einem Verein beizutreten, stark unterscheiden: so mag für eine Mitgliedschaft in einer Großorganisation vor allem das Motiv, von Dienstleistungen oder durch Interessenvertretung profitieren wollen, ausschlaggebend sein, während freiwillige Mitarbeit von vorneherein nicht in Betracht kommt. Um dies näher in den Blick zu nehmen, ist es zweckmäßig, einen einzelnen Bereich zu untersuchen, in dem sich die Arbeitsweise in Abhängigkeit von der Vereinsgröße nur sehr wenig unterscheidet. Im

Folgenden werden daher die lokal und regional tätigen Sportvereine gesondert ausgewertet. Das Ergebnis stützt die These der hohen Engagementdichte in Kleinvereinen: Nicht ganz jeder Dritte ist in einem der 66 kleineren Vereine (bis 100 Mitglieder) engagiert, die jedoch nur 7,6% der Mitglieder von Sportvereinen repräsentieren. Nur wenig mehr Freiwillige, ein gutes Drittel, sind in den 32 mittleren bis größeren Vereinen (bis 1000 Mitglieder) aktiv, die 23,6% der Mitglieder binden. Ebenfalls ein Drittel ist in den elf Großvereinen tätig, die jedoch 68,8% der Mitgliedschaften aufweisen. In absoluten Zahlen ausgedrückt: Zwar sind in den kleineren Vereinen nur rund 12 und in den sehr großen 90 Engagierte pro Verein zu verzeichnen, andersherum kommt in kleinen Vereinen ein Engagierter auf vier Mitglieder und in sehr großen Vereinen nur einer auf zwanzig. Als Faustregel lässt sich also festhalten: je größer der Verein, umso geringer ist der Anteil der Mitglieder, die als Freiwillige eingebunden sind.

Die auf die Mitgliederzahlen bezogen engagementbereiteste Basis hat der Bereich Soziale Dienste und Hilfen. Hier kommt ein Freiwilliger auf drei Mitglieder. Im Bereich Internationale Aktivitäten beläuft sich das Verhältnis auf eins zu vier bis fünf, d.h. ein/e Freiwillige/r auf vier bis fünf Mitgliedschaften. Auch dies passt ins Bild: es sind Tätigkeitsbereiche, die durch eher kleine bis sehr kleine Vereine geprägt sind.

Fazit: Bürgerschaftliches Engagement als freiwillig geleistete, unentgeltliche Arbeit ist eine wichtige, wenn nicht die wichtigste Ressource für die Mehrheit der Münsteraner Vereine. Nach den Ergebnissen der vorliegenden Studie arbeiten nur sehr wenige Vereine (2,4%) ohne freiwillige MitarbeiterInnen. An dieser Stelle muss noch einmal daran erinnert werden, dass die Mehrheit der Münsteraner Vereine – über 70% – ganz ohne Hauptamtliche arbeitet. Dies unterstreicht die Bedeutung der Ehrenamtlichkeit und des freiwilligen Engagements für die Mehrheit der Vereine. Die hier gebundene Arbeitskraft ist nicht zu unterschätzen und trägt wesentlich zur Lebensqualität in Münster und zur Attraktivität der Stadt bei. Andererseits stellt für gut ein Viertel der Münsteraner Vereine hauptamtliche Beschäftigung ein wesentliches Element ihres Vereinsalltags dar.

Bürgerschaftliches Engagement: Zentrale Ressource der Vereine

Exkurs:
Die Arbeit ist weiblich – die Macht männlich

Die Geschlechterverhältnisse im Vereinswesen sind nach wie vor von Ungleichheit geprägt. Gemäß der Ergebnisse der Münsteraner Studie sind die hauptamtlich Beschäftigten der lokalen Vereine zwar zu 60% Frauen, die Vollzeitbeschäftigten aber nur zu 50%. Im Gegenzug stellen Frauen über 70% der Teilzeitbeschäftigten und über 60% der prekär Beschäftigten. Insgesamt entfallen zwar rund 41% der Vereinsmitgliedschaften auf Frauen, jedoch sind die Vorstandssessel der befragten Münsteraner Vereine gerade mal zu einem Drittel von Frauen besetzt. Bei einer Geschlechterverteilung von circa 52% Frauen und 48% Männern in der Bevölkerung der Bundesrepublik sind Frauen in den Münsteraner Vereinen, wie auch in den freiwilligen Vereinigungen anderer Städte und Regionen (Dunckelmann 1975: 267; Forsa 1988: 11; Richter 1985: 122; Babchuk/

Geschlechterverhältnis im Verein durch Ungleichheit geprägt

Booth 1969: 44; Scott 1957: 324), deutlich unterrepräsentiert. Demgegenüber liegt ihr Anteil bei den freiwillig Engagierten deutlich höher (47%). Das Ergebnis ist eindeutig: Männer besetzen in den Münsteraner Vereinen mehrheitlich die Schlüsselpositionen. Frauen sind hingegen bei den Freiwilligen und bei den Beschäftigten unterhalb der Ebene der Vollzeitkräfte überrepräsentiert.

Abbildung 18:   Geschlechterverhältnisse in Vereinen, nach Bereichen
                    (n = 750)

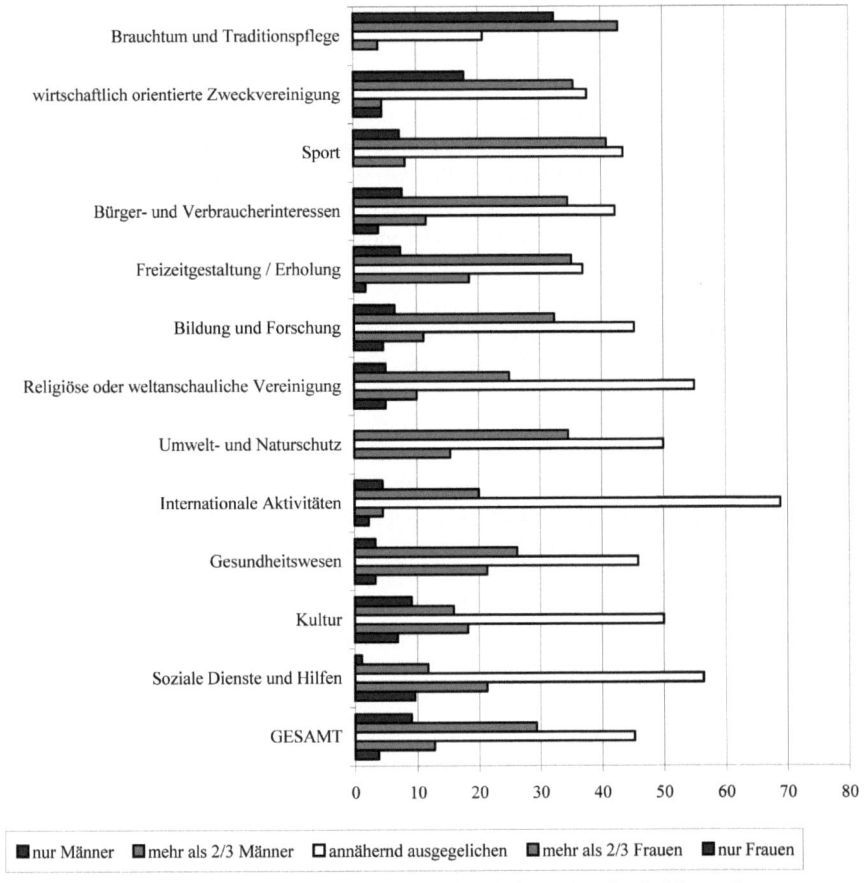

Quelle: WWU Münster – Forschungsschwerpunkt Dritter Sektor: „Vereine in Münster"

Etwas anders sieht es bei der Geschlechterverteilung in der Mitgliedschaft aus. Zwar prägen die Männer auch in punkto Mitgliedschaft die Münsteraner Vereine, allerdings weisen eine ganze Reihe von Bereichen auch eine eher ausgewogene Bilanz aus. Doch manche Tätigkeitsbereiche sind nach wie vor eindeutige Männerdomänen: Wie die nachfolgende Abbildung zeigt, ist im Bereich Brauchtum und Traditionspflege jeder dritte Verein ein reiner Männerverein, in weiteren gut 40% dieser Gruppe beträgt der Frauenanteil weniger als ein Drittel. Auch in rund der Hälfte der Sportvereine und der wirtschaftlich orientierten Zweckvereinigungen (Berufsverbände, Gewerkschaften u.a.) stellen Männer die eindeutige Mehrheit und in weniger als 10% der hier tätigen Vereine haben Frauen die O-berhand. Nur der Bereich Soziale Dienste kann als Frauendomäne bezeichnet werden, während der Kulturbereich und das Gesundheitswesen ein eher ausgeglichenes Geschlechterverhältnis aufweisen.

2.4 Finanzierung: Woher kommt das Geld?

Auf rund 150 Mio. Euro beliefen sich 2002 die Einnahmen der an Münsteraner Befragung beteiligten Vereine, die Angaben zu ihren Finanzen gemacht haben. Im Folgenden wird der Frage nachgegangen, woher die Mittel kommen und wie sich der Ressourcenmix, die Einnahmenstruktur der Münsteraner Vereine in ausgewählten Tätigkeitsbereichen gestaltet. Dies ist möglich, da nicht nur nach den Gesamteinnahmen, sondern auch nach der Zusammensetzung und damit nach der anteiligen Finanzierung durch die folgenden Positionen gefragt wurde. Im Einzelnen handelt es sich hierbei um: Mitgliedsbeiträge, Spenden und Sponsoring, Zuwendungen der öffentlichen Hand (EU, Bund, Länder, Kommune), Zuschüsse vom Verband oder der Trägerorganisationen, Leistungsentgelte, eigenerwirtschaftete Mittel (Gebühren, Verkaufserlöse, Eintrittsgelder u.ä.), Kapitalerträge und Einnahmen aus Immobilien sowie sonstige Einnahmen.

Vereine sind mischfinanziert

2.4.1 Die wichtigsten Einnahmequellen

Um Verzerrungen in der Übersicht über die Einnahmenstruktur der Münsteraner Vereine zu vermeiden, werden im Folgenden die wenigen sehr finanzstarken Vereine mit über einer Million Euro Jahreseinnahmen sowie die Dachverbände, die sich in der Regel durch ihre Mitgliedsorganisationen refinanzieren, nicht berücksichtigt.

Es wird deutlich: Vier Finanzquellen sind von zentraler Bedeutung, nämlich Mitgliedsbeiträge, Spenden und Sponsoring, die öffentliche Hand und eigenerwirtschaftete Mittel. Doch der größte Anteil kommt von der öffentlichen Hand, die fast ein Drittel der Einnahmen der an der Befragung beteiligten Münsteraner Vereine beisteuerte. Nach der öffentlichen Finanzierung sind die Mitgliedsbeiträge an zweiter Stelle zu nennen. Eigenerwirtschaftete Mitteln sowie Spenden- und Sponsorengeldern kommt demgegenüber zwar eine nachrangige, aber doch mit einem Anteil von 16% und 15% ganz beachtliche Bedeutung zu. Das Bild differenziert sich, wenn die Einnahmenstruktur auf einzelne Tätigkeitsbereiche bezogen analysiert wird.

Zentrale Finanzquellen: öffentliche Mittel, Mitgliedsbeiträge, Spenden und Sponsoring

Abbildung 19:   Anteil einzelner Finanzquellen bei Vereinen mit
                   Jahreseinnahmen von unter einer Million Euro (n = 740)

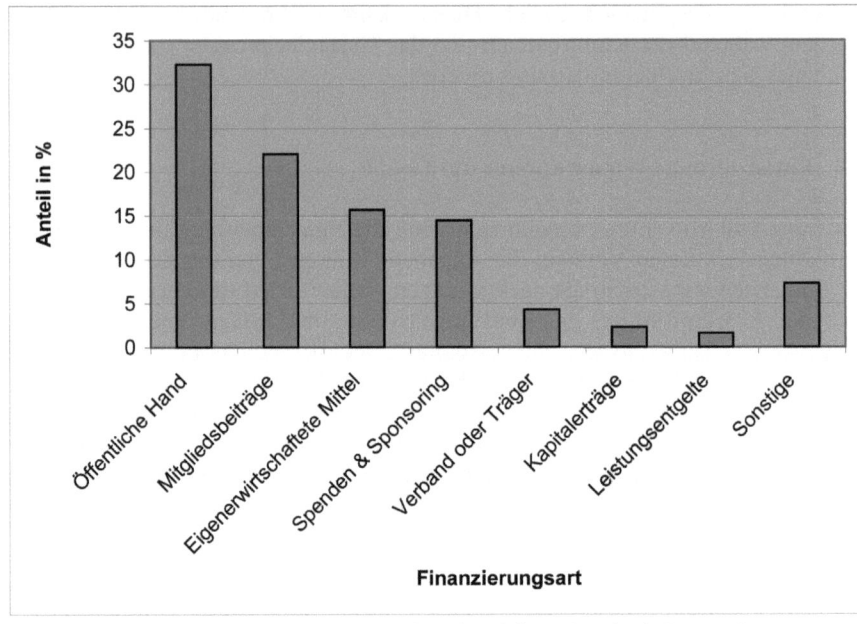

Quelle: WWU Münster – Forschungsschwerpunkt Dritter Sektor: „Vereine in Münster"

2.4.2 Einnahmenstruktur ausgewählter Bereiche

Im Folgenden wird die Einnahmenstruktur der Bereiche Kultur, Sport, Soziales
und Gesundheit sowie Bildung und Forschung näher betrachtet. Diese Bereiche
eignen sich für eine tiefere Analyse insofern, als vergleichsweise viele der befragten in diesem Bereich tätigen Vereine die entsprechende Frage sehr detailliert beantwortet haben. Die Anteile der einzelnen Finanzierungsarten werden
jeweils anteilig an der Gesamtfinanzierung der Vereine des betreffenden Bereichs ausgewiesen (Abb. 20).

Mitgliedsbeiträge
vorn bei Sport- und
Kulturvereinen

Wie die Abbildung zeigt, fallen Mitgliedsbeiträge vor allem im Sport (37%)
und bei den Kulturvereinen (19%) als Finanzierungsquelle ins Gewicht. Einnahmen aus Spenden- und Sponsoringgeldern sind als Finanzierungsquelle zum
einen für Vereine des Bereichs Soziales und Gesundheit (18%) sowie zum anderen für Sportvereine (12%) relevant. Leistungsentgelte haben als Finanzierungsquelle nur im Bereich Soziale Dienste und Gesundheit eine wichtige Bedeutung.
Demgegenüber sind eigenerwirtschaftete Mittel als Ressource für jeden der Bereiche wichtig, jedoch lassen sich hinsichtlich dieser Finanzierungsquelle bereichsspezifisch erhebliche Unterschiede feststellen. Während Vereine der Bereich Bildung und Forschung sich schwerpunktmäßig (zu 52%) durch Einnahmen am Markt finanzieren, ist die Bedeutung dieser Einnahmequelle in den anderen Bereichen deutlich geringer. Immerhin bestreiten Kulturvereine ihre Einnahmen zu einem Viertel (25%) am Markt, während im Sport und im Bereich

Soziale Dienste und Gesundheit in etwa ein Zehntel der Gesamteinnahmen durch eigenerwirtschaftete Mittel erzielt wird. Während in den Bereichen Sport und Kultur eigenerwirtschaftete Mittel breit über eine Vielzahl von Vereinen gestreut sind, wird der hohe Wert im Bildungsbereich von wenigen großen Vereinen bestritten. Hingegen ist die Vielzahl der kleinen Fördervereine meist vor allem auf Mitgliedsbeiträge und Spenden angewiesen. Auch Zuwendungen der öffentlichen Hand spielen in jedem der hier betrachteten Bereiche eine wichtige Rolle. Bei Vereinen im Bereich Kultur stammt mehr als ein Drittel (36%) und bei den Vereinen der Bereiche Soziales und Gesundheit genau ein Drittel (33%) der Gesamtfinanzierung aus dieser Quelle. Doch auch im Sport wie im Bereich Bildung und Forschung kommt jeweils ein Fünftel der Gesamteinnahmen von der öffentlichen Hand.

Abbildung 20:   Anteil der Finanzquellen in ausgewählten Bereichen, in Prozent der Gesamteinnahmen des Bereichs*

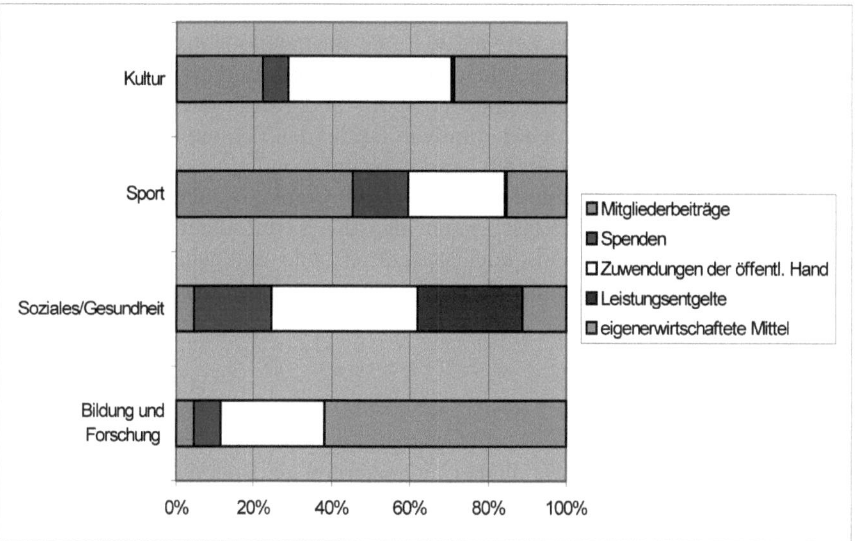

* Aufgeführt sind nur die fünf wesentlichen Finanzquellen. Hinzu kommen jeweils geringe Anteile Zuschüsse des Trägers oder Verbandes, Kapitalerträge und sonstige Einnahmen.
Quelle: WWU Münster – Forschungsschwerpunkt Dritter Sektor: „Vereine in Münster"

2.4.3 Förderpraxis der öffentlichen Hand

Im Folgenden wird die Förderpraxis der öffentlichen Hand als Hauptfinanzier lokal tätiger Vereine etwas genauer betrachtet. Dies ist möglich, da diejenigen Vereine, die 2002 öffentliche Mittel erhalten haben, detailliert gefragt wurden, ob es sich hierbei um Zuschüsse der Kommune, des Landes, des Bundes, der EU, um Lotto-Mittel oder um sonstige öffentliche Zuschüsse gehandelt hat. Die Ergebnisse der Untersuchung zeigen: Der Kommune kommt im Kontext der öffentlichen Finanzierung die zentrale Bedeutung zu: Sie steuert über die Hälfte der

Die öffentliche Hand als Hauptfinanzier der Vereinslandschaft

öffentlichen Mittel zu. Knapp ein Viertel kam vom Land und nicht ganz 10%
vom Bund. Anteilsmäßig schlugen noch Lotto- und Bußgelder zu Buche, während der Anteil der EU-Förderung in seiner Bedeutung zu vernachlässigen ist.
Die Ergebnisse zeigen ferner, dass die Stadt Münster auf unterschiedliche Weise
ihre Vereine unterstützt, doch zwei Förderungsarten sind dominant: zum einen
die regelmäßige Förderung als längerfristige und regelmäßige Unterstützung
sowie die Projektförderung als einmalige und auf konkrete Projekte bezogene
Zuwendung. Demgegenüber kommt der Unterstützung nach Maßgabe eines
Vertrages, wobei die finanzielle Leistung an die Übernahme bestimmter Aufgaben und Leistungen gekoppelt ist, eine im Vergleich zu den beiden anderen För-
derarten nachgeordnete Bedeutung zu. Schließlich ist festzuhalten, dass die öffentliche Hand ihre Förderung zwar breit streut (insgesamt rund 40% der befragten Vereine weisen zumindest in bescheidenem Maße öffentliche Mittel aus),
doch gleichzeitig große Fördersummen nur an einen sehr kleinen Kreis vergibt.

Kommunale Förde-
rung differiert nach
Tätigkeitsbereich
So geht die kommunale Förderung vorrangig an Vereine, die in den Bereichen Sport, Kultur und Soziale Dienste tätig sind. In diesen Feldern erhielt mehr
als jeder zweite Münsteraner Verein 2002 eine finanzielle Unterstützung seitens
der Kommune. Allerdings unterscheiden sich die Fördersummen ganz erheblich
je nach Tätigkeitsbereich. Während die Sport- und Kulturvereine mehrheitlich
unter 10.000 Euro erhielten, wurde rund ein Drittel der Vereine im Sozialbereich
mit Beträgen von mehr als 100.000 Euro unterstützt und ein weiteres Drittel mit
über 10.000 Euro. Da sich eine entsprechende Förderpraxis auch für die Landes-
und Bundesmittel feststellen lässt, kann man die Vereinsunterstützung der öffentlichen Hand insgesamt als hochkonzentriert und maßgeblich auf Vereine
fokussiert beschreiben, die in den Kernbereichen sozialstaatlicher Tätigkeit aktiv
sind.

2.4.4 Finanzierungsmix der Vereine

Hat der beachtliche Anteil öffentlicher Finanzierung am Budget der Münsteraner
Vereine zur Folge, dass diese ohne Unterstützung der öffentlichen Hand nicht
überlebensfähig sind? Dieser Frage wird im Folgenden nachgegangen, indem die
Ebene der Gesamteinnahmen verlassen und der Finanzierungsmix auf Vereins-
ebene berechnet wird: Wie setzt sich der Finanzierungsmix des einzelnen Vereins zusammen? Hierbei wird als kritische Größe und damit als Indikator für
Abhängigkeit von nur einer Einnahmequelle eine Finanzierung zu 50% aus einer
Quelle angenommen. Mit anderen Worten: Ein Verein gilt als abhängig von
öffentlicher Finanzierung, wenn sein Gesamtbudget mehr als zur Hälfte von der
öffentlichen Hand stammt. Die folgende Abbildung gibt Auskunft darüber, ob
dies für die Mehrheit der Münsteraner Vereine zutrifft (Abb. 21).

Abbildung 21:   Finanzierungsmix: Vereine, die sich zu über 50 Prozent aus
einer Quelle finanzieren (n = 786)

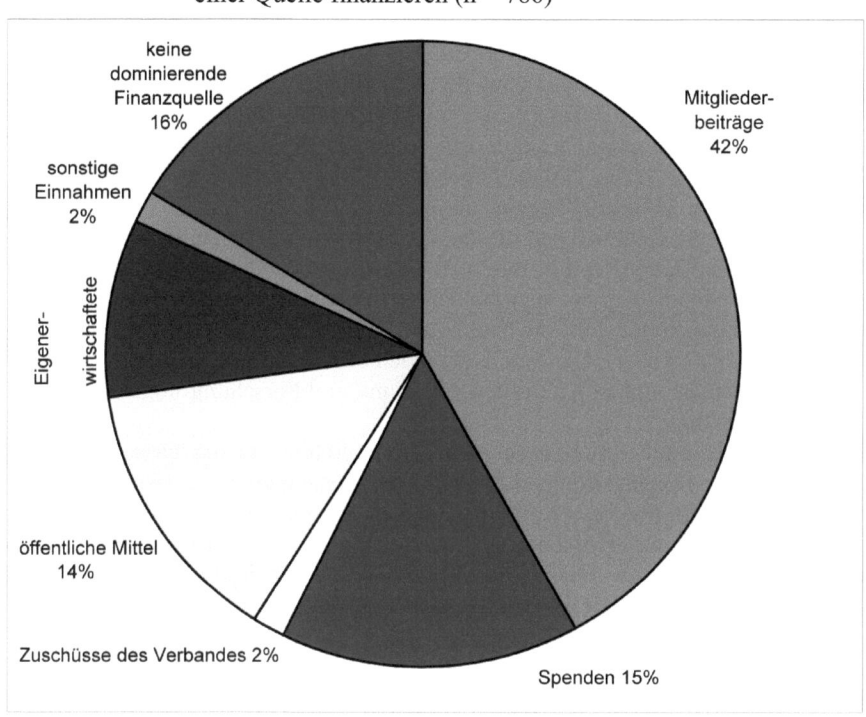

Quelle: WWU Münster – Forschungsschwerpunkt Dritter Sektor: „Vereine in Münster"

Gemäß den Ergebnissen der Untersuchung waren bei knapp der Hälfte der be-   Knapp die Hälfte der
fragten Vereine (42%) im Jahr 2002 Mitgliedsbeiträge die maßgebliche Einnah-   Münsteraner Vereine
mequelle; d.h. nicht ganz jeder zweite Münsteraner Verein finanziert sich zu   finanziert sich über-
über 50% aus Beiträgen seiner Mitglieder. Um welche Vereine handelt es sich   wiegend aus Mit-
hierbei, die zur Existenzsicherung primär auf ihre Mitglieder rekurrieren? Diese   gliedsbeiträgen
Einnahmenstruktur ist typisch für die Tätigkeitsfelder Freizeitgestaltung und
Erholung, Brauchtum und Traditionspflege sowie die wirtschaftlich orientierten
Zweckvereinigungen. In diesen finanziert sich jeweils deutlich die Hälfte der
Vereine hauptsächlich durch Mitgliederbeiträge. Stark beitragsfinanzierte Vereine sind gemessen an den Mitgliederzahlen in allen Größenkategorien zu finden,
gehören jedoch überwiegend (80%) zu den finanzschwächeren Vereinen mit
weniger als 10.000 Euro Jahreseinnahmen. Eine Ausnahme bilden die wirtschaftlich orientierten Zweckvereinigungen (u.a. Verbände und Gewerkschaften), bei
denen häufig auch sehr große Vereine, gemessen an den Mitgliederzahlen wie
am Jahresetat, vorrangig auf Basis von Mitgliedsbeiträgen arbeiten.

Ein interessantes und so nicht erwartetes Ergebnis ist, dass sich ein beachtlicher Anteil (15%) der befragten Münsteraner Vereine zu mehr als 50% durch
Spenden finanziert. Dies ist erstaunlich, da aus früheren Untersuchungen bekannt
ist, dass Spendenmittel nur einen verschwindend geringen Anteil an der Finanzierung der in Deutschland tätigen, gemeinnützigen Organisationen haben (Zim-

mer/Priller 2004: 62). Es sind vor allem Vereine aus den Bereichen Bildung und
Forschung, Internationale Aktivitäten, Soziales und Gesundheit, die ihren Etat
vorrangig durch Spenden bestreiten. Vorrangig handelt es sich hierbei um Fördervereine sowie um Selbsthilfegruppen.

Dass die Vereinsunterstützung der öffentlichen Hand hoch fokussiert erfolgt, zeigen deutlich die Ergebnisse der Münsteraner Studie. Obgleich die öffentliche Förderung einen beachtlichen Anteil an der Gesamtfinanzierung der
befragten lokalen Vereine hat, sind doch nur 14% der Vereine insofern eindeutig
von öffentlichen Mitteln abhängig, als mehr als die Hälfte ihres Etats von der
öffentlichen Hand stammt. Von diesen Vereinen ist fast die Hälfte in den Kernbereichen sozialstaatlicher Leistungserstellung, im Sozial- und Gesundheitswesen tätig. Es handelt sich bei staatsabhängigen Vereinen besonders häufig (60%)
um professionalisierte, d.h. mit hauptamtlich Beschäftigten arbeitende und gemessen am Etat größere Vereine. Neben den sozialen Dienstleistern sind auch
Vereine in den Bereichen Kultur sowie Bildung und Forschung in größerer Zahl
vom Staat abhängig.

Ein interessantes Ergebnis der Münsteraner Studie ist auch, dass eine ausgesprochene Mischfinanzierung, d.h. keine der genannten Finanzierungsquellen
reicht an die 50%-Marke heran, unter lokalen Vereinen durchaus üblich ist. In
Münster trifft dies für etwa jeden sechsten Verein zu. Es handelt sich hierbei vor
allem um gemessen an ihren Jahreseinnahmen sowie Mitgliederzahlen größere
Vereine, die insbesondere in den Bereichen Kultur, Sport sowie Freizeit und
Erholung tätig sind.

2.4.5 Einnahmenentwicklung: Retrospektive und Prognose

Entgegen dem Trend der allgemeinen wirtschaftlichen Entwicklung fällt das
Resümee der Münsteraner Vereine im Hinblick auf ihre Einnahmeentwicklung in
den vergangenen zwei Jahren eher positiv aus. Über drei Viertel der befragten
Vereine gaben keine nennenswerten Veränderungen an. Von dem verbleibenden
Viertel wurden etwas häufiger steigende als sinkende Einnahmen verzeichnet.
Am stärksten waren Vereine im Bereich Gesundheit von Veränderungen ihrer
Einnahmen in den vergangenen Jahren betroffen. Deutliche Zuwächse wie auch
schmerzhafte Einbußen wurden hier gleichermaßen überdurchschnittlich ange-
geben.

*Vereine rechnen mit
Rückgang der öffent-
lichen Förderung*

Allerdings sind die Erwartungen der befragten Vereine für die kommenden
zwei Jahre eher verhalten: 16% erwarten steigende, 24% sinkende Einnahmen.
Pessimistischer als der Durchschnitt ist vor allem der Bereich Soziale Dienste
und Hilfen. Nach der Veränderung bestimmter Einnahmearten gefragt, wird die
Entwicklung bei den öffentlichen Mitteln am kritischsten eingeschätzt. Vor allem unter den Sozialen Dienstleistern und den Sportvereinen erwartet mehr als
jeder zweite Verein bei dieser Finanzquelle einen Rückgang. Hinsichtlich der
Gesamteinnahmen wie auch der staatlichen Förderung sind mit Hauptamtlichen
arbeitende Vereine besonders beunruhigt. Sehr deutlich ist dies im Kultur- und
Sozialbereich.

Ermittelt wurde in der Münsteraner Studie auch, inwiefern Finanzierungs-   Finanzierung – ein
fragen derzeit im Verein Thema sind, und welche Maßnahmen angedacht oder   wichtiges Thema der
bereits durchgeführt werden, um die finanzielle Basis des Vereins zu verbessern.   Münsteraner Vereine
Hier ist festzuhalten: Finanzfragen stehen bei lokalen Vereinen ganz oben auf
der Agenda. Bei mehr als jedem zweiten Münsteraner Verein (57%) sind Maßnahmen zur Verbesserung der Finanzlage momentan ein wichtiges Thema. Als
konkrete Ansatzpunkte wurden gezielte Mitgliederwerbung, verstärkte Inanspruchnahme ehrenamtlicher MitarbeiterInnen und verstärkte Öffentlichkeitsarbeit am häufigsten, von jeweils rund einem Viertel der Befragten, genannt. Lokale Vereine bemühen sich derzeit um die Verbesserung ihrer Kommunikations-
strategie, und zwar sowohl bezogen auf die allgemeine Öffentlichkeit als auch
hinsichtlich potenzieller Mitglieder und Förderer.

Als Fazit bleibt festzuhalten, dass lokale Vereine auf vier zentrale Einnah-
mequellen rekurrieren: Mitgliedsbeiträge, Zuwendungen der öffentlichen Hand,
Spendenmittel und eigenerwirtschaftete Mittel. Betrachtet man das Finanzvolumen der lokalen Vereine insgesamt, so kommt den öffentlichen Zuwendungen
ein herausragender Stellenwert zu. Doch die öffentlichen Mittel, vor allem die
Großzuwendungen, gehen nur an eine begrenzte Zahl von Vereinen, die zumeist
subsidiär in die sozialstaatliche Leistungserstellung eingebunden sind. Für die
meisten lokalen Vereine sind Mitgliedsbeiträge die wichtigste Einnahmequelle.
Eine ganz beachtliche Bedeutung kommt ferner Erträgen am Markt, d.h. eigenerwirtschafteten Mitteln zu. Schließlich finanziert sich eine ganze Reihe lokaler
Vereinen vor allem durch Spendengelder. Dass zwischen Ressourcensicherung
und Öffentlichkeitsarbeit ein enger Zusammenhang besteht, wird den Münsteraner Vereinen zunehmend bewusst.

2.5 Problemdiagnose

Ein wichtiger Themenbereich der Münsteraner Untersuchung betraf die Prob-
lemdiagnose der Vereine. Hier stand im Zentrum: Welches sind die gravierends-
ten Probleme und Schwierigkeiten, denen sich Münsteraner Vereine aktuell ge-
genübersehen? Der eingesetzte Fragebogen enthielt eine Fragenbatterie von 30
Problemstellungen, die auf Finanzierungsfragen ebenso eingingen wie auf Probleme der Mitarbeit und des Managements wie auch auf Schwierigkeiten, die sich
aufgrund der politischen und gesellschaftlichen Rahmenbedingungen ergeben.

2.5.1 Meistgenannte Probleme

Konkret wurde gefragt: „Wie stark ist der Verein aktuell mit folgenden Problemstellungen konfrontiert?" Antworten konnte man mit Hilfe einer Viererskala, die
eine differenzierte Einschätzung von „sehr stark" bis „gar nicht" ermöglichte. Im
Folgenden wird auf diejenigen Problemstellungen differenziert eingegangen, von
denen sich die an der Befragung beteiligten Münsteraner Vereine in hohem Maße betroffen sehen (Abb. 22).

Abbildung 22:   Meistgenannte Probleme der Münsteraner Vereine

Von dem Problem stark oder sehr stark betroffen	in Prozent
Finanzierung	
Mangel an Kontakten zu potenziellen Geldgebern	31
Zurückgehende Förderung der Vereinstätigkeit durch öffentliche Mittel	29
Zunehmende Notwendigkeit, Einnahmen aus eigenwirtschaftlicher Tätigkeit zu erzielen	26
Fehlende Planungssicherheit aufgrund unklarer Einnahmenentwicklung	25
Zurückgehendes oder unerwartet niedriges Spendenaufkommen	23
Mangelnde Erfahrung in der Mitteleinwerbung (Fundraising)	22
Mitarbeit	
Schwierigkeiten, genug Freiwillige oder Ehrenamtliche zu finden	37
Politische und gesellschaftliche Rahmenbedingen	
Zu starke Verrechtlichung und Bürokratisierung	26
Geringe oder abnehmende Wahrnehmung der Arbeit des Vereins durch Medien oder Öffentlichkeit	26
Geringe oder abnehmende politische Einflussmöglichkeiten, fehlende politische Unterstützung für die Anliegen des Vereins	24

Quelle: WWU Münster – Forschungsschwerpunkt Dritter Sektor: „Vereine in Münster"

Ressourcensicherung und Mittelakquise stehen im Zentrum der Problemwahrnehmung

Von zehn der im Fragebogen vorgegebenen Problemstellungen waren mindestens 20% der befragten Münsteraner Vereine „stark" oder „sehr stark" betroffen. Die Übersicht zeigt, dass Schwierigkeiten der Ressourcensicherung und der Mittelakquise im Zentrum der Problemwahrnehmung stehen. Sechs der zehn meistgenannten Probleme hängen direkt mit der Notwendigkeit zusammen, externe finanzielle Mittel zu beschaffen. Dass das Problem der zurückgehenden öffentlichen Mittel von 29% der befragten Vereine genannt wurde, ist umso bemerkenswerter, als viele der befragten Vereine nicht öffentlich unterstützt werden. An zweiter Stelle rangieren Problemstellungen, die aus politischen und gesellschaftlichen Rahmenbedingungen resultieren. Demgegenüber wurden Probleme der Mitarbeit und des Managements von den befragten Vereinen vergleichsweise weniger problematisch eingeschätzt. Von den in diesem Fragenkomplex insgesamt angegebenen neun Problemstellungen wurde nur ein einziger von den befragten Vereinen als besonders relevant erachtet.

Allerdings rangiert dieser Problemkomplex, nämlich genügend Freiwillige oder Ehrenamtliche zu finden, unter den an der Befragung beteiligten Vereinen mit Abstand an erster Stelle. Mehr als jeder dritte Münsteraner Verein sieht sich derzeit von dieser Problematik stark oder sehr stark betroffen. Wenn man bedenkt, dass die Hauptlast der Vereinsarbeit vor Ort von freiwilligen MitarbeiterInnen getragen wird, ist dies ein alarmierender Befund.

Mit wenigen Ausnahmen lassen sich die Probleme, mit denen sich die Münsteraner Vereine derzeit sehr stark und stark konfrontiert sehen, in gewisser Weise auch auf Kommunikations- und Mobilisierungsschwierigkeiten zurückführen. Die Schwierigkeit, genug Freiwillige oder Ehrenamtliche zu gewinnen ist hier ebenso zu nennen wie der Mangel an Kontakten zu potenziellen Geldgebern, die mangelnde Erfahrung im Fundraising sowie die geringe oder abnehmende Wahrnehmung der Arbeit des Vereins durch Medien oder Öffentlichkeit und letztlich auch die geringen oder abnehmenden politischen Einflussmöglichkeiten und die fehlende politische Unterstützung für die Anliegen des Vereins. Im Folgenden wird auf die zentralen Problemkomplexe näher eingegangen.

Kommunikations- und Mobilisierungsschwierigkeiten sind Schlüsselprobleme

2.5.2 Finanzielle Probleme

Zunächst zu den finanziellen Schwierigkeiten der Vereine. Ist die Finanzsituation schon derart prekär, dass Vereine vor Ort ihr Angebotsspektrum eingrenzen müssen? Und wenn dies der Fall sein sollte, um welche Vereine handelt es sich hier? Sind insbesondere Vereine, die mit Hauptamtlichen arbeiten, mit Finanzproblemen konfrontiert? Spielt der Finanzierungsmix des Vereins eine Rolle? Sehen sich Vereine, deren Einnahmen hauptsächlich aus öffentlichen Mitteln stammen, vor dem Hintergrund der Krise der öffentlichen Haushalte insbesondere von Finanzierungsproblemen betroffen? Und schließlich: Lassen sich bestimmte Tätigkeitsbereiche ausmachen, die ganz besonders unter finanziellen Engpässen leiden?

Die diesbezügliche Frage lautete: „Hatte Ihr Verein in den vergangenen Jahren oder hat er gegenwärtig aus finanziellen Gründen Schwierigkeiten, seine Angebote oder Aktivitäten in der gewünschten Form aufrechtzuerhalten?" Über finanzielle Probleme, die die Aufrechterhaltung der Vereinsaktivitäten in der gewünschten Weise gefährdeten, klagten insgesamt rund 200 (22%) der an der Befragung beteiligten Vereine. Zwei Tätigkeitsfelder sind hier besonders herauszustellen: Soziale Dienste und Hilfen und Kultur, in beiden Bereichen hat fast jeder dritte Verein angegeben, aufgrund von Finanzproblemen sein Leistungsangebot nicht so gestalten zu können, wie er es gerne möchte.

Vereine der Kultur und der sozialen Dienste sind besonders von Finanzproblemen betroffen

Woran liegt es? Von den Vereinen wurden vor allem vier Gründe genannt: Mitglieder- und Spendenrückgang (77 bzw. 74 Nennungen), Abbau der kommunalen Förderung (64) und Rückgang der Landes- und Bundesmittel (59). Für die betroffenen Sportvereine mit ihrer häufig gemischten Finanzierung steht dabei der Mitgliederrückgang an erster Stelle. Bei Kulturvereinen und sozialen Dienstleistern sind hingegen die unzureichenden oder gekürzten öffentlichen Mittel die Krisenursache Nummer Eins.

Besteht ein Zusammenhang zwischen Professionalisierung und finanziellen Schwierigkeiten? Um diese Frage zu beantworten, wurden jene Vereine, die sich stark oder sehr stark mit finanziellen Problemen konfrontiert sehen, dahingehend analysiert, ob sie auf rein ehrenamtlicher Basis, also nur mit freiwilligen Mitarbeitern arbeiten und damit nicht professionalisiert sind, oder ob es sich um professionalisierte Vereine handelt, die über einen hauptamtlichen Mitarbeiterstab verfügen (Abb. 23).

Abbildung 23:   Professionalisierung und finanzielle Schwierigkeiten in Prozent (n = 892)

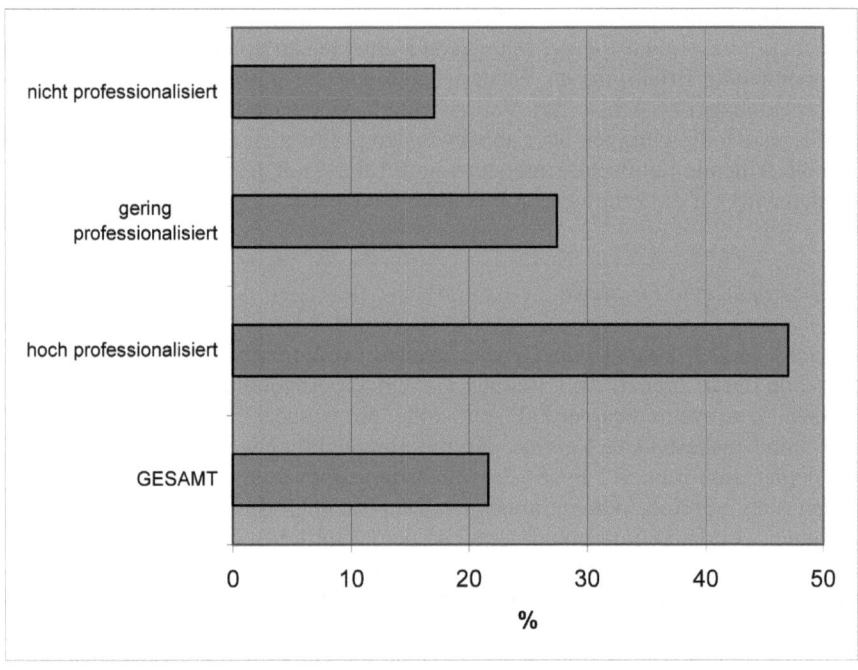

Quelle: WWU Münster – Forschungsschwerpunkt Dritter Sektor: „Vereine in Münster"

Ein hohes Maß an Professionalisierung bedingt finanzielle Unsicherheit	Der Befund ist eindeutig: Finanzielle Probleme gehen mit steigender Professionalisierung einher. Fast jeder zweite hoch professionalisierte Verein (mit insgesamt mehr als zehn Hauptamtlichen oder mindestens fünf Voll- oder Teilzeitkräften) gab im Kontext der Befragung gravierende finanzielle Sorgen zu Protokoll. Demgegenüber wurden finanzielle Probleme von den auf rein freiwilliger Basis arbeitenden Vereinen unterdurchschnittlich genannt. Auch gering professionalisierte Vereine (mit maximal zehn Hauptamtlichen und weniger als fünf Voll- oder Teilzeitkräften) klagten in mehr als jedem vierten Fall über Finanzprobleme.

Ein ähnlich eindeutiges Ergebnis zeigt sich, wenn man die Einnahmenstruktur der Münsteraner Vereine, die über finanzielle Probleme klagen, in den Blick nimmt (Abb. 24):

Abbildung 24:   Finanzierungsmix und finanzielle Schwierigkeiten in Prozent
                   (n = 776)

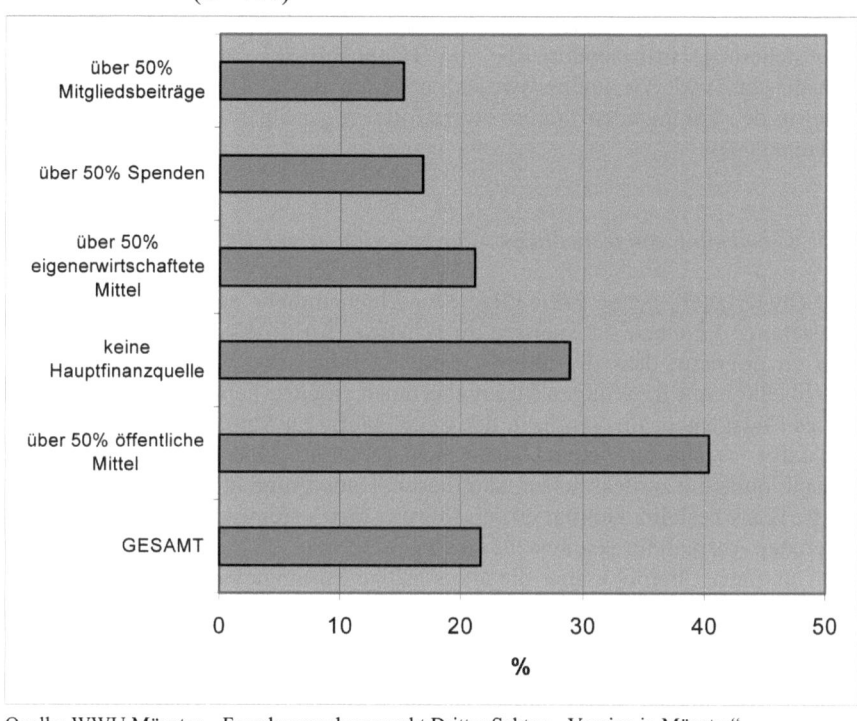

Quelle: WWU Münster – Forschungsschwerpunkt Dritter Sektor: „Vereine in Münster"

Wie bereits beschrieben, rekurrieren über 40% der Münsteraner Vereine vorrangig auf Mitgliedsbeiträge, je ein Siebtel ist schwerpunktmäßig durch öffentliche Mittel finanziert, ebenso viele durch Spenden, und ein knappes Zehntel hauptsächlich durch Einnahmen am Markt. Auch hier ist der Befund eindeutig: Vorrangig durch öffentliche Mittel finanzierte Vereine sind weitaus häufiger (40%) von finanziellen Schwierigkeiten betroffen als solche Vereine, die ihre Einnahmen primär am Markt erwirtschaften oder durch Mitgliedsbeiträge oder Spenden bestreiten, während ausgesprochen gemischtfinanzierte ebenfalls eher über Finanzprobleme klagen.

Auch unabhängig von akuten Notlagen sind insbesondere die stark staatsabhängigen Vereine von finanziellen Problemen betroffen: Von 101 Vereinen, die zu über der Hälfte von der öffentlichen Hand abhängig sind, sind zwei Drittel stark oder sehr stark über einen möglichen oder realen Rückgang der öffentlichen Gelder besorgt. Die am stärksten betroffenen Bereiche sind wiederum Soziale Dienste und Sport (je über 40%). Mit der Staatsabhängigkeit nimmt auch die Planungsunsicherheit zu: mehr als jeder zweite Verein mit einem Finanzierungsmix von über 50% klagte über Planungsunsicherheit.

Insofern kann man festhalten, dass insbesondere die Bereiche Soziale Dienste und Hilfen und das Gesundheitswesen von Finanzierungsproblemen besonders betroffen sind. Hier ist der Staat für einen Großteil der professionell

Finanzielle Unsicherheit gerade in den stark öffentlich finanzierten Vereinen

arbeitenden Vereine die wichtigste Geldquelle. In diesem Kernbereich der Versorgung mit sozialen Dienstleistungen ist auch die Krisenstimmung am deutlichsten zu spüren. Offensichtlich steigt mit steigender Staatsabhängigkeit die Verunsicherung. Insbesondere die mit Hauptamtlichen arbeitenden sozialen Dienstleister (inkl. Gesundheitswesen) erwarten einen Rückgang öffentlicher Mittel in den kommenden Jahren, zwei Drittel sogar einen Rückgang ihrer Gesamteinnahmen.

2.5.3   Gewinnung von freiwilligen MitarbeiterInnen und Mitgliedern

Gewinnung Ehrenamtlicher – ein zentrales Problem der Vereine

Die Schwierigkeit, genug Freiwillige oder Ehrenamtliche zu finden, macht den Münsteraner Vereinen am meisten zu schaffen. An dieser Stelle ist nochmals darin zu erinnern, dass die überwiegende Mehrheit der Münsteraner Vereine ausschließlich mit freiwilligen MitarbeiterInnen arbeitet. Ferner ist bekannt, dass aktives Engagement im Verein in der Regel häufig an Mitgliedschaft gekoppelt ist. Aktive Vereinsmitglieder können nicht selten auf eine längerfristige Engagementbiographie zurückblicken. Vor diesem Hintergrund interessiert: Wie ist es um die Basis bestellt? Gelingt es den Münsteraner Vereinen, in einem zukunftssichernden Ausmaß für Nachwuchs zu sorgen?

Vereine überaltern

Um einen Überblick über die altersmäßige Zusammensetzung der Vereinsmitgliedschaft zu erhalten, wurde gefragt: „Aus welchen Altersgruppen setzen sich Ihre Mitglieder zusammen?" Hierbei waren als Antwortkategorien vorgegeben: Kinder und Jugendliche (bis 18 Jahre), junge Erwachsene (18-29 Jahre), mittlere Generation (30-59 Jahre) und ältere Generation (über 60 Jahre). Der Befund ist wiederum eindeutig: Angesicht des Potenzials der vergleichsweise jungen Bevölkerung des Wissenschaftsstandortes Münster ist die Mitgliedschaft der an der Befragung beteiligten Vereine überaltert. Nicht mal jedes dritte Vereinsmitglied (27%) ist in Münster jünger als 30. Das Vereinsleben wird von der mittleren (45%) Generation geprägt, die ältere Generation stellt weitere 27% der Mitglieder.

Kinder, Jugendliche und junge Erwachsene in Vereinen unterrepräsentiert

Vor allem die Gruppe der Kinder und Jugendlichen ist deutlich unterrepräsentiert. Nur in den Sportvereinen stellen sie eine bedeutende Gruppe. Bezogen auf die angegebenen Mitgliederzahlen ergibt sich bei den Sportvereinen sogar ein Kinder- und Jugendanteil von 35%. Mit deutlichem Abstand folgen Kultur- und Brauchtumsvereine, wobei in diesen Bereichen schon die große Mehrheit fast keine Vereinsjugend aufweist. Ein entsprechend ernüchterndes Bild vermitteln die Ergebnisse der Befragung aber auch für die Gruppe der jungen Erwachsenen (18-29). Nur in wenigen Feldern, wie etwa im Sport oder in den Vereinen der Bereiche Bildung und Forschung sowie Bürger- und Verbraucherinteressen, hat diese Gruppe einen Anteil von mehr als 15% an der Mitgliedschaft. In allen anderen Bereichen liegt ihr Anteil um 10%. Soziale Dienste, Gesundheit, aber auch Internationale Aktivitäten werden dominiert von der mittleren und älteren Generation. Im Freizeitbereich sind die Älteren mit einem Anteil von rund 50% der Mitgliedschaft besonders stark vertreten.

Eine interessante Frage ist, ob sich eine solide Mitgliederbasis bei der jüngeren Generation und insbesondere bei Kindern und Jugendlichen auch in der

Tat auszahlt. Bei den Sportvereinen zeigt sich ein widersprüchliches Bild. Einerseits in Sachen Nachwuchs an der Spitze, andererseits besonders stark vom Freiwilligenmangel betroffen: Hier beklagen sie mit 50% deutlich häufiger Schwierigkeiten als der Durchschnitt (37%). Ähnlich stark sind nur Umwelt- und Naturschützer betroffen. Generell seltener werden – neben fehlenden Qualifikationen der Freiwilligen (19%), Unverbindlich- und Unregelmäßigkeit der Mitarbeit (18%) – nachlassendes Gemeinschaftsgefühl im Verein (19%) genannt, doch auch hier liegen Sportvereine wiederum mit 30% an der Spitze. Es scheint also eine deutliche Diskrepanz zwischen der Attraktivität des Angebots für neue und gerade junge Menschen und dem inneren Zusammenhalt der Vereine zu bestehen.

Es ist somit festzuhalten, dass Fragen der Gewinnung und Bindung von Mitgliedern sowie ihrer Hinführung zu bürgerschaftlichem Engagement bei den Münsteraner Vereinen wieder auf die Tagesordnung gesetzt werden müssen. Vorbei sind die Zeiten, in denen man in seinen Verein hineingeboren wurde und sich dort auch längerfristig und kontinuierlich engagierte. Das Bonmot von Kurt Tucholsky über den Verein, in dem man lebt und auch einst begraben sein will, trifft nicht mehr die komplexe Realität der heutigen Vereinswelt. Die Münsteraner Vereine wurden auch gefragt nach der Bilanz ihrer Vereinstätigkeit in den vergangenen 12 Monaten, wobei ermittelt werden sollte, wie erfolgreich die Vereine in ausgewählten Aufgabenbereichen – von der Finanzierung über die Öffentlichkeitsarbeit bis hin zur Steigerung der Motivation der Aktiven – waren. Zu den Indikatoren für Erfolg wurde im Kontext der Befragung auch die Gewinnung von Mitgliedern sowie von freiwilligen MitarbeiterInnen gezählt. Das Ergebnis ist deutlich: Nur in den beiden Punkten Mitglieder- sowie Freiwilligenwerbung übersteigt die Zahl der wenig erfolgreichen die der sehr erfolgreichen Vereine.

Bürgerschaftliches Engagement braucht mehr Aufmerksamkeit

2.5.4 Politisch-gesellschaftliche Rahmenbedingungen

Als dritter Problemkomplex sind die politischen und gesellschaftlichen Rahmenbedingungen zu nennen. Von jeweils rund jedem vierten an der Befragung beteiligten Verein wurde angegeben, dass man von den folgenden Probleme stark oder sehr stark betroffen sei: zunehmende Verrechtlichung und Bürokratisierung, geringe Wahrnehmung in der Öffentlichkeit und fehlende politische Einflussmöglichkeiten bzw. Desinteresse von Seiten der Politik.

Auch hier lassen sich wiederum einzelne Tätigkeitsbereiche ausmachen, die von diesen Problembereichen besonders betroffen sind. Von Politik und Verwaltung durch „zu starke Verrechtlichung und Bürokratisierung" eingeengt fühlen sich vor allem Vereine im Sozial- und Gesundheitsbereich, aber auch viele Sportvereine (knapp bzw. über 40%). Auch steigt die Relevanz dieser Frage mit zunehmender Professionalisierung: Rein auf freiwilliger Basis arbeitende Vereine sind nur zu 20%, gering professionalisierte zu fast 40% und hoch professionalisierte in mehr als jedem zweiten Fall betroffen. Ein ähnliches Bild ergibt sich bei der Problemstellung „geringe oder abnehmende politische Einflussmöglichkeiten und fehlende Unterstützung durch die Politik." Diese beklagen die sozia-

Je näher am Staat desto größer die Probleme!

len Dienstleister besonders häufig (jeder Dritte). Dieser Befund ist als durchaus brisant einzuschätzen, da gerade diese Vereine in hohem Maße in die wohlfahrtsstaatliche Dienstleistungserstellung eingebunden sind. Nur im Bereich Vertretung von Bürger- und Verbraucherinteressen liegt der Wert noch höher. Ebenfalls weit überdurchschnittliche 40% der hoch professionalisierten Vereine nannten dieses Problem.

Als Fazit bleibt festzuhalten: Vor allem Vereine der stärker professionalisierten und staatsnahen Arbeitsbereiche Soziale Dienste und Hilfen sowie Gesundheit sehen sich in besonderem Maße von Schwierigkeiten und Problemen betroffen, die auf die staatlichen Rahmenbedingungen zurückzuführen sind.

2.6 Strukturierung der Münsteraner Vereinslandschaft

Die Münsteraner Vereinslandschaft stellt sich als überaus vielfältig und facettenreich dar. Es gibt Vereine mit weniger als 10 wie auch mit einigen tausend Mitgliedern; solche, die nur wenige 100 Euro im Jahr auf die Vereinsarbeit verwenden und andere mit Millionenbudgets. Einige der Münsteraner Vereine können auf eine beachtliche Geschichte, die bis ins 16. Jahrhundert reicht, zurückblicken. Eine ganze Reihe der aktiven und mitgliederstarken Vereine in Münster sind bereits in der ersten Hälfte des 19. Jahrhunderts entstanden. Gleichzeitig boomt das Vereinswesen und entwickelt sich gerade in jüngster Zeit mit hoher Dynamik. Entsprechendes gilt für das Tätigkeitsspektrum der Vereine, das eine breite Palette umfasst, angefangen bei sozialen Aufgaben und Leistungen über den Umwelt- und Naturschutz bis hin zu Sport-, Spiel- und Freizeitaktivitäten. Es gibt Vereine, die kaum in der Öffentlichkeit präsent sind und ihre Aktivitäten ausschließlich auf ihre Mitglieder fokussieren. Andere richten Großveranstaltungen wie Kongresse und Festivals aus, organisieren Diskussionsabende und Vorträge oder richten sich mit einem breit gefächerten Angebot von Kursen und Programmen an bestimmte Zielgruppen. Insofern ist es nahezu unmöglich, den typischen Verein zu charakterisieren. Allerdings ist es aus sozialwissenschaftlicher Sicht auch unbefriedigend, lediglich darauf zu verweisen, dass jeder Verein einzigartig und etwas Besonderes ist und sich Vereinslandschaften insofern einer verallgemeinernden Charakterisierung entziehen. Aufgabe einer sozialwissenschaftlichen Betrachtung ist es, Ordnung in die Vielfalt zu bringen und daher zu strukturieren und zu typologisieren.

2.6.1 *Funktionale Typologie des Vereinswesens*

Im Folgenden wird eine Möglichkeit der Strukturierung der Münsteraner Vereinslandschaft vorgestellt. Hierbei wird Bezug genommen auf eine Typologie (Sachße 2001: 21ff; Zimmer 2004: 15f) gemeinnütziger Organisationen, die vorrangig bei den von diesen Organisationen wahrgenommenen Funktionen ansetzt. Insofern wird unterschieden nach:

- *Mitgliederorganisationen:*
  Hier stehen die Mitglieder und ihr Engagement im Zentrum. Aktivitäten werden von und für Mitglieder geplant und durchgeführt. Das Aktivitätsspektrum der Mitgliederorganisation dient der Verwirklichung gemeinsamer bzw. von den Mitgliedern geteilter Anliegen. Gegenseitigkeit und gemeinschaftliches Miteinander charakterisiert diesen Organisationstyp. Es geht also um gemeinschaftlich organisierte Aktivitäten von und für Menschen mit ähnlichen Vorlieben, Problemen oder Ideen.
- *Lobby- bzw. Interessenvertretungsorganisationen:*
  Für diese Organisationen ist die Außenorientierung gegenüber Staat und Gesellschaft zentral. Vertreten werden allgemeine gesamtgesellschaftliche Interessen sowie Anliegen und Belange einzelner Bevölkerungsgruppen und -schichten. Eine strategische Ausrichtung auf eine bestimmte Zielsetzung sowie eine spezifische normative, ideelle oder politische Orientierung ist typisch für diesen Organisationstyp. Es geht um Werben für und Artikulieren von bestimmten Ideen, Zielen und Interessen.
- *Dienstleistungsorganisationen:*
  Die Erbringung von Diensten und Leistungen steht hier im Mittelpunkt, entweder für Dritte, bestimmte Zielgruppen und die allgemeine Öffentlichkeit, marktvermittelt oder im staatlichen Auftrag, oder auch für die Mitgliedschaft. Der Mitgliedsbeitrag hat in diesem Fall die Funktion einer Nutzungsgebühr.
- *Service- bzw. Unterstützungsorganisationen:*
  Diese Organisationen sind dazu da, Unterstützung für die Verwirklichung von Anliegen und Projekte Dritter zu mobilisieren und bereitzustellen. Ihr Schwerpunkt liegt in der Bereitstellung materieller Ressourcen für fremde, d.h. nicht von der eigenen Organisation wahrgenommene Aufgaben bzw. die materielle oder ideelle Unterstützung bestimmter Einrichtungen oder Zwecke.

Vereine als Mitglieder-, Interessenvertretungs-, Dienstleistungs- und Unterstützungsorganisationen

Ziel der folgenden Betrachtung ist es, die 913 an der Münsteraner Vereinsbefragung beteiligten Organisationen diesen Kategorien bzw. funktional bestimmten Typen von Organisationen zuzuordnen. Wird die Münsteraner Vereinslandschaft vorrangig durch Mitgliederorganisationen geprägt oder sind die Dienstleister dominant? Lassen sich die Münsteraner Vereine überhaupt in dieses Kategorienschema einordnen? Oder handelt es sich bei Vereinen nicht selten um Sowohl-als-auch-Organisationen, die beispielsweise zielgruppenorientierte Dienstleistungserstellung mit aktiver Lobbyarbeit verbinden?

Um diese Zuordnung vorzunehmen, steht eine breite Datenbasis zur Verfügung. Im Rahmen der Untersuchung, wurden Angaben zur Mitgliedschaft und zur Mitgliederpartizipation erhoben. Es wurde sehr detailliert nach den hauptamtlichen Beschäftigungsverhältnissen gefragt. Die Münsteraner Vereine haben vergleichsweise bereitwillig Auskunft über ihre Einnahmen und deren Struktur gegeben. Es wurden im Rahmen der Münsteraner Befragung die Positionen der Vereine zu sozialen und politischen Fragestellungen ermittelt. Der Fragebogen enthielt eine sehr differenzierte Fragebatterie zu den Tätigkeitsbereichen der Vereine. Schließlich wurde sowohl nach dem Stellenwert von Geselligkeit und gemeinschaftlichem Miteinander im Verein als auch danach gefragt, ob sich der Verein mit seinem Angebot an die allgemeine Öffentlichkeit richtet. Schließlich war es ein besonderes Anliegen der Untersuchung, die Selbsteinschätzung der Vereine zu ermitteln. Gerade vor dem Hintergrund der Vielfältigkeit und des Traditionsreichtums der Vereinslandschaft war von Interesse, wie sich die Münsteraner Vereine selbst sehen, d.h. ob sie sich von ihrem Selbstverständnis eher als Mitgliederorganisation, als Interessenvertreter, als Dienstleister oder als Service- und Unterstützungsorganisation betrachten. Ausgehend von der Selbsteinschätzung der Vereine wird im Folgenden ein Porträt der Münsteraner Vereine unter vorrangig funktionalen Gesichtspunkten vermittelt.

2.6.2 Münsters Vereine funktional betrachtet

Nur ein Drittel sieht sich als Mitgliederorganisationen-pur

Nur rund ein Drittel der an der Befragung beteiligten Vereine sieht sich als *Mitgliederorganisation-pur*, d.h. Tätigkeit und Profil des Vereins ist ausschließlich auf die Mitgliedschaft hin orientiert: Ein interessantes und von uns so nicht erwartetes Ergebnis. Charakterisiert man diese Verein näher, so handelt sich hierbei meist um ältere und mittelgroße Vereine, mit einer Mitgliedschaft von 100 bis 250 Personen, die freizeitorientiert und meist ohne Hauptamtliche arbeiten. Die Vereine sehen sich eher selten in einer finanziellen Krise. Sie sind fast nie weltanschaulich oder politisch gebunden. Sie nehmen auch eher nicht an politischen Kampagnen teil oder vertreten über die konkrete Vereinsarbeit hinaus politische Positionen. Häufig zugestimmt wurde von diesen Vereinen der Aussage, dass ein bestimmtes Lebensgefühl die Mitglieder verbindet. Ein weiteres Merkmal dieser Vereine ist die hohe Beständigkeit. Eine Fragebatterie bezog sich auf die Selbsteinschätzung und Erfolgsbemessung der Vereine in den vergangenen zwölf Monaten hinsichtlich der folgenden sieben Aufgabenbereiche: Mitglieder- und Freiwilligenwerbung, Finanzierung, Öffentlichkeitsarbeit, Vereinsentwicklung, Verbesserung des Vereinsklimas und Steigerung der Motivation. Die Bilanz der letzten zwölf Monate fällt bei den diesen Vereinen in Bezug auf die Mitgliederwerbung besonders positiv aus.

Ein Viertel versteht sich als Förder- und Unterstützungsorganisationen

Gut ein Viertel der befragten Münsteraner Vereine (27%) ordnet sich dem Typ *Unterstützungs- und Serviceorganisation* zu. Das sind Förder- und Trägervereine, die ihrem Zweck entsprechend vor allem *für* andere Institutionen oder bestimmte Förderzwecke arbeiten. Ihre Hauptaktivität besteht zumeist darin, Fundraising zu betreiben oder Serviceleistungen für andere Institutionen zu organisieren. Diese Vereine haben meist weniger als 100 Mitglieder. Sie sind fast immer einfach strukturiert – haben also sehr selten Unterabteilungen oder weitere Entscheidungsgremien neben dem Vorstand – und arbeiten selten mit Hauptamtlichen. Infolge ihrer Zielsetzung haben Spendenleistungen einen beachtlichen Anteil an den Einnahmen dieser Vereine, die über kleinere bis mittlere Jahresetats, d.h. bis maximal 100.000 Euro, verfügen und selten über finanzielle Schwierigkeiten klagen. Wie bei den Mitgliedervereinen stehen politische Positionierungen seltener auf der Agenda. Im Unterschied zum Mitgliederverein ist das „gemeinsame Lebensgefühl" als Bindeglied der Vereinsmitglieder hier weniger ausgeprägt. Service- und Unterstützungsvereine sehen den Erfolg ihrer

Arbeit in den vergangenen 12 Monaten in fast jeder Hinsicht, z.B. hinsichtlich
Mitgliederwerbung oder Öffentlichkeitsarbeit, eher kritisch.

Knapp jeder Vierte der befragten Vereine (24%) schätzt sich als *Dienstleis-*
tungsorganisation ein, wobei als Kriterium für die Zugehörigkeit zu dieser
Gruppe festgelegt war, dass die Dienstleistungen nicht vor allem als Interessenvertretung für die Mitglieder oder als Fördertätigkeit verstanden werden dürfen.
Dieser Vereinstypus ist typisch für die Bereiche Soziale Dienste und Hilfen und
Gesundheit. Doch auch eine ganze Reihe von Vereinen im Sport ordnen sich
dieser Gruppe zu. Abgesehen von den Sportvereinen sind charakteristisch für
diese Gruppe geringe Mitgliederzahlen, zum Teil sehr hohe Einnahmen aus öffentlichen Mitteln und nicht selten ein Finanzierungsmix, der Einnahmen aus
eigenerwirtschafteten Mitteln ebenso umfasst wie öffentliche Zuwendungen und
Spenden. Auch arbeitete die Hälfte der sich dieser Gruppe zuordnenden Vereine mit Hauptamtlichen. Die Organisationsstruktur dieser Vereine ist komplex
und setzt sich aus ineinander verzahnten Gremien (z.B. Geschäftsführung, Beirat
oder MitarbeiterInnenvertretung) zusammen. Eine leichte Sonderposition nehmen die sich dieser Gruppe zuordnenden Sportvereine ein. Bezogen auf die Mitgliedschaft handelt es sich hier meist um große Vereine. Auch die Sportvereine,
die sich von ihrem Selbstverständnis her als Dienstleistungsorganisationen sehen, verfügen über komplexe Organisationsstrukturen. Doch ist hier ein Vereinsaufbau bzw. eine Strukturierung mit unabhängigen Abteilungen charakteristisch.

Hier sind also zu einem großen Teil Profis am Werk, die nicht selten als
Dienstleister im Sozial- und Gesundheitsbereich im öffentlichen Auftrag tätig
sind. Politisch aktiv werden die Dienstleistungsvereine meist nur, wenn die eigene Arbeit betroffen ist. Gleichwohl sind die Münsteraner Dienstleistungsvereine
nicht ohne eigenen inhaltlichen Anspruch. Die Gruppe der Dienstleister tritt
überdurchschnittlich politisch auf. In deutlichem Unterschied zu Mitglieder- wie
Fördervereinen gehören sowohl die Beteiligung an Kampagnen als auch lokalpolitische Einmischung bei ihnen viel häufiger zum Repertoire. Finanzielle Probleme wurden von den Dienstleistern deutlich häufiger als von anderen Vereinen
genannt. Neben finanziellen Fragen sehen sich Dienstleister in ihrer Problemein-
schätzung insbesondere von defizitären politischen Rahmenbedingungen betroffen. Trotz ihrer hohen Krisenanfälligkeit fiel ihre Bilanz der Vereinsarbeit der
vergangenen zwölf Monate aber weitgehend positiv aus.

Lassen sich die Münsteraner Vereine als *Service- bzw. Unterstützungsorga-*
nisationen einerseits und als *Dienstleistungsorganisationen* andererseits durchaus noch trennscharf voneinander abgrenzen, so trifft dies für den Verein als
Lobby- bzw. Interessenvertretungsorganisation nicht zu. Dies ist auch nicht
verwunderlich, da Vereine Ausdruck der Organisation von Interessen sind. Gut
die Hälfte der Vereine gibt an, in irgendeiner Form Lobbying oder Interessenvertretung zu betreiben. Die Lobbyorganisation in Reinform ist jedoch eher selten.
Fast alle Vereine dieser Gruppe verstehen sich zugleich entweder als stark mitgliederorientiert oder als Dienstleister. Vereine, die Lobbying betreiben, vertei-
len sich etwa gleichmäßig auf drei Gruppen: Jeweils ein Drittel betreibt vor allem Interessenvertretung für die Mitglieder, Lobbying für bestimmte Themen
oder Gruppen, oder auch beides in Kombination. Eher als Nebenaspekt ist noch

*Ein Viertel betrachtet
sich als Dienstleister*

*Dienstleister sind
Profis mit komplexer
Organisationsstruktur*

*Vereine lobbyieren,
sind aber keine reinen
Lobbyisten*

die Vertretung einer Weltanschauung anzuführen. Ausgeprägte Lobbyorientierungen finden sich am häufigsten in den Bereichen Bürger- und Verbraucherinteressen, wirtschaftlich orientierte Zweckvereinigungen und Umweltschutz. Erwartungsgemäß klar überdurchschnittlich fallen bei Vereinen mit Lobby-Orientierung weltanschauliche und politische Bindung, lokalpolitische Einmischung, die Vertretung von gesellschaftlichen Perspektiven und die Kampagnenbeteiligung aus.

Man kann daher festzuhalten, dass es sich bei der funktionalen Zuordnung der Vereine in Mitgliederorganisationen, Interessenvertreter, Dienstleister und Fördervereine nur um eine idealtypische Kategorisierung handelt. Deutlich zeigte sich dies bereits anhand der Kategorie der *Interessenvertretungs-/Lobbyorganisation*. Doch auch bei näherer Betrachtung der anderen Kategorien zeigt sich, dass die Realität der Münsteraner Vereine differenzierter ausfällt als die analytische Folie vorgibt.

Im besonderen Maße trifft dies auch für die Kategorie der *Mitgliederorganisation* zu. So gaben sieben von zehn befragten Vereinen an, mitgliederorientiert zu sein: 56% sind als stark mitgliederorientiert einzustufen, für weitere 14% ist es ein wesentlicher Nebenaspekt. Die Mehrheit dieser Vereine sind von ihrem Selbstverständnis her jedoch keine *Mitgliederorganisation-pur,* sondern erstellen gleichzeitig Dienstleistungen oder sind als Interessenvertretung tätig. Bei diesen *Mitgliederorganisationen-plus* spielen gemeinsame Aktivitäten für und von den Vereinsmitgliedern nach wie vor eine sehr wichtige Rolle. Doch Mitgliederorientierung stellt nur eine Facette, wenn auch eine sehr zentrale, des Selbstverständnisses dieser Vereine dar. Nur eine, wenn auch bedeutsame, Minderheit ist als *Mitgliederorganisation-pur* einzustufen. Das sind solche Vereine, die weder eine starke Dienstleistungs- oder Lobbying-Orientierung aufweisen noch sich als Förderverein verstehen. Vielmehr steht nur das Miteinander der Vereinsmitglieder im Zentrum.

Stark mitgliederorientierte Vereine findet man vor allem in den Bereichen Sport, Freizeit und Erholung sowie Brauchtum und Traditionspflege. Hier sind gemeinsame Aktivitäten der Mitglieder für die Mehrheit der Vereine sehr wichtig (62% Sport, 76% Freizeit, 82% Brauchtum). Große Sportvereine gehören dabei oft zum Typ *Mitgliederorganisation-plus,* auch im Bereich Freizeit und Erholung ist dies nicht selten. Wirtschaftlich orientierte Zweckvereinigungen gehören ebenfalls besonders häufig zu dieser Gruppe. Sie sind vor allem als Lobbyorganisation, zuweilen auch mittels Dienstleistungen, für die Mitglieder aktiv. Ähnliches gilt in hohem Maße für Selbsthilfegruppen.

Fazit: Multifunktionalität ist im Vereinswesen daher die Regel und nicht die Ausnahme. Insofern wundert es nicht, dass zwar die Mehrheit der Münsteraner Vereine angab, in hohem Maße mitgliederorientierte Aktivitäten zu organisieren, gleichzeitig aber in beachtlichem Umfang als Interessenvertretung und/oder als Dienstleister für bestimmte Zielgruppen sowie für die allgemeine Öffentlichkeit tätig zu sein. Während das Selbstverständnis als *Mitgliederorganisation-plus-Interessenvertretung* geradezu idealtypisch für Selbsthilfegruppen ist, sehen sich Vereine im Bereich Soziale Dienste und Hilfen häufig als *Dienstleister-plus-Interessenvertretung* mit geringer Mitgliederorientierung. Anders Sportvereine: Vor allem bei den großen geht ein hoher Stellenwert von gemeinsamen Aktivitä-

Sport-, Brauchtum- und Freizeitvereine stark mitgliederorientiert

ten – und gegebenenfalls auch ein Interessenvertretungsanspruch für die Mitglieder – mit einer starken Dienstleistungsorientierung für bestimmte Zielgruppen auch außerhalb der Mitgliedschaft einher. Schließlich haben die gemeinschaftlichen Aktivitäten bei der Mehrheit der Kulturvereine – und damit eine klare Mitgliederorientierung – einen ebenso wichtigen Stellenwert wie öffentliche Veranstaltungen.

Insofern kann man festhalten: Von ihrem Selbstverständnis betrachten sich Vereine häufig als multifunktionale Organisationen, denen es in einem beachtlichen Ausmaß gelingt, sehr unterschiedliche Aufgaben und damit auch Anforderungen an die Arbeit des Vereins unter einem Dach zu vereinen. Ein weiteres interessantes Ergebnis der Befragung ist, dass Multifunktionalität häufig administrativ verarbeitet wird. Dies trifft vor allem für die Vereine mit Dienstleistungsorientierung zu. Mit anderen Worten: Eine ganze Reihe Münsteraner Vereine weisen komplexere Organisationsstrukturen auf, die es ihnen erlauben, die funktional unterschiedlichen Arbeitsbereiche in gewisser Weise auch gesondert zu bearbeiten. Möglich ist dies, da es bei dem e.V. um eine Organisationsform handelt, die eine demokratische Entscheidungsfindung zwingend vorschreibt, aber ansonsten sehr flexibel auf funktionale Bedürfnisse hin angepasst werden kann. Die maßgebliche Entscheidungsinstanz im Verein ist die Mitgliederversammlung, die die Satzung festlegt, einen Vorstand wählt und an ihn satzungsgemäß bestimmte Aufgaben überträgt. Somit weist jeder Verein ein Element direkter Demokratie auf. Die Organisationsform bietet aber auch die Möglichkeit, flexibel auf Management- und Professionalitätsanforderungen zu reagieren. Entsprechend sind in der Münsteraner Vereinslandschaft unterschiedlich strukturierte, stark und weniger stark arbeitsteilige, zentral durch den Vorstand gesteuerte und dezentralisierte Vereine auszumachen.

Komplexe Organisationsstrukturen infolge von Multifunktionalität

Exkurs:
Fördervereine – Vieles ist anders

Jeder Zweite der befragten Münsteraner Vereine im Bereich Bildung und Forschung bezeichnet sich als Förderverein, sowie ein Drittel im Bereich Soziale Dienste und Hilfen. Die meisten fördern eine Institution vor Ort, z.B. eine Schule oder ein Gemeindezentrum, doch auch im Bereich Internationale Aktivitäten sind Fördervereine häufiger vertreten. Betrachtet man die Münsteraner Fördervereine im Vergleich zu den anderen kleinen und lokal tätigen Vereinen, zeigen sich deutliche Unterschiede in Alter und Mitgliederaktivität: Fördervereine sind ein relativ junges Phänomen und stark am quantitativen Wachstum der Vereinslandschaft in den letzten Jahren beteiligt. Über die Hälfte von ihnen wurde nach 1989 gegründet, insgesamt 87% aller Münsteraner Fördervereine entstanden nach 1967. Ein für kleine Mitgliederorganisationen typisches Innenleben entwickelten diese Vereine häufig nicht: In 40% der Fördervereine gibt es weder mitgliederöffentliche Diskussionsrunden noch sonstige gesellige Treffen, während lediglich 10% der anderen kleinen und lokalen Vereine in punkto Geselligkeit derart inaktiv sind. 28% der Fördervereine bieten auch keine öffentlichen Veranstaltungen an, gegenüber 17% der Vergleichsgruppe. Und obwohl die Münsteraner Förder-

Fördervereine boomen

vereine in der Regel relativ klein und mehrheitlich auf lokaler Ebene tätig sind, ist die Beteiligung an ihren Mitgliederversammlungen weit unterdurchschnittlich. Doch gerade kleine und lokale Vereine weisen in diesem Punkt höhere Durchschnittswerte als Großorganisationen auf.

Exkurs:
Politik im Verein?

Vereine sind politisch!

Als interessantes Ergebnis der Untersuchung ist festzuhalten: Vereine sind politischer als man denkt. Zwar ordneten sich weniger als 10% der an der Befragung beteiligten Münsteraner Vereine dezidiert einer bestimmten politischen Richtung zu, aber gleichzeitig wurde von knapp der Hälfte der Befragten angegeben, in mindestens einer der folgenden Formen politisch aktiv zu sein. Angegeben wurde hier, dass die Vereine sich „mit konkreten (lokal-)politischen Themen und Konflikten beschäftigen", mit ihrer Meinung an die Öffentlichkeit gehen, „gesellschaftliche Perspektiven oder Handlungsansätze (vertreten), die über die aktuellen Reformdebatten hinausgehen" und sich darüber hinaus „zuweilen an politischen Kampagnen, Aktionen oder Initiativen" beteiligen.

Die andere Hälfte der Vereine konnte keiner der Aussagen zustimmen und kann insofern als unpolitisch gelten. Explizit politisch engagierte und unpolitisch auftretende Vereine halten sich insgesamt in etwa die Waage. Nach Tätigkeitsfeldern sortiert, lässt sich allerdings eine klare Tendenz zu erkennen: Dreiviertel-Mehrheiten „unpolitischer" Vereine in den Bereichen Sport, Freizeitgestaltung und Brauchtum und Traditionspflege stehen Mehrheiten politisch auftretender bei den weltanschaulichen und wirtschaftsorientierten Vereinigungen sowie im Bereich Internationale Aktivitäten (je rund zwei Drittel) gegenüber. Bei den Bürger- und Verbraucherinteressen sieht sich fast durchgängig und bei den Soziale Diensten und im Umweltschutz eine Mehrheit der Vereine als politisch an. Gemäß den vorliegenden Ergebnissen sind Mitgliedervereine und Fördervereine unterdurchschnittlich politisch aktiv. Diejenigen Organisationen, die angaben, in einem nennenswerten Umfang Lobbyarbeit zu betreiben, treten hingegen zu 64% auch mit politischen Positionen an die Öffentlichkeit. Auch die Dienstleister treten zu 58% politisch auf. Allerdings fand hier auch die Aussagen eine 70% Zustimmung, dass politische Themen eine Rolle spielen, wenn die Arbeit des eigenen Vereins betroffen ist. Das legt den Schluss nahe, dass die politische Aktivität dieser Gruppe in hohem Maße mit einer zweckgerichteten Interessenvertretung in eigener Sache einhergeht: Politische Arbeit ist Lobbying für die Zielgruppe und für die Arbeit des Vereins und dessen weitere Finanzierung.

2.6.3 *Münsters Vereine organisationsstrukturell betrachtet*

In der Befragung wurde mittels der Vorgabe von typischen Organisationsmodellen versucht, unterschiedliche Vereinsstrukturierungen zu erfassen. Zu diesem Zweck wurden den an der Befragung teilnehmenden Vereinen drei gängige Modelle zur Selbsteinordnung grafisch dargestellt:

Abbildung 25:   Einfach strukturierter Verein (Typ A)

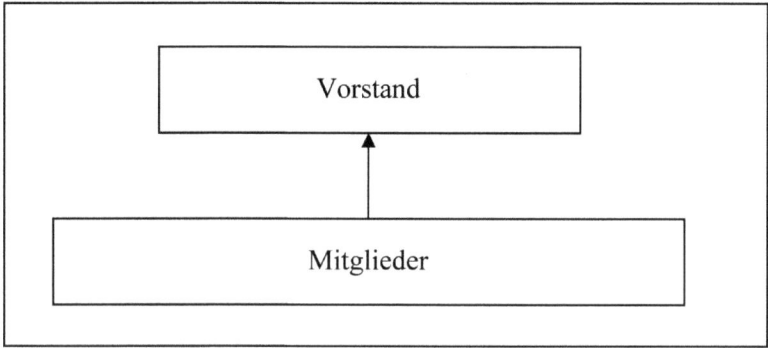

Quelle: eigene Darstellung

Es handelt sich dabei zunächst um den einfachen bzw. Minimaltypus mit dem Vorstand als einzigem formalen Leitungsgremium und der Mitgliederversammlung, die ihm die wesentlichen Maßgaben erteilt. Diesem Modell ordneten sich 722 Vereine oder 80% der Befragten zu. Diese Gruppe kann als ein Querschnitt der Vereinslandschaft gelten. Vereine aller Tätigkeitsbereiche sind hier zu finden. Allerdings lässt sich ein Schwerpunkt bei den kleineren und mittelgroßen Vereinen feststellen. Konkret sind es die Fördervereine, die *Mitgliederorganisationen-pur* und ein Großteil der wenig professionalisierten Vereine, für die es in der Regel keinen Grund gibt, etwas an ihrer überschaubaren Vereinsstruktur zu verändern. Demgegenüber weisen sehr große, gemessen an ihren Mitgliederzahlen, und hoch professionalisierte Vereine zwar nicht immer, aber doch recht häufig eine komplexere Organisationsstruktur auf:

Kleine und mittlere Vereine sind einfach strukturiert

Abbildung 26:   Komplex strukturierter Verein ohne Abteilungsstruktur
(Typ B)

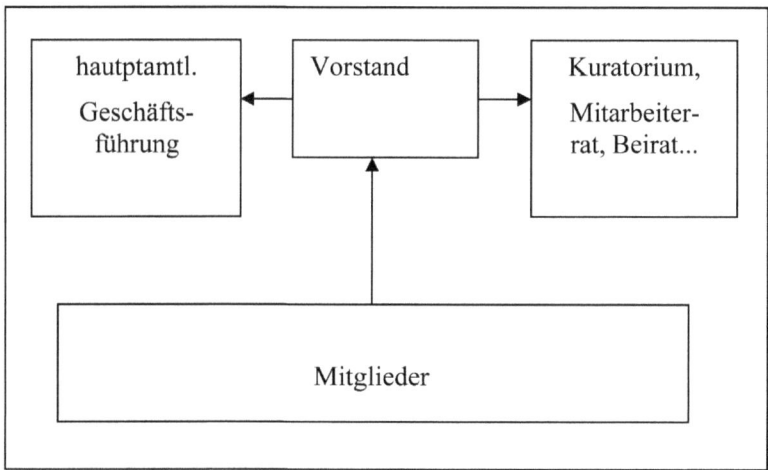

Quelle: eigene Darstellung

Eine Form des komplex strukturierten Vereins ist das hier dargestellte Modell, in der neben der Mitgliederversammlung mehrere Leitungs- oder Entscheidungsgremien bestehen: z.B. Vorstand und hauptamtliche Geschäftsführung, Beiräte oder Kuratorien, entscheidungsfähige Mitarbeiterversammlungen o.ä. Diesem Typus ordneten sich 14% der Befragten (oder 130 Vereine) zu. Auf welche funktionalen Bedürfnisse reagiert dieser Vereinstyp? Zunächst erlaubt er, alltägliche Entscheidungsprozesse und die formale Verantwortung hierfür auf die MitarbeiterInnen bzw. eine Geschäftsführung zu delegieren. Der gewählte ehrenamtliche Vorstand kann somit von vielen Aufgaben entlastet werden. Die Personal- und Finanzpolitik kann so professionalisiert werden. Auch kann eine solche Struktur den Zweck verfolgen, dass Hauptamtliche sehr autonom von Mitgliedern oder Vorstand agieren können, oder dass ein Gremium von externen Beratern eingebunden wird, das den Verein berät oder Kontrollfunktion ausübt. Somit ist es nicht verwunderlich, dass zwei Drittel der Vereine, die eine komplexere Struktur gewählt haben, mit Hauptamtlichen arbeiten. Zum Vergleich: in einfach strukturierten Vereinen sind es 18%.

Je mehr öffentliche Finanzierung, desto komplexer und professionalisierter der Verein! Diese Vereine unterscheiden sich auch bei anderen Basisdaten: Sie sind eher jung und meist nicht sehr mitgliederstark. Hingegen haben sie in einem deutlich erhöhten Maße öffentliche Mittel zur Verfügung und sind insgesamt finanzkräftiger. Betrachtet man die Gruppe der Vereine über 100.000 Euro Jahresetat, so sind jeweils rund 50% der Befragten dem Typ B zuzuordnen. Überdurchschnittlich vertreten sind die so strukturierten Vereine im Sozial- und Gesundheitsbereich. Doch auch in anderen Bereichen findet man dieses Organisationsmodell. Ganz eindeutig wird diese Struktur von Vereinen bevorzugt, die als hoch professionelle Dienstleister arbeiten. Dabei ist generell eine geringe Mitglieder-, jedoch eine hohe Öffentlichkeitsorientierung auszumachen: Klar überdurchschnittliche 92% der so strukturierten Vereine wenden sich mit Veranstaltungen an die Öffentlichkeit und 70% sind als politisch aktiv einzustufen.

Schließlich wurde noch ein dritter Typus zur Auswahl gestellt. Das ist der Mehrebenen- oder Abteilungsverein. In ihm gibt es neben der zentralen Leitungsebene abgetrennte, aber formal unselbständige Vereinsgliederungen mit eigenen Gremien:

Abteilungsstruktur typisch für den Mitgliederverein-plus Mit diesem Modell identifizierten sich gerade einmal 5,5 % oder 50 Vereine. Auch dieser Vereinstyp lässt sich nach funktionalen Überlegungen eindeutig charakterisieren: Wenn klar umrissene Gruppen von Mitgliedern innerhalb des Vereins in die Lage versetzt werden sollen, eigenständig handeln zu können, ist dieser Typ zweckmäßig. Er lässt sich ebenso eindeutig bestimmten Tätigkeitsfeldern und Orientierungen zuordnen. Der Sport mit insgesamt 19 Vereinen, fast alles große und alte, in den Stadtteilen verwurzelte Vereine, ist hier prominent vertreten. Es sind dies vor allem solche Sportvereine, die als *Mitgliederorganisationen-plus* zu charakterisieren sind, wobei eine starke Mitgliederorientierung gekoppelt ist mit zielgruppenorientierter Dienstleistungserstellung. Doch auch andere mitgliederstarke Vereine sind nach diesem Modell strukturiert: neben einigen Brauchtums- und Traditionsvereinen schwerpunktmäßig Bildungsvereine und wirtschaftlich orientierte Zweckvereinigungen. Charakteristisch ist hier eine starke Mitgliederorientierung gepaart mit einem ausgeprägten Interessenvertretungsanspruch. Während für Sportvereine die unterschiedlichen Sportarten

Grundlage der Abteilungsstruktur sein dürften, sind es hier offenbar lokale oder fachspezifische Untergliederungen, die eine solche Struktur naheliegend erscheinen lassen. Insgesamt zeigen die Ergebnisse der Münsteraner Untersuchung deutlich, dass bei zunehmender Professionalität, Dienstleistungsorientierung, Vereinsgröße und Binnendifferenzierung Organisations- und Strukturfragen der Vereine an Bedeutung gewinnen.

Abbildung 27:   Abteilungs- oder Mehrebenenverein (Typ C)

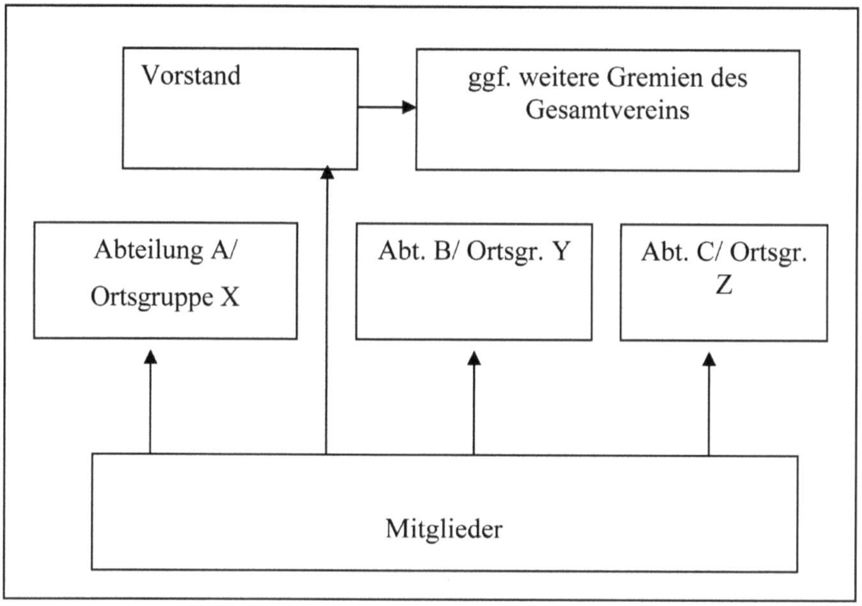

Quelle: eigene Darstellung

2.7 Schlussbetrachtung

Auf die Vielfältigkeit und den Facettenreichtum der lokalen Vereinslandschaft wurde bereits eingegangen. Vereine bilden nicht nur ein wichtiges Unterpfand lokaler Infrastruktur, sondern sie haben, wie die Ergebnisse der Münsteraner Studie belegen, auch eine nicht zu verachtende ökonomische Bedeutung. Die Münsteraner Vereine verfügen über einen Mitarbeiterstab, der hinsichtlich seiner arbeitsmarktpolitischen Relevanz in etwa gleichzusetzen ist mit dem der größten privatwirtschaftlichen Firmen in Münster. Vereine binden zudem in ganz erheblichem Umfang bürgerschaftliches Engagement. Auch von ihrer Finanzkraft stellen die Münsteraner Vereine in ihrer Gesamtheit einen ökonomischen Faktor dar, der mit dem größten öffentlichen Arbeitgeber der Verwaltungs- und Dienstleistungskommune Münster – nämlich der Westfälischen Wildhelms-Universität – zu vergleichen ist. Viele der Münsteraner Vereine können ferner auf eine traditionsreiche Geschichte zurückblicken. Gleichzeitig zeichnet sich das lokale Vereinswesen durch Innovationsfreude und Dynamik aus: Wenn neue Bedarfe an

Vereine wichtig für lokale Demokratie und Ökonomie

sozialen Leistungen entstehen, neue Themen auf der politischen Agenda auftauchen oder auch eine neue Sportart populär wird, reagieren Vereine darauf – oder es werden neue Vereine gegründet. Für die Kommune sind Vereine daher gleich in mehrerer Hinsicht sehr wichtig: als Partner, die die Folgen des gesellschaftlichen Wandels bürger- und zeitnah abzufedern helfen, sowie als funktionierende Infrastruktur, die nicht nur den gesellschaftlichen Zusammenhalt auf der lokalen Ebene festigt, sondern auch Bedürfnisse artikuliert und in den politischen Raum trägt.

Herausforderungen: Überalterung und Individualisierung

Gleichzeitig machen die Ergebnisse der Münsteraner Studie auch deutlich, dass die lokale Vereinslandschaft keine „heile Welt" darstellt. Nachwuchssorgen, also Probleme der Mitgliedergewinnung und -bindung sind unter Vereinen inzwischen sehr verbreitet. Als ein Grund hierfür ist sicherlich der Gründungsboom von Vereinen anzuführen. Infolge der vielfältigen Alternativen vor Ort herrscht in der lokalen Vereinslandschaft eine „herbe" Konkurrenz. Im Besonderen trifft dies für das Personal auf der Leitungs- und Führungsebene von Vereinen zu. Weiterhin sind in diesem Kontext gesamtgesellschaftliche Trends der „Individualisierung" und die gesteigerte berufliche Mobilität anzuführen. Dies trifft im besonderen Maße für eine Universitätsstadt wie Münster zu.

Multifunktionalität als besondere Stärke

Besonders herauszustellen ist die Multifunktionalität der Vereine. Sie zeichnen sich mehrheitlich durch einen Funktionsmix aus, der das für Mitgliederorganisationen typische Moment des gemeinschaftlichen Miteinanders synergetisch mit Aufgaben der Dienstleistungserstellung und/oder Interessenvertretung verbindet. Insofern entziehen sich Vereine einer einfachen, funktionalen Kategorisierung. Sie sind vielmehr häufig *Mitgliederorganisationen-plus*.

Fördervereine im Trend

Nicht ganz trifft dies für den aktuell boomenden Vereinstyp des Fördervereins zu, der primär dazu dient, die problematische Finanz- und Ressourcensituation der öffentlichen Hand auszugleichen. Fördervereine sind Fundraising-Agenturen, bei denen weder die Interessenvertretung noch das gemeinschaftliche Miteinander eine große Rolle spielt. Nahezu jede Schule und jedes Universitätsinstitut, fast alle Museen und selbstverständlich auch die Theater haben in Münster inzwischen Fördervereine. Vor allem diese Gründungswelle von Vereinen kann als nachhaltiges Indiz dafür betrachtet werden, dass sich die kommunale Daseinsvorsorge derzeit in einem beachtlichen Ausmaß verändert.

3   Vereine in Kooperation mit der Kommune: Jena – Münster im Vergleich

3.1 Zu den Fallstudien

Die Ergebnisse der Befragung, die im vorangegangenen Kapitel präsentiert und diskutiert wurden, weisen darauf hin, dass es deutliche bereichsspezifische Unterschiede hinsichtlich der Kooperation zwischen Vereinen und Kommune gibt. Ferner gibt es Hinweise einer Neubestimmung des Verhältnisses zur Kommune, gerade bei den vereinsmäßig organisierten großen sozialen Dienstleistern. Im Folgenden wird exemplarisch – am Fall Münsters und Jenas – überprüft, ob und inwiefern die Beziehungen zwischen gemeinnützigem Organisationen und Kommune im Wandel begriffen sind und wie sich die derzeitige Kooperation in ausgewählten Bereichen gestaltet. Den konzeptionellen Hintergrund bilden hierbei zwei der aktuell diskutierten Reformansätze, die aus der Debatte um die seit den 1990er Jahren auf lokaler Ebene in Bewegung geratenen Prozesse und Strukturen hervorgegangen sind: zum einen das Neue Steuerungsmodell, das das Selbstverständnis der kommunalen Verwaltungen reformiert, und zum anderen das Leitbild bzw. Konzept des aktivierenden Staates.

Neubestimmung des Verhältnisses von Kommune - Verein

Zu diesem Zweck wird zunächst skizziert, inwiefern sich diese beiden Reformansätze auf eine Zusammenarbeit zwischen gemeinnützigen Organisationen, vor allem Vereinen, und Kommune beziehen und welche Auswirkungen die den jeweiligen Konzepten impliziten Modernisierungsimpulse auf Kooperationen haben. Danach wird das den Fallstudien zu Grunde liegende methodische Vorgehen im Zuge des Städtevergleichs erläutert. Aufbauend auf einer Feldbeschreibung der Standortprofile Münsters und Jenas interessieren schließlich die spezifischen Arten der Kooperation innerhalb der drei Bereiche Soziale Dienste und Gesundheit, Kinder-, Jugend- und Familienpolitik sowie Kultur. Abschließend können in einer Zusammenfassung der Ergebnisse Aussagen zum Stellenwert der lokalen Vereinsstruktur getroffen werden, die den Trend hin zu einem bestimmten, kooperativen Modernisierungsimpuls hin zu lokalen Regimen in beiden untersuchten Städten untermauern.

3.2 Verwaltungsmodernisierung und Vereine

In der aktuellen Diskussion um die Veränderung von Staatlichkeit lassen sich für die lokale Ebene in Deutschland zwei unterschiedliche Reformansätze unterscheiden (Wollmann 1999). Einerseits wird im Umfeld der New Public Management-Bewegung eine an betriebswirtschaftlichen Effizienzkriterien orientierte Modernisierung des öffentlichen Sektors und insbesondere der Lokalverwaltungen unter dem Leitmotiv des Neuen Steuerungsmodells gefordert (Budäus/Finger 1999). Andererseits wird aktuell zunehmend an partizipative Demokratiekonzepte angeknüpft und für eine Öffnung von Staat und Verwaltung gegenüber bürgerschaftlichem Engagement sowohl auf der politischen Entscheidungs- als auch auf der verwaltungsdominierten Implementations-Ebene plädiert (Blanke/Schridde 1999).

Impuls Verwaltungsmodernisierung

Das Leitbild des Aktivierenden Staates als ein Reformmodell, das dieser zweiten Richtung zuzuordnen ist, vereint unterschiedliche theoretische Ideen und Konzepte. Es verbindet das Neue Steuerungsmodell auf der einen und die Debatte zum bürgerschaftlichen Engagement auf der anderen Seite (Banner 1997; Baer 2002; Damkowski/Rösener 2003).

Neues Steuerungsmodell Das Konzept des New Public Management (NPM) will Public Choice-Theorien mit Konzepten des Property Rights- und des Principal Agent-Ansatzes sowie mit privatwirtschaftlichen Managementtheorien vereinen. Es zielt vor dem Hintergrund sich durch Europäisierungs- und Globalisierungstendenzen stark verändernder Kontextbedingungen auf eine Neubewertung bzw. Neuorganisation öffentlicher Aufgabenerledigung. Relativ spät im internationalen Vergleich, erlangt die Modernisierungsdebatte für Deutschland erst in den 1990er Jahren eine praktische Aktualität. So hat die deutsche Form der Konzepte des NPM, das Neue Steuerungsmodell (NSM), seine Ursprünge im Jahr 1991. Dies wurde unter der Federführung der Kommunalen Gemeinschaftsstelle für Verwaltungsorganisation (KGSt) übertragen. Daraufhin werden durch Kommunalverwaltungen nach und nach die Empfehlungen der KGSt durchgeführt, die auf den Vorstellungen von organisatorischer Entflechtung in Verbindung mit einem Kontraktmanagement basieren (Bogumil 1997). Ab 1995 scheint die KGSt die dem NSM inhärenten Modernisierungsimpulse insoweit erfolgreich vorangetrieben zu haben, dass von einem „flächendeckenden Phänomen" gesprochen werden kann (Bogumil 2001).

Zeitlich befristete Verträge zwischen Vereinen und Kommunen Der gemeinnützige Bereich wird von diesen beiden Reformansätzen in sehr unterschiedlicher Weise tangiert. Bei Einführung des Neuen Steuerungsmodells ändern sich grundlegend die Formen der Kooperation und Zusammenarbeit zwischen lokalen Vereinen als Dienstleistungserbringern im Bereich der sogenannten freiwilligen Aufgaben einer Kommune und der Kommune selbst (Zimmer 1996b). Waren bisher unter dem Leitmotiv der „Subsidiarität" insbesondere in den Bereichen Soziales und Gesundheit sowie Kinder und Jugend/Wohlfahrtspflege eng miteinander verkoppelt (Zimmer 1998a), so würde bei konsequenter Einführung des Neuen Steuerungsmodells das vorrangig auf Verhandlung basierende neo-korporatistische Arrangement der „Subsidiarität" abgelöst werden durch vertraglich geregelte und zeitlich begrenzte Kooperationen zwischen den Vereinen als Dienstleistungserbringern und der Kommune als Finanzier der Produktion öffentlicher Güter. Mit diesem Modell tritt an die Stelle des Steuerungsmodus der Verhandlung der des Wettbewerbs. Bei der Einwerbung öffentlicher Aufträge stehen der Gemeinnützigkeit verschriebene Vereine damit in dem betreffenden Bereich in Konkurrenz zu anderen Anbietern und lokalen Dienstleistern, wobei es sich sowohl um privat-kommerzielle als auch um öffentliche Konkurrenten handeln kann. Nach diesem Modell steht der Kommune eine Transformation in Richtung Konzernleitung bevor, deren handlungsleitende Maxime an Effizienzkriterien orientiert ist. Bei der Auswahl der Vertragsnehmer kommt der Organisationsform der Dienstleister keine besondere Bedeutung mehr zu. Insofern nehmen im Kreis der lokalen Dienstleister die bisher fest etablierten Vereine bspw. im Bereich der sozialen Dienste keine Sonderstellung mehr ein.

Leitmotiv aktivierender Staat Anders sieht es dagegen aus, wenn Verwaltungsreform- und Modernisierungsansätze mit Konzepten partizipativer Demokratie unterlegt sind. Dem ge-

samten Spektrum lokal engagierter Vereine kommt im Rahmen dieser Diskussion ein herausgehobener Stellenwert zu, da sie sich aufgrund ihrer zivilgesellschaftlichen Komponenten, wozu ehrenamtliches und freiwilliges Engagement
ebenso zu zählen sind wie die anteilige Finanzierung durch Spenden, aber auch
durch Mitgliedsbeiträge, markant von anderen Dienstleistern vor Ort unterscheiden. Nach diesem Modell arbeiten Kommunen nicht vorrangig unter Kostenge-
sichtspunkten mit gemeinnützigen Vereinen zusammen, obgleich dies durchaus
auch eine Rolle spielen kann. Vielmehr betrachten Rat und Verwaltung die Zusammenarbeit mit Vereinen und ihrer Mitgliedschaft als Chance einer besseren
Einbindung von Verwaltungshandeln sowie gleichzeitig als Möglichkeit der
Aktivierung bürgerschaftlichen Engagements. Unter dem Leitmotiv des „aktivierenden oder ermunternden Staates" wird hierbei eine Verantwortungsteilung bei
der Erstellung öffentlicher Güter sowie sukzessive eine Neubestimmung des
Verhältnisses von öffentlich und privat angestrebt (Evers/Leggewie 1999). Im
Idealfall wird nach diesem Modell von Seiten der Kommune Verantwortung an
die Gesellschaft zurückgegeben, wobei jedoch die Gewährleistungsfunktion der
Kommune und damit das finanzielle Netz erhalten bleiben.

Mit maßgeblicher partizipativer Komponente gestaltet sich kommunale Daseinsvorsorge nach diesem Modell in erster Linie als „welfare mix", wobei Vereine neben der Dienstleistungsfunktion vor allem auch sozial-integrative Funktionen wahrnehmen (Evers/Olk 1996). Der Steuerungsmodus dieses Ansatzes entspricht eher der Verhandlungstradition. Dabei ist allerdings im Unterschied zum
klassischen neo-korporatistischen Arrangement der Kreis der Verhandlungsteil-
nehmer nicht exklusiv geschlossen, sondern auch für neue Anbieter zugänglich.

Vereine als Akteure im „welfare-mix"

Welche Konsequenzen sich durch ein Verfolgen der unterschiedlichen Reformansätze ergeben, d.h. ob die Entwicklung eher in die Richtung „aktivierender Staat" geht oder aber das Neue Steuerungsmodell und damit Leistungsvereinbarungen und Kontraktmanagement in Zukunft die Zusammenarbeit zwischen
gemeinnützigen Organisationen – sprich Vereinen – und Kommune prägen wird,
wurde exemplarisch in Jena und Münster untersucht. Die folgenden Fragestellungen leiteten die Untersuchung:

- Welche Bedeutung haben gemeinnützige Organisationen, d.h. Vereine, im
  Vergleich zu staatlichen oder kommerziellen Anbietern im Rahmen kom-
  munaler Daseinsvorsorge in Jena und Münster?
- Auf welcher Grundlage arbeiten Vereine und Kommune in Münster und
  Jena zusammen? Ist die Kooperation vorrangig durch Leistungsvereinbarun-
  gen bzw. durch Verträge geprägt oder sind auch andere Formen der Zusam-
  menarbeit von Bedeutung?
- Lassen sich im Hinblick auf die Zusammenarbeit zwischen gemeinnützigen
  Vereinen und kommunaler Verwaltung Unterschiede bzw. Gemeinsamkeiten in Ost- und Westdeutschland feststellen?

3.3 Methodik und Feldbeschreibung

3.3.1 Methodik

Dokumentenanalyse   Die Ergebnisse des Städtevergleichs basieren auf einem Methodenmix aus Dokumentenanalyse und Experteninterviews. Während sich die Aussagen zur Bedeutung bzw. zur Leistungstiefe der jeweiligen Vereine in den betreffenden Bereichen im Wesentlichen auf die Ergebnisse der Dokumentenanalyse stützen, basieren die Ausführungen zur Kooperation und Zusammenarbeit mit der Kommune vor allem auf den in den Interviews ermittelten Informationen.

Im Rahmen der Dokumentenanalyse wurden Veröffentlichungen von Vereinen, Rat, Verwaltung und Parteien ausgewertet. Ferner wurde ein Pressespiegel der ortsansässigen Tageszeitungen angelegt. Insgesamt wurden in Münster und Jena 67 Interviews mit Vertretern von Politik, Verwaltung und Vereinen durchgeführt. In Jena beschränkte sich die Feldarbeit auf die Zeit von April 1997 bis Juni 1997; in Münster wurden die Interviews von April 1997 bis Mai 1998 durchgeführt.

Experteninterviews   Interviewt wurden in beiden Städten pro Bereich jeweils die Vorsitzenden der Ratsausschüsse, die Beigeordneten (Dezernenten) und die Amtsleiter. Bei den Vereinen wurde jeweils ein Vertreter oder eine Vertreterin der geschäftsführenden Ebene (Mitglied des Vorstands oder Geschäftsführer) interviewt. Unter Berücksichtigung des Kriteriums der Vergleichbarkeit wurde pro Bereich in Jena und Münster mindestens ein zentraler Verein in der Untersuchung berücksichtigt. Die Interviews wurden leitfadengestützt als Expertengespräche geführt, wobei sich die Dauer in der Regel auf 60 bis 90 Minuten belief.

3.3.2 Städteprofile im Vergleich

Wie bereits beschrieben, kommt Münster als „Hauptstadt Westfalens" (Jacobi 1994) und Bischofssitz (280.000 Einwohner) in einem überwiegend ländlich geprägten Umland traditionell die Funktion eines politischen, wirtschaftlichen und kulturellen Zentrums zu.

Münster und Jena als Oberzentren   Jena ist eine der fünf kreisfreien Städte Thüringens mit knapp 100.000 Einwohnern. Jena ist bekannt zum einen durch seine alte, 1588 gegründete Universität, zum anderen als traditioneller Produktionsstandort hochwertiger optischer Produkte und Glaswaren. Ebenso wie Münster übernimmt Jena die Funktion eines Oberzentrums in einem weitgehend ländlich geprägten Umland. An erster Stelle ist hier die medizinische Versorgung zu nennen, die in Jena vor allem durch die Universitätsklinik gewährleistet wird. Darüber hinaus befindet sich in Jena wie in Münster eine Reihe von Verwaltungsbehörden. In beiden Städten spielt die Universität als Arbeitgeber eine herausragende Rolle, obgleich die Anzahl der Studierenden in Jena deutlich geringer als in Münster ist.

Während das Wirtschaftsleben der Stadt Münster, die als wohlhabende Stadt der Angestellten und Beamten gilt, auf Handel und Dienstleistung konzentriert ist, kann in Jena noch von einem nicht abgeschlossenen Prozess der Tertiärisierung gesprochen werden. Zu Zeiten der DDR war der Großteil der Bevölke-

rung in der Produktion des Carl Zeiss-Kombinats tätig; bedingt durch Strukturwandel ist die Arbeitslosigkeit in Jena heute erheblich höher als in Münster, wo
sie unter dem NRW-Landesdurchschnitt liegt.

Im Vergleich zeigt sich, dass historisch bedingt Jena und Münster bezüglich
ihrer Prägung und ihrer Sozialstruktur erhebliche Unterschiede aufweisen. Münster war und ist Zentrum eines sozial engagierten Katholizismus, während Jena
traditionell protestantisch geprägt war, die Kirchenbindung jedoch infolge des
Staatssozialismus – wie insgesamt in den neuen Ländern – nur gering ausgeprägt
ist. So bekennen sich in Jena heute nur 15% der Einwohner zu einer Konfession.
In Münster sind hingegen 56% aller Einwohner Katholiken und 20% Protestan-
ten. Entsprechend der starken Verankerung der katholischen Kirche weisen auch
die politischen Verhältnisse Münsters Kontinuität aus: Bis auf eine einzige Le-
gislaturperiode regierte eine CDU-Mehrheit. Jena verfügt nach der Wende über
ein noch nicht abschließend konsolidiertes Parteiensystem, mitgliederstärkste
Partei ist die PDS. Die Konsolidierung der Verwaltung in Jena war zum Untersuchungszeitpunkt jedoch bereits relativ fortgeschritten. Unterschiede zwischen
Münster und Jena wurden in den Interviews allerdings hinsichtlich des Stellenwerts der Verwaltungsmodernisierung deutlich. In Münster wurde die Modernisierung nach Maßgabe des Neuen Steuerungsmodells federführend vom damaligen Kämmerer der Stadt initiiert. Neben den eher binnenorientierten Elementen
der Verbesserung von Effizienz und Wirtschaftlichkeit wurde im Untersuchungszeitraum in Münster der Zielkategorie „mehr Bürgerorientierung" im
Rahmen des Modernisierungsprozesses ein hoher Stellenwert eingeräumt (vgl.
Kohl 1998). Im Unterschied zu Münster kam in Jena zum Untersuchungszeitpunkt der Verwaltungsmodernisierung kein zentraler Stellenwert zu. Einzelne
Elemente des Neuen Steuerungsmodells, wie etwa die Einführung von Kontraktmanagement, wurden weniger mit der Spezifik der Verwaltungsmodernisierung, sondern eher mit der Transformation und Anpassung der Jenaer Verwaltung an grundlegend veränderte Umweltbedingungen in Verbindung gebracht.

Das Image Münsters als einer reichen Stadt bestätigte sich auch mit Blick
auf den Haushalt, der entgegen dem allgemeinen Trend (vgl. Karren-
berg/Münstermann 1998) in Münster im Untersuchungszeitraum ausgeglichen
war, obgleich die Ausgaben kontinuierlich in jedem Jahr gestiegen waren. Im
Gegensatz zu Münster versuchte Jena im Untersuchungszeitraum, die Ausgaben
zu kürzen. Der kommunale Handlungsspielraum war in Jena im Untersuchungszeitraum deutlich kleiner als der in Münster.

Andere Auffassung und Umsetzung der Prozesse der Verwaltungsmodernisierung in Münster und Jena

3.4 Der Bereich Soziale Dienste und Gesundheit

3.4.1 Rechtliche Rahmenbedingungen

Für den Bereich Soziale Dienste und Gesundheit bestimmen Bundes- und Lan-
desgesetze den Rahmen kommunalpolitischen Handelns. Zu nennen sind hier
insbesondere das Bundessozialhilfegesetz (BSHG) sowie das Pflegeversicherungsgesetz (PflegeVG). Da im „dualen System" den Vereinen der Wohlfahrtspflege, namentlich den Wohlfahrtsverbänden, ein bedingter Vorrang gegenüber

Vereine der Wohl-fahrtsverbände privilegiert im dualen System

öffentlichen Trägern eingeräumt wird, besteht auf lokaler Ebene ein ausdifferen-
ziertes Spektrum nicht-staatlicher Leistungsträger. Traditionell sind die Wohlfahrtsverbände, organisiert in Vereinsform, in die Bedarfsplanung vor Ort direkt
eingebunden (Heinze/Olk 1981; Backhaus-Maul 1998). Aufgrund der Gesetzes-
novellierung in den 1990er Jahren ist es hier zumindest tendenziell zu einer
Gleichstellung aller Leistungsträger gekommen. Am weitesten gehen in dieser
Hinsicht die Bestimmungen des Pflegeversicherungsgesetzes. Als Tendenz lässt
sich festhalten, dass bei den über Leistungsentgelte finanzierten Diensten im
Sozialen und im Gesundheitsbereich der Organisationsform des Trägers keine
besondere Bedeutung mehr zukommt. Während im BSHG noch ein bedingter
Vorrang der Vereine der Wohlfahrtspflege festgelegt ist, spielt die Organisati-
onsform im Pflegeversicherungsgesetz keine Rolle.

3.4.2 Zur Bedeutung der Vereine als soziale Dienstleister in Münster und Jena

Ein Blick auf die den Bürgern in den beiden Städten zur Verfügung stehenden
Versorgungseinrichtungen im Bereich Soziale Dienste und Gesundheit zeigt,
dass Münster über eine sehr ausdifferenzierte Angebotspalette verfügt. In Jena
fällt diese dagegen vergleichsweise bescheiden aus (vgl. Abbildung 28). Es wird
deutlich, dass es sich im Fall von Münster um eine sehr gut ausgestattete Stadt
handelt, demgegenüber ist Jena transformationsbedingt wesentlich schlechter
gestellt.

Obgleich Münster gemessen an der Einwohnerzahl nur gut doppelt so groß
ist wie Jena, verfügt die Stadt im sozialen Dienstleistungsbereich über ein weites
Spektrum von Einrichtungen, wobei im Vergleich zu Jena insbesondere der Bereich der Seniorenbetreuung stark vertreten ist. Rein quantitativ, von der Zahl der
Einrichtungen betrachtet, kann zum einen festgehalten werden, dass Einrichtungen in staatlicher bzw. kommunaler Trägerschaft sowohl in Münster als auch in
Jena eine nachgeordnete Rolle zukommt. Unter Berücksichtigung der Einwohnerzahl ist das staatlich/kommunale Segment in Jena allerdings stärker präsent
als in Münster.

Vereine als Träger in Münster stärker vertreten als in Jena
Wesentlich prominenter vertreten als in Jena ist in Münster eine ausgeprägte
und differenzierte Vereinslandschaft. Während die Anzahl der gemeinnützigen
und der kommerziellen Anbieter sich in Jena in etwa die Waage halten, befinden
sich in Münster mehr als doppelt so viele Einrichtungen in gemeinnütziger wie
in privat-kommerzieller Trägerschaft. In beiden Städten übersteigt die Anzahl
der privat-kommerziellen Anbieter jeweils die Anzahl der staatlichen oder kommunalen Dienstleister.

So befindet sich in Münster kein Krankenhaus in der Trägerschaft der Stadt,
zwei Häuser sind dem gemeinnützigen Bereich zuzurechnen, wobei eine Fach-
klinik als e.V. organisiert ist und ein weiteres Haus als gemeinnützige GmbH
geführt wird. Die neben der Universitätsklinik vorhandenen sechs Häuser werden von Ordensgemeinschaften als GmbHs geführt und fallen so aus dem ge-
meinnützlichen Sektor heraus. In Jena sind alle Krankenhäuser der Universitätsklinik zuzurechnen, im Bereich der Gemeinnützigkeit bemüht sich lediglich ein
Verein „Anthroposophische Medizin" um die Gründung eines eigenen Hauses.

Abbildung 28:   Einrichtungen im Sozial- und Gesundheitsbereich

Bereich	Stadt		Gemeinnützige Organisationen		Andere		Insgesamt	
	Münster	Jena	Münster	Jena	Münster	Jena	Münster	Jena
Krankenhäuser/ Kliniken	0	0	2	0	7	1	9	1
Senioren- und Pflegeheime	0	2	13	7	10	1	23	10
Seniorenbegegnungsstätten	7	1	48	7	0	0	55	8
Behindertenwohnheime/ Werkstätten	0	1	1	2	0	0	1	3
Sozialstationen/ Pflegedienste	0	9	16	6	20	19	36	25
Betreutes Wohnen	6	1	12	1	6	0	24	2
Übergangswohnheime für Aussiedler	1	2	0	0	0	0	1	2
Insgesamt	14	16	92	23	43	21	149	60

Quelle: Münster: Informationen des Sozialamtes; Jena: Bericht zur Feldarbeit Kreinkenbom/Harbeck

In Münster wie in Jena finden sich die meisten privat-kommerziellen Anbieter im Bereich der Pflegedienste. Wie noch gezeigt wird, sind in Münster hier auch inzwischen als GmbH organisierte Mitgliederorganisationen der Wohlfahrtsverbände zu finden. Ähnlich wie bei den Krankenhäusern ist im hoch regulierten Pflegebereich ein Wechsel der Trägerschaftsstrukturen festzustellen. An die Stelle von eingetragenen Vereinen (e.V.) treten zunehmend nicht-gemeinnützig organisierte Anbieter, die aber durchaus noch Mitgliederorganisationen eines Wohlfahrtsverbandes sein können.

Privat-kommerzielle Anbieter vor allem im Pflegebereich

Insgesamt lässt sich hinsichtlich der Verteilung der Trägerschaftsformen in beiden Städten eine starke Stellung von gemeinnützigen Organisationen, in der Regel Vereine festhalten, die allerdings in Jena durch einen vergleichsweise hohen Anteil privat-kommerzieller Anbieter sowie durch einen größeren kommunalen Anteil leicht modifiziert ist. Im Folgenden wird die interne Strukturierung des Spektrums gemeinnütziger Organisationen in den beiden Städten näher betrachtet.

3.4.3   Zur Trägerlandschaft der sozialen und karitativen Vereine in Münster und Jena

Eine bereichsspezifische Betrachtung der gemeinnützigen Organisationen ergibt in Münster das folgende Bild:

- Der Caritasverband ist nach Angebotspalette, Umsatz und Personal der zentrale Anbieter. Er versteht sich als modern geführtes „Dienstleistungsunternehmen, das nach ökonomischen Prinzipien arbeitet" (Caritasverband 1996). Der Verband machte keine Angaben zur Anzahl seiner Beschäftigten; Schätzungen gehen aber von etwa 800 Mitarbeitern aus. Die Caritas Münster ist als Holding organisiert, der sowohl e.Vs. als auch nicht-gemeinnützige Organisationen angeschlossen sind. So sind alle Einrichtungen der stationären und teilstationären Alten- und Behindertenhilfe, der ambulanten Pflege sowie die Sozialstationen der „Caritas Betriebsführungs- und Trägergesellschaft Münster mbH" angeschlossen, während das Fachseminar für Altenpflege als GmbH organisiert ist. Zu den als e.V. organisierten Mitgliedern des Verbandes zählen unter anderem der Sozialdienst katholischer Frauen sowie der Katholische Verein für Soziale Dienste (Caritasverband 1997a).

- Ebenfalls prominent vertreten ist das Diakonische Werk, das 1996 rund 520 Mitarbeiter und 50 Zivildienstleistende beschäftigte.

- Dem Deutschen Roten Kreuz – Kreisverband Münster e.V. (DRK) – kommt mit rund 120 Mitarbeitern, 56 Zivildienstleistenden und 15.000 persönlichen Mitgliedern ebenfalls eine beachtliche Bedeutung zu (Interview 1997). Schwerpunkt der Arbeit des DRK sind die ambulanten Dienste.

- Die AWO – Kreisverband Münster e.V. – verfügt über circa 140 Mitarbeiter (vgl. AWO 1997). Analog zur Caritas ist auch die AWO dazu übergegangen, Arbeitsbereiche wie bspw. die Behindertenwerk- und -wohnstätten als gemeinnützige GmbH zu führen.

- Dem Paritätischen Wohlfahrtsverband – Kreisgruppe Münster (DPWV) – als Dach der nicht konfessionell oder weltanschaulich orientierten gemeinnützigen Organisationen sind über 106 Mitgliedsorganisationen mit rund 450 hauptamtlichen Mitarbeitern angeschlossen. Die vergleichsweise starke Stellung des DPWV ist vor allem auf die etwa ab Mitte der 1970er Jahre entstandenen Vereine und Initiativen zurückzuführen, die in der Universitätsstadt zumindest anfänglich dem Umfeld der neuen sozialen Bewegungen zuzurechnen waren. Zum Untersuchungszeitpunkt waren in der Geschäftsstelle des DPWV 20 Mitarbeiter und sieben Zivildienstleistende (vgl. DPWV 1997) beschäftigt. Der DPWV bietet hier auch direkt Dienste an, wozu der Mahlzeitendienst „Essen auf Rädern" und die Trägerschaft der Münsteraner Informations- und Kontaktstelle für Selbsthilfe (MIKS) zu zählen sind.

- Ergänzend ist die Jüdische Gemeinde als kommunaler Verband der Zentralwohlfahrtsstelle der Juden in Deutschland mit zwei Angeboten im Rahmen der Jugend- und Sozialarbeit zu erwähnen.

- Die Hilfsorganisationen – Malteser-Hilfsdienst (MHD), Johanniter-Unfall-Hilfe (JUH) und Arbeiter-Samariter-Bund (ASB) – bieten schwerpunktmäßig Fahrdienste an. Der MHD (kath.) beschäftigt 17 hauptamtliche Mitarbeiter und 40 Zivildienstleistende.

- Das evangelische Pendant, die JUH, arbeitet mit 27 Hauptamtlichen und 17 Zivildienstleistenden. Der ASB verfügt über 15 hauptamtliche Mitarbeiter und 50 Zivildienstleistende (Angaben aus Presseberichten).

- Ferner lässt sich ein breites Spektrum kleinerer Vereine feststellen, die meist dem DPWV angeschlossen sind. Zum einen bieten diese Vereine Dienste für sehr spezifische Zielgruppen an. Als größter dieser Art von Vereinen ist die Lebenshilfe mit 55 Beschäftigten zu nennen. Zum anderen handelt es sich um Fördervereine, die etablierte Dienstleister wie etwa Krankenhäuser oder Pflegeheime unterstützen. Einen weiteren Typ stellen ausschließlich auf ehrenamtliches Engagement rekurrierende Vereine dar, die individuelle Hilfen anbieten. Ein Beispiel hierfür ist die „Münster-Tafel".
- Ergänzend zu nennen sind die rund 300 Selbsthilfegruppen (MIKS 1996a), von denen etwa die Hälfte inzwischen als e.V. organisiert ist, insbesondere da ihre Angebote eine gewisse finanzielle Basis voraussetzen, wenn eine bezahlte Betreuung gewünscht wird, eine ABM-Kraft eingestellt oder ein Beratungstelefon eingerichtet werden soll (Interview).
- Schließlich sind 16 Stiftungen zu nennen, denen zum einen als Träger von Einrichtungen, zum anderen als Financiers von sozialen Leistungen eine ganz entscheidende Bedeutung zukommt. Acht Stiftungen werden treuhänderisch von der Stadt verwaltet (Jacobi 2000). Während die nicht von der Stadt verwalteten Stiftungen als Anstaltsstiftungen vor allem im Bereich der Altenpflege operativ tätig sind, verfügen die städtisch verwalteten Stiftungen aufgrund von Immobilien und Kapitalien über ein Vermögen von rund 180 Millionen Euro, dessen Erträge zur Finanzierung von sozialen Leistungen und insbesondere für die Förderung der Selbsthilfe sowie in zunehmenden Maße zur Unterstützung des ehrenamtlichen Engagements eingesetzt werden. Die treuhänderische Stiftungsverwaltung ist dem Sozialdezernat der Stadt zugeordnet, so dass das Dezernat in beachtlichem Umfang über zusätzliche „freie" Mittel verfügt.

Stiftungen zentral in Münster

Auch in Jena findet sich ein breites Spektrum von gemeinnützigen Organisationen im sozialen Bereich. Die Wohlfahrtsverbände haben hier ebenfalls eine zentrale Position inne, doch im Gegensatz zu Münster kommt den konfessionellen Verbänden keine prominente Bedeutung zu:

- Der bedeutendste Wohlfahrtsverband in Jena ist das Deutsche Rote Kreuz – Kreisverband Jena-Eisenberg-Stadtroda. Die „Vorwendeorganisation" DRK beschäftigte 1997 270 Mitarbeiter und 80 Zivildienstleistende, die durch 250 ehrenamtliche Helfer unterstützt wurden (Interview). Auch der Rettungsdienst ist in der Obhut des DRK, dem 12.000 persönliche Mitglieder (7.500 davon in der Stadt Jena) angehören.

Das DRK als Vorwendeorganisation in Jena verwurzelt

- Die Arbeiterwohlfahrt – Kreisverband Jena e.V. ist gemessen an ihren Mitarbeitern der zweitgrößte Verband der Stadt. Die AWO beschäftigt 93 Mitarbeiter sowie zwei Zivildienstleistende. Als „Import" aus den alten Ländern hat die AWO mit lediglich 146 Mitgliedern im Vergleich zum DRK jedoch einen nur geringen Rückhalt in der Bevölkerung. Der Verband hat sich vor allem im Zuge der Übernahme staatlicher sozialer Einrichtungen etabliert und ist im Bereich der Selbsthilfegruppen aktiv.
- Dem Deutschen Paritätischen Wohlfahrtsverband, der in der Stadt keine Geschäftsstelle unterhält, ist als größter Mitgliedsverein die Volkssolidarität

- Kreisverband Jena-Saale-Holzlandkreis e.V. angeschlossen, die zu den „Vorwendeorganisationen" (vgl. Angerhausen 2003) zählt und mit ca. 4.000 Mitgliedern über eine feste Basis in der Bevölkerung verfügt. Weitere „große" Mitglieder des DPWV sind die Lebenshilfe für das behinderte Kind und der Arbeiter-Samariter-Bund.

- Die Caritas gehört ebenfalls zu den „Vorwendeorganisationen". Mit weniger als drei Mitarbeiterinnen hat die Caritas im Vergleich zu Münster jedoch eine marginale Bedeutung.

- Die Kreisstelle des Diakonischen Werkes ist lediglich Träger einer Sozialstation und eines Seniorenzentrums und damit in der Leistungserstellung relativ bedeutungslos.

- Die Hilfsdienste Malteser-Hilfsdienst (MHD), Johanniter-Unfall-Hilfe (JUH) und Arbeiter-Samariter-Bund (ASB) haben sich vor allem in den Fahrdiensten eine feste Position geschaffen.

- Ferner sind rund 70-80 Selbsthilfegruppen zu nennen, die hauptsächlich im Bereich der Gesundheitshilfe tätig sind. Allerdings finden sich auch Gruppen, die Hilfe für Arbeitslose und Senioren sowie für Menschen in besonderen Situationen wie etwa alleinerziehende Frauen anbieten. Auch hier sind einige Gruppen als e.V. organisiert, und zwar dann, wenn das Leistungsspektrum über die Gruppe hinaus durch Fortbildungsveranstaltungen oder Beratungen ausgeweitet wurde. Des Weiteren findet sich eine Reihe von Seniorengruppen, die aus den Gewerkschaften und dem ehemaligen Kombinat Carl Zeiss hervorgegangen sind.

Wohlfahrtsverbände in beiden Städten zentral In Münster und Jena zeichnet sich der gemeinnützige soziale Dienstleistungsbereich durch Trägerpluralität aus, wobei in beiden Kommunen die Wohlfahrtsverbände stark vertreten sind. Gleichzeitig gibt es in Jena und in Münster eine große Zahl von Selbsthilfegruppen. Vergleicht man die jeweilige Trägerlandschaft, so zeigt sich deutlich die Milieubindung der gemeinnützigen Vereine und Organisationen. In der Bischofsstadt Münster sind die konfessionell gebundenen Wohlfahrtsverbände die stärksten Dienstleister. In Jena fällt dagegen auf, dass vor allem die Verbände stark sind, die schon vor der Wende in der DDR große Aktivität gezeigt haben; das DRK macht dies besonders deutlich, aber auch die Volkssolidarität unter dem DPWV hat eine bedeutende Stellung. Die konfessionellen Verbände spielen dagegen nur eine untergeordnete Rolle, auch wenn sie – wie die Caritas – schon in der DDR aktiv waren. Die aus den alten Bundesländern nach Jena gekommenen Verbände haben, wie die AWO zeigt, Schwierigkeiten, sich bei der Bevölkerung zu etablieren, und auch der DPWV hat letztlich nur Bedeutung aufgrund der mitgliederstarken Volkssolidarität als einer „Vorwendeorganisation".

Trend zur GmbH-isierung Als ein Ergebnis der Interviews ist festzuhalten, dass sich im Hinblick auf die Veränderungen der Trägerlandschaft vor allem in Münster ein klarer Trend erkennen lässt. In den Arbeitsbereichen, die durch die Sozial- und Pflegegesetzgebung hoch reguliert sind und in denen die gemeinnützigen Organisationen weitgehend auf Leistungsentgelte rekurrieren, kommt es verstärkt zur Änderung der Organisations- und Rechtsform. Mit der Auslagerung von Diensten in GmbHs haben die Wohlfahrtsverbände in einigen Sparten den Auszug aus dem

Bereich der Gemeinnützigkeit begonnen und organisieren diese Dienstleistungserstellung zunehmend in nicht-gemeinnützigen Rechts- und Organisationsformen. Da aber auch die nicht-gemeinnützigen Organisationen unter dem Dach des
Verbands verbleiben, geht der Verbandseinfluss nicht verloren. Die Caritas ist
nach wie vor der zentrale Anbieter in Münster und hat als solcher, wie in der
Folge noch gezeigt wird, auch weiterhin kommunalpolitisch einen ganz erheblichen Einfluss.

3.4.4   Kommunale Förderung

3.4.4.1   Sozialetat

In Münster betrug das Budget des Sozialdezernats im Haushaltsansatz 1997   Kontinuität in
(Haushaltsplan 1997) insgesamt 293 Millionen DM, das waren rund 29 Prozent   Münster
der Gesamtsumme des Verwaltungshaushaltes. Das Budget des Sozialamts hatte
hieran mit 145 Millionen DM (49,5%) den größten Anteil. Innerhalb des Zeit-
raums von 1995-1997 erhöhte sich der Etat des Sozialamts erheblich. Der Haushaltsansatz 1997 bedeutet gegenüber 1995 eine Steigerung von 14 Millionen DM
oder 10,7 Prozent. Das freie Budget (12,2 Millionen DM) blieb nominell kon-
stant, verringerte sich anteilig allerdings von 9,2 auf 8,4 Prozent.

Abbildung 29:   Die Ausgaben der Sozialämter in Münster und Jena nach
                  Verwendungszweck

Verwendungszweck	Summe der Ausgaben in Münster		Summe der Ausgaben in Jena	
	in Mio. DM	in Pro-zent	in Mio. DM	in Prozent
Sozialverwaltung	12,7	8,7	5,3	15,1
Hilfe zum Lebensunterhalt	82,3	56,7	22,7	64,7
Weitere Hilfe aufgrund verschiedener rechtlicher Grundlagen	34,9	24,1	0,8	2,3
Förderung der Wohlfahrtspflege	5,7	3,9	2,5	7,1
Sonstige freiwillige Aufgaben	6,5	4,5	3,8	10,8
Sonstige Ausgaben	3,1	2,1	-	0
Insgesamt	145,2	100	35,1	100

Datenbasis: Haushaltspläne Münster und Jena 1997

Für das Haushaltsjahr 1997 hatte die Stadt Jena für den Bereich Soziales ein-   Rückgang in Jena
schließlich der Kinder- und Jugendhilfe Ausgaben von insgesamt knapp 91 Millionen DM eingeplant. Davon entfielen 35,1 Millionen DM auf das Budget des
Sozialamts. Im Vergleich zum Vorjahr ließ sich hier ein Rückgang von rund 14
Millionen DM feststellen, was im Wesentlichen auf das Inkrafttreten der zweiten

Stufe der Pflegeversicherung zurückzuführen war. Im Bereich der Förderung der Wohlfahrtspflege lassen sich im Vergleich zu den Vorjahren nur kleine Änderungen festhalten, wobei dessen prozentualer Anteil am gesamten Sozialetat im Vergleich zu 1996 von 5,3 auf 7,1 Prozent zugenommen hat.

Auch wenn Münster finanziell wesentlich besser ausgestattet ist: Im Vergleich zu Münster gehen anteilsmäßig in Jena deutlich höhere Mittel an die Sozialverwaltung.

3.4.4.2   Vergabepraxis

Höheres Förderungsniveau in Münster

An finanzieller Förderung wurden gemeinnützigen Organisationen im Sozial- und Gesundheitswesen in Münster 1997 innerhalb des freien Budgets 7,2 Millionen DM und in Jena rund 1,9 Millionen DM bereitgestellt. Bezogen auf die Einwohnerzahl der Städte ergibt sich, dass in Münster im Untersuchungsjahr pro Einwohner rund 28 DM und in Jena lediglich 17 DM aufgebracht wurden. Hierbei sind im Fall von Münster die Stiftungsgelder als nicht-kommunale Mittel nicht mitberücksichtigt, so dass sich hier im Vergleich zu Jena ein deutlich höheres Förderungsniveau ergibt.

Institutionelle Förderung ausgeprägt in Münster

In Münster wird fast ausschließlich institutionell gefördert. 1997 standen lediglich 124.000 DM als Projektmittel zur Verfügung. In Münster stellen die Vereine einen Antrag an den Ausschuss oder direkt an den Rat. Bei Bewilligung wird die Fördersumme mehr oder weniger automatisch im nächsten Haushaltsjahr fortgeschrieben. Pro Haushaltsjahr ist ein Verwendungsnachweis zu erstellen (Zuschussbescheid 1997). Bei Trägern, die gleich mehrere Dienstleistungen anbieten, werden Zuschüsse für bestimmte, schriftlich fixierte Aufgabenfelder vergeben. Diese Form der Förderung ist jedoch nicht mit einem Leistungsvertrag gleichzusetzen, sondern stellt eine Form der auf Dauer gestellten institutionellen Förderung dar.

Aufteilung der Fördergelder unter den Wohlfahrtsverbänden

Schwerpunktmäßig werden in Münster die Wohlfahrtsverbände gefördert, an die im Jahr 1997 Mittel in Höhe von 875.000 DM gingen. Die Mittel werden von den Verbänden praktisch „unter sich" nach Beschluss der AG 95 und nach Stärke der Verbände aufgeteilt, und zwar Caritas 35%, Diakonisches Werk 20%, AWO, DRK und DPWV je 15%. Bei der AG 95 handelt es sich um ein bereichsübergreifendes strategisches Gremium, an dem die Geschäftsführer der Wohlfahrtsverbände und die Verwaltungsspitze teilnehmen. Insgesamt ist die Förderung in Münster auf Wachstum angelegt, da zahlreiche Zuschussvereinbarungen eine Klausel über die Dynamisierung der Mittel, d.h. eine bestimmte jährliche Steigerungsrate, enthalten. In diesem Zusammenhang bemerkte treffend der Kämmerer der Stadt Münster:

> „Freiwillige Aufgaben werden zu Pflichtaufgaben, wenn man sie erst mal übernommen hat."

Auch in Jena erfolgt die Mittelvergabe auf Antragstellung, und zwar gemäß den dafür erarbeiteten Richtlinien (Interview/Kämmerer), wobei „die Zuschüsse ... ausschließlich und unmittelbar für den im Antrag zu bezeichnenden Zweck zu verwenden" (ebenda.) sind. Unter Berücksichtigung des vorgegebenen Budgets unterbreitet die Verwaltung dem Sozialausschuss einen Vorschlag für die Behandlung der einzelnen Anträge, über den im Rat entschieden wird (Richtlinie Sozialamt 1997).

Anders als in Münster wird in Jena keine Pauschalförderung an die Wohl-
fahrtsverbände gewährt, vielmehr werden die Zuschüsse vom Jenaer Sozialamt jeweils direkt an die Einzelorganisation vergeben. Als Zuschussformen sind Anteils-, Fehlbedarfs- und Festbetragsfinanzierung möglich, wobei vor der Bewilligung jeweils zu prüfen ist, welche Finanzierungsart „den Grundsätzen der Wirtschaftlichkeit und Sparsamkeit am besten entspricht" (Richtlinie 1997). So erhielt beispielsweise die AWO einen 10-prozentigen Zuschuss zu den Kosten ihrer Geschäftsstelle, musste jedoch die „Verwendung der Mittel genau spezifizieren" (Interview AWO). Darüber hinaus muss angemerkt werden, dass die Fördermittel, die für die Wohlfahrtsverbände bereitgestellt werden, eine rückläufige Tendenz aufweisen. Zurückzuführen ist der Rückgang der Fördermittel um mehr als die Hälfte seit 1995 auf die Bestrebungen der Wohlfahrtsverbände, ihre Aktivität auf Bereiche zu verlagern, in denen eine volle Finanzierung durch Leistungsentgelte erreicht werden kann.

Keine Pauschal-förderung in Jena

Abbildung 30:   Entwicklung der Fördermittel an Wohlfahrtsverbände

	1995	**1996**	**1997**
Höhe der Fördermittel, in Tsd. DM	686	498	311
Entwicklung zum Vorjahr, in %	-	- 27,4	- 37,6

Quelle: Stadt Jena, Haushaltsplan 1997

Dieser Trend ist für Jena in besonderem Maße herauszustellen. Wie in den Interviews deutlich wurde, versuchen Kommune und soziale Dienstleister hierdurch insbesondere den Beschäftigungsstand zu halten. Dabei wird die gemeinnützige Organisation in gewisser Weise als wirtschaftlich orientierter Kooperationspartner der Kommune bzw. als „kommunaler Subunternehmer" betrachtet.

3.4.4.3   Kooperation zwischen gemeinnützigen Organisationen und der Kommune

3.4.4.3.1 *Münster*

In Münster lassen sich hinsichtlich der Zusammenarbeit zwischen gemeinnützi-
gen Organisationen und Kommune im Bereich Soziales drei Formen feststellen. Zum einen gibt es in Münster etablierte Gremien der gemeinsamen Planung und Koordination, in denen vor allem die Wohlfahrtsverbände ihren Einfluss geltend machen. Als Beispiel kann hier die AG 95 genannt werden, die bereichsübergreifend die Geschäftsführer der Wohlfahrtsverbände und die Verwaltungsspitze zusammenführt. Wie bereits erwähnt, wird in diesem als eher klassisch neokor-

Etablierte Koopera-tion in Arbeitsge-meinschaften

poratistisch zu charakterisierenden Gremium unter anderem über die Aufteilung des Zuschusses an die einzelnen Wohlfahrtsverbände entschieden.

Zum anderen kommt dem Lobbying eine wichtige Bedeutung zu. So bemerkte der stellvertretende Leiter des Sozialamtes im Interview:

> „Lobbyarbeit ist für Vereine und Verbände fast wichtiger als ein konzeptionell durchdachter Antrag, und die Politik hat ganz oft einfach Angst, einen Negativbescheid zu fällen. (...) Die NPO haben ihre Pfründe gesichert und in den vergangenen Jahren des Wohlstandes sogar ausgebaut; jetzt dort Kürzungen anzusetzen, würde ein riesiges Geschrei auslösen. Und die NPO sind ja sehr geschickt darin, die Presse zu mobilisieren und sich öffentlich in der Opferrolle der Technokraten darzustellen."

Transparenz und Kontrolle durch Kontraktmanagement

Die Verwaltung versucht, dieser Praxis entgegenzuwirken, indem sie sich bemüht, das Instrument des Kontraktmanagements einzusetzen, wodurch die Zusammenarbeit transparenter gestaltet und gleichzeitig die Kontrolle der Verwaltung gegenüber der Leistungserstellung der gemeinnützigen Organisationen und Vereine erhöht werden soll. Der Trend, die Zusammenarbeit zwischen Kommune und gemeinnützigem Bereich nach Maßgabe des Neuen Steuerungsmodells zu gestalten, ist in Münster deutlich zu erkennen. So wurde in den Interviews wiederholt bestätigt, dass der Bereich der Sozialen Dienste verstärkt unter wettbewerbsähnliche Bedingungen gestellt wird. Da in Münster eine deutliche Macht- und Einflussasymmetrie gerade zwischen den konfessionellen Wohlfahrtsverbänden und den anderen gemeinnützigen Anbietern von Sozialen Diensten festzustellen ist, wird die Umstellung auf Vertragsbeziehungen insofern auch von Seiten der Träger eher begrüßt, da gerade die kleineren Anbieter sich dadurch eine Verbesserung ihrer Chancenstruktur ausrechnen.

In der Praxis muss jedoch festgestellt werden, dass die Einführung von Kontrakten die Bedeutung der Lobbyarbeit in Münster bisher nicht zurückgedrängt hat. Vielmehr setzt Lobbying jetzt zu einem früheren Zeitpunkt, und zwar bei der Ausarbeitung der Verträge, an. Perspektivisch werden die vertragsförmig gestalteten Beziehungen zwischen Kommune und der gemeinnützigen Organisations- und Vereinslandschaft jedoch einen höheren Stellenwert erhalten. Da unter diesen Bedingungen die Organisations- und Trägerschaftsform eher von nachrangiger Bedeutung ist, bleibt abzuwarten, ob es in diesem Bereich analog zum Gesundheitswesen in noch stärkerem Maße als bisher zur Auslagerung von Einrichtungen bzw. zur „GmbH-isierung" von gemeinnützigen Organisationen kommen wird.

Bedeutungsgewinn stadtteilbezogener Kooperationen

Schließlich gewinnt in Münster eine dritte Form der Kooperation zunehmend an Bedeutung, die eher sozialräumlich bzw. stadtteilbezogen und damit dezentral ausgerichtet ist. Danach wird auf Stadtteilebene von den kommunalen sozialen Diensten in Kooperation mit den gemeinnützigen Organisationen der Bedarf im Stadtteil ermittelt. Die freien Träger übernehmen daran anschließend weitgehend die Leistungserstellung (vgl. Stadt Münster 1998a). Ferner wird ebenfalls auf Stadtteilebene eine Vielzahl von Arbeitskreisen und „Runden Tischen" initiiert, an denen sowohl betroffene Bürger als auch die Vertreter der im Stadtteil arbeitenden gemeinnützigen Vereine und Organisationen beteiligt sind. Im Zusammenhang mit dieser dezentral angelegten Kooperationsstrategie ist die aktive Förderung der Freiwilligenarbeit zu sehen. So wurde vom Sozialdezernat in Kooperation mit dem Diakonischen Werk zum Zeitpunkt der Untersuchung ein Modellprojekt initiiert, das in einem Stadtteil die freiwilligen Ressourcen der Gemeindediakonie gezielt und koordiniert als Ergänzung und Prävention von stationärer Pflege einsetzen und fördern soll. Bewährt sich das Projekt, ist eine Ausdehnung auf das gesamte Stadtgebiet vorgesehen (Stadt Münster 1998). Parallel dazu entwickelt das Sozialdezernat im Untersuchungszeitraum das Konzept einer Freiwilligen-Agentur.

Ergänzend ist hier anzumerken, dass diese Form der sozialräumlichen Kooperation unter Aktivierung ehrenamtlichen Engagements in Münster vor allem durch Stiftungsgelder gefördert wird.

3.4.4.3.2 Jena

Auch in Jena erfolgt die Kooperation zwischen gemeinnützigen Organisationen und Kommune zunehmend auf Vertragsbasis. Allerdings wird hier das Instrument des Kontraktmanagements nicht eingesetzt, um dem Lobbying entgegenzuwirken, sondern um den Vereinen als Dienstleistungserbringern zu Planungssicherheit zu verhelfen. Seit dem „Wegbrechen des zweiten Arbeitsmarktes" (Interview) und der problematischen Hauhaltslage wird von Seiten der Verwaltung die jährliche Förderung der freien Träger nicht mehr als geeignet erachtet, das bisherige Dienstleistungsniveau aufrecht zu erhalten. An die Stelle der jährlichen Förderung, wobei von den Leistungserstellern ein Eigenanteil aufzubringen ist, treten Leistungsvereinbarungen, die vorrangig mit denjenigen gemeinnützigen Organisationen abgeschlossen werden, die in diesem Bereich schon engagiert sind und mit denen die Verwaltung bereits seit längerem zusammenarbeitet (Interview). In diesem Zusammenhang bemerkte der Dezernent für Kultur und Soziales im Interview:

Leistungsvereinbarungen auf dem Vormarsch

> „Es gibt wohl auch den Weg, dass Leistungsvereinbarungen auf dem Wege entstehen, dass sich bestimmte soziale Angebote in der Stadt auf dem Wege der Versorgung durch den zweiten Arbeitsmarkt etabliert haben, deren Qualität allgemein anerkannt wird. In solchen Fällen ist es typisch, auf den Weg der Ausschreibung zu verzichten und dieses Angebot abzusichern und es in dieser Trägerschaft zu belassen."

In Jena sind Leistungsvereinbarungen bzw. längerfristig angelegte vertraglich geregelte Kooperationsbeziehungen nur in den Bereichen zu finden, in denen gemeinnützige Organisationen als „Subunternehmer" Pflichtaufgaben der Kommune übernehmen. Die vertraglichen Vereinbarungen werden von den freien Trägern begrüßt, wenn nicht sogar aktiv eingefordert, weil diese sie aus der typischen Situation der Jenaer Vereine befreien. In der Regel wurden hier Dienstleistungen mit Hilfe von nur kurzfristig über ABM finanziertem Personal, über sonstige Arbeitsfördermaßnahmen oder mit Mitteln aus Modellprojekten aufgebaut. Beim Auslaufen dieser Maßnahmen ist oft die gesamte Arbeit gefährdet. Leistungsverträge schaffen so für die freien Träger eine kalkulierbare Grundlage und Planungssicherheit und erlauben die Einrichtung regulärer Arbeitsplätze (Interview mit einer Geschäftsführerin).

Kontraktmanagement
zwecks Arbeitsplatz-
sicherung

Vertragliche Vereinbarungen dienen in Jena somit in erster Linie der Sicherung von Arbeitsplätzen. Auf keinen Fall wird von Seiten der Verwaltung mit
der Umstellung auf Leistungsvereinbarungen eine Wettbewerbsorientierung nach
Maßgabe des Neuen Steuerungsmodells verbunden. Wie der Leiter des Sozialamtes im Interview deutlich machte, wird in Jena Wettbewerb als Steuerungsinstrument im sozialen Bereich eher abgelehnt:

> „Ich persönlich bin kein Freund von hartem Wettbewerb im sozialen Bereich. Ich
> bin auch demgegenüber kritisch, dass die Pflegeversicherung diesen Wettbewerb per
> Gesetz eröffnet hat. Da kommt es zu ganz dramatischen Vorgängen. Das ist ein
> Kampf, der sich häufig auf dem Rücken der Pflegebedürftigen abspielt."

Diskurskultur

Ähnlich wie in Münster im Rahmen der AG 95 delegiert die Kommune auch in
Jena bestimmte Förderentscheidungen an Gremien, die sich schwerpunktmäßig
aus VerteterInnen des gemeinnützigen Bereichs zusammensetzen. Während dies
in Münster vorrangig in Kooperation mit den Wohlfahrtsverbänden erfolgt, hat
man in Jena die Koordination und Abstimmung von Anträgen von Selbsthilfegruppen für städtische Zuschüsse an die „Informations- und Kontaktstelle für
Selbsthilfe" (IKOS) delegiert. IKOS hat zusammen mit den Vereinen Förderrichtlinien ausgearbeitet. Die Mittelvergabe erfolgt auf dem Antragsweg, wobei
die Anträge von einem IKOS-Vertreter und einem „Selbsthilfebeirat", bestehend
aus sechs gewählten Vertretern der Selbsthilfegruppen, auf ihre Verhältnismä-
ßigkeit gesichtet werden (Interview mit Geschäftsführerin von IKOS). Die Anträge werden dem Sozialausschuss gesammelt vorgelegt und in einer Ausschuss-
sitzung mündlich von IKOS vorgestellt.

Ziel der pluralen
Trägerlandschaft

Im Unterschied zu Münster, wo insbesondere die konfessionellen Verbände
über erhebliche Markt- wie auch indirekt vermittelte politische Macht verfügen,
ist die Zusammenarbeit zwischen den Organisationen des gemeinnützigen Berei-
ches und der Verwaltung in Jena in starkem Maße von einer Art Fürsorglichkeit
gegenüber den freien Trägern geprägt. Als Grund hierfür ist anzuführen, dass die
Sozialverwaltung wegen der veränderten gesetzlichen Rahmenbedingungen nach
der Vereinigung mit der Aufgabe konfrontiert war, die Erstellung sozialer
Dienstleistungen zu entstaatlichen und den Aufbau einer pluralen Trägerlandschaft zu fördern. Insofern half und hilft die Kommune freien Trägern nachhaltig
bei der Organisationsgründung und dem Vereinsaufbau. Die Unterstützung zeigt
sich unter anderem daran, dass Verwaltungsmitarbeiter bis hin zum Amtsleiter in
den betreffenden Organisationen Mitglied sind und sich auch aktiv engagieren.
So gab der Leiter des Sozialamtes im Interview an, dass er Mitglied der AWO
und der Lebenshilfe sei, die er zum Teil mitgegründet und aufgebaut habe. Auf-
bauhilfen leistet die Kommune ferner im Rahmen von Arbeitskreisen oder durch
die Planung von publikumswirksamen Veranstaltungen, wie etwa der Gesund-
heitswoche oder der Woche der Senioren, bei denen freie Träger die Möglichkeit
der Eigenpräsentation erhalten. Schließlich muss in diesem Zusammenhang auch
die indirekte Förderung in Form von Schenkungen ausrangierter Büroeinrichtun-
gen oder in Form von vorübergehender kostenloser Bereitstellung von Büroräu-
men durch die Kommune genannt werden.

3.4.5 Perspektiven und Trends

In Münster haben gemeinnützige Vereine und Organisationen im Bereich der Sozialen Dienste eine starke Position inne. Die Trägerlandschaft hat sich in den vergangenen Jahren, insbesondere aufgrund der im Kontext der neuen sozialen Bewegungen entstandenen Vereine erheblich diversifiziert, wodurch die starke Stellung des DPWV in Münster zu erklären ist. Allerdings wurde die zentrale Bedeutung der konfessionellen Verbände als „Marktführer" hierdurch nicht in Frage gestellt. Demgegenüber ist das gemeinnützige Moment im Bereich Soziale Dienste in Jena vergleichsweise schwächer ausgeprägt. Allerdings zeigt sich auch hier eine Pluralität der Anbieter, wobei den Wohlfahrtsverbänden ebenso wie in Münster die größte Bedeutung zukommt. Im Unterschied zu Münster sind die konfessionellen Verbände jedoch in Jena aufgrund ihrer mangelnden soziokulturellen Einbindung nur schwach vertreten. „Marktführer" ist hier das DRK, das als „Vorwendeorganisation" über die meisten Mitarbeiter verfügt, gefolgt von der AWO, die nur in geringem Maße in der Bevölkerung verankert ist. Es liegt nahe, die vergleichsweise starke Position der AWO in Jena auf den Einfluss der Mehrheitsfraktion im Rat zurückzuführen.

Münster: Starke Position dank Milieuverankerung

Als markanter Trend zeichnet sich in Münster eine so genannte „GmbHisierung" der Trägerstrukturen ab. Vor allem die Wohlfahrtsverbände, insbesondere die Caritas als „Marktführer", gehen dazu über, solche Dienstleistungsangebote durch dem Verband angeschlossene GmbHs anzubieten, die überwiegend durch Leistungsentgelte finanziert werden. Demgegenüber werden die weniger regulierten Angebote auch weiterhin von e.Vs. erstellt. Ein entsprechender Trend war in Jena im Bereich der Vereine in vergleichbarer Intensität nicht festzustellen. Vom größten Träger – dem DRK – wurde jedoch der Trend zur GmbHisierung zumindest erwogen.

Marktorientierung führt zu GmbH-isierung

Der Vergleich der beiden Städte zeigt deutlich, dass der Verankerung in sozialen Milieus für die Konsolidierung von gemeinnützigen Vereinen eine beachtliche Bedeutung zukommt. So ist die Position der Caritas in Münster aus der Stärke des katholischen Milieus in der Bischofsstadt sowie aus der Tradition eines sozial engagierten Katholizismus heraus zu erklären. Hier stellt sich die Frage, ob diese dominante Stellung vor dem Hintergrund der Individualisierung der Lebensformen auch in Zukunft zu halten ist. Die Diversifikation der Trägerlandschaft lässt hier zumindest Zweifel aufkommen. Die zweite Frage, die sich in diesem Zusammenhang stellt, betrifft den internen Zusammenhalt der großen Anbieter in Münster. Möglicherweise hat die Änderung der Trägerschaftsform Auswirkungen auf die Organisationskultur der betreffenden Einrichtung. Rein formal betrachtet spielt bei den über Leistungsentgelte finanzierten Dienstleistungen die Organisationsform des Anbieters für den Kostenträger keine Rolle. Nicht zuletzt ist hierdurch zu erklären, warum sich das gemeinnützige Element in dem durch die Pflegeversicherung neu entstandenen Anbietermarkt auch in Münster nicht in gleicher Weise etablieren konnte. Die vergleichsweise starke Position privat-kommerzieller Anbieter ist in Jena vermutlich ebenfalls milieu- bzw. transformationsbedingt zu erklären.

Am Beispiel Jenas lässt sich einerseits zeigen, dass der Aufbau pluraler Trägerstrukturen unter beachtlicher Einbindung von gemeinnützigen Organisati-

Erfolgreicher Aufbau pluraler Trägerstrukturen in Jena

onsformen, vor allem Vereinen, nach der Wende erfolgreich gemeistert wurde. Gleichzeitig wird aber die geringe Verankerung der jeweiligen Vereine und insbesondere der neu hinzugekommenen Anbieter in der Bevölkerung deutlich. Nicht von ungefähr haben die „Vorwendeorganisationen" DRK und Volkssolidarität den größten Rückhalt in der Jenaer Bevölkerung. Andererseits lässt sich am Beispiel Jenas auch deutlich zeigen, dass der Bereich der Sozialen Dienste keineswegs mehr ein exklusives Betätigungsfeld von gemeinnützigen Organisationen darstellt. Vor allem auf dem ambulanten Pflegemarkt haben sich nichtgemeinnützig organisierte Anbieter hier erfolgreich etablieren können.

Insgesamt scheint einiges darauf hinzudeuten, dass es perspektivisch im Bereich Soziale Dienste und Gesundheit zu einer Neustrukturierung der Trägerlandschaft kommen wird. Vermutlich werden nicht-gemeinnützige Organisationsformen einen zentralen Stellenwert in den über Leistungsentgelte und insofern hoch regulierten Bereichen erhalten, während nicht an wirtschaftlichen Gewinnen orientierte Organisationen ihr Betätigungsfeld vor allem in den weniger regulierten Bereichen finden werden, in denen mit hoher Wahrscheinlichkeit auch wieder stärker auf ehrenamtliches Engagement zurückgegriffen wird. Für den wachsenden Stellenwert von GmbHs in der Trägerlandschaft bietet die Strukturierung des Bereichs Gesundheit vor allem in Münster ein aussagekräftiges Beispiel. Von der Universitätsklinik abgesehen sind mit ganz wenigen Ausnahmen alle Krankenhäuser als GmbHs organisiert, wobei es sich bei den Anteilseignern durchgängig um Ordensgemeinschaften handelt.

Kontraktmanagement auf dem Vormarsch, ebenso GmbH-isierung

In Übereinstimmung mit den Intentionen des Neuen Steuerungsmodells wird in Münster in den hoch regulierten und über Leistungsentgelte finanzierten Bereichen die Kooperation zwischen Vereinen und Kommune zunehmend vertragsmäßig gestaltet. Dagegen verfolgt die Münsteraner Sozialverwaltung in Bereichen, die nicht durch Leistungsentgelte finanziert werden und stärker durch ehrenamtliches Engagement geprägt sind, einen eher sozialräumlich orientierten Ansatz, wobei sie versucht, auf Stadtteilebene die Kooperation mit den dort engagierten Vereinen zu intensivieren. Die Vereinsbefragung in Münster ergab beispielsweise, dass etwa 19% der befragten Vereine beklagen, dass allgemein ein Nachlassen des Gemeinschaftsgefühls in Vereinen zu beklagen ist (Zimmer/Hallmann 2004: 33). Vereine und Kommune verbindet daher ein gemeinsames Interesse. Beide wollen bürgerschaftliches Engagement intensivieren. Unter anderem werden in Münster im Sozialbüro hierzu Stadtteilbüros eingesetzt, die im Sinne eines „ermunternden oder aktivierenden Staates" bei der Bedarfsermittlung und Festlegung der Leistungsersteller gemeinnützige und dabei gerade kleinere Vereine, Betroffene und interessierte Bürger an einen Tisch bringen. Diese Stadtteilorientierung bietet gerade für die kleinen Anbieter Chancen, da hier die „Marktmacht" der Wohlfahrtsverbände und ihre politischen Einflussmöglichkeiten nicht in gleicher Weise zum Tragen kommen. Doch auch die Wohlfahrtsverbände unterstützen in Münster die Stadtteilorientierung, da diese Form der Kooperation gerade für die unter ihrem Dach als e.V. organisierten Einrichtungen ebenfalls Vorteile bietet. Flankiert wird die Strategie der Stadtteilorientierung in Münster durch eine aktive Förderung des ehrenamtlichen Engagements.

In Jena werden die Beziehungen zwischen gemeinnützigen Organisationen und Kommune ebenfalls zunehmend vertraglich gestaltet. Allerdings dienen die Leistungsverträge hier vor allem dazu, den gemeinnützigen Organisationen Planungssicherheit zu garantieren. Im Vergleich zu Münster ist Jenas gemeinnütziger Bereich als sehr verwaltungsabhängig zu charakterisieren. Die schwache Stellung der freien Träger ist im Wesentlichen transformationsbedingt. Die Organisationen können kaum auf gewachsene Strukturen zurückgreifen. Sie wurden vielfach auf Initiative und mit beachtlicher Unterstützung der Verwaltung gegründet. Dies lässt darauf schließen, dass in gewisser Weise ein patriarchalisches Verhältnis zwischen Kommune und an und für sich nichtstaatlichem gemeinnützigen Bereich entstanden ist. Oder positiv ausgedrückt: Es ist eine Art Fürsorgehaltung der Verwaltung gegenüber den in der sozialen und gesundheitlichen Daseinsvorsorge tätigen Vereinen in Jena festzustellen. Dies zeigt sich unter anderem daran, dass die Verwaltung bemüht ist, die Zahl der Anbieter in den verschiedenen Bereichen zu begrenzen bzw. den Status quo zu konsolidieren. Insgesamt wird versucht, den derzeitigen Beschäftigungsstand der Vereine zu halten. Die Organisationen werden hierbei quasi als „kommunale Subunternehmer" eingesetzt.

Diese Strategie der Verwaltung wird in Jena von den Wohlfahrtsverbänden unterstützt, die sich zunehmend auf Bereiche konzentrieren, deren Finanzierung über Leistungsentgelte geregelt und damit auch langfristig sichergestellt ist. Ähnlich wie in Münster werden dagegen neue Projekte und Leistungen, die nicht über den „Sozialmarkt" zu finanzieren sind, eher von kleineren Vereinen unter Rekurs auf freiwillige Mitarbeit und ehrenamtliches Engagement initiiert. Perspektivisch ist damit zu rechnen, dass sich diese „Zweiteilung" der Trägerschaftslandschaft im Bereich der Sozialen Dienste weiter intensivieren wird. Zum einen gibt es die professionellen Dienstleister, meist in der Trägerschaft der Wohlfahrtsverbände, die als „kommunale Subunternehmer" tätig sind und als Vertragspartner der Stadt kommunale Pflichtaufgaben übernehmen. Zum anderen lassen sich Arbeitsbereiche und Felder von Vereinen erkennen, die einen stärkeren Bezug zum bürgerschaftlichen Engagement bzw. zum Engagement für bestimmte Zielgruppen und für gesellschaftlich-humanitäre Zwecke aufweisen. Im Vergleich hierzu scheint im Gesundheitswesen die Bedeutung von gemeinnützigen Organisationen, gerade in Form des e.V., perspektivisch eher noch weiter zurückzugehen.

In Münster sind die im Bereich Soziale Dienste nicht als „kommunale Subunternehmer" tätigen gemeinnützigen Organisationen insofern in einer ungleich besseren Position als in Jena, als sie mit einer höheren kommunalen Förderung sowie zusätzlich mit der Unterstützung durch Stiftungsmittel rechnen können. Bei den „kommunalen Subunternehmern" zeigt sich im Vergleich der beiden Städte, dass Organisationen des gemeinnützigen Bereichs in Münster in deutlichem Gegensatz zu Jena offensichtlich aus einer Position der Stärke heraus mit der Verwaltung verhandeln. Als Grund hierfür ist anzuführen, dass transformationsbedingt eine Reihe sozialer Dienstleister in Jena aus der Verwaltung heraus gegründet wurde. Demgegenüber verfügen die Organisationen in Münster über eine solide soziokulturelle Verankerung, sehr gute Kontakte zur Politik und ein Bewusstsein über ihr Druckpotenzial mit Hilfe lokaler Medien. Vertragliche

Kontraktmanagement im Dienst der Planungssicherheit

Verhältnis Kommune – Vereine stark unterschiedlich in Jena und Münster

Beziehungen zwischen gemeinnützigem Bereich und Kommune haben daher in Münster und Jena einen deutlich anderen Stellenwert. Während sie in Jena in erster Linie als soziales und arbeitsmarktpolitisches Steuerungsinstrument und zur Konsolidierung der Leistungen eingesetzt werden, hofft die Verwaltung in Münster, mit Hilfe des Kontraktmanagements aus ihrer eher schwachen Position vor allem gegenüber den großen Anbietern auf dem Münsteraner Sozialmarkt ein Stück weit herauszukommen und zudem einen eher leistungsorientierten Wettbewerb zu etablieren.

3.5 Der Bereich der Kinder-, Jugend- und Familienpolitik

3.5.1 Rechtliche Rahmenbedingungen

Kommunaler Spiel-
raum durch KJHG

Das Kinder- und Jugendhilfegesetz (KJHG) weist gemeinnützigen Organisationen eine bedeutende Stellung zu. Es fördert die Vielzahl der Träger (§ 3), verpflichtet den öffentlichen Träger zur Förderung der freien Jugendhilfe (§ 4) und bekräftigt das Subsidiaritätsprinzip (§ 4,2), indem es gemeinnützigen Organisationen einen bedingten Vorrang bei der Erbringung von Leistungen der Jugendhilfe einräumt. Nach dem KJHG sind die gemeinnützigen Organisationen – in der Regel als e.V. organisierte Mitgliederorganisationen der Wohlfahrtsverbände – aber nicht nur maßgeblich an der Leistungserstellung, sondern gleichzeitig auch an der Formulierung der Kinder- und Jugendpolitik zu beteiligen (Backhaus-Maul/Olk 1994: 124). Da die Mehrzahl der Leistungen nach dem KJHG keine Pflichtaufgaben, sondern freiwillige Leistungen darstellen, besteht im Bereich der Kinder- und Jugendpolitik für die Kommunen gleichzeitig ein größerer Handlungsspielraum als in dem nach dem BSHG geregelten Bereich der Sozialen Dienste (vgl. Stöbe-Blossey 2001).

3.5.2 Trägerstrukturen in Münster und Jena

Parallelen zum
sozialen Bereich

Die Strukturierung der Trägerlandschaft in der Kinder- und Jugendarbeit weist deutliche Parallelen zum sozialen Bereich auf. In Münster findet sich eine Vielzahl von freien Trägern, deren Anzahl nach Angaben des betreffenden Amtes auf 270 geschätzt wird. Den konfessionellen Wohlfahrtsverbänden kommt wiederum eine bedeutende Position zu. Sie dominieren die beschäftigungsintensiven und hoch professionalisierten Bereiche, für die die Stadt Münster als Kostenträger in der Verantwortung steht. Gleichzeitig gibt es aber ein breites Spektrum von kleineren und meist aus Initiativen hervorgegangenen Vereinen, die in der Regel dem DPWV angeschlossen sind. In der konfessionell geprägten Stadt Münster haben die Kirchengemeinden einen bedeutenden „Marktanteil" vor allem bei den Kindertagesstätten. Von den Jugendverbänden sind im Wesentlichen noch die Pfadfindergesellschaften zu nennen, allerdings verringert sich ihre Bedeutung zunehmend. Die Jugendarbeit verläuft in Münster nach Einschätzung der Verwaltung vergleichsweise wenig verbandzentriert; so ist der Stadtjugendring als Zusammenschluss der Verbände so gut wie „eingeschlafen" (vgl. Interview).

Auch in Jena lassen sich hinsichtlich der Trägerlandschaft Parallelen zum Sozialbereich aufzeigen, allerdings nehmen hier die „Nachwendeorganisationen" vor allem in der Beratung und offenen Jugendarbeit einen zentralen Stellenwert ein. Zu nennen ist insbesondere der „Demokratische Jugendring" als lokale Dachorganisation der Jugendarbeit in Jena. Entstanden ist die Organisation 1990 aus einem „Runden Tisch der Jugend", zu dem damals alle aktiven oder sich im Aufbau befindenden Jugendorganisationen eingeladen waren. Heute gehören dem lokalen Verband 21 Mitgliederorganisationen an. Neben Dienstleistungen für die Mitgliederorganisationen, eigenen Veranstaltungen und Lobbytätigkeit hat der Jugendring eine Mittlerfunktion im Rahmen der kommunalen Förderpolitik inne, da ihm ein Stück weit die Ressourcenverantwortung übertragen wurde. Zu den „Nachwendeorganisationen" zählen ebenso verschiedene als e. V. organisierte Jugend- und Studentenclubs sowie ein soziokulturelles Zentrum als Ort der offenen Jugendarbeit.

> *Dachorganisation der Jugendarbeit in Jena präsent*

Differenziert man das Tätigkeitsspektrum dieses Bereichs in Tagesstätten, Erziehungshilfen und offene Jugendarbeit, so lassen sich im Vergleich zwischen Münster und Jena Unterschiede zum einen hinsichtlich der „Marktposition" oder Stellung der gemeinnützigen Organisationen – sprich der Vereine – gegenüber kommunalen Anbietern und zum anderen hinsichtlich der Bedeutung einzelner freier Träger feststellen.

Abbildung 31:   Einrichtungen und Träger im Bereich der Tagesstätten in Münster

Träger	Einrichtungen	In Prozent	Plätze	In Prozent
Stadt	29	17,4	2.045	23,8
Kath. Gemeinden	45	29,9	3.500	40,7
Ev. Gemeinden	15	9,0	985	11,5
Wohlfahrtsverbände	17	10,2	735	8,5
Sonstige Vereine	61	36,5	1.333	15,5
Insgesamt	167	100	8.598	100

Datenbasis: Stadt Münster: Tagesbetreuung für Kinder. Broschüre, eigene Darstellung

Münster ist die Stadt der katholischen Kindergärten und Tagesstätten. Knapp ein Drittel der Einrichtungen und 40 Prozent der Plätze werden von den katholischen Gemeinden getragen. Kommunalen Einrichtungen kommt in diesem Bereich nur eine nachgeordnete Bedeutung zu. Die Stadt stellt etwa ein Fünftel der Einrichtungen und Plätze. Von der Anzahl der Einrichtungen sind ferner noch die auf Elterninitiativen zurückgehenden e.V.s zu nennen, die über ein Drittel der Einrichtungen, aber nur gut 15 Prozent der Plätze stellen.

> *Dominanz katholischer Träger in Münster*

Im Vergleich zu Münster haben die Kirchengemeinden in Jena nur eine äußerst marginale Bedeutung. Hier ist die Stadt im Bereich der Kindertagesstätten der dominante Anbieter. Über 40 Prozent der Einrichtungen und mehr als 50

> *Dominanz kommunaler Anbieter in Jena*

Prozent der Plätze werden von der Stadt zur Verfügung gestellt. Mit der Privatisierung der Tagesstätten wurde in Jena zwar erst 1993 begonnen, dennoch ist die starke Präsenz der Stadt in diesem Segment verwunderlich. Im Vergleich zu Münster sind die Wohlfahrtsverbände in Jena in diesem Bereich stärker engagiert. So stellt vor allem die AWO ein breites Kontingent an Plätzen zur Verfügung. Allerdings wurde im Interview angedeutet, dass das Jugendamt in Jena einer Übernahme durch freie Träger etwas zurückhaltend gegenübersteht, da zum einen die Kinderzahlen rückläufig sind und insofern Einrichtungen auch wieder geschlossen werden könnten und zum anderen auch die Meinung vorherrscht, dass die wesentliche Verantwortung beim Jugendamt liegen müsse (Interview).

Abbildung 32: Einrichtungen und Träger im Bereich Tagesstätten in Jena

Träger	Einrichtungen	In Prozent	Plätze	In Prozent
Stadt	20	43,5	1.716	51,9
Kath. Gemeinden	1	2,2	60	1,8
Ev. Gemeinden	1	2,2	66	2,0
Wohlfahrtsverbände	9	19,5	615	18,6
Sonstige	15	32,6	850	25,7
Insgesamt	46	100	3.307	100

Quelle: Darstellung nach den Angaben des Kindertagesstättenbedarfsplanes Jena 1997/98

Jugendarbeit in Jena durch freie Träger

Vergleicht man die Bereiche Erziehungshilfen sowie offene Jungendarbeit in Münster und Jena, so ergibt sich ein weniger eindeutiges Bild. Hier kommt der Kommune als Trägerin der Einrichtungen auch in Jena keine zentrale Bedeutung zu. In Münster dominieren in der Erziehungshilfe wiederum die kirchlichen Träger sowie die konfessionellen Wohlfahrtsverbände im stationären Bereich, während dem DPWV angeschlossene Organisationen insbesondere dezentrale Hilfen bereithalten (Landschaftsverband Westfalen-Lippe 1997). Bei den Einrichtungen der Jugendarbeit befinden sich in Münster wiederum zwei Drittel in der Trägerschaft von Kirchengemeinden, wobei knapp die Hälfte der Einrichtungen von katholischen Gemeinden getragen wird (Stadt Münster Haushaltsplan 1997). In Jena wird Hilfe zur Erziehung ausschließlich von freien Trägern geleistet. Neben DRK und AWO sind hier vor allem die „Nachwendeorganisationen", wie etwa das „Zentrum für Familien und Alleinerziehende" oder die „Hilfe vor Ort" zu nennen (Interview). In diesen Bereichen versucht die Verwaltung aktiv, das Spektrum der Träger auszuweiten, und zwar um der im KJHG geforderten Trägerpluralität nachzukommen und um besser auf spezifische Bedürfnisse eingehen zu können (Interview: Jugendamt). Eine Ausnahme bildet hier das einzige Kinderheim in Jena, das von der Stadt getragen wird.

3.5.3 Kommunale Förderung und Vergabepraxis

Das Amt für Kinder, Jugendliche und Familien in Münster verfügte im Verwaltungshaushalt 1997 über ein Budget von 127,9 Millionen DM (Haushaltsplan 1997). Dies waren 12,6 Prozent des gesamten städtischen Verwaltungshaushaltes. Den größten Ausgabenposten stellten mit über 68 Millionen DM die Tageseinrichtungen für Kinder dar. Die Erziehungshilfe belief sich auf über 41 Millionen DM. Von den 6,8 Millionen DM für Jugendarbeit flossen im Untersuchungsjahr 4,3 Millionen DM an freie Träger. Davon wurden 1,3 Millionen DM als Personalkostenzuschüsse vergeben. Unter die sonstigen Aufgabenfelder und Ausgaben fallen unter anderem Aufwendungen für die Familienförderung.

Analog zum Sozialbereich wird in Münster vorrangig institutionell gefördert. Insgesamt 82 Prozent des freien Budgets werden institutionell und 18 Prozent projektbezogen vergeben. Davon steht ein Sondertopf (90.000 DM) als Projektmittel für Experimente und Innovationen zur Verfügung.

Vorrangig institutionelle Förderung in Münster

Die Stadt Jena stellt mit einem Mitteleinsatz von 51,3 Millionen DM etwa 17,9 Prozent des Verwaltungshaushaltes in den Dienst des Jugendbereiches. Aufgrund der stärkeren Präsenz der Stadt in diesem Bereich entfällt auch der größte Posten des Etats auf die kommunalen Einrichtungen der Jugendhilfe. Dementsprechend geringer ist im Vergleich zu Münster der Anteil der Aufwendungen für die freien Träger der Jugendhilfe.

Abbildung 33:   Finanzvolumen der kommunalen Jugendhilfe in Münster nach Bereichen

Aufgabenfeld	in Mio. DM	In Prozent des Amtsbudgets
Tageseinrichtungen	68,4	53,5
Erziehungshilfe	41,4	32,4
Jugendarbeit	6,8	5,3
Sonstige Aufgabenfelder	1,3	1,0
Weitere Ausgaben	10,0	7,8
Insgesamt	127,9	100,0

Datenbasis: Stadt Münster: Haushaltsplan 1997. Finanzplan und Investitionsprogramm 1996 - 2000

Abbildung 34:   Finanzvolumen der kommunalen Jugendhilfe in Jena nach
                     Bereichen

Aufgabenfeld	in Mio. DM	in Prozent des Amtsbudgets
Jugendhilfe nach KJHG	14,8	28,8
kommunale Einrichtungen der Jugendhilfe	25,7	50,0
Zuschüsse für freie Träger von Kindertagesstätten	9,2	17,9
Förderung der freien Jugendhilfe	1,7	3,3
Insgesamt	51,4	100

Datenbasis: Haushaltsplan Jena 1997

Mehr Geld für die Jugend in Jena

Zwar haben gemeinnützige Organisationen im Bereich Kinder- und Jugendarbeit in Jena einen geringeren Stellenwert als in Münster, umgerechnet auf eine Pro-Kopf-Verteilung wird mit 513 DM pro Einwohner dieser Bereich in Jena jedoch deutlich stärker gefördert als in Münster, wo dem Jugendbereich 483 DM pro Kopf im Untersuchungszeitraum zugewiesen wurden. Auch muss man festhalten, dass in Jena der Jugendetat trotz kritischer Etatlage kontinuierlich gestiegen ist. Davon haben auch die freien Träger profitiert, deren Anteil an den verausgabten Mitteln sich zwischen 1995 und 1997 um zehn Prozent (von 27% auf 37%) erhöhte. Nach Meinung der Leitung des Jugendamtes spiegelt sich hier eine eindeutige politische Prioritätensetzung wider:

> „Über alle Parteien hinweg gibt es ein klares Bekenntnis zur Jugendarbeit. Andere Ämter haben bereits auf Mittel verzichtet und sie der Jugendarbeit zur Verfügung gestellt."

Mehr Kontraktmanagement in Münster

Hinsichtlich der Vergabepraxis besteht zwischen Münster und Jena insofern ein zentraler Unterschied, als analog zum Bereich Soziale Dienste dem Kontraktmanagement in Münster ein wesentlich höherer Stellenwert zukommt. Leistungsverträge werden sowohl im Bereich Kindertagesstätten als auch in der Erziehungshilfe ausgeschrieben. Bei den Beratungsstellen bestehen derzeit längerfristige Vertragsbeziehungen. Insgesamt ist das Kontraktmanagement in Münster im Bereich der Jugendarbeit vergleichsweise weit fortgeschritten.

Diese Form der Mittelvergabe entspricht zum einen den Intentionen des Neuen Steuerungsmodells, zum anderen versucht die Verwaltung, hiermit ihr Steuerungspotenzial gegenüber den in Münster überaus machtvollen und durchsetzungsfähigen Organisationen des gemeinnützigen Sektors zu erhöhen. Treffend wurde hierzu in den Interviews bemerkt:

> „Unser Bereich ist durch das Dreiecksverhältnis öffentliche Träger, freie Träger, Politik bestimmt. Nach der Lehre der Vernunft würden wir eine Bestands- und Bedarfsanalyse erstellen (...) In Münster läuft das ganz anders. Bislang denkt man sich ein schickes Problem aus, redet mit der Politik, und wenn alles in trockenen Tüchern ist, fragt man noch kurz die Verwaltung zum politischen Beschluss" (Interview Jugendamt).

„Aus der Sicht der Verbände läuft das so: Die definieren den Bedarf, diesem Bedarf hat die Stadt Rechnung zu tragen ... Momentan können wir uns oft nur noch über den Preis auseinandersetzen. Die Träger scheinen auch deshalb mit Angeboten für selbstdefinierte Bedarfe an die Stadt heranzutreten, um sich kostensichernd am Markt zu platzieren" (Interview: Amt für Soziale Dienste).

Gleichzeitig versucht die Verwaltung, über das Instrument der Ausschreibung die Chancenstruktur für die nicht-konfessionell orientierten Anbieter zu verbessern. Allerdings ist die Verwaltung hier analog zum Bereich der Sozialen Dienste nicht sehr erfolgreich, da mittels Lobbying bereits im Anfangsstadium auf das Ausschreibungsverfahren Einfluss genommen wird.

Demgegenüber spielen Ausschreibungen in Jena kaum eine Rolle. Hier ist man eher um den Aufbau einer vertrauensvollen Zusammenarbeit zwischen Jugendamt und freien Trägern bemüht. Dies ist nicht zuletzt transformationsbedingt. Gemäß dem KJHG hat die Verwaltung in Jena den Auftrag, die Trägerpluralität zu fördern und den gemeinnützigen Vereinen auch organisatorisch Hilfestellung zu leisten. Wie im Interview mit der Leitung des Jugendamtes deutlich wurde, handelt es sich bei einer ganzen Reihe von Organisationen um Einrichtungen, die aus der Verwaltung heraus entstanden sind. *(Jenas Verwaltung bemüht um Trägerpluralismus)*

Neben diesem Unterschied lassen sich jedoch auch Gemeinsamkeiten feststellen. So finden sich in beiden Städten in der offenen Jugendarbeit Beispiele für eine Übertragung von Entscheidungskompetenz und Verantwortung auf den gemeinnützigen Bereich. Bemerkenswert ist in diesem Zusammenhang die zentrale Stellung der Dachorganisation „Demokratischer Jugendring" in Jena. Seine Mitgliedsorganisationen stellen keine Förderanträge an die Stadt, sondern reichen diese beim Jugendring ein. Dieser beschließt darüber nach eigenen, allerdings mit der Stadt abgestimmten Förderrichtlinien innerhalb seiner demokratisch gewählten Gremien und stellt bei der Stadt einen Antrag auf Gesamtförderung. Auch die Verwaltung der Mittel und die Kontrolle der Mittelverwendung obliegen dem Jugendring, der der Stadt lediglich eine Liste der bezuschussten Organisationen mit den entsprechenden Förderhöhen vorzulegen hat. Ein beachtlicher Anteil der kommunalen Projektfördermittel (234.500 DM) wurde so im Jahr 1997 vom Jugendring direkt vergeben und verwaltet. *(Kompetenzübertragung in den gemeinnützigen Bereich in Jena)*

Im Unterschied zu Jena wird in Münster das Konzept der dezentralen Ressourcenverwaltung eher sozialräumlich und an die Stadtteilebene gebunden eingesetzt. So wurde in einem Stadtteil (Hiltrup) ein Arbeitskreis „AK 75", bestehend aus Vertretern der Stadt, den im Stadtteil ansässigen freien Trägern bzw. gemeinnützigen Organisationen und Schulen eingerichtet. Der AK verwaltet ein Projektbudget von 75.000 DM selbstständig. Die Zielsetzung besteht hier zum einen darin, die Jugendarbeit im Stadtteil möglichst bedarfsgerecht und unter Einbeziehung auch der kleineren bzw. der nicht-konfessionellen gemeinnützigen Vereine und Initiativen zu gestalten sowie zum anderen Verwaltungskosten zu sparen. Damit ist auch eine sozialräumlich angelegte Budgetierung der freien Jugendarbeit intendiert. *(Ausgeprägter Stadtteilbezug in Münster)*

3.5.4   Perspektiven und Trends

In Jena kommunale Träger dominant

Der Vergleich der beiden Städte macht deutlich, dass in Jena die Kommune als öffentlicher Träger in diesem Bereich weitaus stärker präsent ist als in Münster. Dies gilt insbesondere für den Bereich der Kindertagesstätten, der in Münster hauptsächlich durch die katholischen Kirchengemeinden geprägt ist.

In Münster: Vereine vorn

Weiterhin lässt sich festhalten, dass die offene Jugendarbeit ein Reservat der Vereinsarbeit darstellt, das sich in Münster durch vergleichsweise viele Neugründungen auszeichnet und das in Jena durch eine beachtliche Präsenz von „Nachwendeorganisationen" geprägt ist. Als Beispiel kann hier das soziokulturelle Zentrum „Kassablanca" genannt werden, das über alternative Musik Jugendliche in Randgruppen anspricht. Hervorgegangen ist das Zentrum aus einer Initiative von Mitgliedern des „Neuen Forums" in Jena. Insofern ist die These, dass es sich beim Spektrum gemeinnütziger Organisationen in den neuen Ländern vorrangig um ein geschütztes Terrain für „rote Socken" handle, zumindest für den Jugendbereich nicht zu verifizieren (Seibel 1998).

Schwache Verwaltung und starke Vereine in Münster; starke Verwaltung und schwache Vereine in Jena

Schließlich lässt sich ein deutlicher Unterschied hinsichtlich der Macht- und Einflussverteilung zwischen gemeinnützigen Organisationen und Verwaltung in Münster und Jena feststellen. Sehr pointiert ausgedrückt, steht in Münster eine verhältnismäßig schwache Verwaltung vergleichsweise starken gemeinnützigen Organisationen bzw. traditionsreichen Vereinen gegenüber, während sich das Verhältnis in Jena genau umgekehrt gestaltet. Interessanterweise sieht sich die Verwaltung auch in rein administrativer Hinsicht im Vergleich zu den großen freien Trägern, insbesondere der Caritas, in einer schwachen Position. So wurde von der Leitung des Jugendamtes im Interview angemerkt:

> „Ich könnte mir vorstellen, eine Jugendhilfe-Holding zu werden, in Verbund mit den freien Trägern (...) Das Problem ist: Wenn wir uns heute mit der Caritas vergleichen, die seit Jahren Kosten- und Leistungsrechnung hat, sehen wir im Vergleich und auch in den Verhandlungen immer schlecht aus, weil wir gar nicht den Durchblick haben."

Insofern findet in Münster zumindest bezüglich der Caritas die These von den administrativen Schwächen der gemeinnützigen Vereine und Dachorganisationen eher keine Bestätigung. Nicht abzuschätzen ist in Jena, inwiefern die Zurückhaltung der Verwaltung gegenüber einer weitergehenden Entstaatlichung darauf zurückzuführen ist, dass man in gewisser Weise Münsteraner Verhältnisse vermeiden und eher nicht auf Steuerungskompetenz verzichten will, oder ob auch hier die Sorge um den Verlust von Arbeitsplätzen eine Rolle spielt und eine Beschäftigung bei der Stadtverwaltung als sicherer als bei einem freien Träger eingeschätzt wird.

3.6 Der Bereich Kultur

3.6.1 Kontextbedingungen und historisches Erbe

Eine aktive kommunale Kulturpolitik kommt keinem expliziten Gesetzesauftrag nach, sondern sie entspricht der sozialstaatlichen Verpflichtung, Bürgern ein Höchstmaß an Förderung zur Persönlichkeitsentfaltung zukommen zu lassen. Die Unterstützung künstlerischen und kulturellen Schaffens ist zwar in den Landesverfassungen (Artikel 30 der Landesverfassung Thüringens und Artikel 18 der Landesverfassung Nordrhein-Westfalens) verbrieft, und auch die Gemeindeordnungen fordern die Bereitstellung kultureller öffentlicher Einrichtungen, jedoch mit dem wichtigen Zusatz „in den Grenzen der Leistungsfähigkeit". Die Kulturförderung zählt daher zu den freiwilligen Aufgaben der Kommunen. Aufgrund der wenigen in diesem Bereich vorhandenen bundes- und landespolitischen Vorgaben verfügen die Kommunen hier über weitgehende Gestaltungsmöglichkeiten. Seit den 1980er Jahren hat sich daher der Kulturbereich in der Konkurrenz der Städte untereinander zu einem wichtigen Standortfaktor entwickelt (Glaser 1998).

> Kulturförderung: freiwillige kommunale Aufgabe

Aufgrund historischen Erbes dominieren im Kulturbereich in Deutschland Einrichtungen in staatlicher bzw. kommunaler Trägerschaft. Nach den Zerstörungen des Zweiten Weltkrieges sind die Kommunen hier mäzenatisch tätig geworden und haben in großem Umfang Wiederaufbauarbeit geleistet. Dies gilt für West- wie auch für Ostdeutschland. Daher findet man unter den der Hochkultur zuzurechnenden Einrichtungen in Deutschland kaum nichtstaatliche oder nichtwirtschaftliche Akteure. Ebenfalls historisch tradiert ist die relativ trennscharfe Unterscheidung zwischen dem Hobby- und Freizeitbereich der Kulturvereine, die sich überwiegend durch Ehrenamtlichkeit auszeichnen, und dem sich mehrheitlich in staatlicher Trägerschaft befindenden und durch „Verberuflichung" geprägten Segment der Kulturlandschaft. Durchbrochen wird diese relativ strikte Zweiteilung durch die ab etwa Mitte der 1970er Jahre infolge der „Neuen Kulturpolitik" entstandenen Kulturzentren sowie die damals als alternativ charakterisierten Theater-, Musik- und Tanzensembles. Insgesamt ist der Kulturbetrieb durch einen hohen Anteil staatlicher bzw. kommunaler Finanzierung geprägt.

> Kommunale Trägerschaft dominant

3.6.2 Trägerstrukturen in Münster und Jena

Die Kulturlandschaft beider Städte wird von der Dreiteilung – Hochkultur, Vereinswesen, freie Szene – geprägt; allerdings ist das kommunale/staatliche Moment in Münster etwas stärker ausgeprägt als in Jena. So sind in Münster alle der Hochkultur zuzurechnenden Einrichtungen entweder in kommunaler Trägerschaft (Stadttheater, -museum, -bibliothek) oder in Trägerschaft des Landes (Landes- und Universitätsmuseen). Ferner betreibt die Stadt auf Stadtteilebene zwei Bürgerhäuser, deren Schwerpunkt maßgeblich im Kulturbereich liegt. Münster verfügt über eine vergleichsweise große Volkshochschule, die aufgrund der landesgesetzlichen Regelung ebenfalls kommunal getragen wird. Gleichzeitig gibt es ein breites Spektrum kultureller Vereine, wobei vom Lokalkolorit her insbesondere die Karnevalsvereine zu nennen sind. Bemerkenswert ist ferner die große Zahl auch über die Grenzen Münsters hinaus bekannter Kirchenchöre. Hier zeigt sich wieder die Tradition der Bischofsstadt. Schließlich wird das kulturelle Leben in Münster von einer sehr aktiven und facettenreichen „freien Szene" geprägt; zwei soziokulturelle Zentren sind hier ebenso zu nennen wie eine Reihe freier Theatergruppen.

Kulturlandschaft in Münster und Jena ähnlich

Abgesehen von den Kirchenchören entspricht die Strukturierung der Jenaer Kulturlandschaft in der Grundtendenz dem Münsteraner Muster. Auch hier werden die zentralen Einrichtungen (Philharmonie, Volkshochschule, Stadtmuseum, Bibliothek) kommunal getragen, doch zeigen sich im Vergleich zu Münster markante Abweichungen. So ist das Theater in Jena als gGmbH organisiert. Hierbei handelt es sich nicht um eine traditionelle Einrichtung, vielmehr ist das Theater erst nach der Wende aus einer Initiative junger Schauspieler, Regisseure und Absolventen der „Schauspielschule Ernst Busch" heraus entstanden. 1993 entschied der Stadtrat, die Verpachtung des Bühnenhauses an die gGmbH der Ensemblemitglieder zu vergeben (Walla 1995). Zwischen Ensemble und Stadt wurde ein Leistungsvertrag mit einer Laufzeit bis zum Jahr 2000 geschlossen, in dem die Fördersumme und die Anzahl der Inszenierungen festgelegt sind. Ferner wird die Jenaer Kulturlandschaft nachhaltig von der Ernst-Abbe-Stiftung geprägt, die nach der Vereinigung im Zuge eines Kompromisses zwischen der Carl-Zeiss-Stiftung in Oberkochen und der Carl-Zeiss-Stiftung Jena entstanden und nach dem Mitarbeiter und Nachfolger des Firmengründers Carl Zeiss benannt ist. In die Stiftung wurde das nichtindustrielle Vermögen der Carl-Zeiss-Stiftung Jena eingebracht, das im Wesentlichen aus Immobilien besteht (Jahresberichte). Die Stiftung stellt der Stadt einige ihrer Immobilien für soziale und kulturelle Zwecke zur Verfügung. Für den Kulturbetrieb handelt es sich dabei insbesondere um das „Volkshaus", Jenas größter Veranstaltungsort, in dem sowohl die Bibliothek untergebracht ist als auch die Philharmonie ihren Sitz hat. Als eigene Einrichtungen betreibt die Stiftung ein Planetarium und ein Optisches Museum. Gemessen an der Zahl der Besucher und der Anzahl der Veranstaltungen zählen Planetarium und Optisches Museum zu den herausragenden kulturellen Einrichtungen Jenas. Ferner verfügt die Stadt über eine im Umfeld der Universität entstandene, aktive „freie Szene". Im Kulturbereich ist eine gewisse Traditionslinie zur DDR aufzuzeigen. Aus der Situation des „Runden Tisches" heraus ist in Jena nach Auflösung des Kulturbundes unter dem Motto „Lasst uns einen neuen Kulturverbund, aber ohne die SED gründen" (Interview), der „Stadtverband Jenaer Kulturvereine" entstanden, dem 42 Kulturvereine als korporative Mitglieder angeschlossen sind und der ein soziokulturelles Zentrum betreibt. Der Verband bündelt die Interessen der Mitglieder und betreibt dank seines einflussreichen Vorsitzenden erfolgreiche Lobbyarbeit.

3.6.3 Kommunale Förderung und Vergabepraxis

Dominanz kommunaler Einrichtungen in Münster

In Münster betrug der Kulturetat im Jahr der Untersuchung rund 66,84 Millionen DM, das Zuschussbudget belief sich auf 51,61 Millionen DM (vgl. Abb. 35).

Damit hatte der Kulturetat einen Anteil am Verwaltungshaushalt von etwa sieben Prozent. Betrachtet man die Verteilung der Fördermittel, so zeigt sich ganz deutlich die Dominanz der kommunalen Einrichtungen, wobei den zentralen Kostenfaktor das Stadttheater darstellt, an das im Untersuchungsjahr mehr als 53 Prozent des Zuschussbudgets vergeben wurden. In Jena veranschlagte die Stadt im Untersuchungsjahr 24,16 Millionen DM im Verwaltungshaushalt für Kultur (vgl. Abb. 36). Das sind etwa neun Prozent des Verwaltungshaushaltes. Bereinigt um Einnahmen, die die Kommune etwa durch Eintrittsgelder oder Zuschüsse durch das Land erhält, verbleibt ein Zuschussbudget von rund 14 Millionen DM. Kultur hat in Jena insofern einen hohen Stellenwert, als das Zuschussbudget in den vergangenen Jahren jeweils um etwa sieben Prozent gestiegen ist. Entsprechendes lässt sich auch für Münster feststellen. Hier waren die Ausgaben für Kultur in den vergangen Jahren beachtlich (von 1994 bis 1997 sogar um 40%) erhöht worden.

Abbildung 35: Kulturetat Münster

Geförderte Institution	Verwaltungs-haushalt in Mio. DM	Zuschuss Budget in Mio. DM	Vermögens-haushalt in Mio. DM
Stadtbücherei	7,21	6,37	0,77
VHS	6,26	2,29	2,37
Stadtmuseum	3,29	2,96	0,17
Städtische Bühnen	34,32	26,45	6,43
Stadtarchiv	1,17	1,16	0,01
Bürgerhäuser	2,37	1,84	-
Westfälische Schule für Musik	5,27	3,20	-
Westfäl. Friede (Projekt Dez. IV)	1,02	0,97	-
Musikschulen in freier Trägerschaft	1,35	1,35	-
Westf. Zoologischer Garten	-	-	2,70
Sonstige Kunst- und Kulturpflege	-	-	0,42
Förderung öffentl. Büchereien	-	-	0,11
Kulturamt	4,58	4,43	0,14
Insgesamt	66,84	51,61	12,84

Datenbasis: Stadt Münster 1997a

Abbildung 36:   Kulturetat Jena

Geförderte Institution	Verwaltungs-haushalt in Mio. DM	Zuschuss-Budget in Mio. DM	Vermögens-haushalt in Mio. DM
Kulturamt (einschließlich Förderung der freien Kultur)	4,32	2,32	-
Stadtmuseum	1,41	1,27	0,19
Gedenkstätte Cospeda	0,13	0,10	0,05
Romantikerhaus	0,12	0,07	-
Stadtarchiv	0,31	0,31	-
Rasemühleninsel	0,21	0,17	-
Philharmonie	8,37	4,48	0,04
Volkshaus	1,42	0,69	0,56
Haus auf der Mauer	0,07	0,06	0,1
Clubgebäude Lobeda	0,06	0,01	0,05
Ernst-Abbe-Bücherei	2,20	2,02	0,01
Volkshochschule	1,28	0,29	0,03
Musik- und Kunstschule	3,07	1,16	0,01
Theater	-	-	0,2
Heimatpflege/Naturschutz	1,17	1,03	-
Insgesamt	24,16	13,97	1,24

Datenbasis: Stadt Jena Haushaltsplan 1997

In etwa gleicher Kulturetat in Jena und Münster

Betrachtet man die Verteilung der Mittel auf die geförderten Institutionen, so zeigt sich, dass in Jena die Philharmonie die meisten Zuschüsse im Untersuchungsjahr erhielt. Im Vergleich zum Münsteraner Stadttheater, dem mehr als die Hälfte des Zuschussbudgets zukam, entfielen auf die Philharmonie in Jena etwa 32 Prozent. Für die Förderung der freien Kulturlandschaft waren in Jena 1,43 Millionen DM eingeplant, in Münster waren es im Untersuchungsjahr rund 2,6 Millionen DM.

Im Vergleich der beiden Kommunen wird deutlich, dass unter Einbezug der Einwohnerzahl der Kulturetat in Münster und Jena etwa gleich ist. Hatte Jena im Untersuchungsjahr rund 242 DM pro Einwohner für Kultur im Verwaltungshaushalt eingeplant, so belief sich die entsprechende Summe in Münster auf 252 DM. Das Zuschussbudget fiel demgegenüber in Münster mit 195 DM vergleichsweise höher aus als in Jena, es belief sich dort auf 140 DM. Ein klarer Unterschied zeigt sich zwischen Münster und Jena hinsichtlich des freien Budgets. Für die Förderung der freien Träger veranschlagte die Stadt Jena im Untersuchungsjahr 14 DM und die Stadt Münster zehn DM pro Einwohner.

Analog zum Sozialbereich dominiert auch in der Kultur in Münster die institutionelle Förderung. Etwa 80 Prozent der freien Trägern zur Verfügung gestellten Mittel wurden in Münster institutionell vergeben, entweder als Betriebskostenzuschüsse, Programmmittel oder als an Aufgabenfelder oder Einrichtungen gebundene Pauschalzuschüsse. Wiederum 75 Prozent der institutionellen Förderung gingen an zwei freie Theater sowie an die beiden soziokulturellen Zentren. *Dominanz institutioneller Förderung in Münster*

Die häufigste Form der Förderung freier Kulturträger ist in Jena dagegen die Projektförderung. So waren im Haushaltsplan 1997 110.000 DM als Zuschüsse an Kulturvereine ausgewiesen, davon 80.000 DM als Projektförderungen und 30.000 DM als institutionelle Förderungen. Ferner wurden 55.000 DM zur Finanzierung der Eigenmittel für nach § 249h eingestelltes Personal ausgewiesen, womit etwa zehn Vereine (Interview) gefördert wurden. Insgesamt wurden 40 freie Träger bezuschusst, wobei die Projektförderung (38 Bewilligungen) überwog. Dem Jenaer Theater kommt im Hinblick auf den kommunalen Haushalt eine Sonderrolle zu, da die vertraglich vereinbarte Zuschusssumme von 1,26 Millionen DM zu 50 Prozent vom Land getragen wird und die vertraglich vereinbarte kommunale Fördersumme des Theaters nicht im Zuschussbudget des Kulturetats, sondern anderweitig ausgewiesen ist. Gleichwohl ist festzuhalten, dass das Jenaer Theater aufgrund des besonderen Finanzierungsmix nicht als gravierender Kostenfaktor zu Buche schlägt. Rein rechnerisch sind die Mittel jedoch noch der Unterstützung der freien Träger bzw. Kulturvereine hinzuzubuchen. Der Förderschwerpunkt in Jena verlagert sich daher im Vergleich zu Münster noch deutlicher zugunsten der „freien Szene". *Vorwiegend Projektförderung in Jena*

In Münster orientiert sich die Mittelvergabe an gewissen Fördergewohnheiten. Analog zum Sozialbereich kann man mit einer weiteren Förderung rechnen, sobald man als förderungswürdig akzeptiert ist. Hierbei wird kein Vertrag geschlossen, jedoch legt die Verwaltung fest, wie der Verwendungsnachweis gestaltet werden muss. Auch in Jena ist die Förderpolitik vorrangig auf Kontinuität ausgerichtet. Aus Sicht des Kulturamts hat dies vor allem pragmatische Gründe, da weder genügend Anbieter noch genügend Fördermittel vorhanden sind, um eine strategische Förderung zu ermöglichen. Auch möchte man in Jena wie in Münster das gesamte Spektrum der Kulturvereine und -initiativen bedienen.

Zwischen Jena und Münster lassen sich aber durchaus Unterschiede hinsichtlich der Förderintention feststellen. Münster verfolgt auch in der Kulturpolitik einen eher sozialräumlichen, stadtteilbezogenen Ansatz, der vorrangig auf das klassische Vereinswesen ausgerichtet ist und vor allem die Stärkung des ehrenamtlichen Engagements zum Ziel hat. Besonders herauszustellen sind in diesem Zusammenhang die beiden Bürgerhäuser der Stadt sowie die Arbeit des Stadtteilbeauftragten. Der städtische Beauftragte versucht im Rahmen des Modells „Zukunftswerkstatt", in 24 Sozialräumen in Kooperation mit den Vereinen Bürger zu kultureller Aktivität und aktiver Gestaltung des Stadtteils anzuregen. *Sozialräumliche Orientierung der Münsteraner Förderung*

Die Stadt Münster unterstützt dabei die Errichtung von Bürgerzentren, die zwar institutionell von Seiten der Stadt gefördert, aber nicht in kommunaler Trägerschaft geführt werden sollen (Westfälische Nachrichten 29.04.1998). Die

Stadt will damit den hohen Anteil kommunal getragener Einrichtungen nicht noch weiter erhöhen. Eines der beiden Bürgerhäuser ist nämlich ein selbstständiges Amt im Kulturdezernat (vgl. Musholt 1997). Leitung und Mitarbeiter des Hauses sind kommunale Angestellte. Benutzt wird das Haus von Vereinen und anderen Institutionen des Stadtteils wie etwa von Schulen. Durch Veranstaltungen und sonstige eigenwirtschaftliche Aktivitäten sowie durch private Zuwendungen wurden in diesem Bürgerzentrum im Untersuchungsjahr rund zwei Millionen DM erwirtschaftet, sodass das Bürgerhaus inzwischen über zwölf festangestellte und 71 nebenamtliche sowie 62 Honorarkräfte verfügt. Demgegenüber ist das zweite Bürgerhaus weniger ein Veranstaltungsort, es stellt eher im klassischen Sinn einen Treffpunkt im Stadtteil dar. Auch dieses Bürgerhaus verfügt über festangestellte Mitarbeiter und zählt zu den kommunal getragenen Einrichtungen.

Schlechterstellung der Freien Träger/Vereine

Während die Kooperation auf der Stadtteilebene sich in Münster insgesamt harmonisch und sehr erfolgreich gestaltet (vgl. Kohl 1998), gilt dies nicht in entsprechender Weise für die „freie Szene". Im Vergleich zum Sozialbereich sind die gemeinnützigen Organisationen hier in einer verhältnismäßig schwachen Position. Die Konfliktlinie verläuft dabei vor allem zwischen „freier Szene" und kommunalen Einrichtungen, wobei der Theaterbereich aufgrund der Dominanz des Stadttheaters besonders konfliktträchtig ist. Aber auch die Anbieter im Bereich Kulturelle Bildung und Weiterbildung kritisieren hinsichtlich der Chancenstruktur und Ressourcenausstattung die Asymmetrie zwischen freien Trägern und in diesem Fall der Volkshochschule. So sind die freien Träger aufgrund ihrer Ressourcenausstattung nicht in der Lage, ihren Kräften die Honorare zu zahlen, die diese etwa bei der VHS oder anderen öffentlichen Einrichtungen erhalten. Analog zum Sozialbereich wird auch hier von Seiten der Kulturvereine eine Umstellung der Förderstrukturen auf Kontraktmanagement befürwortet. So bemerkte der Geschäftsführer eines der Münsteraner soziokulturellen Zentren im Interview:

> „Gegen eine grundsätzliche Diskussion über Förderstrukturen von Kultureinrichtungen hätte ich nichts, auf der anderen Seite bin ich der Überzeugung, wer öffentliche Förderung erhält, muss auch die effektive Verwendung nachweisen. In Münster ist eine Umstellung auf leistungsbezogene Kontrakte noch nicht angedacht. In anderen Städten gibt es schon Leistungskontrakte. Ich persönlich hätte nichts dagegen, wenn sie einfach eine mittelfristige Planung erlauben."

Gleichstellung der Freien Träger/Vereine bei Kontraktmanagement

Zum Untersuchungszeitpunkt war die Kommune in Münster gerade dabei, neue spartenbezogene Förderkonzepte zu entwickeln. Die damaligen Richtlinien berücksichtigten den Innovationsgrad, die künstlerische und kulturelle Qualität sowie die Bedeutung für die Stadtkultur (Stadt Münster 1997: 1). Insofern waren die als e.V. organisierten Einrichtungen starkem Innovationsdruck ausgesetzt. Grundsätzlich werden Projekte in Münster nicht zu 100 Prozent gefördert, vielmehr wird vom Träger ein Eigenanteil von etwa 50 Prozent erwartet, in seltenen Fällen gewährt das Kulturamt eine Zwei-Drittel-Förderung. Die Aufbringung dieses Eigenanteils stellt für die freien Träger das zentrale Problem dar. Eine grundlegende Verbesserung der Situation der freien Träger wäre in Münster nur durch Einführung eines spartenbezogenen Kontraktmanagements zu erreichen, wobei die Leistungsverträge in der Höhe und Ausstattung die Organisationsform – kommunal getragen oder gemeinnützig – unberücksichtigt lassen müssten.

Im Unterschied zu Münster sind in Jena zumindest in einem Fall die Beziehungen zwischen freien Trägern und Kommune bereits vertraglich gestaltet. Ansonsten arbeitet das Kulturamt mit den freien Trägern und den Kulturvereinen intensiv im Rahmen der jährlich veranstalteten Länderreihen, wie etwa „Begegnung mit den Niederlanden", zusammen. Für diese Veranstaltungen werden größtenteils die Projektmittel verausgabt. Im Vergleich zu der stadtteilbezogenen Münsteraner Förderpolitik ist diese Praxis insofern zu kritisieren, als Vereine und freie Träger ihr Programm nicht frei gestalten können, sondern sich in ihrer Programmgestaltung den thematischen Vorgaben des Kulturamtes anpassen müssen, um gefördert zu werden. Im Vergleich zu Münster ist die Verwaltung in Jena im Bereich der Projektförderung in hohem Maße steuernd tätig.

3.6.4 Perspektiven und Trends

Münsters Kulturlandschaft ist stark von der Konkurrenz zwischen Einrichtungen in kommunaler Trägerschaft und „freier Szene" geprägt, wobei nicht davon auszugehen ist, dass die „freie Szene" in Zukunft über größere Gestaltungsmöglichkeiten verfügen wird, da hier perspektivisch eher mit Kürzungen zu rechnen ist. Ferner bringt die Stadtteilorientierung der Kommune eine weitere Schwächung der „freien Szene" mit sich, weil die Angebote der Veranstaltungsbetriebe in freier Trägerschaft sich eher an die gesamte Stadtbevölkerung richten und sich auch nicht auf einen Stadtteil konzentrieren lassen. In Münster sieht sich die „freie Szene" daher unter den gegebenen Rahmenbedingungen auch nicht auf Wachstumskurs, sondern es wird eher eine Verschlechterung der gegenwärtigen Situation antizipiert. Vor allem jene Anbieter, die vorrangig mit hauptamtlichen Beschäftigten arbeiten, geraten durch die restriktive ABM-Praxis zunehmend in Schwierigkeiten.

Demgegenüber ist die Kulturszene in Jena weniger durch eine Konkurrenzsituation zwischen freien und öffentlichen Trägern gekennzeichnet. Hier wird eher differenziert zwischen den „Vorwendevereinen", die die Tradition der früheren Betriebskultur fortsetzen, sowie den im Zuge der Wende neu entstandenen Vereinen. Auch in Jena denkt man über dezentrale Ansätze der Kulturförderung nach. Hierbei kommt der Verbreiterung des Angebots an Räumlichkeiten eine wichtige Bedeutung zu, da hier Engpässe sowohl für die freien Träger als auch für die städtischen Anbieter bestehen. Als Lösung sind multifunktional nutzbare Veranstaltungsorte geplant, die allen Anbietern und Kulturinitiativen offen stehen.

Auch in Jena ist wie in Münster perspektivisch nicht von einer weiteren Erhöhung des Kulturetats auszugehen. Angestrebt wird jedoch, die Förderung der freien Träger zumindest auf dem bisherigen Niveau zu halten. Da in Jena den AB-Maßnahmen in der Kulturszene eine ganz beachtliche Bedeutung zukommt, werden von Seiten der Verwaltung hier für die Zukunft auch die größten Probleme gesehen. So bemerkte der Kulturamtsleiter im Interview, dass man

Null-Runden bei den Kulturetats

„nicht unterschlagen darf, dass viele (...) Vereine mit Mitteln des zweiten und dritten Arbeitsmarktes, über ABM und AFG, finanziert worden sind, (...) und da sehe ich zukünftig Bedrohungspotenziale bei dem, was arbeitsmarktpolitisch angesagt ist."

Zentrales Problem: Finanzierung der Hauptamtlichen

Die Finanzierung hauptamtlichen Personals stellt sich für die freien Trägervereine in Jena wie auch in Münster als das zentrale Problem dar. Während in diesem Zusammenhang von den freien Trägern in Münster auf das bisher noch nicht genutzte Instrument des Kontraktmanagements verwiesen wird, ist in Jena vor allem das Problem der Eigenanteilsfinanzierung bei ABM in der Diskussion. Da man in Jena von einer Erhöhung der aufzubringenden Anteile und damit von stärkeren Anforderungen an die Finanzkraft der Vereine ausgeht, befürchtet man, dass die erforderliche Eigenfinanzierung der Vereine demnächst nicht mehr durch die Kommune in Form von Personalkostenzuschüssen garantiert werden kann und es insofern zu einer Gefährdung des Bestands kommen wird. Hinsichtlich der beschäftigungspolitischen Perspektiven sieht man die Potenziale der „freien Träger" daher sowohl in Jena als auch in Münster nicht schwerpunktmäßig in der Ausweitung der Hauptamtlichkeit, sondern unter den gegebenen Rahmenbedingungen eher im Bereich Ehrenamt und freiwillige Mitarbeit.

3.7 Kooperationen zwischen Vereinen und der Kommune in Münster und Jena

Hohe Gründungsdynamik im Vereinsbereich in Münster und Jena

Sowohl in Münster als auch in Jena haben Vereine in den untersuchten Tätigkeitsfeldern eine beachtliche Bedeutung. Zugleich lässt sich rückblickend in beiden Städten eine hohe Gründungsdynamik vor allem im Bereich der Sozialen Dienste sowie bei den Kulturvereinen feststellen. So ergänzen in Münster im Bereich Soziale Dienste viele neue, unter dem Dach des DPWV organisierte und häufig aus Selbsthilfegruppen entstandene kleinere Vereine und Initiativen die traditionellen Mitgliederorganisationen der Wohlfahrtsverbände. Demgegenüber zeichnet sich der Kulturbereich in Münster aufgrund einer Reihe von neuen gemeinnützigen Veranstaltungsbetrieben inzwischen durch eine starke Konkurrenz zwischen dieser „freien Szene" und den Einrichtungen in kommunaler Trägerschaft aus. Auch in Jena sind der Kulturbereich wie auch das Tätigkeitsfeld Kinder- und Jugendarbeit von hoher Dynamik gekennzeichnet. Neben vielen „Nachwendeorganisationen", darunter auch das Jenaer Theater, haben einige Vereine und Initiativen nach 1990 die Chance genutzt, sich zwar zeitgemäß und situationsadäquat neu zu organisieren, dabei aber gleichzeitig an bestehende Arbeitszusammenhänge und Traditionslinien anzuknüpfen. Wie die lokalen Dachorganisationen „Demokratischer Jugendring" und „Stadtverband Jenaer Kulturvereine" zeigen, ist in Jena die Zusammenarbeit zwischen lokalen Dach- und Mittlerorganisationen von Vereinen und Initiativen vergleichsweise stärker ausgeprägt als in Münster.

Bedeutung der Vereine je nach Bereich unterschiedlich

Trotz des insgesamt hohen Stellenwerts von Vereinen und gemeinnützigen Organisationen als Element lokaler Infrastruktur und Daseinsvorsorge lassen sich hinsichtlich der Bedeutung der Vereine klare bereichsspezifische Unterschiede erkennen. Darüber hinaus ist die Entwicklung in den verschiedenen

Bereichen nicht gleichförmig, sondern es werden sehr unterschiedliche Trends erkennbar. So sind im Gesundheitswesen, insbesondere bei den Krankenhäusern, gemeinnützige Organisationen in beiden Städten kaum präsent. Die Krankenhäuser sind in Jena und Münster entweder staatliche Einrichtungen, oder, wie im Fall von Münster, als GmbH geführt. In diesem vorrangig über Leistungsentgelte finanzierten Tätigkeitsfeld ist ein Trend in Richtung einer „GmbH-isierung" der bisher als gemeinnützig, in erster Linie als e.V., geführten Einrichtungen festzustellen. Als Grund hierfür lassen sich in erster Linie die im Vergleich zum Verein stringenteren Management- und Führungsstrukturen von GmbHs anführen; vor allem kann die Geschäftsführungsebene eher für Managementfehler direkt zur Verantwortung gezogen werden.

Doch die „GmbH-isierung" wie auch eine Zunahme von privatkommerziellen Anbietern ist nicht auf den Bereich des Gesundheitswesens begrenzt. Entsprechendes gilt auch für solche Tätigkeitsfelder im Bereich Soziale Dienste, die entweder über Leistungsentgelte finanziert werden und/oder zu den kommunalen Pflichtaufgaben zählen. Die Ergebnisse der Fallstudien weisen darauf hin, dass hier der Verein nicht mehr die Organisationsform erster Wahl darstellt. Entweder begünstigen die Kontextbedingungen eher unternehmensförmige Organisationsformen, oder aber aufgrund der in diesen Feldern inzwischen dominierenden betriebswirtschaftlichen Orientierung passen sich die Vereine dieser bereichsspezifischen „Kultur" an. Deutlich wird dies insbesondere im Bereich Pflege. Hier hat sich in beiden Städten der gemeinnützige Bereich nicht in gleicher Weise etablieren können, wie dies in anderen Feldern der sozialen Arbeit der Fall ist. Gerade in diesem durch die Einführung der Pflegeversicherung erst entstandenen neuen Markt finden sich sowohl in Münster als auch in Jena vergleichsweise viele privat-kommerzielle Anbieter. Es sind in Münster wie in Jena im Pflegebereich zwar auch die Wohlfahrtsverbände aktiv, doch auch die den Wohlfahrtsverbänden angeschlossenen Anbieter sind im Pflegebereich keineswegs immer gemeinnützig bzw. als Verein organisiert.

Perspektivisch ist im Sozialbereich von einer Zweiteilung der Trägerlandschaft bzw. von einem Auszug einer ganzen Reihe von Einrichtungen aus dem gemeinnützigen Bereich auszugehen. Während diejenigen Organisationen, die als „kommunale Subunternehmer" tätig sind und als hoch professionalisierte soziale Dienstleister kommunale Pflichtaufgaben übernehmen, eher nichtgemeinnützige Organisationsformen vorziehen, werden die weniger professionalisierten Einrichtungen, die die kommunalen Pflichtaufgaben eher ergänzen und hierbei auf ehrenamtliches Engagement und freiwillige Mitarbeit rekurrieren, voraussichtlich auch weiterhin als e.V. organisiert. Dieser Trend wird besonders deutlich in den Tätigkeitsfeldern, in denen sich privat-kommerzielle Anbieter etablieren konnten, wie etwa im Pflegebereich oder im Gesundheitswesen. Konfrontiert mit einer zunehmenden Konkurrenz nicht-gemeinnütziger Anbieter verschlanken gerade die traditionellen Wohlfahrtsverbände die Organisationsstrukturen ihrer Mitgliedereinrichtungen und organisieren diese zunehmend als mbH oder GmbH.

Vergleicht man die Strukturen der Bereiche Soziale Dienste und Gesundheitswesen mit dem Kulturbereich, so zeigt sich deutlich, dass es hier aufgrund der Dominanz der kommunal getragenen Einrichtungen zu Wettbewerbsverzer-

Marginalien:

Bei Finanzierung durch Leitungsentgelte Trend zur GmbH-isierung

Zukunftsperspektive Entstaatlichung und Kontraktmanagement im Kulturbereich

rungen kommt. Gegenüber der staatlich getragenen Konkurrenz sind die frei-gemeinnützig organisierten Veranstaltungsbetriebe deutlich schlechter gestellt. Da aufgrund der begrenzten Ressourcen eine Inkorporierung der „freien Szene" in den öffentlichen Kulturbetrieb eher unwahrscheinlich ist, sollte in diesem Bereich in Zukunft verstärkt über Entstaatlichung nachgedacht werden. Das Beispiel Jena zeigt, dass auch ein Theater nicht unbedingt als kommunale Ein-richtung organisiert sein muss.

Privat-kommerzielle im Pflegebereich in Jena stärker

Im Vergleich der beiden Städte zeigt sich ferner, dass vor allem im Pflege-bereich privat-kommerzielle Anbieter in Jena stärker präsent sind als in Münster. Dies kann auf die in Münster für neue Anbieter bestehenden, relativ hohen Markteintrittskosten zurückgeführt werden; im Laufe der Zeit haben hier die konfessionell orientierten Wohlfahrtsverbände eine dominierende Stellung ein-nehmen können, die aufgrund der Förderpolitik der Kommune auch prinzipiell nicht in Frage gestellt wird. Im Unterschied zu Jena werden die Wohlfahrtsver-bände in Münster pauschal gefördert, wobei sie die kommunalen Mittel in etwa gemäß ihrer jeweiligen Größe nach Einrichtungen und Mitarbeitern untereinan-der aufteilen.

Aus organisationssoziologischer Sicht sehr interessant ist hierbei die Caritas in Münster, die sich aufgrund der spezifischen soziokulturellen Tradition der Stadt als Bischofssitz und Zentrum eines vor allem sozial engagierten Katholi-zismus zum größten sozialen Dienstleister vor Ort entwickelt hat. Rechnet man die von Ordensgemeinschaften getragenen, aber inzwischen als GmbH organi-sierten Krankenhäuser sowie die von den Kirchengemeinden im Bereich der Kinder- und Jugendarbeit getragenen Einrichtungen zu diesem „katholischen" sozialen Dienstleistungssegment hinzu, so wird die Bedeutung des katholischen Milieus für die soziale Infrastruktur Münsters noch deutlicher. Die umfangreiche und sehr ausdifferenzierte Angebotspalette sozialer Dienstleistungen ist in Müns-ter in hohem Maße vom „Sozialunternehmen Kirche/Caritas" geprägt, das unter diesem Dach aber ganz unterschiedliche Organisationsformen vereint.

Sozial-konfessioneller Komplex in Münster

Insofern ist es nicht verwunderlich, dass die Sozialverwaltung diesem „so-zial-konfessionellen Komplex" in Münster nicht als gleichberechtigter Partner gegenübersteht, sondern sich vielmehr in einer nachgeordneten bzw. sogar in einer Position der Schwäche sieht. Zur Stärkung ihrer Verhandlungsmacht ver-sucht die Verwaltung, Kontraktmanagement auch als steuerungsstrategisches Instrument einzusetzen. Doch wie beschrieben, sind in rein administrativer, ver-waltungstechnischer Hinsicht die Wohlfahrtsverbände in Münster, insbesondere die Caritas, der Verwaltung bei weitem überlegen.

Vereine als Verwal-tungsgründungen in Jena

Demgegenüber stellt sich das Verhältnis zwischen gemeinnützigem Bereich und Verwaltung in Jena im Bereich Soziale Dienste ganz anders dar. Die Ver-waltung ist in Jena im Vergleich zu Münster im Sozialbereich ungleich stärker, während sich das Feld der gemeinnützigen Organisationen in einer Position der Schwäche befindet. Für dieses im Vergleich zu Münster genau gegengleiche Verhältnis vom Bereich der Gemeinnützigkeit und Verwaltung im Sozialbereich lassen sich mehrere Gründe anführen. An erster Stelle ist hier sicherlich zu nen-nen, dass gemeinnützige Organisationen vielfach aus der Verwaltung heraus entstanden sind bzw. in einem Fall sogar direkt von Verwaltungsmitgliedern gegründet wurden. In enger Verbindung hierzu ist die mangelnde Einbettung der

Vereine in entsprechende soziokulturelle Milieus zu sehen. Pointiert ausgedrückt, sind einige der sozialen Dienstleister in Jena in klassischer Weise als
„kommunale Subunternehmer von Verwaltungsgnaden" zu betrachten, während
in Münster der Verwaltung sozial und politisch gut eingebundene und im Fall
der Caritas straff geführte Unternehmungen gegenüberstehen. Als letzter Faktor
ist hier schließlich die Rolle der Politik bzw. der Parteien anzuführen. Während
sich auch hier die Machtverhältnisse zugunsten der konfessionell orientierten
Anbieter in Münster auswirken, ist die Machtverteilung in Jena zu desperat, um
klare Schwerpunkte zu setzen. Zwar lässt die relativ starke Stellung der AWO
darauf schließen, dass hier die Mehrheitsfraktion nachgeholfen hat. Da jedoch in
Jena, wie im Übrigen auch in Münster, kein stark ausgeprägtes sozialdemokratisches Milieu vorhanden ist, ist die AWO in Jena ebenso wenig soziokulturell
verankert wie in Münster.

Dennoch wäre es falsch, die gemeinnützige Trägerlandschaft im Sozialbereich auf die konfessionell orientierten Leistungsersteller zu reduzieren. Aufgrund ihrer nur rudimentär vorhandenen sozialen Einbettung haben die konfessionell orientierten Anbieter in Jena in deutlichem Unterschied zu Münster nur
eine marginale Position auf dem Anbietermarkt der sozialen Dienstleister inne.
Hier konnte sich vor allem das DRK als „Vorwende-" und gleichzeitig säkular
ausgerichtete Mitgliederorganisation etablieren. Mitgliederstark ist in Jena ferner
die Volkssolidarität, die im Anfang jedoch in den neuen Ländern erhebliche
Startprobleme hatte, da sie an der im Rahmen des Institutionentransfers gewähr-
ten Aufbauhilfe für den gemeinnützigen Bereich im Sozialbereich nicht partizi-
pierte. Abgesehen von der Volkssolidarität als „Vorwendeorganisation" ist in
Jena und Münster eine ganze Reihe von Einrichtungen praktisch neben den
Wohlfahrtsverbänden entstanden. In Jena sind dies einige „Nachwendeorganisationen", die in der Kinder- und Jugendarbeit tätig sind, sowie ein breites Spektrum von Selbsthilfegruppen.

Auch in Münster kommt den Selbsthilfegruppen ein beachtlicher Stellenwert auf der Landkarte der sozialen Infrastruktur der Stadt zu. Ferner gibt es in
Münster noch eine breite Palette von Einrichtungen und Organisationen, die im
Grenzbereich zwischen Selbsthilfe und Sozialengagement anzusiedeln sind und
die in ihrer Entstehungszeit sicherlich dem Umfeld der Neuen Sozialen Bewegungen zuzurechnen waren. Aus Elterninitiativen hervorgegangene Kindertagesstätten sind hier ebenso zu nennen wie zahlreiche in der Gesundheitsfürsorge
tätige Vereine, in denen im Anfang nur Betroffene oder deren Angehörige organisiert waren. Die Ausbildung dieser „Szene" ist im Übrigen typisch für Groß-
bzw. für Universitätsstädte, deren Bewohner schwerpunktmäßig im Dienstleistungsbereich tätig sind. Auch dieses Spektrum von gemeinnützigen Organisationen ist daher in Münster in ein spezifisches soziales Milieu eingebettet.

Aufgrund der Größe der Universität und der zahlreichen in der Stadt ansässigen Behörden ist in Münster auch diese „Szene" vergleichsweise stärker aus-
gebildet als in Jena und kann vor allem mit größerer finanzieller Unterstützung
von Seiten der Kommune rechnen. Neben den pro Kopf der Bevölkerung höheren Ausgaben der Stadt Münster für Soziales sind hier insbesondere die monetä-
ren Ressourcen der von der Stadt treuhänderisch verwalteten Sozialstiftungen
anzuführen, deren Mittel vorrangig der Unterstützung des Selbsthilfebereichs

Mitgliederstarke
„Vorwendeorganisa-
tionen"

Große Bedeutung der
Selbsthilfegruppen

Strukturelle
Ungleichheit:
Münster – Jena

zugute kommen, worunter in Münster auch die inzwischen relativ etablierten, aus Selbsthilfeinitiativen hervorgegangenen Vereine gerechnet werden. Die Ressourcenausstattung der Stadt Jena ist nicht nur deutlich schlechter als die Münsters, die Sozialverwaltung verfügt auch nicht über zusätzliche freie Mittel.

Diese im Vergleich zu den traditionsreichen Wohlfahrtsverbänden relativ jungen sozialen Dienstleister sind in Münster mehrheitlich unter dem Dach des DPWV organisiert, der sich ebenfalls durch eine beachtliche Größe auszeichnet. Aufgrund der Heterogenität des Anbieterspektrums ist die Verwaltung in Münster gegenüber diesen gemeinnützigen Akteuren im Vergleich zu den Wohlfahrtsverbänden in einer stärkeren Position. Die Förderung dieses Bereichs durch die in treuhänderischer Verwaltung der Stadt stehenden Stiftungsgelder ist sicherlich zu begrüßen, gleichzeitig schmückt sich die Stadt hier aber auch in gewisser Weise „mit falschen Federn". In der lokalen Öffentlichkeit wird kaum wahrgenommen, dass es sich bei diesen Mitteln nicht um kommunale Fördergelder, sondern vielmehr um rein private Mittel handelt. Dank der Sozialstiftungen steht der Kommune in Münster ein ihr in dieser Form eigentlich nicht zustehendes Steuerungsinstrument zur Verfügung.

Geringe Bedeutung der Verwaltungsmodernisierung in Jena

Im Vergleich der beiden Städte zeigt sich schließlich, dass dem Neuen Steuerungsmodell in Münster bereits ein maßgeblicher Stellenwert in der Kooperation zwischen Vereinen und Kommune zukommt. Dagegen wurde in Jena die Besonderheit dieses Ansatzes als einer eher betriebswirtschaftlichen Steuerung von Verwaltungshandeln zum Untersuchungszeitpunkt so nicht wahrgenommen. Stattdessen wurden lediglich einzelne Instrumente des Neuen Steuerungsmodells im Zuge der Maßnahmen hin zu einer Verwaltungsmodernisierung, die die Kommune seit der Wende schrittweise vornimmt, übernommen. Wie dargelegt, haben Vertragsbeziehungen zwischen Kommune und gemeinnützigen Vereinen in Jena einen anderen Stellenwert und werden aufgrund anderer Intentionen abgeschlossen als in Münster. Sie werden in Jena vorrangig eingesetzt, um die Kontinuität der Versorgung sicherzustellen und die Arbeitsplätze der Mitarbeiter im gemeinnützigen Bereich zu garantieren. Anders ausgedrückt: Leistungsverträge werden in Jena vorrangig eingesetzt, um die Organisationen von dem Druck der Erwirtschaftung des bei „normaler" Förderung für sie anfallenden Eigenanteils zu entlasten. Aus der Sicht der Organisationen garantieren Leistungsverträge mit längerfristiger Laufzeit Planungssicherheit.

Vereine pro Kontraktmanagement

Aus diesem Grund werden Vertragsbeziehungen auch in Münster von einer ganzen Reihe von Vereinen befürwortet. Dies ist insbesondere im Bereich Kultur der Fall, wo in Münster im Gegensatz zum Sozialbereich der gemeinnützige Bereich vergleichsweise schwach ausgeprägt ist. Neben der Planungssicherheit kommt hier als weiterer Grund noch die Verbesserung der Konkurrenzsituation zum Tragen. Dies gilt in Münster wiederum in besonderem Maße für den Kulturbereich, der durch eine Schlechterstellung der Organisationen und professionellen Gruppen in freier Trägerschaft im Vergleich zu den kommunalen Einrichtungen und Ensembles charakterisiert ist. Doch auch im Sozialbereich gehen die vergleichsweise jungen Vereine davon aus, ihre Chancen gegenüber den traditionellen Anbietern in ausgewählten Segmenten verbessern zu können, wenn die Beziehungen zwischen Kommune und gemeinnützigen Vereinen generell vertraglich gestaltet und die Verträge unter Wettbewerbsbedingungen vergeben würden. Unter den gegebenen Bedingungen der überaus starken Position der Wohlfahrtsverbände trifft dieses Argument sicherlich nur für ganz bestimmte Bereiche und sehr spezielle Angebote in Münster zu. Im Kulturbereich könnte eine generelle Umstellung auf Leistungsverträge durchaus zu Strukturveränderungen führen. Im Prinzip gibt es keinen Grund, warum ein soziokulturelles Zentrum als e.V. organisiert und ein Stadtmuseum als eigenständiges Amt in der Kulturverwaltung geführt wird. Dass es auch anders geht, zeigt gerade das Beispiel Jena, wo das Theater als gGmbH organisiert ist.

Im Sozialbereich gibt es jedoch keine Indizien dafür, dass Kontraktmanagement zu grundlegenden Veränderungen auf dem Anbietermarkt führt. Wo Leistungsverträge abgeschlossen wurden, arbeitet man sowohl in Jena als auch in Münster im Prinzip weiterhin mit den bekannten Dienstleistern zusammen. Allerdings lassen sich durchaus Hinweise für eine Art „Doppelstrategie" der Kommune gegenüber dem gemeinnützigen Bereich gerade im Bereich Soziale Dienste finden. In Münster wie in Jena differenziert die Verwaltung zwischen Organisationen, die als „Subunternehmer" tätig sind und kommunale Pflichtaufgaben übernehmen, und solchen Initiativen und Vereinen, die eher freiwillige Aufgaben übernehmen und die lokale Infrastruktur erweitern. In beiden Städten wird die Zusammenarbeit mit den „Subunternehmern" zunehmend vertragsförmig durch Kontraktmanagement oder längerfristig abgeschlossene Leistungsverträge gestaltet. Im Gegenzug lässt sich festhalten, dass die „kommunalen Subunternehmer" zunehmend ihre Organisationsform verändern und die GmbH dem Verein vorziehen. Bei den nicht über Leistungsentgelte finanzierten Diensten oder solchen, die über die Pflichtaufgaben hinausgehen, verfolgt Münster bei der Kooperation mit gemeinnützigen Organisationen einen eher sozialräumlich und auf die Stadtteilebene orientierten Ansatz, während in Jena hier unter anderem eine Kooperation nach dem „Arm's-Length-Prinzip" unter Einschaltung von lokalen Dachorganisationen wie etwa dem „Demokratischen Jugendring" als Mittlerinstanzen festzustellen ist. *(Marginalie: Kaum Veränderung durch Kontraktmanagement)*

Dieser Trend scheint perspektivisch auch zu einer „Zweiteilung" des Arbeitsmarktes im Sozialbereich zu führen. Während die „Subunternehmer" vergleichsweise sichere Arbeitsplätze bieten, scheinen bei Vereinen und Initiativen die Arbeitsplätze unsicherer und mit größeren Risiken verbunden zu sein. Gleichzeitig scheinen hier aber auch die Chancen größer zu sein, durch eine Diversifikation der Ressourcen und des Finanzierungsmix der Organisationen neue und zusätzliche Arbeitsplätze und Beschäftigungsmöglichkeiten zu erschließen. Interessant ist dieser Bereich ferner aufgrund seiner integrativen Funktion. Im Vergleich zu den als GmbH organisierten „Subunternehmern" bieten diese Einrichtungen und Initiativen aufgrund ihrer sozialräumlichen Orientierung sowie ihrer Organisation als Verein Interessierten vergleichsweise bessere Chancen der Beteiligung und damit des ehrenamtlichen Engagements und der freiwilligen Mitarbeit. *(Marginalie: Trend zur Zweiteilung des Arbeitsmarktes im Sozialbereich)*

Schließlich lässt sich in beiden Städten feststellen, dass die Kommune in den Bereichen, in denen sie über größere Gestaltungsmöglichkeiten und Freiheitsgrade verfügt, diese auch in stärkerem Maße nutzt, um unter Einbeziehung von gemeinnützigen Organisationen gleichzeitig steuernd wie aktivierend tätig zu werden. Als eher negatives Beispiel ist in diesem Zusammenhang die Praxis *(Marginalie: Vereine als alternative Steuerungsressource)* in Jena anzuführen. Förderung von Kulturvereinen wird hier unter anderem an die Mitwirkung bei dem vom Kulturamt unter einem bestimmten Jahresmotto aufgelegten Veranstaltungsprogramm gekoppelt. In weniger dirigistischer Weise wird in Münster im Sozial- wie auch im Kulturbereich vorgegangen. Eines der beiden Münsteraner Bürgerhäuser bietet ein gutes Beispiel dafür, wie über die Bereitstellung von Infrastruktur nicht nur das kulturelle Leben vor Ort aktiviert, sondern dank zusätzlich erwirtschafteter Mittel auch in erheblichem Umfang Arbeitsplätze geschaffen werden. Stärker planend angelegt ist dagegen die Zusammenarbeit zwischen Vereinen und Verwaltung im Sozialbereich in Münster. Unter Einbeziehung der sozialen Dienstleister im Stadtteil wird hier durch Runde Tische zunächst der lokale Bedarf ermittelt, um daran anschließend auf dieser Informationsbasis ein Sozialraumbudget festzulegen. An diesem Budget können alle im Stadtteil arbeitenden Sozialvereine partizipieren, wobei davon ausgegangen wird, dass diese auch zusätzliche Ressourcen in Form ehrenamtlichen Engagements und freiwilliger Mitarbeit aktivieren. Zweifellos zielt diese Strategie auch darauf ab, die Dynamisierung der Mittelzuweisung an freiwillige Träger zumindest langfristig zu begrenzen.

Gesetzliche Rahmen-
bedingungen zentral   Abschließend ist festzuhalten, dass die Kooperation zwischen Kommune und Vereinen in hohem Maße von den jeweils bereichsspezifisch gestalteten rechtlichen Rahmenbedingungen geprägt wird, die ganz maßgeblich das Verhalten von Verwaltung wie gemeinnützigen Organisationen präjudizieren. So scheinen die Novellierungen von BSHG und KJHG sowie die Einführung der Pflegeversicherung unter anderem zu einer „Zweiteilung" des Anbietermarktes wie auch zu einer „Doppelstrategie" der Kommunen gegenüber dem gemeinnützigen Bereich und im Prinzip zu einer Ausdifferenzierung des Bereichs in „kommunale Subunternehmer" und traditionell-bürgernahe e.V.s zu führen. Bei den „kommunalen Subunternehmern", die sich vorrangig über Leistungsentgelte finanzieren und/oder hauptsächlich Pflichtaufgaben übernehmen, ist der Verein eher nicht mehr die Organisationsform der ersten Wahl. Hier könnte es in Zukunft zu deutlichen Veränderungen der Trägerstrukturen kommen.

Milieubindung der
Vereine sehr wichtig   Zum anderen kommt dem Moment der Tradition bzw. den verschiedenen soziokulturellen Milieus in den Städten für die Ausgestaltung der Kooperationsbeziehungen zwischen Vereinen und Verwaltung in den hier betrachteten Bereichen eine beachtliche Bedeutung zu. So gibt es in Jena kein funktionales Äquivalent des Münsteraner „sozial-konfessionellen Komplexes" der Einrichtungen der Kirchengemeinden und konfessionellen Wohlfahrtsverbände. Dagegen fehlt in Münster die mäzenatische Tradition eines bedeutenden Industriestandortes. Eine Kulturstiftung mit einem vergleichbar prägenden Einfluss wie die Ernst-Abbe-Stiftung sucht man hier vergebens. Wie wichtig gewachsene Strukturen für die Public-Private Partnership Verein und Kommune sind, wird unter anderem auch am Beispiel des DRK in Jena deutlich, das sich als „Vorwendeorganisation" als größter Anbieter sozialer Dienste in der Stadt etablieren konnte.

Im Vergleich zwischen Münster und Jena lässt sich ferner festhalten, dass die als e.Vs. organisierten sozialen Dienstleister in Jena transformationsbedingt deutlich schlechter gestellt sind. Eine Sozialstiftung mit dem Fördervolumen der in Münster treuhänderisch von der Stadt verwalteten Stiftungen würde wesentlich zur Stabilisierung der Vereine in den nicht über Leistungsentgelte finanzierten Bereichen der sozialen Arbeit in Jena beitragen. Gleichzeitig lässt sich in Jena aber auch eine leicht zögerliche Haltung der Verwaltung gegenüber einer weiteren Entstaatlichung und Privatisierung von Einrichtungen insbesondere im Bereich der Kindertagesstätten erkennen. Als Grund der zögerlichen Haltung wurde von der Verwaltung vor allem das Arbeitsplatzargument angeführt, dass man als Arbeitnehmer beim Staat sicherer aufgehoben sei als bei einer gemeinnützigen Organisation. Möglicherweise spielt hier aber auch die Furcht vor „Münsteraner Verhältnissen" im Sozialbereich eine Rolle, so dass man in Jena von Seiten der Verwaltung ein eher patriarchalisch fürsorgliches Verhältnis gegenüber den Sozialvereinen einer gleichberechtigten Partnerschaft vorzieht.

Teil III
Theoretische Perspektiven: Vereine im Kontext der Ansätze Dritter Sektor, Sozialkapital und Zivilgesellschaft

1 Einleitung

Welche Relevanz hat die aktuelle Theorieentwicklung in den Sozialwissenschaften für die Vereinsforschung? Werden Vereine hierbei überhaupt berücksichtigt? Und wenn ja, welcher Stellenwert kommt ihnen zu? Diese Fragestellungen stehen im Zentrum des Teil III. Um das Ergebnis gleich vorwegzunehmen: Vereinen kommt als freiwilligen Organisationen in den neueren sozialwissenschaftlichen Theorieansätzen eine ganz beachtliche Bedeutung zu.

Der Grund hierfür liegt vor allem darin, dass Wissenschaft, Politik und allgemeine Öffentlichkeit derzeit auf der Suche sind nach „unverbrauchten Akteuren", die einen Resonanzboden bieten für gesellschaftspolitische Reformstrategien und -potenziale. Dass Reforminitiativen und weitergehende Perspektiven aktuell wieder verstärkt in der Gesellschaft verortet werden, ist vor allem auf die Erschöpfung der Innovationspotenziale von Staat und Markt zurückzuführen. Während in der sog. sozialdemokratischen Ära der 1970er Jahre vor allem auf den Staat gesetzt wurde, wenn es darum ging, neue gesellschaftliche und politische Perspektiven zu entwickeln, standen die 1980er und frühen 1990er Jahre ganz im Zeichen einer vergleichsweise unkritischen neo-liberalen Markteuphorie. Sowohl gegenüber der Problemlösungskapazität des Staates wie auch hinsichtlich der des Marktes werden inzwischen berechtigte Zweifel angemeldet.

Suche nach unverbrauchten Akteuren jenseits von Markt und Staat

Vor diesem Szenario haben solche theoretischen Ansätze an Bedeutung gewonnen, die vorrangig der Politischen Soziologie (Pappi 2004) zuzurechnen sind, und die ihre Problemlösungskompetenz primär aus der Gesellschaft beziehen. Gemeinsam ist diesen Ansätzen eine mehr oder weniger ausgeprägte Nähe zur Politischen Theorie (Beyme 2004) und daher eine normative Komponente. Ferner wird mit den neueren gesellschaftsbasierten Ansätzen auch die Hoffnung auf ein Mehr an Demokratie und sozialer Gerechtigkeit sowie die Erwartung einer stärkeren gesellschaftlichen Rückkoppelung politischer Entscheidungsprozesse in Verbindung gebracht. Gemeinsam ist diesen Ansätzen ferner, dass sie freiwilligen Vereinigungen – sprich Vereinen – als „unverbrauchten Akteuren" jenseits von Markt und Staat einen zentralen Stellenwert einräumen. Im Einzelnen handelt es sich hierbei um den Dritten Sektor Ansatz, die Sozialkapitaltheorie und den Zivilgesellschaftsdiskurs, auf die im Folgenden näher eingegangen wird.

Hoffnung auf mehr Demokratie und soziale Gerechtigkeit

2   Der Dritte Sektor-Ansatz

2.1 Was ist der Dritter Sektor und was zeichnet seine Organisationen aus?

Dritter Sektor als
gesellschaftliche
Sphäre

Bei der Bezeichnung Dritter Sektor handelt es sich um eine Bereichsbezeichnung bzw. um ein heuristisches Modell. Danach dient der Dritte Sektor zur Charakterisierung einer gesellschaftlichen Sphäre, die durch die Pole Staat, Markt und Gemeinschaft bzw. Familie begrenzt und gebildet wird. Aufgrund ihrer Handlungslogiken bereiten die diesem Bereich zugehörenden Organisationen Zuordnungsprobleme zu den Konkurrenzsektoren Markt und Staat. In Abgrenzung zur öffentlichen Verwaltung zeichnen sich Dritte Sektor Organisationen durch ein geringeres Maß an Amtlichkeit aus. Im Unterschied zu (for profit) Unternehmen besteht ihre Zielsetzung nicht in der Gewinnmaximierung, sondern sie unterliegen dem sog. *nonprofit constraint*, wonach Gewinne zwar erwirtschaftet, aber nicht an Mitglieder oder Mitarbeiter ausgeschüttet, sondern in die Organisationen re-investiert werden müssen. Von gemeinschaftlichen Einrichtungen (Familie, Clan) unterscheiden sie sich, da Mitgliedschaft und Mitarbeit in Dritten Sektor Organisationen auf Freiwilligkeit und damit auf einer individuellen Entscheidung beruht (Seibel 1992).

Definitionsprobleme

Es gibt bislang keine allgemein anerkannte Definition der Dritten Sektor Organisation. Die verschiedenen Definitionsansätze unterscheiden sich meist hinsichtlich des Grads der Staatsnähe, der Marktnähe sowie der formalrechtlichen Institutionalisierung der Organisation. So ist strittig, ob Quangos (Quasi non gouvernmental organization) als staatsnahe Einrichtungen, Genossenschaften als Organisationen, die primär den wirtschaftlichen Interessen ihrer Mitglieder dienen, sowie eher informelle Gruppen (wie etwa Stammtischrunden) zum Dritten Sektor dazuzurechnen sind. Eine vergleichsweise weite Verbreitung hat inzwischen die im Rahmen des *Johns Hopkins Comparative Nonprofit Sector Project* entwickelte sog. operative Definition der Nonprofit-Organisation. Danach zählen zum Dritten Sektor solche Organisationen, die formal rechtlich strukturiert (eigene Rechtsform), organisatorisch unabhängig vom Staat und nicht gewinnorientiert sind (non distribution constraint), eigenständig verwaltet werden sowie zu einem gewissen Grad von freiwilligen Beiträgen (Spenden, ehrenamtliches Engagement) getragen werden und keine Zwangsverbände darstellen (Zimmer/Priller 2004: 32). Ein Mindestmaß an formeller Struktur, organisatorische Unabhängigkeit vom Staat, Nichtgewinnorientierung und Freiwilligkeit der Mitgliedschaft und Mitarbeit sind also die kennzeichnenden Merkmale einer jeden Dritte Sektor Organisation (vgl. Anheier 1995: 16).

Gemäß dieser Definition gehören in Deutschland zum Dritten Sektor all jene gemeinnützigen Organisationen und freiwilligen Vereinigungen, die formalrechtlich als eingetragener Verein, private Stiftung, gemeinnützige GmbH oder gemeinnützige Genossenschaft organisiert sind (Rawert/Gärtner 2004). Von diesen vier Rechtsformen ist quantitativ betrachtet die des eingetragenen Vereins die häufigste. Während die Anzahl der privatrechtlichen Stiftungen mit rund 12.000 (Anheier 2003: 57) angegeben wird, geht man – wie bereits in Teil I dargestellt – von einer Zahl von mehr als 540.000 in Deutschland aktiven Vereinen (Priller 2004: 39) aus. Allein in Münster (280.000 Einwohner) wurde im

Rahmen der lokalen Vereinsbefragung (vgl. Teil II) ermittelt, dass in etwa 1.600 Vereine in der Kommune aktiv tätig sind.

Aus wissenschaftstheoretischer Sicht sind Dritte Sektor Organisationen ein interessanter Untersuchungsgegenstand, da sie sich der Differenzierungslogik moderner Gesellschaften entziehen (vgl. Teil I, 3.3.4). Der Sektor als solcher sowie auch jede einzelne Organisation zeichnen sich durch Multifunktionalität aus. Mit der ökonomischen Funktion der Dienstleistungserstellung haben die Organisationen Anteil am Sektor Markt. Aufgrund ihrer Funktion der Bündelung, Artikulation und Vermittlung von Interessen sind sie gleichzeitig politische Akteure, die in den Sektor Staat hineinwirken. Darüber hinaus erfüllen sie als mehrheitlich lokal verankerte Organisationen wichtige Funktionen der sozialkulturellen Integration. Die Organisationen des Dritten Sektors sind somit gleichzeitig Sozialintegratoren, Lobbyisten wie auch Dienstleister, wenn auch jeweils in unterschiedlicher funktionaler Pointierung. In welch erheblichem Umfang Vereine als Dritte Sektor Organisationen sich durch Multifunktionalität auszeichnen, wurde bereits deutlich anhand der Ergebnisse der Münsteraner Vereinsbefragung gezeigt (Teil II, 2.6.2). Nur ein Drittel der Münsteraner Vereine sah sich von ihrem Selbstverständnis her als *Mitgliederorganisationen-pur*. Demgegenüber charakterisierte sich die Mehrheit als *Mitgliederorganisation-plus*, wobei sowohl die Dienstleistungskomponente und damit eine gewisse Marktorientierung wie auch das Selbstverständnis als Interessenvertretung deutlich ausgeprägt waren.

Zwar lässt sich Multifunktionalität auch bei den Organisationen der Konkurrenzsektoren Staat und Markt feststellen, jedoch ist sie für Dritte Sektor Organisationen insofern konstitutiv, als die Dominanz einer Funktionswahrnehmung für diese die Gefahr des Identitätsverlustes und damit des Organisationspropriums mit sich bringt. Beispielsweise verliert ein Sportverein seine Identität als gemeinschaftliche Vereinigung, wenn er seine sozial-integrativen Funktionen zugunsten der Dienstleistungserstellung vernachlässigt: Der lokal verankerte Verein wandelt sich zum professionell geführten und vorrangig marktorientierten Fitness-Studio. Entsprechendes gilt auch für die im karitativen Bereich tätigen Vereine. Wenn diese sich ausschließlich nur noch als am Sozialmarkt tätige Dienstleistungseinrichtungen verstehen, verlieren sie ihre Attraktivität für Spender und Sponsoren wie auch für den breiten Kreis der Bürger und Bürgerinnen, die an ehrenamtlicher Mitarbeit bzw. an bürgerschaftlichem Engagement interessiert sind.

In der durch funktionale Differenzierung charakterisierten Moderne (vgl. Teil I, Exkurs) stellen Dritte Sektor Organisation daher insofern ein Relikt der Vor-Moderne dar, als sie a priori auf die Integration verschiedener Handlungslogiken sowie auf die gleichzeitige Wahrnehmung unterschiedlicher gesellschaftlicher Funktionen ausgelegt sind. Lange Zeit wurde diese besondere Qualität von Dritte Sektor Organisation als „Relikt aus der Vormoderne" eher gering geschätzt. Inzwischen werden jedoch zunehmend auch die positiven Seiten der Multifunktionalität entdeckt. So sind der Sektor und seine Organisationen in der Lage, zwischen unterschiedlichen gesellschaftlichen Teilbereichen zu vermitteln. In der Fachdiskussion wird der Sektor daher auch als intermediärer Bereich zwischen Markt, Staat und Gemeinschaft bezeichnet (Bauer 1995: 85; Zimmer 1997:

Jenseits der Differenzierungslogik moderner Gesellschaften

Relikte der Vormoderne: Organisationen des Dritten Sektors

64). Vor dem Hintergrund einer immer komplexer werdenden Umwelt und der stark zunehmenden Ausdifferenzierung bietet der Dritte Sektor und seine Organisationen daher die Chance der Vermittlung und damit auch der Problemlösung über die Grenzen gesellschaftlicher Teilsysteme hinweg.

Statistische Erfassung des Sektors durch das Johns Hopkins Projekt

In modernen Gesellschaften deckt der Sektor ein weites Spektrum von gemeinnützigen Organisationen ab, das in Deutschland von Verbänden und Gewerkschaften über das lokale Vereinswesen bis hin zu Initiativen, Projekten, Selbsthilfegruppen, Nachbarschaftsvereinigungen sowie privaten Stiftungen reicht (vgl. Zimmer/Priller 2004: 16f). Im Rahmen des *Johns Hopkins Comparative Nonprofit Sector Project* wurde die bisher umfassendste Bestandsaufnahme des Dritten Sektors vorgenommen und dieser in 22 Ländern quantitativ erfasst, und zwar gemessen an den Ausgaben, Beschäftigtenzahlen und Bindung ehrenamtlichen bzw. bürgerschaftlichen Engagements (vgl. Zimmer/Priller 2004: 31ff). Als zentrales Ergebnis dieser Bestandsaufnahme ist festzuhalten, dass es sich bei dem Dritten Sektor in allen Projektländern um einen wichtigen Wirtschaftsfaktor handelt, der sich zudem weltweit auf Wachstumskurs befindet.

Wichtige arbeitsmarktpolitische Bedeutung

Gemäß den Ergebnissen der Deutschlandstudie des Projektes hatte der Sektor hier im Stichjahr 1995 einen Anteil an der Gesamtbeschäftigung von knapp fünf Prozent und war damit aus arbeitsmarktpolitischer Sicht betrachtet in etwa so groß wie die Transportindustrie (Zimmer/Priller 2004: 54ff). Hierbei lag der Schwerpunkt der Beschäftigung in den Bereichen Gesundheitswesen und soziale Dienste und damit in den wohlfahrtsstaatsnahen Bereichen der sozialen Dienstleistungserstellung (z.B. Krankenhäuser, Pflegeeinrichtungen, Beratungsstellen, Kindergärten und Behinderteneinrichtungen). Die arbeitsmarktpolitische Relevanz und die wohlfahrtsstaatliche Dienstleistungserstellung beleuchtet jedoch nur eine Seite des Sektors in Deutschland. Gleichzeitig zeichnet sich der Dritte Sektor durch eine bunte Vielfalt von Organisationen aus, die in einem ganz erheblichen Maß ehrenamtliches Engagement an sich binden. Gemäß den Ergebnissen des *Johns Hopkins Projektes* ist in Deutschland jeder Fünfte in Dritte Sektor Organisationen unentgeltlich tätig. Rechnet man dies in Beschäftigtenzahlen um, so sind im Dritten Sektor eine Million Personen (berechnet in Vollzeitäquivalenten) unentgeltlich engagiert. Bereichsspezifisch betrachtet sind es insbesondere Kultur und Sport, die in hohem Maße bürgerschaftliches Engagement binden. Jeder Zweite, der in Deutschland in einer Dritten Sektor Organisation ehrenamtlich engagiert ist, ist dies in einem dieser beiden Bereiche. Es ist das breite Spektrum der Vereinsaktivitäten vor Ort mit seiner Vielfalt von Kultur-, Sport- und Hobbyvereinen, das hier insbesondere zu Buche schlägt. Die in Teil II vorgestellten Ergebnisse der Münsteraner Vereinsbefragung haben mehr als deutlich gemacht, dass Vereine auf der lokalen Ebene sowohl eine bedeutende Wirtschaftskraft wie auch eine ganz wesentliche Infrastruktur für bürgerschaftliches Engagement darstellen (vgl. Teil II, 2). An dieser Stelle ist daran zu erinnern, dass die Mehrheit der lokalen Vereine rein auf ehrenamtlicher Arbeit basiert und nur eine kleine, wenn auch durchaus sehr wichtige Minderheit der lokalen Vereine mit hauptamtlichem Personal arbeitet.

Das in der Literatur gelegentlich zu findende Argument, die Dritte Sektor Forschung beschäftige sich in erster Linie mit Nonprofit-Unternehmen, d.h. mit den großen überwiegend mit Hauptamtlichen arbeitenden gemeinnützigen Organisationen (vgl. Schmidt/Bräutigam 1995), trifft in dieser Ausschließlichkeit keineswegs zu. Vielmehr haben sich, wie speziell für Vereine bereits dargelegt (Teil I, 3), sehr unterschiedliche Wissenschaftsdisziplinen mit einem breiten Spektrum von Fragestellungen und Ansätzen dieses Bereichs angenommen, allerdings erfolgte dies nicht unter dem Label Dritte Sektor Forschung. Auch die wissenschaftliche Beschäftigung mit Dritte Sektor Organisationen ist der funktionalen Differenzierung der Moderne gefolgt und hat die Organisationen jeweils aus einer anderen, dem jeweiligen gesellschaftlichen Teilbereich entsprechenden funktionalen Perspektive behandelt. Durchbrochen hat diese Sichtweise erstmals der deutschstämmige amerikanische Soziologe Amitai Etzioni.

2.2 Entstehung und Entwicklung der Dritte Sektor Forschung

Den Anlass zur Entdeckung eines Dritten Sektors jenseits von Markt und Staat gab in den USA die sich in den 70er Jahren schon abzeichnende „Wende" vom Keynesianismus der Nachkriegszeit zum Neoliberalismus der Reagan- und Thatcher-Ära. Vor diesem Hintergrund machte Etzioni zu Beginn der 70er Jahre auf die Existenz einer dritten Alternative „a third alternative, indeed sector (...) between the state and the market" (Etzioni 1973: 314) aufmerksam. Nach seiner Einschätzung waren Innovation und Reform weder ausschließlich vom Markt noch vom Staat zu erwarten. Vielmehr zeigte Etzioni eine dritte institutionelle Alternative jenseits von Markt und Staat auf. Als Begründung des komparativen Vorteils der Dritte Sektor Organisation gegenüber der Konkurrenz von privatwirtschaftlichen Unternehmen und staatlichen Behörden verwies Etzioni auf die Fähigkeit von Dritte Sektor Organisationen, die Effizienz der Dienstleistungserstellung der Unternehmen des Marktes mit der Gemeinwohlorientierung des Staates zu verbinden und als private Organisationen im öffentlichen Interesse tätig zu sein. Nach Etzionis Einschätzung war es die Verbindung von privater Initiative – im Sinne eines *social entrepreneurship* – mit der Orientierung am allgemeinen Wohl, was Dritte Sektor Organisationen als Motor von gesellschaftlicher Reform und Initiative empfiehlt.

> Unternehmerische Effizienz plus Gemeinwohlorientierung

   Sein Aufsatz „The Third Sector and Domestic Mission" (Etzioni 1973) wurde zu einer Zeit veröffentlicht, die Ralf Dahrendorf als „Sozialdemokratisches Zeitalter" charakterisiert hat. In Europa ging man davon aus, dass es zu einer Konvergenz der Systeme bzw. zu einer Annäherung von Kapitalismus und Sozialismus kommen werde. Demgegenüber begann man in den USA bereits die Neo-Liberalen und Monetaristen, insbesondere von Hayek, verstärkt zu rezipieren. Mit seinem Hinweis auf eine Alternative zwischen Staat und Markt steuerte Etzioni zu Beginn der 1970er Jahre im doppelten Sinne gegen den Trend. Den Europäern zeigte er, dass der Staat nicht alles regeln kann, und, falls er dies doch versucht, über kurz oder lang an die Grenzen der Finanzierbarkeit stoßen und zudem mit Legitimationsproblemen konfrontiert werden würde. Die Amerikaner warnte er davor, zuviel vom Markt zu verlangen und nicht einseitig auf die allokative Gerechtigkeit des Marktmechanismus zu setzen. Die Zielsetzung seines Artikels bestand darin, neue Wege der Erstellung von Leistungen und Diensten im öffentlichen Interesse und für das allgemeine Wohl aufzuzeigen. In diesem

> Dritte Sektor-Organisationen: „organizations for the future"

Kontext wurden Dritte Sektor Organisationen von ihm als „organizations for the future" charakterisiert, die in der Lage sind, bei der Dienstleistungserstellung die positiven Seiten des Marktes und des Staates miteinander zu verbinden.

Es waren insofern zunächst die Verwaltungswissenschaften, die sich in den USA der Erschließung des doch unbekannten Terrains Dritter Sektor annahmen. Hierbei war zu Beginn der 1980er Jahre entscheidend, dass die Reagan-Administration nicht nur in erheblichem Umfang den Rotstift bei den Sozialausgaben ansetzte, sondern ihr Kürzungsprogramm gleichzeitig mit dem Hinweis verband, dass der „Independent Sector" der Dritte Sektor Organisationen die durch die Kürzung der staatlichen Gelder entstandenen Lücken schließen sollte (vgl. Zimmer 1997: 65ff). Die Dritte Sektor Forschung ist in den USA in gewisser Weise aus einer „Abwehrsituation" heraus entstanden. Es ging ganz wesentlich auch darum, den Staat nicht aus der Verantwortung gegenüber dem allgemeinen Wohl zu entlassen. Vorangebracht wurde die Dritte Sektor Forschung in den USA daher auch in erster Linie von den „Liberals" als Gegenpart zu den Konservativen und Neo-Liberalen in den Sozialwissenschaften einschließlich der Ökonomie. Denn in der Tat war man damals in den USA der Überzeugung, dass es sich beim Dritten Sektor um *independent organizations* handle, die maßgeblich durch Spendenleistungen finanziert und ausschließlich durch ehrenamtliches Engagement getragen würden. Die Ergebnisse der Dritten Sektor Forschung zeigten jedoch, dass sich die soziale Dienstleistungserstellung auch in den USA in hohem Maße durch Public-Private Partnership auszeichnete, wobei gemeinnützige Organisationen in beachtlichem Umfang auf öffentliche Mittel rekurrieren und ihnen als Partner des Sozialstaates eine ganz wesentliche Bedeutung zukommt (vgl. Salamon 1995; 1989; Smith/Lipsky 1993).

In welch beachtlichem Umfang Dritte Sektor Organisationen auch an der sozialen Dienstleistungserstellung in Deutschland teilhaben, lässt sich nicht zuletzt an der großen Bedeutung der Wohlfahrtsverbände ablesen (Bundesarbeitsgemeinschaft 2001). Wie in Teil II deutlich wurde, sind die Mitgliederorganisationen der Wohlfahrtsverbände mehrheitlich als eingetragener Verein organisiert. Ihr Anteil an der sozialen Dienstleistungserstellung vor Ort ist beachtlich. Jedoch lassen sich, wie anhand des Vergleichs der Kommunen Münster und Jena deutlich wurde, auch ganz beachtliche Unterschiede feststellen, die vor allem auf die jeweilige Tradition vor Ort wie auch auf das Selbstverständnis der Kommune zurückzuführen sind (vgl. Teil II, 3.7).

Auch in Deutschland hat sich zunächst die Verwaltungswissenschaft des Dritten Sektors angenommen. Im Unterschied zu den USA erfolgte dies aber nicht primär aus fiskalischen Gründen, vielmehr standen hierzulande steuerungstheoretische Gründe im Vordergrund. Ab Mitte der 1980er Jahre wurden die Rechts- und Verwaltungswissenschaft in Deutschland verstärkt mit dem Phänomen einer zunehmenden „'Ausfransung' des Staates durch Auslagerung und Verselbständigung von Aufgaben und Organisationen, eine[r] Tendenz zur Halbstaatlichkeit und Privatisierung (aber nicht in die Gewerblichkeit, sondern in die 'Frei-Gemeinnützigkeit')" (Ronge 1993: 55) konfrontiert. Dieser Trend zur sukzessiven Entstaatlichung, der heute in der Retrospektive aus korporatistischer Sicht mit dem Begriff des „verhandelten Staates" und aus systemtheoretischer Sicht mit „entzauberter Staat" gefasst wird, war erklärungsbedürftig und ent-

Marginalien:

Dritter Sektor als Thema der Verwaltungswissenschaft

Dritte Sektor-Organisationen als wichtige soziale Dienstleister

Dritter Sektor und „Ausfransung" des Staates

sprach nur bedingt der in den Verwaltungswissenschaften vorherrschenden, eher juristisch geprägten Staatsauffassung. Die Dritte Sektor Forschung war und ist daher in hohem Maße anschlussfähig an die Debatten und Diskurse in den Sozialwissenschaften, die etwa seit Beginn der 1980er Jahre verstärkt die Veränderung von Staatlichkeit thematisieren, wobei die Vergesellschaftlichung öffentlicher Aufgaben einen zunehmend bedeutenderen Stellenwert gewann. Vor dem Hintergrund der Multifunktionalität der Dritte Sektor Organisationen ist hierbei jeweils zu berücksichtigen, dass die Veränderung von Staatlichkeit Dritte Sektor Organisationen in doppelter Hinsicht tangiert: Zum einen als freigemeinnützige Dienstleister sowie zum anderen als Organisationen der Interessenvertretung, und zwar für ihre Mitglieder und für eine breitere Öffentlichkeit. Während die Dienstleistungsfunktion vorrangig im Kontext der Debatte des Übergangs vom Wohlfahrtsstaat zur Wohlfahrtgesellschaft behandelt wird (Evers/Olk 1996), betrifft der zweite Diskussionsstrang eher das *Wie* des Regierens bzw. die Veränderungen von Governance (Benz 2004a).

Ferner gingen in Deutschland ganz wesentliche Impulse für die Dritte Sektor Forschung auch von den Neuen Sozialen Bewegungen und ihrer Forderung nach mehr Bürgerbeteiligung und direkteren Formen der Partizipation sowohl bei der Entscheidungsfindung aber auch der Implementation öffentlicher Aufgaben aus (vgl. Klein/Legrand/Leif 1999; Klein/Schmalz-Bruns 1997). Insgesamt ist es ein nachhaltiges Verdienst der Bewegungsforschung (Lemke 1999; Roth 1998; Rucht 1998) die hiesige Politikwissenschaft, die nach wie vor stark steuerungstheoretisch geprägt ist und sich vorrangig an den staatlichen Institutionen orientiert, für Fragen der Repräsentativität und Legitimität von Regieren zumindest ein Stück weit sensibilisiert zu haben. Zwar wurde die Dritte Sektor Forschung von der bundesdeutschen Bewegungsforschung anfänglich sehr stark mit Verwaltungsforschung gleichgesetzt, dies ändert sich aber sukzessive insofern, als die neuen sozialen Bewegungen zunehmend Institutionalisierungstendenzen ausgesetzt waren und sich dementsprechend veränderten. Inzwischen sind die Grenzen zwischen Bewegungs- und Dritte Sektor Forschung fließend. Die sozialen Bewegungen sind mittlerweile auf breiter Front institutionalisiert und zeichnen sich weniger durch Mobilisierung als durch ein breites Spektrum von zum Teil hoch-professionell arbeitenden Bewegungsorganisationen, wie etwa *Greenpeace* oder *amnesty international*, aus (vgl. Forschungsjournal Neue Soziale Bewegungen 1992; Zimmer 1996c).

Doch der Trend der Institutionalisierung und damit der Drittsektorisierung der neuen sozialen Bewegungen lässt sich nicht nur international aufzeigen, sondern Entsprechendes ist auch auf der lokalen Ebene zu verfolgen. Wie die zunächst als reine Bewegungsorganisationen entstandenen Vereine der Post-Moderne sich inzwischen ebenfalls zu Vereinen des Typs *Mitgliederorganisationen-plus* mit einem hoch professionalisierten Mitarbeiterstab gewandelt haben und dass sich diese Vereine aber dennoch nach wie vor durch eine politische Orientierung auszeichnen, wurde in Teil I und II (Teil I, 2.3.3) bereits ausführlich dargelegt sowie auch mit Ergebnissen der Münsteraner Vereinsstudie empirisch belegt (Teil II, Exkurs, 2.6.3).

Vergleicht man die Entwicklung der Dritte Sektor Forschung in Deutschland und in den USA, so lässt sich für die USA und den angelsächsischen Raum

Wichtige Impulse durch die Neuen Sozialen Bewegungen

Drittsektorisierung der Neuen Sozialen Bewegung

Stärkere Institutionalisierung in den USA

insgesamt eine stärkere Akzeptanz und Institutionalisierung des Ansatzes als Sub-Disziplin feststellen. Von sehr kleinen Anfängen hat sich die US-amerikanische Fachgesellschaft *Association for Research on Nonprofit Organizations and Voluntary Action* (ARNOVA) zu einer professionellen Organisation (http://www.arnova.org) entwickelt. Mitte der 1990er Jahre wurde die ISTR, die *International Society for Third Sector Research* (http://www.jhu.edu/~istr), gegründet. Neben den Fachgesellschaften ist ein weiteres Indiz für die Etablierung als Sub-Disziplin die Gründung einer ganzen Reihe von Fachzeitschriften, darunter *Voluntas, Nonprofit Management and Leadership, Nonprofit and Voluntary Sector Quarterly*, sowie die curriculare Berücksichtigung der Dritten Sektor Forschung im Bereich der tertiären Bildung bzw. das Angebot von Master-Studiengängen zu nennen (Anforderungen an die NPO Ausbildung 2002). Zumindest in den USA hat sich die Dritte Sektor Forschung zu einer anerkannten Sub-Disziplin der Sozialwissenschaften entwickelt, deren Charakteristikum darin besteht, dass ein spezifischer gesellschaftlicher Bereich, das weite Organisationsspektrum jenseits von Markt und Staat, aus unterschiedlichen sozialwissenschaftlichen Perspektiven betrachtet wird.

2.3 Wissenschaftstheoretische Einordnung

Dritter Sektor-Ansatz: Theorem mittlerer Reichweite

Bei dem Dritte Sektor Ansatz handelt es sich nicht um eine eigenständige Theorie, sondern um ein Theorem mittlerer Reichweite. Es wird davon ausgegangen, dass die Organisationen des Dritten Sektors aufgrund ihrer Multifunktionalität und ihrer Position zwischen Markt, Staat und Familie wichtige Koppelungs- und Bindungsfunktionen in modernen Gesellschaften übernehmen. Charakteristikum der Dritten Sektor Forschung ist ihre Multidisziplinarität, wobei sich die schwerpunktmäßig beteiligten Disziplinen – Soziologie, Politikwissenschaft und Wirtschaftswissenschaften – jeweils mit ihren fachspezifischen Fragestellungen dem Untersuchungsgegenstand Dritter Sektor und seinen Organisationen nähern. Grosso modo lassen sich die folgenden disziplingebundenen Perspektiven oder Blickrichtungen auf den Sektor und seine Organisationen festhalten:

Disziplingebundene Perspektiven auf den Dritten Sektor

Die soziologisch-orientierte Dritte Sektor Forschung beschäftigt sich schwerpunktmäßig mit „*Voluntary Action*", d.h. mit freiwilliger Mitarbeit, ehrenamtlichem Engagement und bürgerschaftlich-zivilgesellschaftlicher Partizipation. Im Blickpunkt stehen hier einerseits die sozialintegrativen sowie andererseits die systemintegrativen Funktionen und Kapazitäten gemeinnütziger Organisationen. Der Dritte Sektor wird aus dieser Perspektive als Infrastruktur für bürgerschaftliches Engagement und Partizipation und damit zugleich als Medium der Systemintegration des Einzelnen in Staat und Gesellschaft betrachtet.

- Bei der politikwissenschaftlichen Richtung der Dritte Sektor Forschung ist zwischen einer eher verwaltungswissenschaftlichen und policy-analytischen einerseits und einer primär demokratietheoretischen Perspektive andererseits zu unterscheiden. Aus verwaltungswissenschaftlicher und policy-analytischer Sicht sind der Sektor und seine Organisationen als Partner des Staates bei der sozial- und wohlfahrtsstaatlichen Dienstleistungserstellung von Inte-

resse. Aus diesem Blickwinkel werden vorrangig Fragen der politikfeldspe-
zifischen Einbettung der Organisationen, ihrer Regulierung und Finanzierung thematisiert. Aus demokratietheoretischer Sicht wird dagegen vorrangig die Interessenvertretungs- und Kontrollfunktion der Dritte Sektor Organisationen gegenüber Staat und Verwaltung sowie ihre Rolle bei Transiti-
onsprozessen des Übergangs von der Diktatur zur Demokratie untersucht
(vgl. Rymsza/Zimmer 2004).

▪ Für die Wirtschaftswissenschaften sind Dritte Sektor Organisationen in
erster Linie in ihrer Qualität als gemeinnützige Unternehmen und soziale
Dienstleister von Interesse. Doch auch hier sind unterschiedliche Perspektiven zu unterscheiden. So interessiert im Sinne der volkswirtschaftlichen Ge-
samtrechnung zum einen die Größe des Sektors auf der Ebene des National-
staates bzw. einer Volkswirtschaft. Hier geht es primär um das ökonomische
Gewicht des Sektors. Dagegen beschäftigt sich die betriebswirtschaftliche
Richtung der Dritte Sektor Forschung schwerpunktmäßig mit Fragen des
Managements bzw. der Governance von gemeinnützigen Organisationen
und setzt sich aus organisationstheoretischer Sicht mit Fragen der optimalen
Einbettung der Organisation in ihre Umwelt auseinander. Schließlich wird
aus mikro-ökonomischer Sicht insbesondere thematisiert, warum es überhaupt zur Gründung von nicht-gewinnorientierten Organisationen kommt,
wenn für die Gründungspersönlichkeit kein individueller persönlicher Vorteil entsteht.

Aus wissenschaftstheoretischer Sicht war die mikro-ökonomische Perspektive
lange Zeit dominierend für die Dritte Sektor Forschung. Arbeitet man wie die
Wirtschaftswissenschaften mit dem Menschenbild des Homo Oeconomicus, der
sein Handeln ausschließlich am individuellen Nutzenkalkül des Profitstrebens
orientiert, so ist die schlichte Existenz von Dritte Sektor Organisationen als
nicht-gewinnorientierten Einrichtungen, die dem *nonprofit constraint* unterliegen, erklärungsbedürftig. Die theoretischen Arbeiten zum Dritten Sektor aus
mikro-ökonomischer Sicht sind vorrangig der Institutional-Choice-Schule zuzurechnen (vgl. Badelt 1990). Danach sind Dritte Sektor Organisationen jeweils die
effizienteren Dienstleistungsersteller und insofern eine Antwort auf Markt- oder
Staatsversagen oder auch auf eine Kombination von beidem.

Mikroökonomische Ansätze zunächst vorherrschend

Zentrale theoretische Arbeiten der Dritten Sektor Forschung aus mikro-
ökonomischer Perspektive wurden u.a. von Henry Hansman, Burton Weisbrod
und Estelle James vorgelegt. Der *nonprofit constraint* bietet für Henry Hansman
insofern den Schlüssel zum Verständnis der Existenz von Dritte Sektor Organisationen, als diese in erster Linie sog. Vertrauensgüter – d.h. Güter, deren Qualität vom Verbraucher nicht oder nur bedingt überprüft werden kann – erstellen
und anbieten. Wenn z.B. Eltern eine Kindertagesstätte suchen, so geben sie deshalb der Dritten Sektor Organisation gegenüber einem privat-kommerziellen
Anbieter den Vorzug, da für deren Manager kein Anreiz einer Übervorteilung
besteht. Anders als bei einem privat-kommerziellen Unternehmen können diese
nicht „in die eigene Tasche" wirtschaften, sondern müssen die Gewinne zugunsten der Einrichtung re-investieren.

Dritte Sektor-Organisationen als vertrauenswürdigere Anbieter

Dritte Sektor-
Organisationen als
Alternative bei
Staats- und Markt-
versagen

Während Hansmann von der Angebotseite her argumentiert, blickt Burton Weisbrod vorrangig auf die Nachfrageseite. Aus seiner Sicht entstehen Dritte Sektor Organisationen vor allem in Gesellschaften, die sich durch ethnische und/oder religiöse Heterogenität auszeichnen. Hier stellen sie eine Antwort auf die Kombination von Staats- und Marktversagen dar. Da Politiker sich in ihrem Ausgabeverhalten nach den Interessen der Mehrheit der Wähler richten, geht der Staat in heterogenen Gesellschaften auf spezifische Anliegen von kleineren Gruppen, z.B. die Wünsche von weltanschaulichen und ethnischen Minoritäten nach eigenen Schulen oder Krankenhäuser, häufig nicht ein. Für den Staat lohnt es sich nicht, die betreffende Leistung bereitzuhalten, da zu wenige Wähler dies an den Wahlurnen goutieren würden. Doch der Markt stellt die Leistung auch nicht ausreichend bereit, da das Produkt nicht kostenadäquat bzw. so hergestellt werden kann, dass die Nachfrager es sich auch leisten können. Wenn also der Markt wie auch der Staat versagt, so Weisbrod, wird das Gut von einer Dritte Sektor Organisation erstellt, die bei kombiniertem Markt- und Staatsversagen „in die Bresche springt".

Dritte Sektor-
Organisationen als
Ergebnis sozialen,
religiösen, politischen
Unternehmertums

Dagegen setzt Estelle James mit ihrem Ansatz wiederum beim *nonprofit constraint* der Dritte Sektor Organisation an. Danach besteht der Anreiz zur Gründung dieser Organisationen nicht aufgrund individuellen Gewinnstrebens, sondern es liegt eine grundlegend andere Motivation vor: Es sind *social entrepreneurs*, Soziale Bewegungsunternehmer oder auch religiös motivierte Entrepreneurs, die Dritte Sektor Organisationen errichten. Ihr Gewinn besteht nicht in materiellen Gütern und geldwertem Profit, sondern ihre Befriedigung ziehen sie aus der Verbreitung ihrer Idee, der Gewinnung von Anhängern oder der Durchsetzung ihrer politischen Ziele (zu den Ansätzen Salamon/Anheier 1998; Zimmer/Scholz 1992).

Dritte Sektor-
Organisationen
als „funktionale
Dilettanten"

Neben den genannten mikro-ökonomischen Ansätzen hat man sich aber auch aus strukturfunktionalistischer Sicht mit der Fragestellung auseinander gesetzt: Warum gibt es einen Dritten Sektor? Und warum existieren in modernen Gesellschaften solche Organisationen? Ausgangspunkt der Betrachtung aus strukturfunktionalistischer Perspektive ist vor allem die Funktion von Dritte Sektor Organisationen im Kontext wohlfahrtsstaatlicher Dienstleistungserstellung. Eine sehr interessante Erklärung für die Existenz von Dritten Sektor Organisationen im modernen Wohlfahrtsstaat hat Wolfgang Seibel entwickelt. Aus seiner Sicht haben diese Organisationen im modernen Wohlfahrtsstaat eine Existenzberechtigung als „funktionale Dilettanten" (Seibel 1991). Was ist darunter zu verstehen? Ausgangspunkt der Überlegung von Wolfgang Seibel ist die Frage, warum in modernen Gesellschaften mit markwirtschaftlicher Ordnung Dritte Sektor Organisationen als an sich vormoderne Einrichtungen, die sich weder durch Effizienz noch durch Professionalität auszeichnen, überhaupt gibt. Während ineffiziente Unternehmen vom Markt und unprofessionelle staatliche Einrichtungen vom Wähler sanktioniert werden, überleben Dritte Sektor Organisationen, obgleich sie gemessen an den Maßstäben der Moderne, eigentlich Dilettanten sind und insofern an sich wegrationalisiert werden müssten. Sie überleben, so die Argumentation Seibels, als „funktionale Dilettanten", indem sie dem Staat einen kostengünstigen Weg zur Entlastung von Legitimationsdefiziten offerieren. Dritte Sektor Organisationen werden jeweils bei schwierigen Problemen, die in einer

Demokratie mit marktwirtschaftlicher Ordnung an sich nicht zu lösen sind, wie etwa Arbeitslosigkeit, Diskriminierung von Frauen oder Minderheiten, als „Trouble-Shooter" eingesetzt, obgleich man weiß, dass man damit das Problem nicht aus der Welt schaffen kann. Doch der Staat hat sich mit der Delegation der Bearbeitung des Problems von einem schwerwiegenden Legitimationsproblem entlastet: Es wird etwas getan und insofern der Wähler/die Wählerin beruhigt. Das vorhersehbare Scheitern der Problembearbeitung wird jetzt nicht mehr dem Staat, sondern dem Dritten Sektor und seinen Organisationen angelastet. Wenn man so will, ist dies eine eher zynische Betrachtung und Analyse der Relevanz und Bedeutung des Sektors und seiner Organisationen.

Ganz anders hat dagegen Lester Salamon die enge Zusammenarbeit zwischen Staat und Drittem Sektor im Wohlfahrtsstaat interpretiert. Auch er argumentiert strukturfunktionalistisch. Doch aus seiner Sicht liegt nicht eine einseitige Vorteilsnahme des Staates vor, sondern man hat es mit einer Win-Win-Lösung zu tun. Es sind im Wesentlichen die Überlegungen von Amitai Etzioni, die Salamon aufgreift. Danach zeichnen sich Dritte Sektor Organisationen im Vergleich zu staatlichen Einrichtungen durch eine bürgernähere und z.T. auch kostengünstigere soziale Dienstleistungserstellung aus. Allerdings sind Dritte Sektor Organisationen – anders als der Staat – aufgrund ihrer Ressourcenstruktur, die zu einem beachtlichem Umfang auf freiwilligen Leistungen beruht, nicht in der Lage, ihre Angebote gleichmäßig, kontinuierlich und flächendeckend anzubieten. Wenn jedoch der Staat mit öffentlichen Mitteln die Dritte Sektor Organisationen unterstützt, werden diese zu einer umfassenden und hoch-professionellen Leistungserstellung befähigt (Salamon 1989; 1996). Salamon plädiert daher für eine Public-Private Partnership – oder um seine Terminologie zu verwenden – für ein *third party government*, um wohlfahrtsstaatliche Dienstleistungserstellung gleichzeitig umfassend und doch bürgernah sowie effizient zu erstellen. Einschränkend ist hier jedoch anzumerken, dass der Ansatz von Salamon im Unterschied zu dem von Seibel nicht mehr erklärt, warum es überhaupt Dritte Sektor Organisationen gibt, sondern Überlegungen zum *third party government* leisten einen Beitrag zur Erklärung der im Ländervergleich stark unterschiedlichen Größe sowie Finanzierungsstruktur des Sektors und seiner Organisationen. So verfügen insbesondere solche Länder, in denen sich die Zusammenarbeit zwischen Staat und Dritte Sektor Organisationen auf das gesamte Spektrum der wohlfahrtsstaatlichen Dienstleistungserstellung erstreckt, über einen, gemessen an seiner arbeitsmarktpolitischen Relevanz, vergleichsweise großen Dritten Sektor (Zimmer/Priller 2004: 39).

Ebenfalls eher deskriptiv-analytisch angelegt sind die Betrachtungen von Adalbert Evers zur Funktion und Bedeutung von Dritte Sektor Organisationen im Kontext wohlfahrtsstaatlicher Dienstleistungserstellung. Wohlfahrtsproduktion ist danach das Ergebnis eines „welfare mix", an dem die Sektoren Staat, Markt und Gemeinschaft in gleicher Weiser beteiligt sind (Evers/Laville 2004a: 16ff; Evers/Olk 1996). Allerdings lassen sich je nach wohlfahrtsstaatlicher Tradition bzw. Regime unterschiedliche „Mischungsverhältnisse" feststellen. So kommt in dem als sozialdemokratisch bezeichnetem Wohlfahrtsmodell den öffentlich-staatlichen Einrichtungen eine wesentliche Bedeutung zu, während im liberalen Wohlfahrtsstaatsmodell eher der Markt und damit privat-kommerzielle

Dritte Sektor-
Organisationen im
welfare mix

Anbieter neben Dritte Sektor Organisationen für die soziale Dienstleistungsproduktion zuständig sind. Ferner lässt sich, so Evers, am konkreten Beispiel eine
zunehmende Vermischung oder besser Verwischung der Sektorengrenzen feststellen. Insofern charakterisiert er Dritte Sektor Organisationen als „hybride
Einrichtungen" (Evers/Rauch/Stitz 2002; Evers/Laville 2004b), die an der
Schnittstelle von Markt, Staat und Gemeinschaft zu verorten sind. Wie die Ergebnisse der Münsteraner Vereinsstudie zeigen, ist dieser Sicht auf den Dritten
Sektor und seiner Organisationen uneingeschränkt zuzustimmen. Im besonderen
Maße als „hybride Organisationen" sind sicherlich die aktuell boomenden Fördervereine von öffentlichen Einrichtungen, angefangen bei den Schulen bis hin
zu Museen und Theatern, zu charakterisieren. Doch auch eine Reihe der hoch-
professionell arbeitenden sozialen Dienstleister in Münster haben einen hybriden
Charakter, der einen Mix aus privat-kommerzieller und gemeinnütziger Einrichtung darstellt.

Dritte Sektor-
Organisationen und
Wohlfahrtsstaats-
traditionen

Wie die Arbeiten von Salamon und Evers zeigen, ist der Dritte Sektor Ansatz aufgrund seiner ausgeprägten empirischen Orientierung in hohem Maße
anschlussfähig an die vergleichende Wohlfahrtsstaatsforschung. Auf breiter
empirischer Grundlage konnte gezeigt werden, dass Dritten Sektor Organisationen eine wichtige Bedeutung im Rahmen wohlfahrtsstaatlicher Dienstleistungserstellung zukommt (vgl. Salamon 1995; Priller/Zimmer 2001), wobei die Ein-
bindungsstrukturen der Organisationen nach Wolfahrtsstaatsregimen und histo-
risch-sozialen Traditionen erheblich variieren. Aufgrund der jeweiligen Wohl-
fahrtsstaattraditionen bildeten sich regional unterschiedliche Problemstellungen
und Forschungsschwerpunkte. Der großen Skepsis gegenüber umfangreicher
staatlicher Regulierung in den USA stehen in Europa unterschiedliche Formen
des Etatismus gegenüber: Während in Frankreich etwa dieser Etatismus zur
Marginalisierung der Aktivitäten des Dritten Sektors tendiert, kommt in
Deutschland der funktionalen Integration gemeinnütziger Organisationen als
Dienstleister im Wohlfahrtsstaat eine zentrale Bedeutung zu.

Zunehmende
Beachtung des
bürgerschaftlichen
Engagements im
Dritten Sektor

Bisher wurde die Theoriedebatte zum Dritten Sektor und seinen Organisationen vorrangig von mikro-ökonomischen, policy-analytischen und steuerungstheoretischen Arbeiten dominiert, die im Kern ihrer Überlegungen am *non-
distribution constraint* und damit der Nicht-Gewinnorientierung der Organisationen bei ihrer Leistungserstellung ansetzen. Demgegenüber wurde die besondere
Qualität von Dritte Sektor Organisationen als maßgeblich auf freiwilligen Leistungen basierenden und von bürgerschaftlichem Engagement getragenen Einrichtungen bisher bei der Analyse von Funktion und Relevanz des Sektors für
moderne Gesellschaften weniger berücksichtigt. Mit anderen Worten: Die demokratietheoretische Richtung, die den Sektor als Ausdruck der Selbstorganisation
moderner Gesellschaft betrachtet (vgl. Pankoke 2002), hatte im Rahmen der
Dritten Sektor Forschung im Vergleich zur steuerungstheoretischen Perspektive
bisher einen eher nachrangigen Stellenwert. Hier scheint sich aktuell jedoch
insofern aber eine Wende abzuzeichnen, als zunehmend die Potenziale des Sektors im Hinblick auf die Ermöglichung bürgerschaftlichen Engagements diskutiert und auch empirisch erfasst werden (Anheier/Priller/Zimmer 2000).

Bei einer derartigen Betrachtungsweise rücken die integrativen Funktionen von Dritte Sektor Organisationen ins Zentrum der Analyse, die in gewisser Weise ein Bindeglied zwischen Individuum und Gesellschaft darstellen. Durch aktive Teilnahme in Form ehrenamtlichen Engagements sowie durch Mitgliedschaft wird der Einzelne in den gesamtgesellschaftlichen Kontext integriert, wobei den Organisationen wesentliche Integrations- und Sozialisationsaufgaben zugesprochen werden. Gleichzeitig gelten sie in Anlehnung an demokratietheoretische Überlegungen in der Tradition von Alexis de Tocqueville und Max Weber als maßgebliche Bestandteile einer zivilgesellschaftlichen Infrastruktur, auf die ein demokratisches Gemeinwesen nachhaltig angewiesen ist. Wie in Teil I (vgl. Teil I, 3.3.) ausführlich behandelt, kann die Dritte Sektor Forschung auf eine breite Tradition der demokratietheoretischen Beschäftigung mit freiwilligen Vereinigungen als Ausdruck und Motor gelebter Demokratie zurückgreifen. In Deutschland sind, wie ausführlich gezeigt wurde, freiwillige Vereinigungen in der Regel in der Rechtsform des eingetragenen Vereins organisiert.

Dritte Sektor-Organisationen und zivilgesellschaftliche Infrastruktur

Diese aktuelle Entwicklung der Dritten Sektor Forschung in Richtung einer demokratietheoretischen Akzentuierung ist vor dem Hintergrund der umfassenden Diskussion über Politikverdrossenheit sowie über die Legitimationsverluste und Steuerungsprobleme des Staates zu sehen. Insbesondere im Umfeld der Debatte zum „Dritten Weg" in der Sozialdemokratie (Giddens 1999; Kendall 2001) aber auch im Rahmen von Reformvorschlägen aus eher christlich-konservativer Sicht (Dettling 1995) wird der Dritte Sektor zunehmend unter demokratietheoretischen Aspekten betrachtet und in seiner Funktion als Manager gesellschaftlich-politischen Wandels thematisiert. Mit dieser Akzentverschiebung geht auch generell ein Perspektivenwechsel hinsichtlich der Bedeutung der Organisationen einher. Sie werden nicht mehr als Ergebnis der rechtlichen, politischen und sozialen Rahmenbedingungen und damit vorrangig als Resultat einer historisch bedingten, überwiegend pfadabhängigen Entwicklung gesehen und thematisiert, sondern vielmehr rückt die Bedeutung und Funktion von Dritter Sektor Organisationen als gesellschaftliche bzw. intermediäre Akteure, die verändernd auf ihre Kontextbedingungen einwirken und damit gesellschaftliche Innovation gestalten können, ins Zentrum des Interesses. Es wird insofern nicht mehr primär thematisiert, wie die derzeitige Public-Private Partnership zwischen Drittem Sektor und Staat zu erklären ist, sondern vielmehr geht es jetzt darum, Potenziale der Innovation und Erneuerung auf Seiten des Sektors und seiner Organisationen auszuloten. Im Mittelpunkt steht daher zunehmend die Frage: Was können der Sektor und seine Organisationen zur positiven Gestaltung gesellschaftlichen Wandels beitragen, was können sie für eine Vertiefung und Weiterentwicklung von Demokratie leisten?

Dritte Sektor-Organisationen als Akteure im intermediären Raum

2.4 Methodisches Vorgehen

Auf die stark interdisziplinäre Ausrichtung der Dritte Sektor Forschung wurde bereits hingewiesen. Insofern deckt das methodische Vorgehen auch eine breite Palette von zum Teil disziplinär gebundenen Zugängen ab, die von den Sozial- und Wirtschafts- bis in die Rechtswissenschaften hineinreichen. Exemplarisch

Zentrale Analyseebene: Meso-Ebene der Organisation

lässt sich dies am *Johns Hopkins Comparative Nonprofit Sector Project* illustrieren, in dessen Rahmen Forschungsteams in 22 Ländern den Dritten Sektor vergleichend in Hinblick auf seine Wirtschaftsleistung und Bedeutung für den Arbeitsmarkt, seine politische Einbettung und sozialstaatliche Bedeutung empirisch erfasst und hinsichtlich seiner historischen, rechtlichen und sozialen Rahmenbedingungen analysiert haben (vgl. Salamon/Anheier 1994; 1998; Zimmer/Priller 2004). Trotz dieses breiten Spektrums der methodischen Zugänge, die von der Policy-Analyse über repräsentative Umfragen etwa zum bürgerschaftlichen Engagement oder zum Spendenverhalten (Priller/Zimmer 1999) bis hin zu sekundärstatistischen Analysen sowie zur quantitativ-statistischen Erfassung des Sektors im Sinne der volkswirtschaftlichen Gesamtrechung reichen, ist als gemeinsamer methodischer Fokus der Dritte Sektor Forschung ihre Orientierung auf die Meso-Ebene der Organisation herauszustellen. Die Analyseebene Organisation ist für den Dritte Sektor Ansatz zentral, auch wenn empirische Arbeiten im Umfeld der Dritte Sektor Forschung zugleich auf der Mikro- und Makro-Ebene ansetzen können. Exemplarisch ist dieses Vorgehen im Rahmen der deutschen Teilstudie des Johns-Hopkins-Projektes zu beobachten: Zunächst wurde der Sektor auf der Makro-Ebene im Rahmen sekundärstatistischer Analysen im Hinblick auf volkswirtschaftliche Eckdaten (vgl. Priller/Zimmer 2001b: 199ff) wie auch hinsichtlich seiner Kapazität als Raum ehrenamtlichen Engagements (vgl. Zimmer/Priller 2001: 138f) quantitativ-statistisch erfasst (zu den Datenquellen vgl. Priller/Zimmer 2001c: 15). Darüber hinaus wurde mittels der Ergebnisse einer umfangreichen postalischen Umfrage die Meso-Ebene der Organisationen berücksichtigt und hier unter anderem die Selbstperzeption der Organisationen sowie ihre Einschätzung der aktuellen Entwicklung und Trends im Sektor ermittelt (vgl. Zimmer/Priller 2000; Zimmer/Hallmann 2001). Nicht zuletzt wurde im Rahmen des Projektes auch die individuelle Ebene in Betracht gezogen und im Rahmen von zwei repräsentativen Bevölkerungsumfragen Mitgliedschaftsverhalten, ehrenamtliches Engagement sowie Spendenvolumen und die Bereitschaft, Stiftungen zu errichten oder zuzustiften, ermittelt (vgl. Priller/Zimmer 1999).

2.5 Zur Rezeption des Ansatzes außerhalb der wissenschaftlichen Einzeldisziplinen

Geringe Wahrneh-
mung des Ansatzes

Vielleicht ist es der hohen Anschlussfähigkeit der Dritte Sektor Forschung sowie auch ihrer Interdisziplinarität geschuldet, dass ihre Ergebnisse von der allgemeinen Öffentlichkeit eher weniger wahrgenommen werden und der Sektor als solcher in der tagespolitischen Rhetorik kaum eine Rolle spielt. Wie die Enquete-Kommission des Bundestages „Zukunft des bürgerschaftlichen Engagements" deutlich macht, konzentriert sich das politische Interesse in Deutschland vorrangig auf die individuellen gemeinwohlorientierten Tätigkeiten des Bürgers und der Bürgerin. Demgegenüber kommt der Meso-Ebene der Organisationen des Dritten Sektors als „Ermöglichungssphäre" von Bürgerengagement jenseits des Staates nur eine nachgeordnete Bedeutung zu. Allerdings ist als ein Ergebnis der genannten Enquete-Kommission festzuhalten, dass die Untersuchung der Infrastruktur des bürgerschaftlichen Engagements und damit des Dritten Sektors mehr

Beachtung und verstärkter Forschungsanstrengungen bedarf (Enquete-Kommission 2002: 25). Auch identifizieren sich die Organisationen zunehmend mit dem Dritten Sektor Ansatz und verstehen sich unter Bezugnahme auf den Sektor als institutionelle Alternative gegenüber Markt und Staat. Weitaus größere Aufmerksamkeit in Wissenschaft, Politik und allgemeiner Öffentlichkeit genießen im Gegensatz zum Dritten Sektor Ansatz die Überlegungen zum Sozialkapital.

3   Sozialkapital

3.1 Definition

Hohe Attraktivität des Sozialkapitalansatzes von Robert D. Putnam

In der politikwissenschaftlichen Diskussion wird insbesondere auf den von Robert Putnam Anfang der 1990er Jahre entwickelten Ansatz zum Sozialkapital Bezug genommen, während frühere Thematisierungen des sozialen Kapitals, insbesondere von Pierre Bourdieu und von James Coleman (vgl. Portes 1998; Braun 2001b), die politikwissenschaftliche Diskussion weniger beeinflusst haben. Die Gründe hierfür sind sicherlich vielfältig. Entscheidend ist jedoch, dass Putnam in seiner grundlegenden Arbeit von 1993 (Putnam 1993) eine direkte Verbindung zwischen dem Vorhandensein bzw. dem Nicht-Vorhandensein von Sozialkapital in einer Gesellschaft und der Stärke und Ausprägung von Demokratie konstatiert. Insofern erklärt sich selbstredend die Attraktivität des Putnamschen Sozialkapitalansatzes für die Politikwissenschaft. Denn „all self-respecting political scientists like to think of themselves as intrigued with what makes democracy work" (Tarrow 1996: 389). Und Putnam machte in seinem Buch von 1993 die These stark, dass Sozialkapital als die zentrale Grundlage von Demokratie zu betrachten ist.

Doch was ist Sozialkapital? Gemäß Putnam lässt es sich als „Kapital des Vertrauens" (Immerfall 1996: 485) übersetzen, das „alle Verhaltensdispositionen von Bürgern umfasst, die Beiträge zur Senkung von Transaktionskosten in Wirtschaft und Politik leisten" (Offe/Fuchs 2001: 417). Die Grundidee des Sozialkapital-Ansatzes besteht somit darin, dass soziale Netzwerke – „(...) Familie, Freunde und Bekannte einer Person [–] einen wichtigen Wert darstellen" (Putnam/Goss 2001: 19) und positive externe Effekte sowohl für den Einzelnen wie auch für Gruppen bzw. größere soziale Gebilde und insbesondere für die Demokratie zur Folge haben. Wie Putnam selbst einräumt, steht somit hinter dem Sozialkapital-Ansatz „ein außerordentlich schlichter Gedanke" (Putnam/Goss 2001: 20), nämlich dass soziale Netzwerke sowohl aus steuerungs- wie demokratietheoretischer Sicht positive Wirkungen hervorrufen.

Bürgerschaftliches Engagement in Vereinen fördert die Entstehung von sozialem Kapital

Hierbei umfasst Soziales Kapital gemäß Putnam drei wesentliche Elemente, nämlich Vertrauen (*trust*), Verlässlichkeit in Form von generalisierter Reziprozität (*norms*) sowie die Einbindung in Netzwerke freiwilligen Engagements (*networks*) (Putnam 1993: 170ff; 1995: 67). Was bedeuten diese drei Elemente? Ganz praktisch hat man sich die Bildung von Sozialkapital vorzustellen als Ergebnis einer Tradition des intensiven bürgerschaftlichen Engagements in freiwilligen Vereinigungen und/oder in kleineren sozialen Gruppen. Zwischen dem Sozialkapitalansatz und der Vereinsforschung besteht daher eine hohe Anschlussfähigkeit. Bei der Entwicklung des Sozialkapitalansatzes Anfang der 1990er Jahre hat Putnam explizit auf freiwillige Vereinigungen – sprich Vereine – Bezug genommen (Putnam 1993: 92). Diese hat er als wichtige Orte und Gelegenheiten zur Ausbildung von Vertrauen, das im Wesentlichen auf der Erfahrung von Reziprozität basiert, identifiziert. Reziprozität lässt sich übersetzen als eine Kultur der Gegenseitigkeit und des gemeinschaftlichen Miteinanders. Man kommt zusammen in freiwilligen Vereinigungen, um gemeinschaftlich Aktivitäten von und für Menschen mit ähnlichen Vorlieben, Problemen oder Ideen zu verwirklichen. Die Grundidee der Reziprozität ist daher die eines ausgewogenen Nehmens und Gebens unter Gleichgesinnten. Ich engagierte mich für die Gemeinschaft und kann gleichzeitig sicher sein, dass mein Engagement nicht von Trittbrettfahrern ausgenutzt wird, sondern bei anderer Gelegenheit an mich zurückfließt. Hier schwingt die Idee von Horizontalität und damit einer Gemeinschaft von Gleichberechtigten mit.

Der demokratische Ursprung der Vereine als Gemeinschaft von Freien und Gleichen wurde in Teil I bei der Darlegung der historischen Entwicklung des Vereinswesens ausführlich behandelt (vgl. Teil I, 2.3). Bei der typologisierenden Strukturierung der Vereine auf Basis ihrer wahrgenommen Funktionen wurde in Teil II Reziprozität als das zentrale Charakteristikum bzw. als Proprium von Vereinen als Mitgliederorganisationen herausgestellt (vgl. Teil II, 2.6.1). Konkret wurde hier für den Verein als Mitgliederorganisation festgehalten: Bei diesem Vereinstyp stehen die Mitglieder und ihr Engagement im Zentrum. Aktivitäten werden von und für Mitglieder geplant und durchgeführt. Das Aktivitätsspektrum der Mitgliederorganisation dient der Verwirklichung gemeinsamer bzw. von den Mitgliedern geteilter Anliegen. Gegenseitigkeit und gemeinschaftliches Miteinander charakterisieren diesen Organisationstyp. Es geht also um gemeinschaftlich organisierte Aktivitäten von und für Menschen mit ähnlichen Vorlieben, Problemen oder Ideen. Im reziproken Austausch, also im Miteinander im Verein, entsteht Vertrauen bzw. soziales Kapital. Je dichter das Netz der freiwilligen Vereinigungen bzw. Vereine und je zahlreicher die aktiven Mitgliedschaften des einzelnen Bürgers und der Bürgerin, d.h. je höher der Organisationsgrad und je umfangreicher das bürgerschaftliche Engagement, so die Überlegung von Putnam, desto stärker ausgeprägt ist die Demokratie in dem betreffenden Gemeinwesen.

Reziprozität im Verein

In seinem Buch „Making Democracy Work" konzeptualisiert Putnam die „*civic community*" als das wichtigste Unterpfand einer starken Demokratie. Hierbei knüpfte er direkt an die Tradition der politischen Kulturforschung und ihre Klassiker Almond und Verba an, die erstmals die *civic culture* als gesellschaftliche Basis von Demokratie konzeptualisiert und auch empirisch vergleichend in fünf Ländern mit beachtenswerten Ergebnissen in den 1960er Jahren untersucht hatten (vgl. Teil I, 3.3.2). Wie Almond und Verba betrachtet auch Putnam „*associational structures*" und „*civic associations*" – d.h. Vereine – als Grundpfeiler und Schule der Demokratie (vgl. Braun 2001b: 339). Wie schon Almond und Verba rekurrierte auch Putnam für die statistische Messung von *civicness* und damit für den Nachweis des Vorhandenseins sowie den Grad der Ausprägung einer demokratieförderlichen politischen Kultur eines Gemeinwesens nicht allein auf die Indikatoren Organisationsdichte der freiwilligen Vereinigungen und Stärke des Beteiligungsverhaltens der Bürger und Bürgerinnen, sondern er zog für die konkrete Messung noch weitere Kriterien, unter anderem die Häufigkeit des Zeitungslesens sowie die Präferenzbildung bei Wahlen, heran, auf die an dieser Stelle jedoch nicht explizit eingegangen werden soll (vgl. Putnam 1993: 96-116). Festzuhalten ist, dass Putnam in der Tradition der *civic culture* in seiner ursprünglichen Konzeptualisierung von Sozialkapital freiwilligen Vereinigungen – sprich Vereinen als Mitgliederorganisationen – einen ganz wesentlichen Stellenwert einräumt.

In der Tradition von civic culture

3.2 Entstehung und Attraktivität des Sozialkapitalansatzes

Hohe Vereinsdichte: Voraussetzung von gelebter Demokratie

Maßgeblich entwickelt hat Putnam den Ansatz des Sozialen Kapitals in seinem bereits erwähnten Buch „Making Democracy Work" von 1993 sowie in dem Aufsatz „Bowling Alone" von 1995. Konkret hat er in „Making Democracy Work" die Umsetzung der in Italien in den 1970er Jahren implementierten Verwaltungsreformen auf regionaler Ebene untersucht. Während die nördlichen Regionen bei Putnams Evaluierung sehr gut abschnitten und sich durch eine an Effizienz- und Effektivitätskriterien orientierte Verwaltung auszeichneten, traf dies für die südlichen Regionen nicht zu. Diesen Unterschied erklärte Putnam jedoch nicht unter Rekurs auf modernisierungstheoretische Ansätze vom fortschrittlichen Norden und zurückgebliebenen Süden Italiens, sondern mit Verweis auf das Vorhandensein von Sozialkapital im Norden und den Mangel an bzw. das Nicht-Vorhandensein von Sozialkapital in den südlichen Regionen. Danach ist die gut funktionierende Verwaltung und die Akzeptanz demokratischer Regierung im Norden Italiens ein positiver externer Effekt der *civicness* dieser Region, die Putnam, wie bereits ausgeführt, unter anderem operationalisierte unter Bezugnahme auf die Organisationsdichte der freiwilligen Vereinigungen bzw. Clubs. Aus einer verwaltungswissenschaftlichen Perspektive kommt er daher zu dem Ergebnis: „Good government in Italy is a by-product of singing groups and soccer clubs" (Putnam 1993: 176). Allerdings beschränkt sich Putnam in seinen Schlussfolgerungen nicht darauf, das Funktionieren und die Akzeptanz von Verwaltungsinstitutionen von seiten der Bevölkerung – also *good government* – an *civicness* und damit an das Vorhandensein einer demokratischen politischen Kultur zu koppeln, vielmehr geht sein Anspruch deutlich weiter: Ihm geht es um die Demokratie an sich. Danach sind sog. *civic virtues* (Putnam 1993: 180, 246f) und ein dichtes Netz von freiwilligen Vereinigungen oder Vereinen Grundvoraussetzung für die Entwicklung und das Vorhandensein von Sozialkapital, und dieses ist wiederum die wesentliche Grundlage bzw. die Basis für Demokratie.

Verlust generalisierten Vertrauens als Gefahr für die Demokratie

Während in „Making Democracy Work" Putnam noch stark auf die steuerungstheoretische Relevanz des Sozialkapitals und damit seine Bedeutung für *good government* bzw. *good governance* einging, arbeitete er in „Bowling Alone" (1995) vor allem die demokratietheoretische Relevanz des Sozialkapital-Ansatzes heraus. In dem vielzitierten Aufsatz stellt er zunächst fest, dass US-Amerikaner nicht mehr primär gemeinsam ihre Freizeit gestalten. Anstatt in Kegelclubs gemeinsam zu bowlen, geht man mit seinem Walkman joggen oder verbringt seine Freizeit individualistisch vor dem Fernseher. Nach Putnam hat dieses veränderte Freizeit- und Sozialverhalten gravierende Folgen. Konkret kann es nicht mehr zur Ausbildung von generalisiertem Vertrauen kommen, da man nicht mehr in kleinen Gruppen zusammenkommt und insofern kein gegenseitiges Vertrauen mehr aufgebaut werden kann. Perspektivisch nimmt das in den Gemeinschaften gebundene soziale Kapital daher mit hohem Tempo ab. Der Verlust sozialen Kapitals, so Putnam, ist in den USA auf der gesamtgesellschaftlichen Ebene bereits nachzuweisen: Amerikaner interessieren sich kaum noch für Politik; sie gehen immer weniger zur Wahl; sie engagieren sich auch nicht mehr für Dritte, etwa für ihre Kinder in Elternvereinen; und sie treten en gros aus sozialen Großorganisationen wie etwa den Gewerkschaften und Kirchen aus. Geht dies so weiter, so Putnams Krisenszenario, drohe langfristig nicht nur Gefahr für die Demokratie in Amerika, sondern auch für die Akzeptanz der Demokratie in anderen Ländern, da man nur abwarten müsse, bis in Europa oder anderswo die Entwicklungen des Trendsetters USA nachvollzogen und kopiert würden. Die Analyse von Putnam rüttelte daher an den Grundfesten des demokratischen Gemeinwesens. Es war letztlich ein Krisenszenario, das er in „Bowling Alone" beschrieb, wobei aktive Aktion eingefordert wurde, um Schlimmeres abzuwenden (Putnam 1999: 8; zitiert in Braun 2001b: 340).

In den Sozialwissenschaften traf diese Krisenbeschreibung post-moderner Gesellschaft und Demokratie auf einen fruchtbaren Nährboden. Während in der Politikwissenschaft das Phänomen der sog. Politikverdrossenheit, definiert als Skepsis und Vertrauensverlust gegenüber den Parteien sowie Austritt im großen Stil aus den Gewerkschaften, zunehmend thematisiert wurde (Alemann 1996), beschäftigte sich die Soziologie verstärkt mit Prozessen gesellschaftlicher Pluralisierung sowie den desintegrierenden Folgen von Individualisierung. Beide Entwicklungen werden als Ausdruck gesellschaftlicher Modernisierungsprozesse betrachtet, infolge derer Anliegen des Gemeinwohls zunehmend Individualinteressen untergeordnet werden und der Einzelne sein Handeln nur noch ausschließlich an individuellen Nutzenkalkülen und eben nicht mehr an gemeinschaftlich-sozialen Anliegen orientiert. Vor diesem Hintergrund lag der Charme des Sozialkapitalansatzes von Putnam nun gerade in der Möglichkeit der Koppelung von individuellem Nutzenkalkül mit dem Interesse des Gemeinwohls.

In diesem Kontext ist daran zu erinnern, dass in den 1960er Jahren, insbesondere im angelsächsischen Bereich, der Wechsel vom bislang dominierenden Menschenbild des Homo Sociologicus hin zum nutzenmaximierenden Homo Oeconomicus vollzogen wurde und mit dem an Popularität schnell gewinnenden Rational-Choice-Ansatz die damals im sozialwissenschaftlichen Diskurs vorherrschenden Theoreme auf breiter Front angegriffen wurden. Bis dato hatte in den Sozialwissenschaften der Behaviorismus kombiniert mit einem ausgeprägten Strukturfunktionalismus dominiert. Gesellschaftliche und politische Phänomene wie etwa die Stabilität von Demokratien wurden zwar auf individuelles Verhalten zurückgeführt; dies galt jedoch als in hohem Maße geprägt durch gesellschaftliche Normen und Werte. Die Wert- und Normenorientierung des Einzelnen wurde als Ergebnis von Sozialisationsprozessen betrachtet, deren Verlauf und Richtung sich weitgehend individueller Steuerung entzogen.

Wandel des Menschenbildes: Vom Homo Sociologicus zum Homo Oeconomicus

Mit dem Siegeszug des Rational-Choice-Ansatzes und dem Übergang vom Menschenbild des Homo Sociologicus zum Homo Oeconomicus änderte sich die Interpretation sozialen Verhaltens grundlegend. Individuelle Präferenzen, von der Auswahl des Ehepartners bis hin zum Wahlverhalten, wurden nicht mehr auf gesellschaftlich erlernte Verhaltensweisen und damit sozialisationsbedingte Normen zurückgeführt, sondern jetzt primär am rationalen Kalkül und an der ausschließlich an Effizienzkriterien orientierten individuellen Entscheidungsfindung festgemacht. Den fundamentalen Gegensatz dieser beiden methodischen Zugänge zur Erklärung sozialen Verhaltens hat der Amerikaner James Duesenberry in den 1960er Jahren mit dem Bonmot auf den Begriff gebracht: „Economics is all about how people make choices; sociology is all about how they don´t have any choices to make" (Duesenberry 1960: 233, zitiert bei Knoke 1990: 23).

Nicht zuletzt markierte dieser Wechsel vom Homo Sociologicus zum Homo Oeconomicus den Übergang der Meinungsführerschaft in den Sozialwissenschaften von der Soziologie zur Ökonomie bzw. zur modernen Mikro-Ökonomie. In der Folge avancierte das vorrangig an Nutzenkalkülen orientierte Rational-Choice-Theorem in den Sozialwissenschaften zu einem wichtigen methodischen Ansatz nicht nur der Analyse individuellen Verhaltens, sondern auch der Erklärung gesellschaftlicher Dynamiken sowie politischer und wirtschaftlicher Prozesse. Die soziale Einbettung und Einbindung von Entscheidungen, angefangen beim Wählerverhalten bis hin zu den Managemententscheidungen auf den Führungsetagen großer Firmen, wurde in den Sozialwissenschaften, von wenigen Autoren abgesehen, in der Folge weitgehend negiert.

Integrationsproblem der modernen Gesellschaft

Die Konzeptualisierung des Menschen als Homo Oeconomicus hat jedoch auf der Makro-Ebene der Gesellschaft ein gravierendes Problem zur Folge. Die klassische Frage der Moderne, nämlich wie gesellschaftlicher Zusammenhalt garantiert werden kann, wenn ausschließlich individuelle Nutzenkalküle verfolgt werden, stellt sich unter diesem methodischen Ansatz in aller Schärfe. Thematisiert wurde dieses Problem bereits von Karl Marx in seiner Pariser Frühschrift „Zur Judenfrage": Wie ist Gesellschaft als Gemeinschaft von Individuen möglich, wenn der moderne Mensch in erster Linie als Wirtschaftssubjekt, als „Bourgeois" agiert, der sein Handeln ausschließlich an der Optimierung seines individuellen Nutzens orientiert und dabei weder auf traditionelle Bindungen noch auf moralische Verpflichtungen Rücksicht nimmt? Ein derartiger Utilitarismus führe, so Marx in seiner damaligen Analyse, zum genauen Gegenteil eines aufeinander bezogenen und gemeinschaftlichen Zusammenlebens. Gesellschaft sei dann nichts anderes als ein Agglomerat zusammenhangsloser Individuen, die jeder für sich ein asoziales Dasein als auf sich selbst bezogene Monaden fristen (Marx 1990: 42, 51).

Krisenszenario: Gesellschaft der „Ichlinge"

Diese in der Konzeptualisierung des Homo Oeconomicus angelegte düstere Vision einer Gesellschaft der „Ichlinge" (Keupp 2000), erhielt durch die Ergebnisse der empirischen Sozialforschung in den 1980er Jahren nachhaltig Auftrieb. Gestützt auf eine breite Datenbasis wurden umfangreiche gesellschaftliche Individualisierungsprozesse, die Auflösung der klassischen wert- und normengebundenen sozialen Milieus und eine zunehmende Pluralisierung der Lebensformen festgestellt (vgl. Vester et al. 1993). Beispielsweise wurde von Ulrich Beck die Sorge zum Ausdruck gebracht, dass „in der Hitze" der Individualisierungsprozesse das Soziale, der Konsens „verdampft" (Beck 1993: 159). Und Wilhelm Heitmeyer beschrieb in seinen Publikationen die Zukunftsvision einer „desintegrierten Gesellschaft", die sich durch „egoistischen Hyperindividualismus" auszeichnet und ausschließlich von „utilitaristisch-kalkulativem Verhalten" geprägt wird (Heitmeyer 1994; 1997).

Verbindung der Konzeptionen des Homo Sociologicus und des Homo Oeconomicus

Vor diesem Hintergrund eines auf gesellschaftliche Desintegration eingestellten sozialwissenschaftlichen Zeitgeistes entwickelte Robert Putnams Theorie des sozialen Kapitals eine enorme Attraktivität (vgl. Braun 2001a), und zwar weil individuelle Nutzenkalküle in kulturtheoretische, in der Tradition des Behaviorismus stehende Gesellschaftsentwürfe integriert werden und damit die Chance besteht, die Gegensätze zwischen Homo Sociologicus und Homo Oeconomicus zu überbrücken. In seiner Monographie „Making Democracy Work" (Putnam 1993) gelang es Putnam mit Hilfe eines interessanten Ansatzes, soziale Einbindung, operationalisiert in Engagement und Mitgliedschaft in Vereinen und Gruppen, als gesellschaftlichen Aktivposten in die Zeit der hochindividualisierten Postmoderne hinüberzuretten. Putnam verband die Idee der sozialen Einbindung mit effizienzökonomischen Argumenten. Danach erlernt man aufgrund der sozialen Einbindung, etwa mittels Mitgliedschaft in Vereinen und freiwilligen Vereinigungen, demokratisch-soziales Verhalten. Oder anders ausgedrückt: Man akkumuliert „soziales Kapital", dass man, um in der Terminologie von Karl Marx zu bleiben, sowohl als „Bourgeois" und damit zum eigenen Nutzen wie auch als „Citoyen" und damit im Dienst des politischen Gemeinwesens einsetzen kann. Wie bereits beschrieben, lautet das Schlüsselwort hier „Vertrauen". Dank Reziprozität und sozialer Einbindung infolge der Mitgliedschaft und des Mitmachens in freiwilligen Vereinigungen bzw. Vereinen entwickelt man sich nicht nur zu einem guten Nachbarn und Bürger, sondern gleichzeitig auch zu einem vertrauenswürdigen und verlässlichen Wirtschaftspartner. Die Vertrauensbildung ist nicht auf den sozialen Bereich beschränkt, sondern es handelt es um die Ausbildung eines generalisierten Vertrauens, das sich auf alle gesellschaftlichen Bereiche einschließlich der Wirtschaft erstreckt. Kann man sich erfahrungsgemäß auf seine Partner verlassen, so kann man auf Kontrolle verzichten und daher Kosten sparen, so das transaktionskostenspezifische Argument. Dies gilt für Handlungskoordination im Bereich der Wirtschaft ebenso wie für solche im Staat oder in der Verwaltung.

Wie ausgeführt, umfasst soziales Kapital in der Lesart von Putnam die drei konstituierenden Elemente, nämlich Vertrauen/*trust*, Reziprozität bzw. Verlässlichkeit/*norms* und soziale Einbindung/*networks*, die unterschiedlichen Theorie- und Methodentraditionen der Sozialwissenschaften zuzuordnen sind (Putnam 1993: 170ff; 1995: 67). Während *trust* in der Konzeptualisierung von Putnam enge Bezüge zur modernen Mikroökonomie (Transaktionskostenanalyse sowie *assurance game* der Spieltheorie, vgl. Weise et al. 1991: 85) aufweist, stehen die *norms* als Verlässlichkeit und normenorientiertes Verhalten in der Tradition der klassischen Sozialisationstheorien, mit dem Bezug auf *networks* greift Putnam schließlich neuere Ansätze in der Politikwissenschaft auf, die anschlussfähig sind an klassische gruppentheoretische Überlegungen in der Tradition von de Tocqueville (vgl. Teil I, 3.1). Der Sozialkapital-Ansatz basiert somit auf einer synergetischen Verknüpfung unterschiedlicher Theoriestränge der Sozialwissenschaften.

Theorie- und Methodentraditionen von trust, norms und networks

3.3 Die dunkle Seite des Sozialkapitals

In den Worten von Putnam ist der Sozialkapital-Ansatz deshalb so attraktiv, weil Sozialkapital einen „privaten oder internen Nutzen" umfasst, gleichzeitig aber auch externe oder öffentliche Effekte zeitigt (Putnam 2001: 20f). Während man Sozialkapital einerseits „um seiner selbst Willen genießen und zum materiellen Vorteil nutzen kann", dient es andererseits als „das Gleitmittel gesellschaftlichen Lebens" (ebd.). Viele gute Beispiele lassen sich als Beleg für den gesellschaftlichen Nutzen von Sozialkapital anführen. So ist zum einen Verlässlichkeit im

Sozialkapital wirkt gesellschaftlich und individuell

Wirtschaftsleben zu nennen, so dass Fristen und Termine auch ohne die ver-
tragsmäßige Androhung hoher Konventionalstrafen eingehalten werden, zum
anderen basiert die Legitimität des demokratischen Systems auf dem Vertrauen
der Bürger in die politischen Institutionen wie auch auf ihrem jeweils individuellen politischen Engagement. Doch der Nexus von individuellem Nutzen sozialen
Kapitals und Gemeinwohlorientierung ist durchaus nicht so eindeutig und klar,
wie er von Putnam in seinen frühen Arbeiten (1993; 1995) unterstellt wurde.
Keineswegs dient das Engagement und Mitmachen in freiwilligen Vereinigungen stets sowohl dem Einzelnen als auch dem allgemeinen Wohl.

Im Gegensatz zu Putnam hat Pierre Bourdieu das *capital social* als individuelle und nicht als gesellschaftliche Ressource konzeptualisiert (Bourdieu
1987). Die Verfügung über *capital social* dient, analog zu den anderen von ihm
identifizierten Kapitalarten, wie etwa kulturelles Kapital (Bildung) und selbstverständlich auch ökonomisches Kapital, der Sicherung der gesellschaftlichen
Position oder der Etablierung des Status quo. Die Konzeptualisierung von *capital
social* im Bourdieuschen Sinne war höchst einflussreich für elitentheoretische
Betrachtungen. Danach ist die soziale Position des Einzelnen in der Gesellschaft
in beachtlichem Umfang am Besitz der verschiedenen Kapitalarten gekoppelt,
die sich zudem untereinander verstärken. So hängt vieles davon ab, ob man „die
richtigen Leute kennt", d.h. sich in den entsprechenden Gruppen und Zirkeln
aufhält, die über die richtigen Kontakte verfügen und eine Weiterempfehlung in
beruflicher Hinsicht möglich machen. Ob man allerdings in den bestimmten
Kreisen auch akzeptiert wird, hängt wiederum davon ab, ob man über den entsprechenden Habitus – den richtigen Lebensstil verfügt – und sich dementsprechend kleidet, Musik hört, in die Ferien fährt und die gruppenspezifische Sportart pflegt. In der soziologischen Literatur lassen sich viele namhafte Beispiele
anführen, warum Sozialkapital, vermittelt über Gruppenzugehörigkeit sowie Mitgliedschaft und Mitmachen in Vereinen, zwar durchaus mit individuellen Vorteilen, aber mitnichten mit gesamtgesellschaftlichen Nutzen oder gar mit sozialer
Mobilität und demokratiefördernden Effekten verbunden ist. So hat Marc Granovetter in seinem Klassiker „The Strength of Weak Ties" bereits Anfang der
1970er Jahre auf den Nutzen eines weiten Kontaktnetzwerkes für das Voran-
kommen im Beruf, etwa über Empfehlungsschreiben bzw. Vitamin-B, hingewiesen (Granovetter 1973).

Sozialkapital ist nicht
zwangsläufig der
Demokratie dienlich

Ebenfalls in den 1970er Jahren wurden im Kontext der Lokalpolitikpolitik-
forschung freiwillige Vereinigungen – sprich Vereine – als jene Orte in der Gemeinde identifiziert, wo „fat cats keep in touch" und in der Klüngelwirtschaft
geschlossener Cliquen die eigentlichen kommunalpolitischen Entscheidungen
getroffen werden (vgl. Teil I, 3.3.3.1). Unter direkter Bezugnahme auf die Arbeiten von Bourdieu hat Paul DiMaggio zu Beginn der 1980er Jahre aufgezeigt, wie
man kulturelles Kapital zwecks weiterer Akkumulation von ökonomischem Kapital einsetzen kann, und warum und wie im 19. Jahrhundert in den USA eine
Blüte der Kulturvereine einsetzte. Auch dies waren letztlich Orte, an denen die
„fat cats" sich austauschten. Ferner dienten die mit hohen Aufnahme- und Mit-
gliedsgebühren verbundenen voluntary association, angefangen bei dem *Museum
of Modern Art* bis hin zur *Boston Philharmonic Society*, dazu, in der im Vergleich zum alten Europa homogen und egalitären Einwandergesellschaft der

Vereinigten Staaten gesellschaftliche Klassenunterschiede und damit soziale Stratifizierung zu etablieren. Es war eine Feudalisierung mit anderen Mitteln, die hier über die Zugehörigkeit zu bestimmten Vereinigungen erfolgte (DiMaggio 1987; 1991; DiMaggio/Anheier 1990).

Doch auch noch eine weitere dunkle Seite des sozialen Kapitals hat Putnam bei seinen Betrachtungen nicht berücksichtigt (Portes/Landolt 1996): Nicht alle freiwilligen Vereinigungen und Vereine verfolgen unterstützenswerte, d.h. soziale und insbesondere demokratische Zielsetzungen. Wie schnell die national-demokratischen Ziele und Vorstellung der Vereine des Vormärz in der zweiten Hälfte des 19. Jahrhunderts in Vergessenheit gerieten und durch national-patriotische ersetzt wurden, ist von Historikern sehr gut erforscht worden (Bösch 2002; vgl. Teil I, 2.3.2). Auch die Weimarer Republik zeichnete sich durch eine beachtliche Vereinsdichte und einen hohen Organisationsgrad der Bevölkerung aus (Berman 1997). Doch das hier akkumulierte Sozialkapital wurde keineswegs immer dazu eingesetzt, die Demokratie zu stabilisieren, sondern genau das Gegenteil war der Fall. Der vergleichsweise reibungslose Übergang von der Demokratie zur Diktatur des Faschismus wird u.a. auch auf die beachtliche Mobilisierung von Unterstützung für die „braune Idee" durch freiwillige Vereinigungen zurückgeführt (Anheier/Seibel 2001: 61).

Antidemokratische Aspekte des Sozialkapitals

Dass die Gleichung, Engagement in Vereinen führe zur Bildung von Sozialkapital und habe als Ergebnis *good governance* und stabile Demokratie zur Folge, in dieser Schlichtheit empirisch kaum zu halten ist, hat auch Robert Putnam längst eingeräumt. Zentral ist in diesem Kontext die Unterscheidung zwischen *bridging* und *bonding social capital*. *Bridging social capital* wird hierbei als inklusiv und positiv charakterisiert. Es handelt sich somit um offene und insofern demokratische Gruppen und Vereinigungen. Demgegenüber ist *bonding social capital* negativ konnotiert und bezieht sich auf Prozesse sozialer Schließung und Ausgrenzung. Konkret hat Putnam *bridging social capital* definiert als offene Netzwerke, die außenorientiert sind und Personen „across diverse social cleavages" einschließen. Demgegenüber charakterisiert er *bonding social capital* als nach innen orientierte Netzwerke, die „tend to reinforce exclusive identities and homogeneous groups" (Putnam 2000: 22).

Bonding Capital als desintegrierende Wirkung von Sozialkapital

Hohe Relevanz hat diese Unterscheidung für die Untersuchung von Partizipation und Integration von Migranten und Migrantinnen. Welche Rolle und Bedeutung kommt hierbei freiwilligen Vereinigungen, sprich Vereinen, zu (vgl. Teil I, 3.3.1)? Dienen sie der schrittweisen Anpassung an kulturell andere Formen der Vergesellschaftlichung und politischen Partizipation? Leisten Vereine und freiwillige Vereinigungen im Prozess der Integration wichtige Hilfestellung, z.B. bei der Wahl der Schule, der Bewerbung um eine neue berufliche Tätigkeit, der Anmietung einer Wohnung, dem Erlernen der fremden Sprache? Oder aber verfolgen die Vereine eine ganz andere Zielsetzung? Dienen sie zur Etablierung von sog. Parallelgesellschaften und forcieren daher gesellschaftliche Ausgrenzung, indem primär die eigene Sprache und Religion gepflegt wird und die Mitgliedschaft ausschließlich auf die In-group der Migranten und Migrantinnen bezogen ist? Hier eröffnet sich ein weites Feld für eine Vereinsforschung, deren Anliegen mit denen Putnams in hohem Maße übereinstimmen und die die Ausbildung von *civic communities* zum Ziel hat. Wie in Teil I dargelegt, befindet

Vereine etablieren zum Teil Formen von Parallelgesellschaften

sich die wissenschaftliche Beschäftigung mit MigrantInnen-Vereinigungen noch
ganz am Anfang. Gleichwohl scheint einiges darauf hinzudeuten, dass das *brid-ging social capital* hier eher greift als das *bonding social capital* (Hunger 2002).

Abschottung und Klüngel im Milieu

Doch jenseits der Beschäftigung mit MigrantInnen-Vereinigungen zeigen
nicht zuletzt die Ergebnisse der Lokalstudien Münster und Jena (vgl. Teil II, 3),
dass Vereine auch heute noch stark in sozialen Milieus verankert sind. In Münster ist das katholische Milieu besonders ausgeprägt mit einer starken Stellung der
diesem Milieu zugehörenden sozialen Dienstleister. Demgegenüber sind in Jena
die dem katholischen Umfeld zuzurechnenden sozialen Dienstleister nahezu
bedeutungslos, aber die sog. Vorwendeorganisationen in besonderem Maße prä-
sent. Inwiefern die betreffenden Milieus eher *bridging* oder *bonding social capi-tal* erzeugen, wäre ebenfalls eine interessante Forschungsfrage. Der Münsteraner
kommunale Klüngel ist zwar legendär, jedoch im Unterschied zu Köln (Scheuch/
Scheuch 1992) bisher noch nicht systematisch untersucht.

3.4 Methodischer Zugang und Breitenwirkung

Sozialkapitalansatz eng mit politischer Kulturforschung verknüpft

Von seinem methodischen Zugang ist der Sozialkapital-Ansatz dem Kontext der
politischen Kulturforschung zuzuordnen (Pye 1968; Greiffenhagen/Greiffenha-
gen 2002). Vorherrschende Analyseebene ist insofern die Mikro-Ebene des Indi-
viduums. Wie bereits ausgeführt, werden die Dichte der sozialen Netze und die
Häufigkeit der Mitgliedschaft in freiwilligen Vereinigungen als ein wesentlicher
Indikator bzw. unabhängige Variable für gesellschaftlichen Zusammenhalt und
Vertrauensausbildung einerseits sowie Stärke und Etablierung von Demokratie
andererseits herangezogen. Zweifellos ist dieser mehr oder weniger nahtlose
Rückschluss von der Mikro-Ebene individuellen Verhaltens auf die Makro-
Ebene des demokratischen Gemeinwesens problematisch. Wie Tarrow kritisch
anmerkt, ist zu hinterfragen, ob strukturelle Faktoren, wie insbesondere die staatlichen Rahmenbedingungen, das wirtschaftliche Wohlergehen der Bürger und
Bürgerinnen, ihr Bildungsniveau, nicht doch einen ganz entscheidenden Einfluss
auf das Engagementverhalten haben. Auch die historische Herleitung der Dichte
des Sozialkapitals im Norden Italiens und sein Nicht-Vorhandensein im Süden
wurden heftig kritisiert. Zu grob habe Putnam hier „den Hobel" angesetzt. Vor
allem seien die Stadt-Republiken Italiens im Mittelalter und zur Zeit der Renaissance mitnichten *civic communities* gewesen (Tarrow 1996).

Boom empirischer Studien

Trotz vieler kritischer Stimmen hat der Ansatz von Putnam eine beachtliche
Breitenwirkung ausgelöst und maßgeblich dazu beigetragen, dass weltweit eine
ganze Reihe von empirischen Studien zum Beteiligungsverhalten und damit zum
bürgerschaftlichen Engagement durchgeführt wurden (vgl. die Zusammenstellung der Studien in Putnam 2001). Hierbei zeigte sich, dass „Bowling Alone"
auch im internationalen Vergleich nicht zutrifft. Vielmehr lassen sich weltweit
ein Anstieg und eine Intensivierung des bürgerschaftlichen Engagements feststellen. Zurückzuführen ist dies insbesondere auf zwei Faktoren: zum einen auf
das gestiegene Bildungsniveau der Bevölkerung sowie zum anderen auf die verstärkte Partizipation von Frauen. Zwischen diesen beiden Faktoren besteht insofern ein enger Zusammenhang, als insbesondere Frauen von der sog. Bildungs-

revolution ab den 1960er Jahren profitiert haben. Bei gleichem Bildungsniveau unterscheiden sich Männer und Frauen hinsichtlich ihres Beteiligungsverhaltens in freiwilligen Vereinigungen nicht mehr gravierend. Gleichzeitig haben die Ergebnisse der Münsteraner Vereinsbefragung gezeigt, dass in Bezug auf die soziale Integration von Frauen in Vereinen immer noch Terrain gutzumachen ist. Noch ist „die Arbeit weiblich und die Macht männlich" in Vereinen (vgl. Teil II, Exkurs).

Im Unterschied zu Putnam ziehen neuere Untersuchungen stärker strukturelle Rahmenbedingungen und damit eine Kontextanalyse in ihr Untersuchungs-
design mit ein. Dies gilt beispielsweise für die international vergleichende Studie „Citizenship, Involvement, Democracy" (CID) (http://www.mzes.uni-mannheim. de/projekte/cid). Während Putnam „good government" noch als „by-product" der assoziativen Gesellschaftsstruktur bezeichnet, kommt die Schweizer Teilstudie des Projektes zu dem Ergebnis: „Associational context – institutions and structural social change – matters" (Kriesi/Baglioni 2003: 27): Die lokale Tradition direkter Demokratie und soziale Struktur der Gemeinde habe qualitative und quantitative Auswirkungen auf das Assoziationswesen. Hier wird also genau umgekehrt argumentiert: Danach sind die strukturellen Rahmenbedingungen für individuelles Verhalten prägend, während Putnam diese in seiner Studie zu Italien gar nicht in den Blick genommen hat.

*Rahmenbedingungen haben Auswirkungen auf das Assoziati-
onswesen*

Doch der Sozialkapitalansatz hat nicht nur Anlass zu viel Kritik, einer Flut von wissenschaftlichen Publikationen und zahlreichen empirischen Forschungs-
arbeiten gegeben. Nicht zuletzt zählt Sozialkapital zu den sozialwissenschaftli-
chen Begriffsschöpfungen, die in kürzester Zeit Eingang in den politischen Dis-
kurs gefunden haben. Warum soziales Kapital sich unter Politikern einer großen Beliebtheit erfreut, ist einfach zu beantworten, wenn man die Ausführungen von Claus Offe betrachtet, als er die Besonderheit des Sozialkapitals als Kapital ana-
lysierte (Offe 1999): Im Unterschied zu anderen Kapitalarten zahle sich der Ein-
satz von Sozialkapital direkt, d.h. ohne zeitliche Verzögerung, aus. Ferner sei die Investition ohne jedes Risiko. Man gewinne immer, und zwar als Einzelperson und als Gruppe. Sozialkapital würde nämlich durch Gebrauch nicht weniger, sondern vermehre sich kontinuierlich und sofort. Anders als „normales Kapital" müsse man es nicht am Markt aufnehmen und dafür Zinsen zahlen, sondern es stehe als Ressource zinslos und damit praktisch umsonst zur Verfügung. Und man könne schließlich auch per Definition keine Fehlinvestitionen tätigen, da Vertrauen, Verlässlichkeit und Gegenseitigkeit im sozialen Netzwerk an und für sich etwas Positives darstellen. Ohne die öffentlichen Haushalte zu belasten, biete sich Sozialkapital also als vielseitig einsetzbares Vademekum im politischen Diskurs geradezu an. Einer entsprechend großen Beliebtheit erfreut sich in Politik und der allgemeinen Öffentlichkeit auch der Zivilgesellschaftsdiskurs. Und es ist ebenfalls die Unbestimmtheit der Begrifflichkeit und die positive Konnotation, die maßgeblich zur Popularität der Zivilgesellschaft beigetragen haben.

*Starke Breitenwir-
kung und hohe Be-
liebtheit in der Politik*

4   Der Zivilgesellschaftsdiskurs

4.1   Definition und Entstehungszusammenhang

Zivilgesellschaft: normativ positiv besetzt

Dem zivilgesellschaftlichen Konzept liegt kein einheitliches Modell zugrunde, es lässt sich auch kein stringenter theoretischer Ansatz ausmachen. Vielmehr handelt es sich um einen normativ überwiegend positiv besetzten Terminus, dessen Begriffsgeschichte bei dem aristotelischen Gesellschafts- und Politikverständnis, der *societas civilis* als ideale Lebensweise des Menschen ansetzt. In der neuzeitlichen Philosophie wurde sowohl von den Vertragstheoretikern (Hobbes und Locke) als auch von den englischen Populärphilosophen und Wirtschaftstheoretikern (Ferguson und Smith) sowie von Friedrich Wilhelm Hegel und Karl Marx jeweils in spezifischer Weise auf die zivile Gesellschaft Bezug genommen, wobei in der deutschen Philosophie in Anlehnung an Adam Smith auch die Wirtschaft als privatrechtlich gesteuertes System der Arbeits-, Kapital- und Gütermärkte zur Zivilgesellschaft gerechnet wurde (zur Begriffsgeschichte vgl. Kneer 1997; Lembcke 1999).

Für die weitere Begriffsgeschichte in Deutschland ist zentral, dass der positiv besetzte Terminus Zivilgesellschaft hier durch „bürgerliche Gesellschaft" ersetzt wurde. Dieser Begriff wurde bis ins späte 20. Jahrhundert vor allem kritisch-polemisch und damit nicht zuletzt abwertend gebraucht (vgl. Kocka 2003). Insofern blickt „Zivilgesellschaft" vor allem in Deutschland auf eine wechselvolle Geschichte zurück, wobei der kritisch-polemische Gebrauch des Begriffs erst in jüngster Zeit von einen eher positiven und zukunftsorientierten abgelöst wurde (Enquete-Kommission 2002).

Zivilgesellschaft als Dauervision des demokratischen Status quo

Hat Zivilgesellschaft inzwischen zwar einen festen Platz im politischen Diskurs, so hat sich bisher gleichwohl keine einheitliche Definition durchsetzen können. In der Regel werden in den unterschiedlichen Entwürfen und Konzeptionen bestimmte Merkmalsausprägungen genannt, die für Zivilgesellschaft als konstitutiv anzusehen sind (Ueltzhöffer/Ascheberg 1995: 18-26; Kneer 1997: 235f). Hierzu zählt zum einen eine normative Orientierung sowie zum anderen ein ziviler Umgang miteinander bzw. eine prozedurale Verständigungspraxis der Zivilgesellschaft oder ihr diskursives Moment. Als politisches Programm bezieht sich Zivilgesellschaft auf die permanente Kritik und damit Dauervision des demokratischen Status quo. Zivilgesellschaft umfasst daher ganz maßgeblich das kritische Selbstverständnis einer politischen Gesellschaft (Sachße 2002). Mit Zivilgesellschaft als normativem Konzept wird somit die Hoffnung in Verbindung gebracht, ein Mehr an Demokratie und sozialer Gerechtigkeit wie auch an gesellschaftlicher Rückkoppelung politischer Entscheidungsfindungsprozesse zu garantieren. Angesichts dieses Erwartungshorizontes stellt sich die Frage nach den Akteuren der Zivilgesellschaft, die für Entwicklung wie Konkretisierung des in Abgrenzung und als Gegenentwurf zum Status quo zu konzipierenden gesellschaftlich-politischen Konzeptes verantwortlich sind.

Zivilgesellschaft als Utopie und als deskriptiv-analytisches Konzept

Diesbezüglich ist die u.a. von Jürgen Kocka in die Diskussion eingeführte Unterscheidung zwischen Zivilgesellschaft als politisches Programm bzw. in die Zukunft gerichtete Utopie einerseits und Zivilgesellschaft als deskriptiv-analytisches Konzept andererseits wichtig. Während ersteres mit den Worten von

Kocka „Teil eines umfassenden Entwurfs oder Projektes ist, das von der Aufklärung bis heute uneingelöste Züge enthält" (2003: 33), rücken bei der Definition
von Zivilgesellschaft als deskriptiv-analytisches Konzept die zivilgesellschaftlichen Akteure ins Blickfeld. Zivilgesellschaft bezeichnet dann einen „sozialen
Bereich oder Raum, der in modernen, ausdifferenzierten Gesellschaften „zwischen" Staat, Wirtschaft und Privatsphäre zu lokalisieren ist" (Kocka 2003: 32).
Ganz konkret bezieht sich Zivilgesellschaft als deskriptiv-analytisches Konzept
auf den Raum „gesellschaftlicher Selbstorganisation zwischen Staat, Ökonomie
und Privatheit, die Sphäre der Vereine, Zirkel, sozialen Beziehungen und Nicht-
regierungsorganisationen (Kocka 2002: 16)." Fasst man die verschiedenen Elemente der Definition der Zivilgesellschaft zusammen, so lässt sich festhalten,
dass Zivilgesellschaft:

- erstens einen Typ sozialen Handelns, nämlich den zivilen Umgang miteinander beinhaltet,
- zweitens auf einen konkreten gesellschaftlichen Bereich, nämlich den der
  Selbstorganisation zwischen Markt, Staat und Privatsphäre und damit im
  Wesentlichen auf freiwillige Vereinigungen bezogen ist, und
- drittens als normatives Konzept auf die konkrete politische Utopie der Vertiefung und Weiterentwicklung von Demokratie zielt (vgl. Kocka 2003: 32).

Es ist jenes Spannungsfeld zwischen Erwartungshorizont und Status quo, was
das Konzept der Zivilgesellschaft für die aktuelle politische Debatte so attraktiv
macht. Es ist die „Utopie der sich freiwillig und selbst organisierenden, demokratischen, in der Anerkennung von Menschenrechten gründenden Gesellschaft"
und gleichzeitig „die Aktivität von Vereinen, Netzwerken, Initiativen und Nicht-
regierungsorganisationen [...]. Jenseits von, aber nicht unbedingt in Frontstellung
gegen Staat und Markt" (Frankenberg 2003). Innerhalb dieses Spannungsfeldes
hat sich eine „weit ausholende und unabgeschlossene theoretische Suchbewe-
gung" (Klein 2001: 252) entwickelt, deren Akteure jedoch die Vorstellung teilen,
dass vom Staat unabhängige Assoziationen und Strukturen eine wichtige Basis
für die Ausgestaltung und Verbesserung einer demokratischen Gesellschaftsordnung haben.

Zivilgesellschaftliche
Aktivität im Span-
nungsfeld zwischen
Markt und Staat

Der normativ-theoretische Zivilgesellschaftsdiskurs fächert sich dabei in
mehrere Stränge auf. Politische Attraktivität gewann der Begriff in den 1970er
Jahren in den Kreisen der Dissidenten und Bürgerbewegungen in Ostmitteleuro-
pa sowie in den verschiedenen Intellektuellenzirkeln in Lateinamerika, und zwar
als Bezeichnung jener Gruppen, Diskussionskreise und Organisationen, die in
Opposition zum herrschenden autoritären Regime standen (vgl. Emtmann 1998;
Cohen/Arato 1997: 15). Zentrale Fragestellung dieses Diskurses ist die Frage
nach der Möglichkeit der Schaffung und Konsolidierung liberaldemokratischer
Institutionen in bisher autoritär regierten Staaten sowie der Förderung einer sozial bewussten und verantwortungsvollen Partizipationskultur. Als Voraussetzung
einer solchen wird das freiheitsverbürgende Moment der Trennung zwischen
Staat und unabhängigen Institutionen der Gesellschaft betont, jedoch auch eine
kritische Distanz zur Reduktion des Individuums auf den „Homo oeconomicus"
im neoliberalen Diskurs gewahrt.

Konsolidierung
junger Demokratien
durch Zivilgesell-
schaft

Zivilgesellschaft als
Intensivierung von
Demokratie

Die in Osteuropa und Lateinamerika geführten Diskussionen hatten einen nachhaltigen Einfluss auf die demokratietheoretische Diskussion in den so genannten alten Demokratien der westlichen Hemisphäre. In der Folge wurde die Zivilgesellschaft zu einem zentralen Bezugspunkt der Erörterungen über die Vertiefung und Weiterentwicklung von Demokratie gerade auch in jenen Gesellschaften, die bereits auf eine lange demokratische Tradition zurückblicken können (vgl. Cohen/Arato 1997; Taylor 1991). In zunehmender Loslösung von den Positionen der neomarxistischen Neuen Linken wurde versucht, eine Alternativvision gesellschaftlicher Entwicklung zu formulieren, sowohl zu den staatszentrierten Reformansätzen sozialdemokratischer Prägung in den 1970er Jahren als auch den marktorientierten Konzepten des Neoliberalismus, die in den 1980er und 1990er Jahren nicht mehr nur von konservativen Regierungen vertreten wurden. Als Träger gesellschaftsverändernder Potenziale wurde verstärkt die Gesellschaft in den Mittelpunkt gerückt. Erklärtes Ziel zivilgesellschaftlicher Aktivität ist die „Demokratisierung liberaler Demokratien" (Klein 2001: 255), die sich nicht in der Garantie negativer Freiheitsrechte und dem Funktionieren repräsentativ-demokratischer Verfahren erschöpfen dürfe. Gespeist von den Ideen der Studentenbewegung und der Neuen Sozialen Bewegungen stellten sich etwa die Fragen nach Möglichkeiten gesellschaftlicher Kontrolle der Ökonomie jenseits marxistischer Revolutionsvorstellungen und nach der Demokratisierung lebensweltlicher Beziehungen, die entgegen früherer Konzeptionen nicht mehr als nur privat verstanden wurden (vgl. ders.: 131ff).

Zivilgesellschaft
erweitert sich zu
Transnationalismus

Die jüngsten Diskursstränge der Zivilgesellschaftsdebatte fokussieren auf das Phänomen der Globalisierung. Im Zentrum steht hierbei die Frage nach den Möglichkeiten der Steuerung und Korrektur sozialer Entwicklungen innerhalb des internationalen Systems, in dem Nationalstaaten zunehmend transnationalen ökonomischen und politischen Akteuren gegenüberstehen (vgl. Frankenberg 2003; Klein 2001: 205ff). Ferner sieht sich die Debatte gerade in Lateinamerika aufgrund der jüngsten Erfahrungen mit völlig anderen Rahmenbedingungen erfolgreicher Demokratisierung in den dortigen ökonomisch ausgelaugten und stark weltmarktabhängigen, ethnisch und sozial polarisierten, zwar formaldemokratisch, aber gleichwohl meist von autoritären Charismatikern regierten Staaten konfrontiert. In den Termini des Zivilgesellschaftsdiskurses: Dem Staat wird chronisches Versagen als Garant negativer Freiheitsrechte und der Sicherung der materiellen Mindestbedingungen attestiert, welche den Einzelnen erst befähigen, „zivilgesellschaftlich", als politisch gestaltender Bürger, zu agieren. Eine Alternative dazu wird in lokalen und föderal organisierten Strukturen der Selbstregierung gesucht, die, gestützt und legitimiert von der „Zivilgesellschaft", Gestaltungsspielraum zu erlangen versuchen (vgl. Holloway 2003; Nolasco 2000).

Varianten des zivil-
gesellschaftlichen
Diskurses

Doch der Zivilgesellschaftsdiskurs weist nicht nur regional unterschiedliche Facetten und Fokussierungen auf. Entsprechendes lässt sich auch für die normativ theoretischen Grundpositionen festhalten. Nach Reichard (2004) lassen sich derzeit vier unterschiedliche, theoretisch-normative Positionen des Zivilgesellschaftsdiskurses unterscheiden, und zwar:

- die kommunitaristische Variante: Hier liegt der Fokus auf der sozialisieren-den Rolle freiwilliger Vereinigungen sowie darauf, wie in sozialen Netz-werken Vertrauen erzeugt wird.
- die Variante, die Zivilgesellschaft als radikale oder reflexive Demokratie konzipiert, in der autonome Gesellschaftsmitglieder auf der Basis von Selbstorganisation an der polischen Macht partizipieren. Diesem Ansatz ist eine Kritik an den Verfahren der repräsentativen Demokratie inhärent.
- die liberale Version der Zivilgesellschaft, wie sie klassischerweise von Ralf Dahrendorf vertreten wird, der darin das Ideal eines aufgeklärten Liberalis-mus verwirklicht sieht.
- die diskurstheoretische Variante der Zivilgesellschaft in der Tradition von Jürgen Habermas, der Zivilgesellschaft als öffentliche Sphäre herrschafts-freier Diskussion konzeptualisiert.

4.2 Wissenschaftstheoretische Einordnung und methodischer Zugang

Da im Kontext der Zivilgesellschaftsdebatte zu unterscheiden ist zwischen nor-mativem Programm bzw. politisch-gesellschaftlicher Utopie einerseits und ana-lytisch-deskriptivem Konzept andererseits, muss auch aus methodischer Sicht zwischen unterschiedlichen Zugangsweisen differenziert werden. So ist der Zi-vilgesellschaftsdiskurs in seiner normativen Komponente eindeutig der Politi-schen Theorie und hier wiederum der Demokratietheorie zuzurechnen. Kenn-zeichnend für alle Diskursstränge ist das Spannungsverhältnis zwischen liberaler und republikanischer Demokratietheorie mit ihren unterschiedlichen Konzeptio-nen des Individuums als Bürger. Verhält sich dieser nun als nutzenmaximieren-der Egoist oder gemeinschafts- und verantwortungsbewusster Gestalter der öf-fentlichen Angelegenheiten? Und unter welchen institutionellen Voraussetzun-gen kann er dies tun?

Wie bereits beschrieben, wird unter dem Leitmotiv der Zivilgesellschaft insbesondere das dynamische Verhältnis zwischen der bestehenden staatlichen Ordnung und der anzustrebenden konkreten politischen Utopie thematisiert. Der Zivilgesellschaft wird hierbei einerseits in der Tradition der Vertragstheoretiker den Status einer *countervailing power* sowie andererseits in der aristotelischen Tradition und in der Adaption des Gedankenguts von Antonio Gramsci die Be-deutung einer gesellschaftlichen Sphäre des Diskurses der Freien und Gleichen zur Lösung von Problemen allgemeiner Bedeutung zugemessen. Am prägnant-esten findet sich die Funktionszuweisung der Zivilgesellschaft als Gegenmacht zum Staat bei Gellner, der Zivilgesellschaft versteht als: „That set of non-governmental institutions, which is strong enough to counterbalance the state, and, whilst not preventing the state from fulfilling its role of keeper of peace and arbitrator between major interests, can, nevertheless, prevent the state from dominating and atomising the rest of society" (Gellner 1994: 5). Dagegen ist Jürgen Habermas in Weiterentwicklung seines Klassikers „Strukturwandel der Öffentlichkeit" exemplarisch als Protagonist des diskurstheoretisch ausgerichte-ten Begriffsverständnisses anzuführen. Habermas sieht die Zivilgesellschaft als Diskursöffentlichkeit und weniger als politischen Handlungsraum: „Die Zivilge-

Zivilgesellschaft als normatives Programm

sellschaft setzt sich aus jenen mehr oder weniger spontan entstandenen Vereinigungen, Organisationen und Bewegungen zusammen, welche die Resonanz, die
die gesellschaftlichen Problemlagen in den privaten Lebensbereichen finden,
aufnehmen, kondensieren und lautverstärkend an die politische Öffentlichkeit
weiterleiten" (Habermas 1992: 443).

Trennung von Staat und Gesellschaft als freiheitsverbürgend

Gemeinsam ist beiden Positionen der positive Bezug auf die antitotalitaristi-
sche Debatte: Freiheitsverbürgend ist die Trennung zwischen einem institutionellen (staatlichen) Rahmen, der „negative Freiheit", also die Freiheiten des Individuums gegenüber dem Staat garantiert sowie „Zivilität" als Handlungsnorm
verbindlich festschreiben kann, und einer nicht liberalistisch verkürzten, auto-
nomen Öffentlichkeit, in dem die Individuen „positive Freiheit", die Gestaltung
ihrer gemeinsamen, äußeren Lebensbedingungen, ausüben können (vgl. Klein
2001: 339ff). Die demokratietheoretischen Folgerungen gehen jedoch aufgrund
der unterschiedlichen Vorstellungen im Spannungsfeld von Republikanismus
und Liberalismus, Universalismus und Relativismus auseinander: Konzeptionen
demokratischer Selbstgesetzgebung trennen die Zivilgesellschaft, ähnlich wie
Habermas, vom System repräsentativer Demokratie als Garanten einer nicht-
partikularistischen Politikgestaltung. Konzeptionen demokratischer Selbstregierung hingegen betonen die kontextabhängige Urteilsfähigkeit des Individuums
über partikularistische Deutungen hinaus und verlegen die Politikformulierung in
die Zivilgesellschaft (vgl. Rödel et al. 1989). Theorien reflexiver Demokratie
verfechten die Öffnung staatlicher Entscheidungsfindungsmechanismen für In-
terventionen der Zivilgesellschaft und sehen diese als Vermittlungssystems unterhalb, aber doch nahe am Staat (vgl. Schmalz-Bruns 1995).

Zivilgesellschaft als deskriptiv-analyti-sches Konzept: Thema der Politi-schen Kulturfor-schung

Wird dagegen Zivilgesellschaft nicht als normatives, sondern als deskriptiv-
analytisches Konzept verwandt, so bestehen enge Bezüge zur Politischen Kulturforschung und insbesondere zur Beschäftigung mit freiwilligen Vereinigungen.
Wie bereits dargestellt, umfasst Zivilgesellschaft als deskriptiv-analytisches
Konzept eine empirisch-praktische Orientierung, wobei Bezug genommen wird
auf jene Organisationen, Vereine und Initiativen, die sich in einer Sphäre gesellschaftlicher Selbstorganisation konstituieren. Trotz unterschiedlicher disziplinä-
rer und ideengeschichtlicher Provenienz der Autoren wird das gesellschaftliche
Reformpotenzial übereinstimmend in einem Bereich verortet, der als „Raum
gesellschaftlicher Selbstorganisation zwischen Staat, Ökonomie und Privatheit"
(Kocka 2002: 16) definiert wird. So bildet für Jürgen Habermas „den Kern der
Zivilgesellschaft [...] ein Assoziationswesen, das problemlösende Diskurse zu
Fragen allgemeinen Interesses im Rahmen veranstalteter Öffentlichkeit institutionalisiert" (Habermas 1992: 443f). Für Ralf Dahrendorf ist Zivilgesellschaft in
klassisch-liberaler Tradition gekennzeichnet durch „die Existenz autonomer, d.h.
nicht staatlicher oder in anderer Weise zentral geleiteter Organisationen" (Dahrendorf 1991: 262). Und Michael Walzer verweist insbesondere auf den Netz-
werkcharakter der Zivilgesellschaft als „Raum von (zwischenmenschlichen)
Vereinigungen, die nicht erzwungen sind" (Walzer 1992: 65). Die Infrastruktur
der Zivilgesellschaft wird danach durch das assoziative Moment der Gesellschaft
gebildet, wobei nach Kocka der Begriff der Zivilgesellschaft meist mit ‚positiven
Assoziationen' verbunden wird (Kocka 2002: 17).

Es spricht viel dafür, dass die Möglichkeit der Koppelung von normativer Orientierung und deskriptiv-analytischem Bergriffsgehalt die Attraktivität des Zivilgesellschaftskonzeptes ausmacht. Denn als normatives und gleichzeitig deskriptiv-analytisches Konzept ermöglicht Zivilgesellschaft eine Koppelung von demokratietheoretischem Programm und handlungstheoretischer Policy-Empfehlung. Gleichzeitig trägt dieser Nexus zwischen programmatisch-demokratietheoretischer Vision und Orientierung an der Empirie der Vereine und Netzwerke dazu bei, dass der Zivilgesellschaftsdiskurs sich mittlerweile in hohem Maße ausdifferenziert hat. Auch gilt es aus wissenschaftstheoretischer Sicht jeweils zu unterscheiden zwischen zivilgesellschaftlichem Handeln im normativen Sinn – als gemeinsinngeleitete, bürgerschaftliche Aktivität (vgl. Anheier et al. 2000) – und der empirischen zivilgesellschaftlichen Realität der Vereine, Initiativen, Stiftungen und Assoziationen (vgl. Klein 2001: 251ff.). Auf welche Analyse-Ebene gerade Bezug genommen wird, diejenige der zivilgesellschaftlichen Organisationen oder die des engagierten Bürgers bzw. der Bürgerin oder aber die der Zivilität des betreffenden gesellschaftlichen Kontextes, wird nicht immer klar herausgestellt.

Während für die Dritte Sektor Forschung die zentrale Analyseebene „Organisation" relativ leicht zu bestimmen ist, bereitet der Zivilgesellschaftsdiskurs diesbezüglich Schwierigkeiten: Als Phänomen der Makro-Ebene wird mit Zivilgesellschaft das Vermögen einer politischen Gemeinschaft erfasst, sich kritisch mit ihrer aktuellen politischen und gesellschaftlichen Verfasstheit auseinanderzusetzen und Reformperspektiven zu entwickeln. Hier deckt sich Zivilgesellschaft mit dem Vorhandensein von politischer Kultur im umgangssprachlichen Sinn. Eingeschlossen ist hierbei auch der ‚zivile Umgang' miteinander und damit ein bestimmtes Niveau der demokratischen Ausgestaltung der Res Publica. Die Zivilität bezieht sich damit auch auf die individuelle und damit auf die Mikro-Ebene der Einstellungen und des Verhaltens von BürgerInnen. Deutliche Bezüge zwischen diesem Verständnis von Zivilgesellschaft und der Vereinsforschung lassen sich insbesondere für die Frühphase der Vereine als Ausdruck einer sich konstituierenden Gegenöffentlichkeit gegenüber dem nach wie vor aristokratisch und undemokratisch geprägten Staat in der Frühmoderne aufzeigen (vgl. Teil I, 2.3.1). Entsprechendes gilt aber auch für die im Umfeld der Neuen Sozialen Bewegungen entstandenen Vereine, die ebenfalls damals eine Gegenöffentlichkeit konstituierten und sich neuen gesellschaftspolitischen Themen wie etwa Ökologie, nachhaltige Entwicklung, Gender-Fragen und Selbsthilfe annahmen (vgl. Teil I, 2.3.3).

Zivilgesellschaft als Basis der Res Publica

Gleichwohl wird von den unterschiedlichen Autoren sowie auch von der Europäischen Union, die in ihren Publikationen zunehmend auf „organisierte Zivilgesellschaft" (European Economic and Social Committee 1999; European Commission 2001) Bezug nimmt, auf zivilgesellschaftliche Akteure im engeren Sinne fokussiert. Gemeint sind hiermit Assoziationen, freiwillige Vereinigungen, Vereine, Verbände, Initiativen und damit die Meso-Ebene. In weiten Bereichen ist unter diesem Verständnis die empirische zivilgesellschaftliche Forschung deckungsgleich mit der Dritten Sektor Forschung, so dass von einigen Autoren auch schon für eine Umbenennung der Dritte Sektor Forschung in Zivilgesellschaftsforschung plädiert wird (Strachwitz/Zimmermann 2002: 9). Zumindest im

Nähe des Zivilgesellschaftsdiskurses zum Dritte Sektor Ansatz

internationalen Kontext firmieren Arbeiten zum Dritten Sektor auch bereits unter dem Terminus Civil Society (Salamon et al. 1999; Anheier/Glasius/Kaldor 2002). Eine Bestandsaufnahme des lokalen Vereinswesens, wie sie in Teil II, 2. vorgelegt wurde, deckt mit Sicherheit weite Teile der vor Ort aktiven zivilgesellschaftlichen Organisationen ab.

Zivilgesellschaftliche Akteure: abhängig von Kontextbedingungen

Allerdings ist der Nexus zwischen zivilgesellschaftlicher Infrastruktur – als dem deskriptiv-analytischen Verständnis von Zivilgesellschaft – und dem Verständnis von Zivilgesellschaft als normativem und in die Zukunft gerichtetem gesellschaftspolitischen Programm in hohem Maße problematisch und kann als Schwachstelle des Zivilgesellschaftsdiskurses betrachtet werden. Denn die zivilgesellschaftlichen Akteure müssen auch in der Lage sein, das tun zu können, was sie gemäß ihrem reformatorischen zivilgesellschaftlichen Auftrag tun sollen. Aus gutem Grund wird daher in den demokratietheoretischen Debatten zur Chancenstruktur und zum korrektiven Potenzial der Zivilgesellschaft die institutionelle Einbettung der zivilgesellschaftlichen Akteure bzw. Organisationen meist ausgeblendet.

Zivilgesellschaftliche Akteure als Reformmotor

Zweifellos ist aber die Infrastruktur von Zivilgesellschaft – das Assoziationswesen und Ensemble der Vereine, Verbände, Initiativen, NPOs und NGOs – als abhängige Variable der ökonomischen, politischen und rechtlichen Verfasstheit der jeweiligen Gesellschaft zu konzeptualisieren und ist dementsprechend in hohem Maße abhängig von den betreffenden gesellschaftspolitischen Rahmenbedingungen. Unter dem Leitmotiv der Zivilgesellschaft als normatives Konzept sind aber gerade diese „abhängigen Akteure" die Träger von Reform und beauftragt, nicht nur dem Status quo den kritischen Spiegel vorzuhalten (Sachße 2002: 23), sondern diesen auch zu überwinden und durch mehr Demokratie und soziale Gerechtigkeit zu ersetzen. Ob, inwiefern und wie dies möglich ist, hängt jedoch wiederum in beachtlichem Umfang von den gegebenen politischen und gesellschaftlichen Rahmenbedingungen ab. Sobald Zivilgesellschaft nicht als normatives, sondern als deskriptiv-analytisches Konzept (Kocka 2002: 16) zur Beschreibung dieses spezifischen gesellschaftlichen Bereichs verwandt wird, kommt man um die Bestimmung der Kontextbedingungen der betreffenden Organisationen und damit um eine Analyse ihrer jeweiligen Umwelt in rechtlicher, ökonomischer und politischer Hinsicht nicht umhin. Zu beschreiben und analytisch in den Griff zu bekommen sind dann die jeweiligen institutionellen Rahmen- und Umweltbedingungen zivilgesellschaftlicher Aktivität und Infrastruktur, und damit die hier anzutreffenden Organisations- und Rechtsformen sowie die steuerrechtlichen Anreize und Restriktionen einerseits sowie andererseits die spezifische Einbindung, die *embeddedness* der Organisationen im Sinne von Granovetter (1984) und damit ihre historisch-gewachsene gesellschaftspolitische Funktions- und Aufgabenzuweisung, die in der Regel mit bestimmten Leitbildern und -vorstellungen in Verbindung gebracht werden. Wie unterschiedlich dies von Ort zu Ort sein kann, in welchem Maße zivilgesellschaftliche Organisationen milieugebunden sowie auch in enger Kooperation mit staatlichen Instanzen agieren, wurde in Teil II speziell für Vereine im Rahmen der lokalen Fallstudien Jena und Münster thematisiert (Teil II, 3).

Berücksichtigt man, dass das Zivilgesellschaftskonzept auf unterschiedliche Ebenen der Betrachtung, konkret auf die Mikro-Ebene des Einzelnen, die Meso-Ebene der Organisation sowie die Makro-Ebene der Gesellschaft, Bezug nimmt, so ist seine Charakterisierung als ein Ansatz gerechtfertigt, der diese verschiedenen Ebenen miteinander verkoppelt. Notwendig ist dann allerdings, dass im Rahmen des methodologischen Vorgehens die spezifische Analyse-Ebene jeweils explizit benannt wird. Ferner erlaubt eine solche Betrachtungsweise auch, dass „unziviles Verhalten" und antidemokratische zivilgesellschaftliche Organisationen ebenfalls in den Blick genommen werden können (vgl. Roth 2003).

Zivilgesellschaft verkoppelt Mikro-, Meso- und Makro-ebene

4.3 Zur Rezeption des Ansatzes

Zweifellos kommt dem Begriff Zivilgesellschaft derzeit eine große Popularität zu: In den Diskussionen um die „Bürgerkommune" als vieldiskutiertes Modell der Reform kommunaler Steuerung und Politikgestaltung wie auch in den Debatten um das Ehrenamt und die Reform der Sozialsysteme auf nationaler Ebene nimmt Zivilgesellschaft eine ganz zentrale Position ein. Auch auf internationaler Ebene im Rahmen der Entwicklung der EU-Verfassung, im globalisierungskritischen Diskurs über die Gestaltung der internationalen Beziehungen wie auch in entwicklungspolitischen Debatten spielt der Begriff eine wichtige Rolle. Allerdings ist kritisch zu hinterfragen, inwieweit diese Begriffskarriere dem normativen Anliegen des demokratietheoretischen Diskurses gerecht wird: „Zu verzeichnen ist die Loslösung des Begriffsgebrauches aus den Kontexten radikaldemokratischer Akteure. Dies trägt einerseits dazu bei, deren Anliegen politisch zu verallgemeinern, doch birgt er zugleich das Risiko einer Reduzierung um seine spezifischen politischen Implikationen" (Klein 2001: 259). Die Begriffsverwendungen im neo-liberalen wie auch im kommunitaristischen Diskurs „verfehlen das im Diskurs der Zivilgesellschaft verfochtene Zusammenspiel negativer und positiver Freiheit" (Klein 2001: 251). Wenn eine transnationale Zivilgesellschaft beschworen wird, wird übersehen, dass deren Praxis von Voraussetzungen lebt, die vielerorts nicht gegeben sind, und wenn die Einbindung der Zivilgesellschaft in die Politikgestaltung der Europäischen Union diskutiert wird, gerät allzu leicht der doch beachtliche Abstand und die Divergenz zwischen akkreditierten NGOs und tatsächlicher zivilgesellschaftlicher Basis aus dem Blickfeld. In solcher Weise benutzt, dient der positiv besetzte Begriff häufig nur noch als gut vermarktbarer Slogan im politischen Alltagsgeschäft und damit als Deckmantel zur Legitimation von Regierungspraxis, die aber keineswegs den Anspruch einer weitergehenden Demokratisierung erhebt (vgl. Frankenberg 2003).

Hohe Attraktivität und Breitenwirkung

5   Die Ansätze im Vergleich

5.1 Unterschiede und Gemeinsamkeiten

Dritter Sektor Ansatz, Zivilgesellschaftsdebatte und Sozialkapitaltheorie weisen mehrere zentrale Gemeinsamkeiten, aber auch wesentliche Differenzen auf: Zunächst einmal wurden die Ansätze im Kontext konkreter Steuerungsprobleme des Staates entwickelt bzw. in einem solchen von einem breiteren akademischen Publikum erstmalig rezipiert und auf die konkrete Situation bezogen weiterentwickelt: Die Krise des Wohlfahrtsstaates und die zunächst innerhalb des Markt-Staat-Dualismus geführten Diskussionen um seine Reform brachte das Konzept des Dritten Sektors hervor. Der Sozialkapital-Ansatz wurde von Politik und allgemeiner Öffentlichkeit im Kontext eines diagnostizierten Vertrauensverlustes in die Institutionen der liberalen Demokratie bei gleichzeitigen Individualisierungstendenzen in der Gesellschaft rezipiert. Der Begriff Zivilgesellschaft wurde im westeuropäischen Kontext populär im Gefolge der osteuropäischen Demokratiebewegungen sowie im Anschluss an die von den neuen sozialen Bewegungen angestoßenen gesellschaftspolitischen Reformdebatten. Hierbei war zentral, dass die neuen sozialen Bewegungen eine Reformpolitik „von oben" ablehnten und die stark outputorientierte demokratische Qualität repräsentativ-parlamentarischer Systeme in Frage stellten.

Steuerungs- und demokratietheoretische Bedeutung im intermediären Raum als Schnittmenge

Als zentrale inhaltliche Schnittmenge weisen die drei Ansätze einen sowohl steuerungs- als auch demokratietheoretischen Bezug auf, in dem „intermediäre" (Evers 1992), also „zwischen" Markt bzw. Ökonomie, Staat sowie Gemeinschaft bzw. Individuum tätige Assoziationen und freiwillige Vereinigungen, d.h. in Deutschland primär Vereine, einen wesentlichen Qualitätsfaktor von Wohlfahrtsstaat und demokratischer Gesellschaft darstellen. Gemeinsam ist den Modellen ferner die Abgrenzung gegenüber einer einseitigen Fixierung auf mikroökonomische Strukturen des neo-liberalen Diskurses einerseits sowie gegenüber der Staatsfixierung klassischer wohlfahrtsstaatlicher Ansätze sozialdemokratischer oder auch konservativer Provenienz andererseits. In Abgrenzung sowohl von einer etatistischen Reformpolitik „von oben" als auch von einer neo-liberalen Markteuphorie betont jeder der drei Ansätze in spezifischer Weise die Bedeutung des assoziativen Moments demokratischer Gesellschaften. Wenn auch auf unterschiedliche Weise, so rekurrieren Dritter Sektor Ansatz, Sozialkapital und Zivilgesellschaftsdiskurs doch alle auf das Diktum von Alexis de Tocqueville, dass eine liberale Verfassung für das Funktionieren eines Gemeinwesens nicht ausreicht, sondern Lern- und Integrationsprozesse in bürgerschaftlichen Assoziationen bzw. freiwilligen Vereinigungen – sprich Vereinen – das Bewusstsein gegenseitiger Abhängigkeit und gemeinsamer Verantwortlichkeit hervorbringen, welches die demokratische Qualität der Gesellschaft wesentlich bestimmt (vgl. Warren 2001, Kriesi/Baglioni 2003).

Funktionale Betrachtung für den Dritte Sektor-Ansatz typisch

Allerdings werden von den genannten Ansätzen die politische, gesellschaftliche und soziale Bedeutung der Assoziationen und freiwilligen Vereinigungen sehr unterschiedlich akzentuiert: Der Dritte Sektor Ansatz besitzt die deutlichste empirische Orientierung auf die Analyseebene der Organisation und deren Einbettung in gesellschaftliche Makrostrukturen. Dritte Sektor Organisationen erbringen als „Gemeinwohlunternehmen" und „organizations for the future", um eine Formulierung von Amitai Etzioni aufzugreifen, eine breite Palette gesellschaftlich nützlicher Leistungen. Hierbei handelt es sich einerseits um materielle Leistungen und Dienste, etwa in Form sozialer Dienstleistungen oder bei der Erstellung von Bildungs- und Kulturangeboten. In Teil II, 3. wurde für Münster und Jena anschaulich gezeigt, in welchem Umfang Dritte Sektor Organisationen, d.h. Vereine, in den beiden Kommunen in die sozial- und wohlfahrtsstaatliche Leistungserstellung eingebunden sind und welch bedeutender Stellenwert ihnen als soziale Dienstleister zukommt. Andererseits übernehmen Dritte Sektor Organisationen gleichzeitig integrative Funktionen und sind als Interessenvertreter tätig. Dass sich das Selbstverständnis von Vereinen als Dritte Sektor Organisationen eben nicht auf Dienstleistungserstellung für die Mitgliedschaft sowie für Dritte reduzieren lässt, wurde überzeugend anhand der Ergebnisse der Münsteraner Vereinsbefragung (vgl. Teil II, 2.6) aufgezeigt.

Insgesamt kann man für die Dritte Sektor Forschung festhalten, dass sie in den vergangenen Jahren umfassende empirische Arbeit geleistet hat (Salamon et al. 1999; Zimmer/Priller 2004). Auf breiter Datenbasis gestützt, wurden insbesondere die unterschiedlichen Konfigurationen und Strukturierungen des Sektors und seiner gemeinnützigen Organisationen im internationalen Vergleich ermittelt, wobei die Unterschiede hinsichtlich der Größe und der Arbeitsschwerpunkte der Organisationen maßgeblich auf die jeweiligen Kontextbedingungen bzw. die Einbettung der Organisationen in je spezifische wohlfahrtsstaatliche Regime zurückgeführt worden sind (Rymsza/Zimmer 2004; Salamon/Anheier 1998; Anheier et al. 1999).

Dritter Sektor Ansatz: umfangreiche empirische Forschungen

Noch ist die Dritte Sektor Forschung stark von den Verwaltungswissenschaften geprägt. Was daher bisher nicht hinreichend thematisiert wurde, ist zum einen die Analyse der politischen Dimension des Handelns von und in gemeinnützigen Organisationen. Wie die Ergebnisse der Münsteraner Vereinsbefragung zeigen (vgl. Teil II, Exkurs: Politik im Verein), sind lokale Vereine keine hochpolitischen Organisationen. Aber sie sind auch politisch nicht inaktiv, sondern nehmen durchaus Stellung und verstehen ihr Handeln auch als Teil kommunalpolitischer Aktivität. Andererseits wurden von der Dritte Sektor Forschung demokratietheoretische Anliegen und Zielsetzung bislang kaum behandelt. Es fehlt eine akzentuiert normativ-demokratietheoretische Ausrichtung, die den Reformbedarf repräsentativ-liberaler Demokratien und Wohlfahrtsstaaten klar herausstellt und vor diesem Hintergrund die Reformpotenziale des Sektors und seiner Organisationen aufzeigt. Hierzu ist es notwendig, dass der Sektor nicht ausschließlich als abhängige Variable der politisch-sozialen Kontextbedingungen konzeptualisiert wird, sondern dass die innovative Qualität seiner Organisationen herausgestellt wird. Hierbei ist ein Blick zurück in die Geschichte des Vereinswesens sicherlich hilfreich (vgl. Teil I, 2.2). Zweifellos waren und sind Vereine als Dritte Sektor Organisationen Träger neuer Ideen und Konzepte, angefangen bei der Thematisierung der sog. sozialen Frage im 19. Jahrhundert über die Selbsthilfebewegung bis hin zur Verbreitung und praktischen Ausgestaltung des Solidaritätsgedankens in Form von Dritte-Welt-Initiativen oder auch vielfältigen Formen von Fördervereinen.

Dominanz der Verwaltungswissenschaften in der Dritte Sektor-Forschung

Ausgeprägte norma-
tive Orientierung des
Sozialkapitalansatzes

Analog zur Dritte Sektor Forschung zeichnet sich auch der Sozialkapitalansatz durch eine ausgeprägte empirische Orientierung aus. Interessanterweise wurde auch dieser Ansatz vor allem durch die Arbeiten eines Verwaltungswissenschaftlers – nämlich Robert Putnams – populär. Die normative Orientierung ist bei der ursprünglichen Fassung des Sozialkapitalansatzes mehr als eindeutig und in der Trias der wesentlichen Elemente – *trust, norms und networks* – in dieser Schlichtheit sicherlich unterkomplex. Dass Engagement in freiwilligen Vereinigungen auf jeden Fall und uneingeschränkt vertrauensbildend wirkt, konnte bisher ebenso wenig empirisch bestätigt werden, wie die Annahme, dass es sich hierbei um ein „generalisiertes Vertrauen" handelt, das sich gesamtgesellschaftlich sowie auch in den verschiedenen gesellschaftlichen Teilbereichen, insbesondere in Wirtschaft und Politik, positiv auswirkt. Trotz zahlreicher Publikationen und Forschungsprojekte im Anschluss an die Arbeiten von Putnam in der Mitte der 1990er Jahre fehlt bislang ein schlüssiges empirisches Konzept der Messbarkeit von gesamtgesellschaftlichen Wirkungen des „generalisierten Vertrauens".

Auch hat der Ansatz seine ursprüngliche Verortung in den Verwaltungswissenschaften im Wesentlichen abgestreift. Die Beschäftigung mit der Intensität und Ausprägung von Sozialkapital in verschiedenen Gesellschaften erfolgt inzwischen eindeutig unter dem Leitbild sowie mit dem methodischen Rüstzeug der Politischen Kulturforschung (vgl. Gabriel et al. 2002). Dies hat unter anderem zur Folge, dass die Akteursperspektive der Assoziationen und freiwilligen Vereinigungen als interessen- und wertegeleitete gesellschaftliche Einflussformationen gänzlich aus dem Blick geraten ist. Angesetzt wird bei der Analyse und Identifikation von Sozialkapital inzwischen primär auf der Mikro-Ebene des einzelnen Bürgers bzw. Bürgerin und seiner oder ihrer Engagementbereitschaft sowie des tatsächlichen Engagements (ebd.).

Negative Effekte
der Akkumulation
von Sozialkapital
werden im Sozialpitalansatz meist
ausgeblendet

Die Defizite des Sozialkapitalansatzes beschränken sich aber nicht nur auf Probleme des empirischen Nachweises der gesamtgesellschaftlichen Wirkungen von Sozialkapital. Auch Putnams ursprüngliche normative Grundüberzeugung hat vielfältige Kritik hervorgerufen. So wurde bereits frühzeitig eingeworfen, dass auch Vereinigungen und Vereine mit höchst undemokratischen Zielsetzungen auf Reziprozität basieren und dementsprechend Vertrauen gebildet werden kann. Dass diese Reziprozität, wie sie z.B. in Jugendgangs gepflegt wird, auf keinen Fall positive gesamtgesellschaftliche Wirkungen hervorbringe, dürfte wohl kaum angezweifelt werden. Ferner wurde von den Vertretern des Sozialpitalansatzes bisher nicht hinreichend die Kontext- sowie auch schlicht die Ressourcenabhängigkeit von Engagement thematisiert. Unter ungünstigen politischen, sozialen und insbesondere wirtschaftlichen Rahmenbedingungen kommt es eben nicht zu intensiver Assoziations- und Vereinsbildung, wie sich anhand der Transformationsländer Osteuropas empirisch leicht zeigen lässt (Mansfeldova et al. 2004). Auch die Tatsache, dass gerade diejenigen, die bereits im erheblichen Umfang über verschiedene Kapitalarten – soziales, kulturelles und ökonomisches Kapital – verfügen, sich in einer ganz besonderen Weise in freiwilligen Vereinigungen und Vereinen engagieren, wurde von der Sozialkapitalforschung bisher nicht hinreichend problematisiert. Mit anderen Worten: Die negativen Effekte der Akkumulation von Sozialkapital, sei es die Intensivierung undemokratischer oder gar krimineller Potenziale in einer Gesellschaft oder aber die Vertiefung und weitere Etablierung von unterschiedlichen gesellschaftlichen Chancenstrukturen bzw. von Ungleichheit, wurden bisher weitgehend ausgeblendet.

Schließlich wird von den drei Ansätzen der Zivilgesellschaftsdiskurs am deutlichsten durch ein in die Zukunft gerichtetes „utopisches Programm" der tiefgreifenden Demokratisierung bestimmt. Das Konzept der Zivilgesellschaft ist traditionell mit normativen Annahmen verbunden, wobei mehr oder weniger radikale Reformen der gesellschaftlichen Makrostrukturen eingefordert und zugleich hohe Anforderungen und Erwartungen an das „zivile" Handeln der Bürger und Bürgerinnen gestellt werden. Mit dem Zivilgesellschaftsdiskurs verbindet sich daher ein spezifischer Typ des sozialen Handelns, nämlich des zivilen Umgangs miteinander sowie ein gesellschaftspolitischer Entwurf bzw. ein Projekt einer sowohl demokratischeren als auch gerechteren Gesellschaft. Letzteres umfasst in besonderer Weise die normative sowie in die Zukunft gerichtete und damit utopische Perspektive des Zivilgesellschaftsdiskurses.

Zivilgesellschaftsansatz: zukunfts- und reformorientiert

Der Zivilgesellschaftsdiskurs ist als normatives in die Zukunft gerichtetes Konzept eindeutig der Politischen Theorie und namentlich der Demokratietheorie zuzuordnen. Gleichzeitig war Zivilgesellschaft aber immer auch auf eine politische Praxis hin orientiert, von der es sich abzugrenzen und die es zu überwinden bzw. zu verbessern galt. So kann der Begriff auf eine lange Tradition zurückblicken, die bis in die Antike zurückreicht. Wiederaufgegriffen und aktualisiert wurde er jedoch im Kontext der Dissidenten- und Demokratiebewegungen in Osteuropa und in Lateinamerika. Hier wurde er als Gegenmodell des autoritären gesellschaftspolitischen Status quo definiert. In den sog. alten Demokratien der westlichen Hemisphäre wurde der Zivilgesellschaftsdiskurs insbesondere von den neuen sozialen Bewegungen aufgegriffen und für Konzepte und Programme einer Weiterentwicklung und Vertiefung von Demokratie fruchtbar gemacht. Hier standen vor allem die Forderungen nach mehr Beteiligung und einer Ergänzung der repräsentativen Demokratie um direktdemokratische Elemente im Vordergrund. Ferner wurden im Kontext der Zivilgesellschaftsdebatte neue Themen wie etwa Nachhaltigkeit und Gendermainstreaming sowie Selbsthilfe in der politischen Debatte salonfähig gemacht.

Verankerung in der Politischen Theorie und insbesondere in der Demokratietheorie

Zu unterscheiden von Zivilgesellschaft als politischem Programm und konkreter Utopie ist der Gebrauch des Begriffs als deskriptiv-analytisches Konzept. Hierbei rücken die Akteure von Zivilgesellschaft ins Blickfeld. Der insbesondere im politischen Diskurs verbreitete empirisch-analytische Begriff von Zivilgesellschaft stellt Assoziationen bzw. kollektives Handeln im öffentlichen Raum in den Mittelpunkt der Betrachtung. Diesen Assoziationen wird sowohl „Zivilität" wie auch eine normative Orientierung im Hinblick auf eine weitergehende Demokratisierung mehr oder weniger als handlungsanleitendes Motiv unterstellt. Inwiefern die konkret vorhandenen Assoziationen und freiwilligen Vereinigungen auch de facto zivilgesellschaftlich im Sinne der unterschiedlichen normativ-demokratietheoretischen Vorstellungen handeln, wird allerdings nur bedingt thematisiert. Was fehlt, ist eine empiriegestützte Potenzialanalyse freiwilliger Vereinigungen im Hinblick auf die in sie von Seiten des zivilgesellschaftlichen

Defizite in der empirischen Forschung

Diskurses gesetzten Hoffnungen und Erwartungen (vgl. Anheier/Priller/Zimmer 2000).

Kritische Kommentatoren des Zivilgesellschaftskonzeptes melden gegenüber zu großen Erwartungen Skepsis an. Zivilgesellschaft sollte jeweils auch in ihrer Kontextbedingtheit analysiert und untersucht werden. Dies gilt für die lokale Ebene, wie sie im Rahmen des vorliegenden Kurses thematisiert wurde (vgl. Teil II) ebenso wie für die Bühne der internationalen Politik. Auch hier ist zu hinterfragen, inwiefern die inzwischen gezielt „von oben" betriebene Einbindung von „NGOs" als Repräsentanten der Zivilgesellschaft nicht eher eine Indienstnahme und Pazifizierungsstrategie seitens staatlicher Akteure darstellt als einen Prozess der Demokratisierung (vgl. Hirsch 1995; Frankenberg 2003). Trotz dieser kritischen Einwände ist festzuhalten, dass der Zivilgesellschaftsdiskurs aufgrund seiner Anschlussfähigkeit und Thematisierung der unterschiedlichen Analyse-Ebenen – Mikro-, Meso- und Makro-Ebene – durchaus Chancen einer Überwindung einer allzu kleinteiligen Betrachtungsweise bietet und sich insofern möglicherweise als „Klammer" und Verbindung der unterschiedlichen Betrachtungsweisen eignet.

5.2 Plädoyer für eine Konvergenz der Ansätze

Betrachtet man abschließend die drei Ansätze im Vergleich, so spricht einiges dafür, dass eine Konvergenz der Zugänge dazu beitragen könnte, eine umfassende Einschätzung der Leistungspotenziale, Chancen aber auch Grenzen von freiwilligen Vereinigungen bzw. Vereinen zu ermöglichen. Auf der Agenda stände dann die Erfassung der Bedeutung und des Leistungspotenzials von Vereinen im *welfare mix* von Wohlfahrtsstaat und Wohlfahrtsgesellschaft, die Untersuchung ihrer Funktionen und Kapazität als Sozialintegratoren in modernen, stark individualistisch geprägten Gesellschaften sowie nicht zuletzt die Analyse ihrer wichtigen demokratietheoretischen Bedeutung als Transmissionsriemen von politischen Forderungen, Erwartungen und Kritik. Mit dieser Sichtweise würde einerseits die Meso-Ebene der Organisationen als analytische Kategorie gestärkt, andererseits würden die Kontextabhängigkeit von Mitgliedschaft und bürgerschaftlichem Engagement auf der Mikro-Ebene und damit gleichzeitig die Kontingenz von Demokratie auf der Makro-Ebene in einem größerem Umfang als bisher rückgekoppelt an dem konkreten Verhalten, den Zielsetzungen und den Handlungsspielräumen der Organisationen bzw. Vereine.

Denn die am Ausgangspunkt der drei Debatten grundsätzlich unterschiedlichen Rollenzuweisungen an freiwillige Assoziationen und Vereine als Erbringer sozial nützlicher Leistungen einerseits, Orte der Bündelung, Vermehrung und Freisetzung von Sozialkapital zum zweiten sowie gesellschaftskritisches Potenzial und demokratisierende Impulsgeber drittens, gingen jeweils einher mit der Ausblendung bestimmter Aspekte: So fehlt dem Dritte Sektor Ansatz die Orientierung auf demokratietheoretische Probleme, der Sozialkapitaltheorie die Wahrnehmung von freiwilligen Vereinigungen und Vereinen als eigenständige politische Akteure und der Zivilgesellschaftsdebatte die Problematik der Verflechtung und Einbindung der freiwilligen Vereinigungen und Vereine in einen konkreten staatlichen Kontext. Die drei Ansätze stellen jedoch nicht unvereinbare Positionen gegeneinander, sondern lassen sich produktiv zu einer empirischen Potenzialanalyse des organisatorischen Kerns der Zivilgesellschaft verbinden. Mit der Methodik der Dritte Sektor Forschung ließe sich ein Teil des Empiriedefizits der Zivilgesellschaftsdebatte ausgleichen: Erfüllen Vereine wirklich die ihnen zugeschriebene Funktion als demokratische und demokratisierende Akteure? Welche der unterschiedlichen Konzeptionen von Demokratie prägen politisches Bewusstsein und Handeln der Akteure in Vereinen? Inwieweit gibt es innerhalb der Vereine überhaupt Verständigungsprozesse und weitgehend geteilte Überzeugungen über die politischen Ansprüche und Strategien? Daneben gilt es, die Kontextabhängigkeit der Vereine in eine solche Potenzialanalyse einzubeziehen: Inwiefern steht die praktische Umsetzung ihrer normativen Überzeugungen in Konflikt zu ihrer Rolle als Dienstleister und Vertragspartner des Staates bzw. der Kommune? Inwieweit findet eine Reflexion über die politischen Implikationen der Organisationstätigkeit statt? Werden die „kolonisierenden Effekte des Staates" auf die Organisation kritisch reflektiert und strategisch gehandhabt?

Auch im Rahmen des Sozialkapitalansatzes kann der empirische Zugang über die Ebene der Organisation aufschlussreich sein, und zugleich eine andere Kontextbedingung zivilgesellschaftlichen Handelns und bürgerschaftlichen Engagements in den Blick nehmen: die Motivation zu Mitgliedschaft und bürgerschaftlichem Engagement sowie Anspruch und Erwartungen der Engagierten an den Verein und seine jeweils spezifische Organisationskultur. Was bewegt und motiviert den Bürger bzw. die Bürgerin, in einem Verein aktiv zu sein, und variieren diese Motive kontextabhängig und im Zeitverlauf? Sieht sich der bürgerschaftlich Engagierte als Teil an einer guten Sache oder aber als Kunde des Dienstleistungserbringers Verein? Nimmt man Teil am Vereinsleben im Dienst eines gemeinsamen Anliegens, oder aber verfolgt man eher eigennützige Interessen und betrachtet den Verein daher auch eher als reinen Zweckverband? Inwiefern bieten Vereine Mitgliedern überhaupt eine Plattform für politische Diskurse und politische Praxis? Wie steht es also um die demokratische Kultur in Vereinen, oder anders ausgedrückt: Wie zivil sind Vereine als zivilgesellschaftliche Organisationen? Zweifellos ist dies eine Frage, die bereits Max Weber bewegt hat (vgl. Teil I, 3.2). Insofern spricht vieles für einen eher integrativen Zugang und für eine stärkere Verbindung der bisher eher getrennt verlaufenden Diskurse zu Zivilgesellschaft, Sozialkapital und Drittem Sektor.

Literaturverzeichnis

Agricola, Sigurd (1997): Vereinswesen in Deutschland, Stuttgart

Aich, Prodosh (Hrsg.) (1977): Wie demokratisch ist die Kommunalpolitik? Gemeinde-verwaltung zwischen Bürgerinteressen und Mauschelei, München

Alemann, Ulrich von (1996): Die Parteien in den Wechsel-Jahren? Zum Wandel des deutschen Parteiensystems, in: Aus Politik und Zeitgeschichte, B6/96, S. 3-6

Alemann, Ulrich von (1989): Organisierte Interessen in der Bundesrepublik Deutschland, Opladen, 2.Aufl.

Almond, Gabriel A./Verba, Sidney (1963): The Civic Culture: Political Attitudes and Democracy in Five Nations, Princeton

Anforderungen an die NPO-Ausbildung (2002): Podiumsdiskussion, in: Schauer, Rein-bert/Purtschert, Robert/Witt, Dieter (Hrsg.): Nonprofit-Organisationen und gesell-schaftliche Entwicklung: Spannungsfeld zwischen Mission und Ökonomie, Linz, S. 427-464

Angerhausen, Susanne (2003): Radikaler Organisationswandel: wie die „Volkssolidarität" die deutsche Vereinigung überlebte, Opladen

Anheier, Helmut (2005): Nonprofit Organizations. Theory, Management, Policy, London

Anheier, Helmut (2003): Das Stiftungswesen in Deutschland: Eine Bestandsaufnahme in Zahlen, in: Bertelsmann Stiftung (Hrsg.): Handbuch Stiftungen, Wiesbaden, 2. über-arb. Aufl., S. 43-85

Anheier, Helmut (1995): Theories of the Nonprofit Sector: Three Issues, in: Nonprofit and Voluntary Sector Quarterly, Vol. 1, S. 15-23

Anheier, Helmut/Ben-Ner, Aver (Hrsg.) (2003): The Study of the Nonprofit Enterprise. Theories and Approaches, New York

Anheier, Helmut/Glasius, Marlies/Kaldor, Mary (Hrsg.) (2002): Global Civil Society 2002, Oxford

Anheier, Helmut/Priller, Eckhard/Seibel, Wolfgang/Zimmer, Annette (Hrsg.) (1998): Der Dritte Sektor in Deutschland, Berlin

Anheier, Helmut/Priller, Eckhardt/Zimmer, Annette (2000): Zur zivilgesellschaftlichen Dimension des Dritten Sektors, in: Klingemann, Hans-Dieter / Neidhardt, Friedhelm (Hrsg.): Die Zukunft der Demokratie (WZB-Jahrbuch), Berlin, S. 71-98

Anheier, Helmut/Priller, Eckhard/Zimmer, Annette (1999): Der Dritte Sektor in Deutsch-land. Entwicklungen, Potentiale, Erwartungen, in: Aus Politik und Zeitgeschichte, B9/99, S. 12-21

Anheier, Helmut/Seibel, Wolfgang (2001): The Nonprofit Sector in Germany. Between State, Economy and Society, Manchester/New York

Anheier, Helmut/Seibel, Wolfgang (Hrsg.) (1990): The Third Sector: Comparative Stud-ies of Nonprofit Organizations, Berlin

Aschoff, Gunther/Maxeiner, Rudolf/Wendt, Herbert (1988): Raiffeisen – der Mann, die Idee und das Werk, Wiesbaden

Babchuk, Nicholas/Booth, Alan (1969): Voluntary Association Membership: A Longitu-dinal Analysis, in: American Sociological Review, Vol. 34, S. 31-45

Backhaus-Maul, Holger (1998): Kommunale Sozialpolitik. Sozialstaatliche Garantien und die Angelegenheiten der örtlichen Gemeinschaft, in: Wollmann, Hellmut/Roth, Roland (Hrsg.): Kommunalpolitik. Politisches Handeln in den Gemeinden, Bonn, S. 689-702

Backhaus-Maul, Holger/Olk, Thomas (1994): Von Subsidiarität zu „outcontracting": Zum Wandel der Beziehungen zwischen Staat und Wohlfahrtsverbänden in der Sozialpolitik, in: Streeck, Wolfgang (Hrsg.): Staat und Verbände (PVS Sonderheft 25), Opladen, S. 100-135

Badelt, Christoph (Hrsg.) (2002): Handbuch der Nonprofit Organisation, Stuttgart

Badelt, Christoph (1990): Institutional Choice and the Nonprofit Sector, in: Anheier, Helmut/Seibel, Wolfgang (Hrsg.): The Third Sector: Comparative Studies of Nonprofit Organizations, Berlin, S. 53-63

Baer, Susanne (2002): Der Handlungsbedarf für eine bürgerschaftliches Engagement fördernde Verwaltungsreform, in: Enquete-Kommission „Zukunft des Bürgerschaftlichen Engagements" des Deutschen Bundestages (Hrsg.): Bürgerschaftliches Engagement und Zivilgesellschaft, Opladen, S. 167-183

Banner, Gerhard (1997): Das Demokratie- und Effizienzpotenzial des Neuen Steuerungsmodells ausschöpfen, in: Bogumil, Jörg/Kißler, Leo (Hrsg.): Verwaltungsmodernisierung und lokale Demokratie, Baden-Baden, S. 125-137

Bauer, Rudolf (1995): Nonprofit-Organisationen und NPO-Forschung in der Bundesrepublik Deutschland, in: Schauer, Reinbert/Anheier, Helmut/Blümle, Ernst-Bernd (Hrsg.): Nonprofit-Organisationen (NPO) – dritte Kraft zwischen Markt und Staat? Ergebnisse einer Bestandsaufnahme der NPO-Forschung im deutschsprachigen Raum, Linz, S. 59-96

Beck, Ulrich (1993): Die Erfindung des Politischen. Zu einer Theorie reflexiver Modernisierung, Frankfurt

Below, Susanne von (2004): Zur doppelten Relevanz der Generation. Bildung und Erwerbstätigkeit junger Migranten in Deutschland, in: Szydlik, Marc (Hrsg.): Generation Ungleichheit, Wiesbaden, S. 191-213

Below, Susanne von/Krätschner-Hahn, Rabea (2003): Schulische Bildung, berufliche Ausbildung und Erwerbstätigkeit junger Migranten, Wiesbaden

Bentley, Arthur (1908): The Process of Government, Chicago (Original)

Benz, Arthur (2004a): Einleitung: Governance – Modebegriff oder nützliches sozialwissenschaftliches Konzept?, in: Benz, Arthur (Hrsg.): Governance – Regieren in komplexen Regelsystemen, Wiesbaden, S. 11-28

Benz, Arthur (Hrsg.) (2004b): Governance – Regieren in komplexen Regelsystemen, Wiesbaden

Berman, Sheri (1997): Civil Society and the Collapse of the Weimar Republic, in: World Politics, Vol. 49/3, S. 401-429

Best, Heinrich (Hrsg.) (1993): Vereine in Deutschland. Vom Geheimbund zur freien gesellschaftlichen Organisation, Bonn (Informationszentrum Sozialwissenschaften)

Betzelt, Sigrid (2001): Reformbedarf der rechtlichen und ökonomischen Rahmenbedingungen des Dritten Sektors, in: Priller, Eckhard/Zimmer, Annette (Hrsg.): Der Dritte Sektor international. Mehr Markt – weniger Staat?, Berlin, S. 293-317

Beyme, Klaus von (2004): Politische Theorie, in: Nohlen, Dieter/Schultze, Rainer-Olaf (Hrsg.): Lexikon der Politikwissenschaft, München, Bd.2, S. 733-734

Beyme, Klaus von (1991): Ein Paradigmawechsel aus dem Geist der Naturwissenschaften: die Theorien der Selbststeuerung von Systemen (Autopoiesis), in: Journal für Sozialforschung, Jg. 31/1, S. 3-24

Beywl, Wolfgang (1991): Alternative Ökonomie. Selbstorganisierte Betriebe im Kontext neuer sozialer Bewegungen. Zum sichtbaren Teil der alternativen Ökonomie, in: Roth, Roland/Rucht, Dieter (Hrsg.): Neue soziale Bewegungen in der Bundesrepublik, Frankfurt/M, 2. Aufl., S. 280-297

Beywl, Wolfgang (1989): Stand und Perspektiven der Forschung zur Alternativökonomie. Eine Einführung in die Thematik des Themenheftes, in: Forschungsjournal Neue Soziale Bewegungen, Jg. 2/2, S. 7-12

Blanke, Bernhard/Schridde, Henning (1999): Bürgerengagement und aktivierender Staat, in: Aus Politik und Zeitgeschichte, B 24-25/1999, S. 3-12

Blommen, Heinz (1960): Anfänge und Entwicklung des Männerchorwesens am Niederrhein, Köln (Beiträge zur rheinischen Musikgeschichte, 42)

Bogumil, Jörg (2001): Modernisierung lokaler Politik: kommunale Entscheidungsprozesse im Spannungsfeld zwischen Parteienwettbewerb, Verhandlungszwängen und Ökonomisierung, Baden-Baden, 2001

Bogumil, Jörg (1997): Modernisierung des Staates durch Public Management, Stand der aktuellen Diskussion, in: Grande, Edgar/Prätorius, Rainer (Hrsg.): Modernisierung des Staates, Baden-Baden, S. 21-44

Bösch, Frank (2002): Das konservative Milieu. Vereinskultur und lokale Sammlungspolitik, Göttingen

Bott, Harald (2000): Partielle Steuerpflicht, in: Schauhoff, Stephan (Hrsg.): Handbuch der Gemeinnützigkeit, München, S. 331-479

Bourdieu, Pierre (1987): Die feinen Unterschiede. Kritik der gesellschaftlichen Urteilskraft, Frankfurt/M

Bourdieu, Pierre (1983): Ökonomisches Kapital, kulturelles Kapital, soziales Kapital, in: Kreckel, Reinhard (Hrsg.): Soziale Ungleichheiten (Sozialen Welt, Sonderband 2), Göttingen, S. 183-198

Braun, Joachim (1998): Selbsthilfeförderung und bürgerschaftliches Engagement in Städten und Kreisen, Leipzig

Braun, Joachim/Klages, Helmut (Hrsg.) (2001): Freiwilliges Engagement in Deutschland – Freiwilligensurvey 1999, Bd. 2: Zugangswege zum freiwilligen Engagement und Engagementpotenzial in den neuen und alten Bundesländern, Stuttgart (Schriftenreihe des Bundesministeriums für Familie, Senioren, Frauen und Jugend)

Braun, Sebastian (2004): Die Wiederentdeckung des Vereinswesens im Windschatten gesellschaftlicher Krisen, in: Forschungsjournal Neue Soziale Bewegungen: Zwischen Meier und Verein. Modernisierungspotentiale im Ehrenamt, Jg.17/1, S. 26-35

Braun, Sebastian (2001a): Bürgerschaftliches Engagement – Konjunktur und Ambivalenz einer gesellschaftspolitischen Debatte, in: Leviathan, Jg. 29/1, S. 83-109

Braun, Sebastian (2001b): Putnam und Bourdieu und das soziale Kapital in Deutschland, in: Leviathan, Jg. 29/3, S. 337-354

Braun, Sebastian/Hansen, Stefan (2004): Soziale und politische Integration durch Vereine?, in: Forschungsjournal Neue Soziale Bewegungen: Zwischen Meier und Verein. Modernisierungspotentiale im Ehrenamt, Jg. 17/1, S. 62-69

Budäus, Dietrich/Finger, Stefanie (1999): Stand und Perspektiven der Verwaltungsreform in Deutschland, in: Die Verwaltung, Jg. 32/3, S. 313-343

Bugari, Andrea/Dupuis, Monique (1989): Die Vereine in der Stadt Zürich. Eine schriftliche Befragung von 867 Vereinen. Projekt im Auftrag des Sozialamtes der Stadt Zürich, Zürich

Bundesarbeitsgemeinschaft der Freien Wohlfahrtspflege (Hrsg.) (2001): Gesamtstatistik der Einrichtungen und Dienste der Freien Wohlfahrtspflege, Berlin

Bundesministerium für Familie, Senioren, Frauen und Jugend (Hrsg.) (2002): Recherche zum freiwilligen Engagement von Migrantinnen und Migranten, Bonn

Bundesministerium für Familie, Senioren, Frauen und Jugend/Rosenbladt, Bernhard von (Hrsg.) (2001): Freiwilliges Engagement in Deutschland. Ergebnisse der Repräsentativbefragung zu Ehrenamt, Freiwilligenarbeit und bürgerschaftlichem Engagement (1. Freiwilligensurvey).Gesamtbericht, Bd. 1. Stuttgart, 2. korr. Aufl., (Schriftenreihe des Bundesministeriums für Familie, Senioren, Frauen und Jugend, Bd.194.1)

Burhoff, Detlef (2002): Vereinsrecht. Ein Leitfaden für Vereine und ihre Mitglieder, Herne

Cohen, Jean L./Arato, Andrew (1997): Civil Society and Political Theory, Cambridge

Coleman, James S. (1994): Foundations of Social Theory, Cambridge Mass., 2. Aufl.

Coleman, James S. (1979): Macht und Gesellschaftsstruktur, Tübingen

Conze, Werner (1960): Der Verein als Lebensform des 19. Jahrhunderts, in: Die innere Mission, Jg. 50, S. 226-234

Dahrendorf, Ralf (1991): Die gefährdete Civil Society, in: Michalski, Krzysztof (Hrsg.): Europa und die Civil Society (Castelgandolfo-Gespräche 1989), Stuttgart, S. 247-263

Damkowski, Wulf/Rösener, Anke (2003): Auf dem Weg zum aktivierenden Staat, Berlin

Dann, Otto (1979): Geheime Organisierung und politisches Engagement im deutschen Bürgertum des frühen 19. Jahrhunderts, in: Ludz, Peter Christian (Hrsg.): Geheime Gesellschaften, Heidelberg, S. 399-428

Dann, Otto (1976): Die Anfänge politischer Vereinsbildung in Deutschland, in: Engelhardt, Ulrich/Sellin, Volker/Stuke, Horst (Hrsg.): Soziale Bewegung und politische Verfassung. Beiträge zur Geschichte der modernen Welt, Stuttgart (Festschrift für Werner Conze), S. 197-232

Deusenberry, James (1960): Comment on „An Economic Analysis of Fertility", in: University-National Bureau for Economic Research (Hrsg.): Demographic and Economic Change in developing Countries, Princton, S. 231-240

Dettling, Warnfried (1995): Politik und Lebenswelt, Gütersloh 1995

Diehl, Claudia (2002): Die Partizipation von Migranten in Deutschland: Rückzug oder Mobilisierung, Opladen

Diehl, Claudia/Urbahn, Julia/Esser, Hartmut (1998): Die soziale und politische Partizipation von Zuwanderern in der Bundesrepublik, Bonn

DiMaggio, Paul J. (1991): Constructing an Organizational Field as a Professional Project: U.S. Art Museum 1920-1940, in: Powell, Walter W./DiMaggio, Paul J. (Hrsg.): The New Institutionalism in Organizational Analysis, Chicago, S. 267-292

DiMaggio, Paul J. (1987): Nonprofit Organizations in the Production and Distribution of Culture, in: Walter W. Powell (Hrsg.): The Nonprofit Sector. A Research Handbook, New Haven, S. 195-220

DiMaggio, Paul J./Anheier, Helmut (1990): The Sociology of Nonprofit Organizations and Sectors, in: Annual Review of Sociology, Vol. 16, S. 137-160

DiMaggio, Paul J./Powell, Walter W. (1983): The Iron Cage Revisited: Institutional Isomorphism an Collective Rationality in Organizational Fields, in: American Sociological Review, Vol. 48/2, S. 147-160

Duesenberry, James (1960): Comment on „An Economic Analysis of Fertility", in: University-National Bureau for Economic Research (Hrsg.): Demographic and Economic Change in Developing Countries, Princeton

Dunckelmann, Henning (1975): Lokale Öffentlichkeit. Eine gemeindesoziologische Untersuchung, Stuttgart

Dürkop, Gabriele (1977): Die Karnevalsvereine der Stadt Kassel. Eine ethnosoziologische und sozialpsychologische Studie zur Phänomenologie und Analyse des Vereinskarnevals, Marburg

Eisenberg, Christiane (2004): Fußball als globales Phänomen, in: Aus Politik und Zeitgeschichte, B 26/2004, S. 7-15

Eisenberg, Christiane (1994): Fußball in Deutschland 1890-1914. Ein Gesellschaftsspiel für bürgerliche Mittelschichten, in: Geschichte und Gesellschaft, Jg. 20, S. 137-177

Eisenberg, Christiane (1993): Massensport in der Weimarer Republik: ein statistischer Überblick, Bonn

Eisfeld, Rainer (2001): Pluralismus, in: Nohlen, Dieter (Hrsg.): Kleines Lexikon der Politik, München, S. 371-376

Ellwein, Thomas/Zoll, Ralf (1982): Politisches Verhalten. Untersuchungen und Materialien zu den Bedingungen und Formen politischer Teilnahme, München

Emrich, Eike/Pitsch, Werner/Papathanssiou, Vassilios (2001): Die Sportvereine, Schorndorf

Emtmann, Anette (1998): Die Zivilgesellschaft zwischen Revolution und Demokratie. Die „samtene" Revolution im Licht von Antonio Gramscis Kategorien der „societá civile", Hamburg

Enquete-Kommission (2002): Zukunft des Bürgerschaftlichen Engagements, in: Deutscher Bundestag (Hrsg.): Bericht. Bürgerschaftliches Engagement: auf dem Weg in eine zukunftsfähige Bürgergesellschaft, Opladen

Entenmann, Alfred (2001): Handbuch für die Vereinsführung. Recht – Finanzen – Organisation, München

Etzioni, Amitai (1973): The Third Sector and Domestic Missions, in: Public Administration Review, Vol. 33, S. 314-323

Evers, Adalbert (1992): Soziale Bewegung und soziale Ordnung im Konzept des Wohlfahrtsmix, in: Forschungsjournal Neue Soziale Bewegungen, Jg. 5/4, S. 49-58

Evers, Adalbert/Laville, Jean-Louis (2004a): Defining the Third Sector in Europe, in: Evers, Adalbert/Laville, Jean-Louis (Hrsg.): The Third Sector in Europe, Cheltenham, S. 11-42

Evers, Adalbert/Laville, Jean-Louis (2004b): Social Services by Social Enterprises: On the Possible Contributions of Hybrid Organizations and a Civil Society, in: Evers, Adalbert/Laville, Jean-Louis (Hrsg.): The Third Sector in Europe, Cheltenham, S. 237-255

Evers, Adalbert/Leggewie, Klaus (1999): Der ermunternde Staat, in: Gewerkschaftliche Monatshefte, Jg. 6, S. 331-340

Evers, Adalbert/Olk, Thomas (1996): Wohlfahrtspluralismus. Vom Wohlfahrtsstaat zur Wohlfahrtsgesellschaft, Wiesbaden

Evers, Adalbert/Rauch, Ulrich/Stitz, Ulla (2002): Von öffentlichen Einrichtungen zu sozialen Unternehmen. Hybride Organisationsformen im Bereich sozialer Dienstleistungen, Berlin

Faust, Helmut (1977): Geschichte der Genossenschaftsbewegung, Frankfurt, 3. erw. u. überarb. Aufl.

Feindt-Riggers, Nils/Steinbach, Udo (1997): Islamische Organisationen in Deutschland. Eine aktuelle Bestandsaufnahme und Analyse, Hamburg

Fijalkowski, Jürgen/Gillmeister, Helmut (1997): Ausländervereine – ein Forschungsbericht. Über die Funktion von Eigenorganisationen für die Integration heterogener Zuwanderer in eine Aufnahmegesellschaft – am Beispiel Berlins, Berlin

Finanzministerium des Landes NRW, Presse- und Informationsreferat (2004): Vereine und Steuern. Arbeitshilfe für Vereinsvorstände und Mitglieder, Düsseldorf

Fiorina, Morris S. (1999): Extreme Voice: A Dark Side of Civic Engagement, in: Skocpol, Theda/Fiorina, Morris S. (Hrsg.): Civic Engagement in American Democracy, Washington, S. 395-425.

Forsa (Hrsg.) (1988): Vereinsmitgliedschaft in Nordrhein-Westfalen (Ergebnisse einer Repräsentativbefragung im Auftrag des Instituts für Landes- und Stadtentwicklungsforschung), Dortmund

Forschungsjournal Neue Soziale Bewegungen (2003): Konturen der Zivilgesellschaft. Zur Profilierung des Begriffs, Jg. 16/2

Forschungsjournal Neue Soziale Bewegungen (2002): Etablierte Herausforderer? Akteure und Diskurse der Umweltpolitik, Jg. 15/4

Forschungsjournal Neue Soziale Bewegungen (1992): Der Dritte Sektor zwischen Markt und Staat, Jg. 5/4, Marburg

Frankenberg, Günter (2003): Die neueste Klöppeltechnik für Brüsseler Spitzen, in: Frankfurter Rundschau, 13.08.03, S. 8

Freudenthal, Herbert (1968): Vereine in Hamburg. Ein Beitrag zur Geschichte der Volkskunde und Geselligkeit, Hamburg

Friedrich, Walther (1997): Vereine und Gesellschaften, München

Gabriel, Oscar W./Kunz, Volker/Roßteuscher, Sigrid/Detz, Jan W. van (2002): Sozialkapital und Demokratie. Zivilgesellschaftliche Ressourcen im Vergleich, Wien

Gau, Doris (1983): Politische Führungsgruppen auf kommunaler Ebene. Eine empirische Untersuchung zum Sozialprofil und den politischen Karrieren der Mitglieder des Rates der Stadt Köln, München

Gehrmann, Siegfried (1991): Der F.C. Schalke 04. Verein und sein Nimbus, Wien

Gellner, Ernest (1994): Conditions of Liberty: Civil Society and Its Rivals, London

Giddens, Anthony (1999): Der Dritte Weg, Frankfurt

Glaser, Hermann (1998): Kommunale Kulturpolitik, in: Wollmann, Hellmut/Roth, Roland (Hrsg.): Kommunalpolitik. Politisches Handeln in den Gemeinden, Bonn, S. 676-687

Glatzer, Wolfgang/Krätschner-Hahn, Rabea (2004): Integration und Partizipation junger Ausländer vor dem Hintergrund ethischer und kultureller Identifikation, Wiesbaden

Gosewinkel, Dieter/Rucht, Dieter/Daele, Wolfgang van den/Kocka, Jürgen (Hrsg.) (2004): Zivilgesellschaft - national und transnational, Berlin

Granovetter, Mark S. (1973): The Strength of Weak Ties, in: American Journal of Sociology, Vol. 78, S. 1360-1380

Greiffenhagen, Martin/Greiffenhagen, Sylvia (Hrsg.) (2002): Handwörterbuch zur Politischen Kultur der Bundesrepublik, Wiesbaden

Grimm, Dieter (1991): Die Zukunft der Verfassung, Frankfurt

Grosshennrich, Franz Josef (1979): Die Mainzer Fastnachtsvereine – Geschichte, Funktion, Organisation und Mitgliederstruktur. Ein Beitrag zur volkskundlichen-sozialwissenschaftlichen Analyse des Vereinswesens, Mainz

Habermas, Jürgen (1992): Faktizität und Geltung, Frankfurt/M 1992

Harant, Dieter/Köllner, Ulrike (hrsg. vom Institut für Beratung und Projektentwicklung) (2003): Vereinspraxis. Ein Ratgeber zum Vereinsrecht, zum Arbeitsrecht und zu kaufmännischen Fragen. Arbeitshilfen für Selbsthilfe- und Bürgerinitiativen Nr. 12, Bonn/Neu-Ulm

Hardtwig, Wolfgang (1997): Genossenschaft, Sekte, Verein in Deutschland. Vom Spätmittelalter bis zur Französischen Revolution, München

Heckmann, Friedrich (1998): Ethnische Kolonien: Schonraum für Integration oder Verstärker der Ausgrenzung?, in: Friedrich-Ebert-Stiftung (Hrsg.): Ghettos der ethnische Kolonien? Entwicklungschancen von Stadtteilen mit Hohem Zuwanderungsanteil (Gesprächskreis Arbeit und Soziales), Bonn, S. 29-41

Heemann, Annegret (1992): Männergesangsvereine im 19. und frühen 20. Jahrhundert. Ein Beitrag zur städtischen Musikgeschichte, Frankfurt

Heinelt, Hubert (2004): Governance auf lokaler Ebene, in: Benz, Arthur (Hrsg.): Governance – Regieren in komplexen Regelsystemen, Wiesbaden, S. 29-44

Heinelt, Hubert (1998): Kommunale Beschäftigungspolitik, in: Wollmann, Hellmut/Roth, Roland (Hrsg.): Kommunalpolitik. Politisches Handeln in den Gemeinden, Opladen, S. 633-644

Heinemann, Klaus/Horch, Heinz-Dieter (1991): Elemente einer Finanzsoziologie freiwilliger Vereinigungen, Stuttgart

Heinemann, Klaus/Horch, Heinz-Dieter (1987): Finanzsoziologische Probleme des Vereins, in: Klaus Heinemann (Hrsg.): Betriebswirtschaftliche Grundlagen des Sportvereins, Schorndorf, S. 101-120

Heinemann, Klaus/Schubert, Manfred (1994): Der Sportverein. Ergebnisse einer repräsentativen Untersuchung, Schorndorf

Heinze, Rolf G./Olk, Thomas (Hrsg.) (2001): Bürgerengagement in Deutschland, Opladen

Heinze, Rolf G./Olk, Thomas (1981): Die Wohlfahrtsverbände im System sozialer Dienstleistungsproduktion. Zur Entstehung und Struktur der bundesrepublikanischen Verbändewohlfahrt, in: Kölner Zeitschrift für Soziologie und Sozialpsychologie, Jg. 31, S. 94-114

Heitmeyer, Wilhelm (1997): Was treibt die Gesellschaft auseinander? Bundesrepublik Deutschland: Auf dem Weg von der Konsens- zur Konfliktgesellschaft, Bd. 1, Frankfurt/M

Heitmeyer, Wilhelm (1994): Das Desintegrations-Theorem. Ein Erklärungsansatz zu fremdenfeindlich motivierter, rechtsextremistischer Gewalt und zur Lähmung gesellschaftlicher Institutionen, in: Heitmeyer, Wilhelm (Hrsg.): Das Gewalt-Dilemma. Gesellschaftliche Reaktionen auf fremdenfeindliche Gewalt und Rechtsextremismus, Frankfurt/M, S. 29-69

Hirsch, Joachim (1995): Der nationale Wettbewerbsstaat. Staat, Demokratie und Politik im globalen Kapitalismus, Berlin/Amsterdam

Hirsch, Joachim/Roth, Roland (1986): Das neue Gesicht des Kapitalismus. Vom Fordismus zum Post-Fordismus, Hamburg

Hoffmann, Lutz (1997): Vom Gastarbeiterland zur Interessenvertretung ethnischer Minderheiten. Die Entwicklung der kommunalen Ausländerbeiräte im Kontext der bundesdeutschen Migrationsgeschichte, Wiesbaden

Hohorst, Gerd (1975): Sozialgeschichtliches Arbeitsbuch: Materialien zur Statistik des Deutschen Kaiserreiches 1870-1914, München

Holloway, John (2003): Zapatismus als Anti-Politik, in: Das Argument, Nr. 253, S. 810-820

Holt, Thomas von (2003): Vorstandsmitglieder und Geschäftsführer stehen in der Pflicht, in: Social Management – Sozialwirtschaft, Nr.3/2003, S. 24-26

Hondrich, Karl Otto (1982): Sozialer Wandel als Differenzierung, in: Hondrich, Karl Otto (Hrsg.): Soziale Differenzierung. Langzeitanalysen zum Wandel von Politik, Arbeit und Familie, Frankfurt/M, S. 11-71

Horch, Heinz-Dieter (1992a): Geld, Macht und Engagement in freiwilligen Vereinigungen. Grundlagen einer Wirtschaftssoziologie von Non-Profit Organisationen, Berlin

Horch, Heinz-Dieter (1992b): Ressourcen und Oligarchie. Eine empirische Überprüfung, in: Kölner Zeitschrift für Soziologie und Sozialpsychologie, Jg. 44/1, S. 99-115

Horch, Heinz-Dieter (1987): Kommerzialisierung und Politisierung. Finanzsoziologische Aspekte freiwilliger Vereinigungen, in: Heinemann, Klaus (Hrsg.): Soziologie wirtschaftlichen Handelns (Kölner Zeitschrift für Soziologie und Sozialpsychologie, Sonderheft 28), Opladen, S. 216-233

Horch, Heinz-Dieter (1985): Personalisierung und Ambivalenz. Strukturbesonderheiten freiwilliger Vereinigungen, in: Kölner Zeitschrift für Soziologie und Sozialpsychologie, Jg. 37, S. 257-276

Hübner, Horst/Kirschbaum, Berthold (2004): Sporttreiben in Münster 2003, Münster

Huck, Gerhard (1978): Arbeiterkonsumverein und Verbraucherorganisation. Die Entwicklung der Konsumgenossenschaften im Ruhrgebiet 1860-1914, in: Reulekke, Jürgen/ Weber, Wolfhard (Hrsg.): Fabrik, Familie, Feierabend, Wuppertal, S. 215-245 (Beiträge zur Sozialgeschichte des Alltags im Industriezeitalter)

Hunter, Floyd (1953): Community Power Structure. A Study of Decision Makers, Chapel Hill

Igl, Gerhard/Jachmann, Monika/Eichendorfer, Eberhard (2002): Rechtliche Rahmenbe-
dingungen bürgerschaftlichen Engagements, Opladen
Immerfall, Stefan (1996): Das Kapital des Vertrauens. Über soziale Grundlagen wirt-
schaftlicher Wettbewerbsfähigkeit, in: Gegenwartskunde, Jg. 45/4, S. 485-495
Institut für Kulturpolitik der Kulturpolitischen Gesellschaft (Hrsg.) (2000): Jahrbuch für
Kulturpolitik, Bd. 1, Thema: Bürgerschaftliches Engagement, Essen
Jachmann, Monika (2003): Allgemeines Verwaltungsrecht, Neuwied
Jacobi, Franz-Josef (2000): Ein verpflichtendes Erbe – Stiftungen, Armenfürsorge und
Sozialpolitik in Münster im Wandel der Jahrhunderte, in: Zimmer, Annette/Nähr-
lich, Stefan: Engagierte Bürgerschaft, Opladen, S. 247-261
Jacobi, Franz-Josef (Hrsg.) (1993): Geschichte der Stadt Münster, Münster
Jessop, Bob (2002): The Future of the Capitalist State, Cambridge
Jütting, Dieter (Hrsg.) (1994): Sportvereine in Münster, Münster
Kaiser, Jochen-Christoph (1995): Von der christlichen Liebestätigkeit zur freien Wohl-
fahrtspflege, in: Rauschenbach, Thomas/Sachße, Christoph/Olk, Thomas (Hrsg.):
Von der Wertgemeinschaft zum Dienstleistungsunternehmen, Frankfurt, S. 150-174
Karrenberg, Hanns/Münstermann, Engelbert (1998): Kommunale Finanzen, in: Woll-
mann, Hellmut/Roth, Roland (Hrsg.): Kommunalpolitik – Politisches Handeln in
den Gemeinden, Bonn, S. 437-460
Kaufmann, Franz Xaver (1987): Staat, intermediäre Gruppen und Selbsthilfe, München
Kempfler, Herbert (1977): Wie gründe und leite ich einen Verein?, München
Kendall, Jeremy (2001): Dritter Sektor und Dritter Weg in Großbritannien, in: Priller,
Eckhard/Zimmer, Annette (Hrsg.): Der Dritte Sektor international: mehr Markt –
weniger Staat?, Berlin, S. 121-155
Keupp, Heiner (2000): Eine Gesellschaft der Ichlinge? Zum bürgerschaftlichen Engage-
ment von Heranwachsenden, München
Kindleberger, Charles P. (1984): Die Weltwirtschaftskrise 1929-1939, München, 3. Aufl.
Klein, Ansgar (2001): Der Diskurs der Zivilgesellschaft. Politische Hintergründe und
demokratietheoretische Folgerungen, Opladen
Klein, Ansgar/Legrand, Hans-Josef/Leif, Thomas (Hrsg.) (1999): Neue soziale Bewegun-
gen. Impulse, Bilanzen und Perspektiven, Wiesbaden
Klein, Ansgar/Schmalz-Bruns, Rainer (1997): Politische Beteiligung und Bürgerengage-
ment in Deutschland, Bonn
Kleinfeld, Ralf/Schmid, Josef/Zimmer, Annette (1996): Verbändeforschung in Deutsch-
land: Bestandsaufnahme, Kritik und Ausblick, Arbeitspapiere aus der FernUniversi-
tät Hagen, polis, Nr. 34/1996
Klunzinger, Eugen (2004): Gründzüge des Gesellschaftsrechts, München
Kneer, Georg (1997): „Zivilgesellschaft", in: Kneer, Georg/Nassehi, Armin/Schroer,
Markus (Hrsg.): Soziologische Gesellschaftsbegriffe, Bd. II, München, S. 229-251
Knoke, David (1990): Political Networks. The Structural Perspective, Cambridge
Knoke, David/Prensky, David (1984): What Relevance Do Organization Theories Have
For Voluntary Associations?, in: Social Science Quarterly, Vol. 65, S. 3-20
Kocka, Jürgen (2003): Zivilgesellschaft in historischer Perspektive, in: Forschungsjournal
Neue Soziale Bewegungen: Konturen der Zivilgesellschaft. Zur Profilierung eines
Begriffs, Jg. 16/2, S. 29-37
Kocka, Jürgen (2002): Das Bürgertum als Träger von Zivilgesellschaft – Traditionslinien,
Entwicklungen, Perspektiven, in: Enquete-Kommission „Zukunft des Bürgerschaft-
lichen Engagements" Deutscher Bundestag (Hrsg.): Bürgerschaftliches Engagement
und Zivilgesellschaft, Opladen, S. 15-22
Kohl, Anke (1998): Durch Verwaltungsreform zur integrativen Stadtgesellschaft, Münster
Kolb, Holger/Lamontain, Jan (2000): Selbstorganisation, soziale Netzwerke und soziales
Kapital. Eine Auswahlbiographie, in: Thränhardt, Dietrich/Hunger, Uwe (Hrsg.):

Einwanderer-Netzwerke und ihre Integrationsqualität in Deutschland und Israel. Studien zu Migration und Minderheiten, Münster, S. 265-295

Kreutz, Henrik/Fröhlich, Gerhard/Maly, Heinz Dieter (1986): Von der alternativen Bewegung zum selbstverwalteten Projekt. Ergebnisse einer empirischen Längsschnittuntersuchung über die Entwicklung „alternativer Projekte" im Zeitraum von drei Jahren, in: Mitteilungen aus der Arbeitsmarkt- und Berufsforschung, S. 553-566

Kreutz, Henrik/Fröhlich, Gerhard/Maly, Heinz Dieter (1983): Die Bedeutung alternativer Tätigkeitsfelder und Tätigkeitsverläufe für den Arbeitsmarkt, Nürnberg (Forschungsbericht für die Bundesanstalt für Arbeit)

Kriesi, Hanspeter/Baglioni, Simone (2003): Putting Local Associations Into Their Context. Preliminary Results From a Swiss Study of Local Associations, in: Swiss Political Science Review, Vol. 9/3, S. 1-34

Kröll, Friedhelm (1987): Vereine im Lebensalltag einer Großstadt am Beispiel Nürnberg, Marburg

Kröll, Friedhelm/Bartjes, Stephan/Wiengarn, Rudolf (1982): Vereine – Geschichte – Politik – Kultur, Frankfurt/M

Kroll, Illona (1991): Vereine und Bürgerinitiativen heute, Pfaffenweiler

Krumeich, Gerhard (Hrsg.) (1997): Kriegserfahrungen. Studien zur Sozial- und Mentalitätsgeschichte des Ersten Weltkrieges, Essen

Kühr, Herbert (1982): Lokalpartei und vorpolitischer Raum, Melle

Lehmann, Joachim (2002): Vereinsmanagement leicht gemacht, Stuttgart

Lehmann, Karsten (2003): Migrantenvereine – Zur gesellschaftlichen Integration von Migranten in den alten und neuen Bundesländern, Opladen

Lehmann, Karsten (2001): Vereine als Medium der Integration. Zu Entwicklung und Strukturwandel von Migrantenvereinen, Berlin

Lehmbruch, Gerhard, (1979): Der Januskopf der Ortsparteien. Kommunalpolitik und das lokale Parteiensystem, in: Köser, Helmut (Hrsg.): Der Bürger in der Gemeinde, Hamburg, S. 320-334 (Erstabdruck in: Der Bürger im Staat 1975, Hft. 1)

Leif, Thomas/Speth, Rudolf (Hrsg.) (2003): Die stille Macht. Lobbyismus in Deutschland, Wiesbaden

Lembcke, Oliver (1999): Zivilgesellschaft, in: Sommer, Gerlinde/Westphalen Graf von, Raban (Hrsg.): Staatsbürgerlexikon. Staat, Recht, Politik, Recht und Verwaltung in Deutschland und der Europäischen Union, München, S. 1041-1043

Lemke, Christiane (1999): Neue soziale Bewegungen, in: Ellwein, Thomas/Holtmann, Everhard (Hrsg.): 50 Jahre Bundesrepublik Deutschland (PVS-Sonderheft 30), Opladen, S. 440-453

Levi, Margaret (1996): Social and Unsocial Capital. A Review Essay on Robert Putnam's Making Democracy Work, in: Politics and Society, Vol. 24/1, S. 45-55

Ludz, Peter Christian (Hrsg.) (1979): Geheime Gesellschaften, Heidelberg

Luhmann, Niklas (1981): Soziologische Aufklärung 3, Opladen

Luhmann, Niklas (1976): Evolution und Geschichte, in: Geschichte und Gesellschaft, Jg. 2, S. 184-309

Mann, Heinrich (1964): Der Untertan, München

Mansfeldova, Zdenka/Nalecz, Slawomir/Priller, Eckhard/Zimmer, Annette (2004): Civil Society in Transition: Civic Engagement and Nonprofit Organizations in Central and Eastern Europe after 1998, in: Zimmer, Annette/Priller, Eckhard (Hrsg.): Future of Civil Society. Making Central European Nonprofit-Organizations Work, Wiesbaden, S. 99-119

Martens, Kerstin (2002): Alte und neue Player – eine Begriffsbestimmung, in: Frantz, Christiane/Zimmer, Annette (Hrsg.): Zivilgesellschaft international. Alte und neue NGOs, Opladen, S. 25-49

Marx, Karl (1990): Zur Judenfrage, in: Fetscher, Iring (Hrsg.): Karl Marx – Friedrich Engels Studienausgabe, Bd. I, Frankfurt/M, S. 34-62

Matzat, Jürgen (2003): Bürgerschaftliches Engagement im Gesundheitswesen – unter besonderer Berücksichtigung der Patienten-Selbsthilfebewegung, in: Enquete-Kommission „Zukunft des Bürgerschaftlichen Engagements" Deutscher Bundestag (Hrsg.): Bürgerschaftliches Engagement und Sozialstaat, Opladen, S. 287-331

Mayer, Margit (1999): Städtische soziale Bewegungen, in: Klein, Ansgar/Legrand, Hans-Josef/Leif, Thomas (Hrsg.): Neue soziale Bewegungen. Impulse, Bilanzen und Perspektiven, Wiesbaden, S. 257-271

Mayer, Margit (1991a): „Postfordismus" und „lokaler Staat", in: Heinelt, Hubert/Wollmann, Helmut (Hrsg.): Brennpunkt Stadt. Stadtpolitik und lokale Politikforschung in den 80er und 90er Jahren, Basel, S. 31-51

Mayer, Margit (1991b): Neue Trends in der Stadtpolitik – eine Herausforderung für die Lokale Politikforschung, in : Blanke, Bernhard (Hrsg.): Staat und Stadt. Systematische, vergleichende und problemorientierte Analysen „dezentraler" Politik, (Sonderheft 22 der PVS), Opladen, S. 51-71

Mayer-Tasch, Peter-Cornelius (1985): Die Bürgerinitiativbewegung, Der aktive Bürger als rechts- und politikwissenschaftliches Problem, Hamburg, 5. überarb. Aufl.

Mayntz, Renate (2004): Governance im modernen Staat, in: Benz, Arthur (Hrsg.): Governance – Regieren in komplexen Regelsystemen, Wiesbaden, S. 65-76

Mayntz, Renate (1988): Funktionelle Teilsysteme in der Theorie sozialer Differenzierung, in: Mayntz, Renate/Rosewitz, Bernd (Hrsg.): Differenzierung und Verselbständigung, Frankfurt/M, S. 11-14

Mayntz, Renate (1971): Max Webers Idealtypus der Bürokratie und die Organisationssoziologie, in: Mayntz, Renate (Hrsg.): Bürokratische Organisation, Köln, S. 27-35

Mayntz, Renate/Scharpf, Fritz (1995): Gesellschaftliche Selbstregulierung und politische Steuerung, Frankfurt

McCarthy, Kathleen D. (1982): Noblesse Oblige: Charity and Cultural Philanthropy in Chicago 1849-1929, Chicago

Michels, Robert (1925): Zur Soziologie des Parteienwesens in der modernen Demokratie. Untersuchungen über die oligarchischen Tendenzen des Gruppenlebens, Stuttgart

Musholt, Joachim (1997): Selbstorganisation braucht Infrastruktur. Das Beispiel „Bennohaus", in: Wagner, Bernd/Zimmer, Annette (Hrsg.): Krise des Wohlfahrtsstaats – Zukunft der Kulturpolitik, Bonn, S. 203-213

Nipperdey, Thomas (1990): Deutsche Geschichte 1866-1918. Arbeitswelt und Bürgergeist, München

Nipperdey, Thomas (1972): Verein als soziale Struktur in Deutschland im späten 18. und frühen 19. Jahrhundert, in: Bookmann, Hartmut/Esch, Arnold/Heimpel, Hermann/Nipperdey, Thomas/Schmidt, Heinrich (Hrsg.): Geschichtswissenschaft und Vereinswesen im 19. Jahrhundert, Göttingen, S. 1-44

Nolasco, Patricio (2000): Staat, Macht, Zivilgesellschaft und Demokratie, in: Brand, Ulrich/Cecena, Ana Esther (Hrsg.): Reflexionen einer Rebellion. „Chiapas" und ein anderes Politikverständnis, Münster, S. 216-240

Notz, Gisela (2001): Ehrenamtliches Engagement von Frauen, Hagen

Oer, Rudolfine von/Westerholt-Alst, Carlfried von (2000): Der Adelige Damenclub zu Münster: 1800-2000, Münster

Offe, Claus (1999): „Sozialkapital". Begriffliche Probleme und Wirkungsweise, in: Kistler, Ernst et al. (Hrsg.): Perspektiven gesellschaftlichen Zusammenhalts, Berlin, S. 113-120

Offe, Claus/Fuchs, Susanne (2001): Schwund des Soziakapitals? Der Fall Deutschland, in: Putnam, Robert D. (Hrsg.): Gesellschaft und Gemeinsinn. Sozialkapital im internationalen Vergleich, Gütersloh, S. 417-511

Ott, Sieghart (2002): Vereine gründen und erfolgreich führen, München

Özcan, Ertekin (1992): Türkische Immigrantenorganisationen in der Bundesrepublik Deutschland, Berlin

Pankoke, Eckart (2002): Sinn und Form freien Engagements. Soziales Kapital, politisches Potential und reflexive Kultur im Dritten Sektor, in: Münkler, Herfried/Fischer, Karsten (Hrsg.): Gemeinwohl und Gemeinsinn. Rhetoriken und Perspektiven sozial-moralischer Orientierung, Berlin, S. 265-287

Pappi, Franz Urban (2004): Politische Soziologie, in: Nohlen, Dieter/Schultze, Rainer-Olaf (Hrsg.): Lexikon der Politikwissenschaft, München, B.2, S. 731-732

Pappi, Franz Urban (1989): Die Anhänger der neuen sozialen Bewegungen im Parteiensystem der Bundesrepublik, in: Aus Politik und Zeitgeschichte, B 26/1989, S. 17-27

Pappi, Franz Urban/Melbeck, Christian (1984): Das Machtpotential von Organisationen in der Gemeindepolitik, in: Kölner Zeitschrift für Soziologie und Sozialpsychologie, Jg. 36, S. 557-584

Picot, Sibylle (Hrsg.) (2001): Freiwilliges Engagement in Deutschland – Freiwilligensurvey 1999, Bd. 3: Frauen und Männer, Jugend, Senioren, Sport, Stuttgart (Schriftenreihe des Bundesministeriums für Familie, Senioren, Frauen und Jugend)

Portes, Alejandro (1998): Social Capital. Its Origins and Applications in Modern Sociology, in: Annal Reviews of Sociology 24, S. 1-24

Portes, Alejandro/Landolt, Patricia (1996): The Downside of Social Capital, in: The American Prospect, Vol. 94, S. 18-21.

Powell, Walter W./DiMaggio, Paul J. (Hrsg.) (1991): The New Institutionalism in Organizational Analysis, Chicago

Priller, Eckhard (2004): Konkurrierende Konzepte zum bürgerschaftlichen Engagement in der Langzeitperspektive, in: Forschungsjournal Neue Soziale Bewegungen „Zwischen Meier und Verein. Modernisierungspotentiale im Ehrenamt", Jg. 17/1, S.36-44

Priller, Eckhard/Zimmer, Annette (Hrsg.) (2001a): Der Dritte Sektor international – Mehr Markt – weniger Staat? Berlin

Priller, Eckhard/Zimmer, Annette (2001b): Wachstum und Wandel des Dritten Sektors in Deutschland, in: Priller, Eckhard/Zimmer, Annette (Hrsg.): Der Dritte Sektor international – Mehr Markt – weniger Staat?, Berlin, S. 199-228

Priller, Eckhard/Zimmer, Annette (2001c): Wohin geht der Dritte Sektor? Eine einführende Einleitung, in: Priller, Eckhard/Zimmer, Annette (Hrsg.): Der Dritte Sektor international – Mehr Markt – weniger Staat?, Berlin, S. 9-26

Priller, Eckhard/Zimmer, Annette (1999): Ende der Mitgliederorganisationen?, in: Witt, Dieter/Blümle, Ernst-Bernd/Schauer, Reinbert/Anheier, Helmut (Hrsg.): Ehrenamt und Modernisierungsdruck in Nonprofit-Organisationen, Wiesbaden, S. 127-147

Putnam, Robert D. (Hrsg.) (2001): Gesellschaft und Gemeinschaft. Sozialkapital im internationalen Vergleich, Gütersloh

Putnam, Robert D. (2000): Bowling Alone, New York

Putnam, Robert D. (1995): Bowling Alone: America's Declining Social Capital. In: Journal of Democracy, Vol. 6, S. 65-78

Putnam, Robert D. (1993): Making Democracy Work. Civic Traditions in Modern Italy, Princeton

Putnam, Robert D./Goss, Kristin A. (2001): Einleitung, in: Putnam, Robert D. (Hrsg.), Gesellschaft und Gemeinsinn. Sozialkapital im internationalen Vergleich, Gütersloh, S. 15-43

Pye, Lucian W. (1968): Political Culture, in: Sills, David (Hrsg.): International Encyclopedia of the Social Sciences, Vol. 12, New York, S. 218-225

Randenborgh van, Lucas (2000): Rechtsformwahl, in: Schauhoff, Stephan (Hrsg.): Handbuch der Gemeinnützigkeit, München, S. 25-91

Raschke, Joachim (1988): Soziale Bewegungen. Ein historisch-systematischer Grundriß, Frankfurt/M

Rawert, Peter/Gärtner, Janne (2004): Nonprofit Organizations in Germany – Permissible Forms and Legal Framework, in: Zimmer, Annette/Priller, Eckhard (Hrsg.): Future of Civil Society, Wiesbaden: CD-Materialiensammlung

Reichardt, Sven (2004): Civil Society - A Concept for Comparative Historical Research, in: Zimmer, Annette/Priller, Eckhard (Hrsg.): Future of Civil Society. Making Central European Nonprofit-Organizations Work, Wiesbaden, S. 35-55

Reichert, Bernhard (2003): Handbuch des Vereins- und Verbandsrechts, Neuwied

Reutter, Werner (2001): Einleitung. Korporatismus, Pluralismus und Demokratie, in: Reutter, Werner/Rütters, Peter (Hrsg.): Verbände und Verbandssysteme in Westeuropa, Opladen, S. 9-30

Richter, Rudolf (1985): Soziokulturelle Dimensionen freiwilliger Vereinigungen, München

Rödel, Ulrich/Frankenberg, Günter/Dubiel, Helmut 1989: Die demokratische Frage, Frankfurt/M

Romain, Lothar (1984): Tausend Blumen. Kulturlandschaft Nordrhein-Westfalen, Wuppertal

Ronge, Volker (1993): Zur Transformation der DDR aus der Perspektive des Dritten Sektors. In: Eichener, Volker et al. (Hrsg.): Organisierte Interessen in Ostdeutschland, Marburg, S. 53-77

Roßteutscher, Sigrid/Deth, Jan W. van (2002): Associations between Associations. The Structure of the Voluntary Association Sector (Mannheimer Zentrum für Europäische Sozialforschung: Arbeitspapiere, Nr. 56)

Roth, Roland (2003): Die dunklen Seiten der Zivilgesellschaft, in: Forschungsjournal Neue Soziale Bewegungen: Konturen der Zivilgesellschaft. Zur Profilierung eines Begriffs, Jg. 16/2, S. 59-73

Roth, Roland (1998): Neue soziale Bewegungen und liberale Demokratie, in: Forschungsjournal Neue Soziale Bewegungen „Neue soziale Bewegungen – Impulse, Bilanzen und Perspektiven", Jg. 11/1, Wiesbaden, S. 48-62

Roth, Roland (1994): „Lokale Bewegungsnetzwerke und die Institutionalisierung von neuen sozialen Bewegungen", in: Neidhardt, Friedhelm (Hrsg.): Öffentlichkeit, öffentliche Meinung, soziale Bewegungen (Kölner Zeitschrift für Soziologie und Sozialpsychologie, Sonderheft), Opladen, S. 413-436

Roth, Roland/Rucht, Dieter (Hrsg.) (1991): Neue soziale Bewegungen in der Bundesrepublik, Frankfurt/M, 2. Aufl.

Rucht, Dieter (1998): Gesellschaft als Projekt – Projekte in der Gesellschaft, in: Forschungsjournal Neue Soziale Bewegungen „Neue soziale Bewegungen – Impulse, Bilanzen und Perspektiven", Jg. 11/1, Wiesbaden, S. 15-24

Rucht, Dieter (1997): Modernisierung und neue soziale Bewegungen, Frankfurt

Rucht, Dieter/Blattert, Barbara/Rink, Dieter (1997): Soziale Bewegungen auf dem Weg zur Institutionalisierung. Zum Strukturwandel „alternativer Gruppen" in beiden Teilen Deutschlands, Frankfurt

Rüschemeyer, Dietrich (1974): Reflections on Structural Differentiation, in: Zeitschrift für Soziologie, Jg. 3, S. 279-294

Rymsza, Marek/Zimmer, Annette (2004): Embeddedness of Nonprofit-Organizations: Government – Nonprofit Relationships, in: Annette Zimmer/Eckhard Priller (Hrsg.): Future of Civil Society, Wiesbaden, S. 169-198

Sachße, Christoph (2002): Traditionslinien bürgerschaftlichen Engagements in Deutschland, in: Aus Politik und Zeitgeschichte, B 9/2002, S. 3-5.

Sachße, Christoph (2001): Stufen der Gemeinwohlförderlichkeit: Bürgerschaftliche Organisationen und Steuerprivileg, Gütersloh

Sachße, Christoph (1995): Verein, Verband und Wohlfahrtsstaat. Entstehung und Entwicklung der dualen Wohlfahrtspflege, in: Rauschenbach, Thomas/Sachße, Chris-
toph/Olk, Thomas (Hrsg.): Von der Wertgemeinschaft zum Dienstleistungsunternehmen, Frankfurt, S. 123-150

Salamon, Lester M. (1997): The International Guide to Nonprofit Law, New York

Salamon, Lester M. (1996): Third Party Government. Ein Beitrag zu einer Theorie der
Beziehungen zwischen Staat und Nonprofit-Sektor im modernen Wohlfahrtsstaat,
in: Evers, Adalbert/Olk, Thomas (Hrsg.): Wohlfahrtspluralismus, Opladen, S. 79-
102

Salamon, Lester M. (1995): Partners in Public Service. Government-Nonprofit Relations
in the Modern Welfare State, Baltimore/London

Salamon, Lester M. (1989): The Voluntary Sector and the Future of the Welfare State, in:
Nonprofit and Voluntary Sector Quarterly, Vol. 18, S. 11-24

Salamon, Lester M./Anheier, Helmut (und Mitarbeiter) (1999): Der Dritte Sektor. Aktuelle internationale Trends (Johns Hopkins Comparative Nonprofit Sector Project Phase II), Gütersloh

Salamon, Lester M./Anheier, Helmut (1998): Der Nonprofit-Sektor: ein theoretischer
Versuch, in: Anheier, Helmut/Priller, Eckhard/Seibel, Wolfgang/Zimmer, Annette
(Hrsg.): Der Dritte Sektor in Deutschland, Berlin, S. 211-246

Salamon, Lester M./Anheier, Helmut (1994): The Emerging Sector. An Overview, Balti-
more

Schauhoff, Stephan (Hrsg.) (2000): Handbuch der Gemeinnützigkeit, München

Scheuch, Erwin K. (1990): Von der deutschen Soziologie zur Soziologie in der Bundesrepublik, in: Österreichische Zeitschrift für Soziologie, Jg.15/1, S. 30-50

Scheuch, Erwin K./Scheuch, Ute (1992): Cliquen, Klüngel und Karrieren, Reinbek

Schmalz-Bruns, Rainer (1995): Reflexive Demokratie. Die demokratische Transformation
moderner Politik, Baden-Baden

Schmidt, Joseph/Bräutigam, Martin (1995): Internationaler Vergleich des Dritten Sektors,
in: Forschungsjournal Neue Soziale Bewegung „Das Erbe der Bürgerbewegung", Jg.
8/4, S. 86-91

Schmidtchen, Volker (1978): Arbeitersport – Erziehung zum sozialistischen Menschen?
Leitwerte und Jugendarbeit in zwei Ruhrgebietsvereinen in der Weimarer Republik,
in: Reulekke, Jürgen/Weber, Wolfhard (Hrsg.): Fabrik, Familie, Feierabend, Wuppertal, S. 345-375 (Beiträge zur Sozialgeschichte des Alltags im Industriezeitalter)

Schmitz, Thomas (2001): Die deutschen Kunstvereine im 19. und frühen 20. Jh.: ein
Beitrag zur Kultur-, Konsum- und Sozialgeschichte der bildenden Kunst im bürgerlichen Zeitalter, Neuried

Schneider, Hans-Peter (1990): Die Institution der politischen Partei in der Bundesrepublik
Deutschland, in: Tsatsos, Dimitris Th./Schefold, Dian/Schneider, Hans-Peter (Hrsg.):
Parteienrecht im europäischen Vergleich – Die Parteien in den demokratischen Ord-
nungen der Staaten der Europäischen Gemeinschaft, Baden-Baden, S. 155-218

Schubert, Klaus (2003): Korporatismus, in: Nohlen, Dieter (Hrsg.): Kleines Lexikon der
Politik, München, 3. Aufl., S. 265-267

Schwendter, Rolf (1992): Neue Vereine. 14 Thesen, in: Zimmer, Annette (Hrsg.): Vereine
heute – zwischen Tradition und Innovation, Basel, S. 277-282

Schwendter, Rolf (Hrsg.) (1986): Grundlegungen zur alternativen Ökonomie, München

Scott, John C. (1957): Membership and Participation in Voluntary Associations, in:
American Sociological Review, Vol. 22, S. 315-326

Scott, Richard W. (1986): Grundlagen der Organisationstheorie, Frankfurt/M

Scott, Richard W./Meyer, John W. (1983): The Organization of Societal Sectors, in:
Meyer, John W./Scott, Richard W. (Hrsg.): Organizational Environments. Ritual and
Rationality Beverly Hills, S. 129-153

Sebaldt, Martin (2001): Transformation der Verbändedemokratie. Die Modernisierung des Systems organisierter Interessen in den in USA, Wiesbaden

Seibel, Wolfgang (1998): Erfolgreich gescheiterter Institutionstransfer: eine politische Analyse des Dritten Sektors in den neuen Bundesländern, in: Anheier, Helmut/Seibel, Wolfgang/Priller, Eckhard/Zimmer, Annette (Hrsg.): Der Dritte Sektor in Deutschland, Berlin, S.127-149

Seibel, Wolfgang (1992): Dritter Sektor, in: Bauer, Rudolph (Hrsg.): Lexikon des Sozial- und Gesundheitswesens, München, S. 455-460

Seibel, Wolfgang (1991): Der Funktionale Dilettantismus. Zur politischen Soziologie von Steuerungs- und Kontrollversagen im 'Dritten Sektor' zwischen Markt und Staat, Baden-Baden

Siewert, Hans-Jörg (1984): Zur Thematisierung des Vereinswesens in der deutschen Soziologie, in: Historische Zeitschrift (neue Folge), Beiheft 9, S. 151-180

Siewert, Hans-Jörg (1977): Verein und Kommunalpolitik, in: Kölner Zeitschrift für Soziologie und Sozialpsychologie, Jg. 29, S. 486-510

Sills, David L. (1968): Voluntary Associations, in: Sills, David L. (Hrsg.): International Encyclopedia of the Social Sciences, New York, Vol. 6, S. 362-379

Simon, Karla W. (2004): Tax Laws and Tax Preferences, in: Zimmer, Annette/Priller, Eckhard (Hrsg.): Future of Civil Society. Making Central European Nonprofit-Organizations Work, Wiesbaden, S. 147-167

Simsa, Ruth (Hrsg.) (2001): Management der Nonprofit Organisation. Gesellschaftliche Herausforderungen und organisationale Antworten, Stuttgart

Skocpol, Theda (2004): Voice and Inequality: The Transformation of American Civic Democracy, in: Perspectives on Politics, Vol. 2/1, S. 3-20

Smith, Constance/Freedman, Anne (1972): Voluntary Associations. Perspectives on the Literature, Cambridge Mass.

Smith, Steven Rathgeb/Lipsky, Michael (1993): Nonprofits for Hire. The Welfare State in the Age of Contracting, Cambridge/Mass.

Statistisches Bundesamt (Hrsg.) (2004): Datenreport 2004. Zahlen und Fakten über die Bundesrepublik Deutschland, Bonn

Stöbe-Blossey, Sybille (2001): Verbände und Sozialpolitik: Das Beispiel der Jugendhilfe, in: Zimmer, Annette/Weßels, Bernhard (Hrsg.): Verbände und Demokratie in Deutschland, Opladen, S. 159-181

Stöber, Kurt (2000): Handbuch zum Vereinsrecht, Köln

Strachwitz, Rupert Graf/Zimmermann, Olaf (2002): Einleitung, in: Enquete-Kommission „Zukunft des Bürgerschaftlichen Engagements" Deutscher Bundestag (Hrsg.): Bürgerschaftliches Engagement und Zivilgesellschaft, Opladen, S. 8-11

Strob, Burkhard (1999): Der vereins- und verbandsorganisierte Sport: Ein Zusammenschluß von (Wahl)Gemeinschaften?, Münster

Tarrow, Sidney (1996): Making Social Science Work Across Space and Time: A Critical Reflection on Robert Putnam's Making Democracy Work, in: American Political Science Review, Vol. 90/2, S. 389-397

Taylor, Charles (1991): Die Beschwörung der Civil Society, in: Michalski, Krzysztof (Hrsg.): Europa und die Civil Society (Castelgandolfo-Gespräche 1989), Stuttgart, S. 52-81

Tenbruck, Friedrich H./Ruopp, Wilhelm A. (1983): Modernisierung – Vergesellschaftung – Gruppenbildung – Vereinswesen, in: Neidhardt, Friedhelm (Hrsg.): Gruppensoziologie. Perspektiven und Materialien (Kölner Zeitschrift für Soziologie und Sozialpsychologie, Sonderheft 25), S. 65-74

Tenfelde, Klaus (1984): Die Entfaltung des Vereinswesens während der industriellen Revolution in Deutschland (1850-1873), in: Historische Zeitschrift (neue Folge), Beiheft 9, S. 55-114

Terzi, Lodovico (2001): Die Lesegesellschaft, Hildesheim

Thamer, Hans-Ulrich (2004): Beseitigung des Rechtsstaates, in: Bundeszentrale für Politische Bildung (Hrsg.): Nationalsozialismus II. Informationen zur politischen Bildung, Hft. 266, Bonn

Thränhardt, Dietrich (1987): Established Charity Organizations, Self-Help Groups and New Social Movements in Germany, Münster (Beiträge zur Politikwissenschaft und Verwaltungswissenschaft)

Thränhardt, Dietrich/Hunger, Uwe (Hrsg.) (2000): Einwanderer-Netzwerke und ihre Integrationsqualität in Deutschland und Israel. Studien zu Migration und Minderheiten, Münster

Tocqueville, Alexis de (1987): Über die Demokratie in Amerika, Zürich

Tocqueville, Alexis de (1963): De la Démocratie en Amérique, Paris

Türk, Klaus/Lemke, Thomas/Bruch, Michael (2002): Organisation in der modernen Gesellschaft – eine historische Einführung, Wiesbaden

Tyrell, Hartmann (1978): Anfragen an die Theorie der gesellschaftlichen Differenzierung, in: Zeitschrift für Soziologie, Jg. 7, S. 175-193

Ueltzhöffer, Jörg/Ascheberg, Carsten (1995): Engagement in der Bürgergesellschaft. Die Geislingen Studie, Stuttgart

Verba, Sidney (1961): Small Groups and Political Behaviour. A Study of Leadership, Princeton

Vester, Michael/von Oertzen, Peter/Geiling, Heiko/Hermann, Thomas/Mueller, Dagmar (1993): Soziale Milieus im gesellschaftlichen Strukturwandel. Zwischen Integration und Ausgrenzung, Köln

Voigt, Rüdiger (Hrsg.) (1995): Der kooperative Staat. Krisenbewältigung durch Verhandlung?, Baden-Baden

Walla, Holger (1995): Die Theaterhaus Jena GmbH, in: Kulturpolitische Mitteilungen, S. 40-41

Walzer, Michael (1992): Zivile Gesellschaft und amerikanische Demokratie, Berlin

Warren, Mark E. (2001): Democracy and Association, Princeton

Weber, Max (1972): Wirtschaft und Gesellschaft, Tübingen

Weber, Max (1924): Rede auf dem deutschen Soziologentag in Frankfurt, in: Weber, Max: Gesammelte Aufsätze zur Soziologie und Sozialpolitik, Tübingen, S. 431-449 (Original)

Wehler, Hans-Ulrich (1996a): Vom Feudalismus des Alten Reiches bis zur defensiven Modernisierung der Reformära: 1700-1815, Bd.1, München, 3. Aufl. (Deutsche Gesellschaftsgeschichte, 4 Bde.)

Wehler, Hans-Ulrich (1996b): Von der Reformära bis zur industriellen und politischen „Deutschen Doppelrevolution" 1815-1848/49, Bd.2, München, 3. Aufl. (Deutsche Gesellschaftsgeschichte, 4 Bde.)

Wehler, Hans-Ulrich (1995): Von der „Deutschen Doppelrevolution" bis zum Beginn des 1. Weltkrieges 1849-1914, Bd.3, München (Deutsche Gesellschaftsgeschichte, 4 Bde.)

Weippert, Georg (1964): Zum Verständnis der verbandsstrukturierten Gesellschaft, in: Blümle, Ernst-Bernd/Schwarz, Peter (Hrsg.): Wirtschaftsverbände und ihre Funktion. Schwerpunkte der Verbandsforschung, Darmstadt, S. 105-131

Weise, Peter/Brandes, Wolfgang/Eger, Thomas/Kraft, Manfred (1991): Neue Mikroökonomie, Heidelberg

Wollmann, Hellmut (1999): Politik und Verwaltungsmodernisierung in den Kommunen, in: Die Verwaltung, Jg. 32/3, S. 345-375

Wollmann, Hellmut/Roth, Roland (Hrsg.) (1998): Kommunalpolitik. Politisches Handeln in den Gemeinden, Bonn

Zald, Mayer N./Denton, Patricia (1963/64): From Evangelism to General Service: The Transformation of the YMCA, in: Administrative Science Quarterly, Vol. 8, S. 214-234

Zimmer, Annette (2004): Introduction, in: Zimmer, Annette/Priller, Eckhard (Hrsg.): Future of Civil Society. Making Central European Nonprofit-Organizations Work, Wiesbaden, S. 10-27

Zimmer, Annette (2001): NGOs - Verbände im globalen Zeitalter?, in: Zimmer, Annette/ Weßels, Berhard (Hrsg.): Verbände und Demokratie in Deutschland, Opladen, S. 331-357

Zimmer, Annette (1998a): Public-Private-Partnerships: Staat und Nonprofit-Sektor in Deutschland, in: Anheier, Helmut/Seibel, Wolfgang/Priller, Eckhard/Zimmer, Annette (Hrsg.): Der Dritte Sektor in Deutschland, Berlin, S. 75-98

Zimmer, Annette (1998b): Der Verein in Gesellschaft und Politik, in: Strachwitz, Rupert Graf (Hrsg.): Dritter Sektor - Dritte Kraft, Stuttgart, S. 93-125

Zimmer, Annette (1997): Stand und Perspektiven der NPO-Forschung, in: Schauer, Reinbert/Anheier, Helmut/Blümle, Ernst-Bernd (Hrsg.): Der Nonprofit Sektor im Aufwind – zur wachsenden Bedeutung von Nonprofit-Organisationen auf nationaler und internationaler Ebene, Linz, S. 63-88

Zimmer, Annette (1996a): Vereine – Basiselement der Demokratie, Opladen

Zimmer, Annette (1996b): New Public Management und Nonprofit-Sektor in der Bundesrepublik, in: Zeitschrift für Sozialreform, Jg. 42/5, S. 285-305

Zimmer, Annette (1996c): Was bringt die Dritte Sektor Forschung den internationalen Nichtregierungsorganisationen und Bewegungsnetzwerken?, in: Forschungsjournal Neue Soziale Bewegungen: „Soziale Bewegungen und Nicht-Regierungsorganisationen", Jg. 9/2, S. 52-60

Zimmer, Annette/Bugari, Andrea/Krötz, Traude (1992): Vereinslandschaften im Vergleich – Kassel, München, Zürich, in: Zimmer, Annette (Hrsg.): Vereine heute – zwischen Tradition und Innovation, Basel, S. 170-205

Zimmer, Annette/Hallmann, Thorsten (2004): Mit vereinten Kräften, Ergebnisse der Befragung „Vereine in Münster", Münster

Zimmer, Annette/Hallmann, Thorsten (2001): Identität und Image von Dritte Sektor Organisationen im Spiegel der Ergebnisse der Organisationsbefragung „Gemeinnützige Organisationen im gesellschaftlichen Wandel", in: Zeitschrift für Sozialreform, Jg. 47/5, S. 506-525

Zimmer, Annette/Nährlich, Stefan (2003): Zur volkswirtschaftlichen Bedeutung der Sozialwirtschaft, in: Arnold, Ulli/Maelicke, Bernd (Hrsg.): Lehrbuch der Sozialwirtschaft, Baden-Baden, 2. Aufl., S. 64-80

Zimmer, Annette/Priller, Eckhard (2004): Gemeinnützige Organisationen im gesellschaftlichen Wandel, Wiesbaden

Zimmer, Annette/Priller, Eckhard (2001): Der Dritte Sektor in Deutschland: Wachstum und Wandel, in: Gegenwartskunde, Jg. 50/1, S. 121-147

Zimmer, Annette/Priller, Eckhard (2000): Arbeitsmarkt un Dritte Sektor i Deutschland Z de Ergebnisse de internationale Vergleich und eine bundesweite Befragung, in: Zeitschrift für öffentliche und gemeinwirtschaftliche Unternehmen, Jg. 23/3, S. 304-320

Zimmer, Annette/Scholz, Martina (1992): Der Dritte Sektor zwischen Markt und Staat. Ökonomische und politologische Theorieansätze, in: Forschungsjournal Neue Soziale Bewegungen, Jg. 5/4, S. 21-39

Zimmer, Annette/Weßels, Bernhard (2001): Interessenvermittlung und Demokratie: Eine zentrale Agenda, in: Zimmer, Annette/Weßels, Bernhard (Hrsg.): Verbände und Demokratie in Deutschland, Opladen, S. 9-25

Zoll, Ralf (1974): Wertheim III. Kommunalpolitik und Machtstruktur, München

Weitere Materialien

EU Dokumente

European Commission (Hrsg.) (2002): Communication from the Commission „Towards a Reinforced Culture of Consultation and Dialogue – General Principles and Minimum Standards for Consultation of Interested Parties by the Commission" COM(2002)704final, (http://europa.eu.int)

European Commission (Hrsg.) (2001): European Governance – A White Paper, COM (2001)428final (http://europa.eu.int)

European Commission (Hrsg.) (2000): Discussion Paper "The Commission and Non-Governmental Organizations: Building a Stronger Partnership", COM(2000)11final (http://europa.eu.int)

European Economic and Social Committee (Hrsg.) (1999): The Role and Contribution of Civil Society Organizations in the Building of Europe, OJ C329,17.11.1999 (http://europa.eu.int)

CONECCS – Consultation, the European Commission and Civil Society (http://europa.eu.int/comm/civil_society/coneccs/question.cfm?CL=en, Stand: 19.04.05)

Quellen aus dem WWW

Beauftragte der Bundesregierung für Migration, Flüchtlinge und Integration (Hrsg.) (2003): Migranten sind aktiv. Zum gesellschaftlichen Engagement von Migrantinnen und Migranten, Dokumentation (www.integrationsbeauftragte.de/download/Ehrenamtliche_Texte.pdf, 24.02.05)

Braun, Sebastian (2003): Die Hoffnung auf das „soziale Kapital" in einer modernen Bürgergesellschaft. In: Deutsches Institut für Urbanistik (Hrsg.): Infobrief Stadt 2030, Nr. 10/April 2003, S. 30-37, (www.newsletter.stadt2030.de/info10.pdf)

Bundesministerium für Familie, Senioren, Frauen und Jugend (Hrsg.) (2004): 2. Freiwilligensurvey 2004 – Ehrenamt, Freiwilligenarbeit, Bürgerschaftliches Engagement. Kurzzusammenfassung, (www.bmfsfj.de/RedaktionBMFSFJ/Arbeitsgruppen/Pdf-Anlagen/2.freiwilligensurvey-kurzzusammenfassung .pdf; Stand: 13.04.05)

Hadeed, Anwar (2001): Großes Potential. Selbstorganisation in der Migration, in: Niedersächsisches Ministerium für Soziales, Frauen, Familie und Gesundheit (Hrsg.): Betrifft: Minderheiten/Mehrheiten, Ausgabe 4/2001 (www.mfas.niedersachsen.de/master/; 24.02.05)

Hunger, Uwe (2002): Von der Betreuung zur Eigenverantwortung. Neuere Entwicklungstendenzen bei Migrantenvereinen in Deutschland. Münsteraner Diskussionspapiere zum Nonprofit Sektor, Münster (www.aktive-buergerschaft.de/vab/informationen/diskussionspapiere/; 24.02.05)

Jungk, Sabine (2002): Politische und soziale Partizipation von Migrantinnen und Migranten und ihren Selbstorganisationen – Möglichkeiten der Mitwirkung, Inanspruchnahme und Chancen in Deutschland, Düsseldorf (http//www.lzz-nrm.de/docs/navend.pdf; 13.12.04)

Landeszentrum für Zuwanderung NRW (1999): Evaluation der von der Landesregierung geförderten Projekte von Migrantenselbstorganisationen, (www.lzz.nrw.de/docs/evaluatio.pdf; Stand 13.4.05)

Ministerium für Arbeit, Soziales und Stadtentwicklung, Kultur und Sport NRW (Hrsg.) (1999): Selbstorganisationen von MigrantInnen und Migranten in NRW. Wissen-

schaftliche Bestandsaufnahme (www.mgsff.nrw.de/medien/download/broschueren/
material/migrat_bestand.pdf; 24.02.05)

Presseauswertung

Meinhardt, V./Schupp, Jürgen/Wagner, Günter (1997): Über die Frauen, Studenten und
    Rentner, die für 610,- DM arbeiten. In: Frankfurter Rundschau, 11.12.1997, S. 12
Münstersche Zeitung (1998): Modellprojekt der Hiltruper Gemeindediakonie: „Hilfege-
    meinschaft" für Pflegebedürftige, 27.1.1998
Ostthüringer Zeitung (1997): Kulturbetrieb soll im Frühjahr 1998 starten, 23.04.1997
Westfälische Nachrichten (1998): „Sagenhafte Disziplin der Jugendlichen". Angelmodder
    rackern für das Junker-Jörg-Jugendheim, 02.01.1998
Westfälische Nachrichten (1998): Ganz konkrete Vorstellungen entwickelt. Zukunfts-
    werkstatt im Baugebiet Meerwiese. Trägerverein gründet sich am 26. Juni,
    29.04.1998
Westfälische Nachrichten (1998): „Weitergereicht" wird keiner mehr. Caritas-Bezirks-
    stellen neu strukturiert, 06.05.1998
Westfälische Nachrichten (1998): Porträt des ASB innerhalb der Serie „Profis in Sachen
    Hilfe", 21.07.1998
Westfälische Nachrichten (1998): Der Kuchen wird kleiner. Angst vor dem neuen Lan-
    desjugendplan, 23.07.1998
Westfälische Nachrichten (1998): Porträt der JUH innerhalb der Serie „Profis in Sachen
    Hilfe", 04.08.1998
Westfälische Nachrichten (1998): Porträt des MHD innerhalb der Serie „Profis in Sachen
    Hilfe", 06.08.1998
Westfälische Nachrichten (1997): Katzenjammer in Kindergärten?, 19.09.1997

„Graue Literatur"

Adressbuch der Stadt Münster (1998), Münster
Arbeiter-Samariter-Bund (ASB), Ortsverband Münster (1998): Wir helfen zu Hause.
    Informationsbroschüre
Arbeiterwohlfahrt, Kreisverband Münster (1997): Geschäftsbericht 1994–1997
Arbeitsamt Münster (1997): Sozialversicherungspflichtig Beschäftigte im Arbeitsamtbe-
    zirk Münster am 30. Juni 1996, Statistisches Sonderheft 3
Arbeitsgemeinschaft der Spitzenverbände der Freien Wohlfahrtspflege und kommunalen
    Spitzenverbände auf Landesebene (1996): Entwurf. Freie Wohlfahrtspflege. Förder-
    strukturen und Erstattungsformen in der Sozial- und Jugendhilfe. Thesen, Münster
Arbeitsgemeinschaft der Verbände der freien Wohlfahrtspflege Münster (1997): Ambu-
    lante Pflege. Informationsbroschüre, Münster
Bickeböller, Helga (1997): Bürgerorientierung im sozialen Bereich am Beispiel der Stadt
    Münster, Münster
Bickeböller, Helga (1996): Selbsthilfeförderung als Bestandteil kommunaler Sozialpolitik
    am Beispiel der Stadt Münster. Gekürzte Fassung eines Vortrages auf der Fachta-
    gung „Selbsthilfe 2000" in Suhl, in: Münsteraner Informations- und Kontaktstelle
    für Selbsthilfe (MIKS): Kontakte, Münster, S. 22-23
Bickeböller, Helga (1994): Perspektiven der Sozialpolitik auf kommunaler Ebene. State-
    ment anlässlich der Fachtagung „Zukunft des Sozialstaates", 19.05.1994, Rheinter-
    rassen Düsseldorf, in: Ministerium für Arbeit, Gesundheit und Soziales des Landes

Nordrhein-Westfalen (Hrsg.): Zukunft des Sozialstaates. Leitideen und Perspektiven für eine Sozialpolitik der Zukunft, Duisburg, S. 313-323

Bundesministerium für Familie, Senioren, Frauen und Jugend (1995): Kinder- und Jugendhilfegesetz (Achtes Buch Sozialgesetzbuch), Bonn

Bündnis'90/Die Grünen/GAL (1994): Nur mit uns. Für eine ökologische und soziale Stadt. Kommunalwahlprogramm, Jena

Caritas Betriebsführungs- und Trägergesellschaft Münster mbH (CBM) (1996): Unternehmensverfassung der CBM

Caritasverband für die Stadt Münster e.V. (1997): Jahresbericht 1996

Caritasverband für die Stadt Münster e.V. (1997a): Übersicht der Aufgaben, Stand 8/97. Organigramm (unveröff.)

Caritasverband für die Stadt Münster e.V. (1996): Wegweiser

CDU (1994): Wir handeln. Wahlprogramm der CDU Münster für die Kommunalwahl 1994

Corsten, Volker (1998): „Die Szene rangelt am Fleischnapf. Freies Theater mit leeren Taschen?" In: Uni-GIG Münster, Ausgabe 13

Der Paritätische Wohlfahrtsverband (DPWV) Kreisgruppe Münster (1997): Gemeinsam handeln für eine soziale Gesellschaft. Jahresbericht 1996/97

Der Paritätische Wohlfahrtsverband (DPWV) Nordrhein-Westfalen (1997a): Zusammenhalt organisieren. Jahresbericht 1995-1997

Deutsches Rotes Kreuz, Kreisverband Münster e.V. (1998): Organigramm (unveröff.)

Deutsches Rotes Kreuz, Kreisverband Münster e.V. (1997): Jahresbericht 1996

Diakonisches Werk Münster e.V. (1997): Kirche und Diakonie. Der Jahresbericht 1996 des Diakonischen Werkes Münster

Ernst-Abbe-Stiftung (1996): Jahresbericht 1992-1995

Hiltruper Museum, Heimatverein Heimatfreunde Hiltrup (1993): Vereine in Hiltrup, Münster

KAI Kinderhauser Arbeitslosen Initiative (1997): Selbstdarstellung. Faltblatt

Landesamt für Datenverarbeitung und Statistik Nordrhein-Westfalen (1997): Statistisches Jahrbuch Nordrhein-Westfalen, Düsseldorf

Landesamt für Datenverarbeitung und Statistik Nordrhein-Westfalen (1997a): Kreisstandardzahlen 1997, Düsseldorf

Landesamt für Datenverarbeitung und Statistik Nordrhein-Westfalen (1996): Statistische Berichte. Einrichtungen und tätige Personen in der Jugendhilfe in Nordrhein-Westfalen am 31. Dezember 1994, Teil 1 und 2, Düsseldorf

Landschaftsverband Westfalen-Lippe, Landesjugendamt (1997): Verzeichnis über Heime und sonstige Wohnformen der Jugendhilfe in Westfalen-Lippe, Münster, 2. Aufl., Stand: Oktober

Münsteraner Informations- und Kontaktstelle für Selbsthilfe (MIKS) (1997): Kontakte. Die Selbsthilfezeitung der MIKS, Nr. 26 (Juni)

Münsteraner Informations- und Kontaktstelle für Selbsthilfe (MIKS) (1996): Kontakte. Die Selbsthilfezeitung der MIKS, Nr. 24 (September)

Münsteraner Informations- und Kontaktstelle für Selbsthilfe (MIKS) (1996a): Kontakte. Die Selbsthilfezeitung der MIKS, Nr. 25 (Dezember)

SPD (1994): Mit uns für eine offene Stadt. Kommunalwahlprogramm '94

SPD-Ratsfraktion/Bündnis'90/Die Grünen/GAL (1994): Mit uns für ein offenes, ökologisches und soziales Münster. Vereinbarung der neuen Mehrheit für die Ratsperiode 1994-99

Stadtkomitee Katholischer Verbände (1995): Selbstdarstellung. Faltblatt

Stadt Jena (1997): Richtlinien des Sozialamtes der Stadt Jena zur Förderung der Träger der freien Wohlfahrtspflege vom 1. Januar 1997

Stadt Jena (1997): Haushaltsplan 1997

Stadt Münster (1998): Verzeichnis der Stiftungen in Münster. Auflistung

Stadt Münster (1998a): Kommunale Soziale Dienste Münster. Dezernat für Soziales, Jugend, Gesundheit und Wohnen. Projektdokumentation

Stadt Münster (1998): Informationsbüro Pflege: Stationäre Einrichtungen für Senioren und Pflegebedürftige in Münster, Stand: Januar

Stadt Münster (1998): Begegnungsstätten für Senioren in Münster. Auflistung der Einrichtungen (unveröff.)

Stadt Münster (1998): Informationsbüro Pflege: Tagespflege. Verzeichnis der Träger, Stand: April

Stadt Münster (1998): Tagesbetreuung für Kinder, Broschüre

Stadt Münster (1998): Zuschussbescheid (Muster) der Stadt Münster, Sozialamt, über eine Pauschalförderung an einen Verein (unveröff.)

Stadt Münster (1997): Vertrag (Muster) über die Erbringung von Leistungen freier Träger im Aufgabenbereich der sozialpädagogischen Familienhilfe (unveröff.)

Stadt Münster (1997): Vertrag (Muster) über die Inobhutnahme von Kindern im Alter von 0-12 Jahren (unveröff.)

Stadt Münster (1997): Ratsvorlage 449/97. Verwaltungsreform. Aktueller Sach- und Verfahrensstand zur Einführung des Neuen Steuerungsmodells sowie zu den weiteren Handlungsfeldern der Verwaltungsreform

Stadt Münster (1997): Statistischer Bericht 4/1996

Stadt Münster (1997): Haushaltsplan 1997. Finanzplan und Investitionsprogramm 1996-2000

Stadt Münster (1997): Unter uns führen viele Regie. Geschäftsbericht 1996 des Kulturamts der Stadt Münster

Stadt Münster (1997): Die Selbstverwaltung der Stadt Münster. Rat – Bezirksvertretungen – Verwaltung

Stadt Münster (1997): Verzeichnis der Mitglieder der Ausschüsse des Rates und der sonstigen Gremien, Stand: September

Stadt Münster (1997): Ratsvorlage 1216/97: Bericht zur Jugendförderung 1996. Öffentliche Berichtsvorlage an den Ausschuss für Kinder, Jugendliche und Familien

Stadt Münster (1997): Beschlussvorlage an den Ausschuss für Kinder, Jugendliche und Familien 64/97, Gesamtkonzept zur Stärkung der Jugendarbeit im Stadtteil Hiltrup

Stadt Münster (1997): Vortrag im Fachforum zum Themenkomplex Erziehungshilfen am 03.10.1997, KSD-Projektgruppe II. (unveröff.)

Stadt Münster (1996): Wandel und Reform öffentlicher Dienstleistung. Beispiele aus dem Dezernat Schule, Kultur und Sport der Stadt Münster

Stadt Münster (1996): Modellprojekt: Neue Verwaltungssteuerung im Dezernat V. Zwischenbericht Mai

Stadt Münster (1995): Vertrag (Muster) in Form einer Kostenübernahmevereinbarung gemäß § 93 BSHG zwischen der Stadt Münster, Sozialamt, und einem Verein (unveröff.)

Stadt Münster (1995): Ratsvorlage 1013/95 „Verwaltungsreform und Ressourcensteuerung in der Stadt Münster" plus Ergänzungsvorlage

Stadt Münster (1995): Vergaberichtlinien für die Haushaltsstelle „Bürgerschaftliches Engagement und Information der Öffentlichkeit" (unveröff.)

Stadt Münster (1994): focus. Bürgerorientierung und Bürgerkommunikation, Innovationen für Politik und Verwaltung: Reflexion des Stadtjubiläums Münster. Gespräche, Aufsätze, Vorträge

Stadt Münster (1994): Richtlinien des Amtes für Kinder, Jugendliche und Familien der Stadt Münster zur Förderung der außerschulischen Jugendarbeit freier Träger, 2. Aufl.

Stadt Münster (1993): Richtlinien für die Vergabe von Zuschüssen zur Förderung von besonderen Aktivitäten, Projekten und Programmen im Bereich der örtlichen Jugendhilfe

Stadt Münster (1993): Statistischer Jahresbericht 1992

Stadt Münster (1992): Sozialadressbuch

Verbund sozialtherapeutischer Einrichtungen (VSE) (1998): Selbstdarstellung

Westfälische Wilhelms-Universität Münster (WWU) (1998): UniKunstKultur, Heft 1

Verzeichnis der Abbildungen

Neu im Programm
Politikwissenschaft

Birgit Oldopp
Das politische System der USA
Eine Einführung
2005. 220 S. Br. EUR 16,90
ISBN 3-531-13874-X

Diese Einführung wendet sich an Studierende der Politikwissenschaft, die sich mit dem politischen System der USA vertraut machen wollen. Das Buch vermittelt Grundwissen. Dort wo es nützlich erscheint, werden als Kontrast Bezüge zum politischen System der Bundesrepublik Deutschland hergestellt. Dem Einführungscharakter dieses Buches dienen die kurzen Fazite sowie die weiterführende Literatur am Ende der Kapitel und das Glossar, das englische Fachtermini erläutert.

Bernhard Blanke / Stephan von Bandemer / Frank Nullmeier / Göttrik Wewer (Hrsg.)
Handbuch zur Verwaltungsreform
3., völlig überarb. und erw. Aufl. 2005.
XIX, 526 S. Br. EUR 42,90
ISBN 3-8100-4082-7

Das Handbuch zur Verwaltungsreform ist zugleich Einführung und Nachschlagewerk. Es liefert einen breiten Überblick zu Konzepten, Entstehungszusammenhängen, praktischen Anwendungsfeldern und Entwicklungsperspektiven zum Thema Verwaltungsreform. Die dritte Auflage wurde überarbeitet und erweitert.

Hans Zehetmair (Hrsg.)
Der Islam
Im Spannungsfeld von Konflikt und Dialog
2005. 409 S. Br. EUR 29,90
ISBN 3-531-14797-8

Zu Beginn des 21. Jahrhunderts ist das Verhältnis zwischen Europa, dem Westen und der Welt des Islam zu einem beherrschenden Thema geworden. Der Islam übt nicht nur großen Einfluss auf die Politik und Kultur außereuropäischer Weltregionen aus, sondern hat sich zu einem wichtigen Phänomen innerhalb Europas entwickelt. Dieser Band möchte dazu beitragen, Grundlagen und Prinzipien des Islam besser kennen zu lernen, Konfliktpotenziale zu beschreiben, Realitäten und Illusionen gegeneinander abzuwägen und Lösungsmöglichkeiten aufzuzeigen. Ausgewählte Länderstudien widmen sich dem Stand von Reformprozessen und Modernisierungsbestrebungen innerhalb islamischer Gesellschaften.

VS VERLAG FÜR SOZIALWISSENSCHAFTEN

Abraham-Lincoln-Straße 46
65189 Wiesbaden
Tel. 0611.7878 - 722
Fax 0611.7878 - 400

Neu im Programm
Politikwissenschaft

Peter Becker / Olaf Leiße

Die Zukunft Europas
Der Konvent zur Zukunft der
Europäischen Union
2005. 301 S. Br. EUR 26,90
ISBN 3-531-14100-7

Jörg Bogumil / Werner Jann

**Verwaltung und
Verwaltungswissenschaft
in Deutschland**
Einführung in die
Verwaltungswissenschaft
2005. 316 S. (Grundwissen Politik Bd. 36)
Br. EUR 26,90
ISBN 3-531-14415-4

Jürgen Dittberner

Die FDP
Geschichte, Personen, Organisation,
Perspektiven. Eine Einführung
2005. 411 S. Br. EUR 24,90
ISBN 3-531-14050-7

Jürgen W. Falter / Harald Schoen (Hrsg.)

Handbuch Wahlforschung
2005. XXVI, 826 S. Geb. EUR 49,90
ISBN 3-531-13220-2

Eberhard Schneider

**Das politische System
der Ukraine**
Eine Einführung
2005. 210 S. Br. EUR 19,90
ISBN 3-531-13847-2

Bernhard Schreyer /
Manfred Schwarzmeier

**Grundkurs Politikwissenschaft:
Studium der Politischen Systeme**
Eine studienorientierte Einführung
2. Aufl. 2005. 243 S. Br. EUR 17,90
ISBN 3-531-33481-6

Klaus Schubert (Hrsg.)

**Handwörterbuch des ökono-
mischen Systems der
Bundesrepublik Deutschland**
2005. 516 S. Br. EUR 36,90
ISBN 3-8100-3588-2

Rüdiger Voigt / Ralf Walkenhaus (Hrsg.)

**Handwörterbuch zur
Verwaltungsreform**
2006. XXXII, 404 S. Geb. EUR 39,90
ISBN 3-531-13756-5

Wichard Woyke

Stichwort: Wahlen
Ein Ratgeber für Wähler, Wahlhelfer
und Kandidaten
11., akt. Aufl. 2005. 274 S. Br. EUR 14,90
ISBN 3-8100-3228-X

Erhältlich im Buchhandel oder beim Verlag.
Änderungen vorbehalten. Stand: Januar 2006.

www.vs-verlag.de

VS VERLAG FÜR SOZIALWISSENSCHAFTEN

Abraham-Lincoln-Straße 46
65189 Wiesbaden
Tel. 0611.7878 - 722
Fax 0611.7878 - 400